本 书 编 委 会

主　编：徐宪平

副主编：张学颖　邬江兴

编　委：（按姓氏笔画排序）

王少峰　王光建　王　江　王晓刚　王海龙　艾学峰　邬江兴　刘　兵

刘　松　刘　俏　刘桂清　阮　青　买彦州　苏子华　李光亚　来有为

肖秀莉　肖　然　吴　萨　吴家裕　邱跃鹏　何雪萍　张东晨　张　权

张学颖　张光耀　武文生　周　芊　郑纬民　赵沁平　顾伟忠　徐宪平

高同庆　黄铁军　盛　磊　崔　丽　葛长伟　傅　兵　谢瑞武

主 要 参 与 单 位

华为技术有限公司

阿里巴巴（中国）网络技术有限公司

深圳市腾讯计算机系统有限公司

北京百度网讯科技有限公司

中国移动通信集团有限公司

中国电信股份有限公司

中国联合网络通信集团有限公司

中国铁塔股份有限公司

中兴通讯股份有限公司

普华永道会计师事务所

北京阿尔山金融科技有限公司

中联不动产基金

华泰证券股份有限公司

北京京东世纪贸易有限公司

美团点评（北京三快在线科技有限公司）

北京大学光华管理学院

北京大学人工智能研究院

国家数字交换系统工程技术研究中心

北京航空航天大学 VR/AR 国家工程实验室

龙湖智慧服务有限公司

北京市商汤科技开发有限公司

万达信息股份有限公司

国家文化科技创新服务联盟

北京市长城企业战略研究所

北京阳和智库咨询中心

北京航天长峰股份有限公司

新基建

数字时代的新结构性力量

徐宪平◎主编

张学颖　邬江兴◎副主编

人民出版社

目　　录

总论篇:登高望远入地

全球篇:放眼百舸争流

区域篇：竞相发力助跑

投资篇：市场多元驱动

REITs篇：盘活资产存量

展望篇:拥抱数字时代

序 一

新基建,作为一个热门词,最近频频见诸报端、网络,社会上有各种说法,也有一些争论。新基建,为什么? 是什么? 干什么? 缺什么? 要什么? 它的战略意义、重点领域、应用场景、技术支撑、政策工具何在? 全球趋势、市场前景、投资预测如何把握? 本书试图回答上述问题。

新基建这一概念的提出,最早源于2018年底的中央经济工作会议。习近平总书记在会上强调要"加快5G商用步伐,加强人工智能、工业互联网、物联网等新型基础设施建设"。约定俗成,新基建的叫法随之广泛传开。2019年3月,李克强总理在政府工作报告中提出,打造工业互联网平台,深化大数据、人工智能等研发应用,加强新一代信息基础设施建设。2020年4月,习近平总书记在陕西考察时,再次强调"推进5G、物联网、人工智能、工业互联网等新型基建投资"。2020年5月,习总书记在山西考察时,进一步明确提出:"大力加强科技创新,在新基建、新技术、新材料、新装备、新产品、新业态上不断取得突破。"中央的意图清晰明了。

2019年9月至10月,在国务院参事室的大力支持下,新基建课题组深入粤港澳大湾区、长三角地区和北京经济技术开发区实地调研,与40多家政府部门、60多家重点企业面对面座谈交流。围绕新基建的内涵、特征,与华为、阿里、腾讯、百度、三大电信运营商和中国铁塔等业务主管、技术专家多次交谈,收获颇多,思路渐开。2019年12月在北京大学光华管理学院新年论坛上,我做过一次题为《新基建:数字时代的新结构性力量》的主旨发言。近期结合疫情下应对国内外经济形势严峻挑战的思考,我们认为,新基建不是应急之策,但有应急之效;着眼长期增长,更具长久之功。

其一,从新一轮科技革命与产业变革的大趋势看,第四次工业革命以数字化、智能化、网络化为核心,一个万物互联、人机智联的数字时代正在开启。数据资源已经成为重要生产要素,成为21世纪的"黄金""石油",取之不尽、用之不竭;数字经济已经成为继农业经济、工业经济之后的主要经济形态;新型基础设施成为数字经济的主要载体,成为数字时代的新结构性力量,是推动全要素数字化转型、实现全要素生产率提升的强有力支撑。过去,生产要素主要在"路"上流动,未来,生产要素主要在"网"上流动。

其二,新基建以5G、人工智能、工业互联网、物联网、数据中心、云计算、固定宽带、重大科技设施为重点,致力于打造数字化、智能化的新型基础设施,运用数字化、智能化技术改造提升传统基础设施。新基建的核心:一是连接,二是计算,三是交互,四是安全。主要包括基础网络、基础数据、基础硬件、基础软件、基础平台、基础应用、基础标准、基础安全等八个方面,是一个系统的、复杂的重大工程。与传统基建相比,新基建呈现出技术迭代、软硬兼备、数据驱动、协同融合、平台聚力、价值赋能等六个典型特征。

其三,随着新基建的加速,应用场景会越来越多,应用价值会越来越高。从消费互联网到工业互联网、智慧城市互联网,从产业数字化到生活数字化、社会治理数字化,可以说无处不在、无所不能。从无人工厂、定制生产到车联网、自动驾驶,从金融科技、生物支付到远程诊断、手术,从智能门锁到智能音箱,农产品从生产到销售、从田间到餐桌的全过程监控、追溯,以满足、保障人们对食品品质的需求,任何一个行业发生的源于质量、效率的变化,都会给人们带来惊喜,都会吸引更多的有效投资,激发更多的经济活力,释放更多的消费需求。

其四,新基建面临的技术短板是发展的软肋,一些重点技术、产品和装备严重依赖进口。过去研发经费投入,往往喜欢做"短平快"立竿见影和临门一脚的事情,久久为功尚未成为一种习惯。没有高水平、高强度的基础研究投入,就难以产生原创性的、颠覆性的科技成果,只能沿着别人的灯塔航行,跟着别人的火把追赶。必须构建以企业为主体、产学研一体化的科技创新体系,让企业在研发方向、技术路线、成果转化、收益分配上拥有更多的自主权;政府则围绕企业优化创新环境,配置创新资源,推进教育改革、人才培养。华为创始人任正非说过一句很形象、很深刻的话:"让听到炮声的人呼唤炮火。"

其五,新基建与新产业、新业态、新商业模式以及新产品、新服务联系紧密,直接作用于、服务于工业、农业、交通、能源等垂直行业应用,以市场化、企业化运作为主,投资主体、投资模式呈现多元化,行业应用、市场培育需要一个过程。要较好地解决运营商、相关企业和投资主体前期投资动力不足、投资能力不足的两大困惑,需要发挥好市场和政府两个作用,加大综合施策的力度。

面对动荡的世界百年变局,面对汹涌的全球疫情冲击,想起唐代诗人王维的两句诗:"行到水穷处,坐看云起时",又想起《全球通史》作者斯塔夫里阿诺斯教授的一段话:"21 世纪既不是乌托邦,也不是地狱,而是拥有一个各种可能性的世纪。"世界在变,变无穷尽;变中有危,变中有机;创新求变,应变之道。新基建,融合新技术,壮大新动能,创造新供给,扩大新需求,将谱写数字经济的新篇章,造就数字时代的新辉煌。

徐宪平

国务院参事

北京大学光华管理学院特聘教授

2020 年 5 月

序　二

　　对于新基建,目前各方认识多有不同,有的说是"新瓶装旧酒",有的说是"旧瓶装新酒",还有的说是换了个包装卖老酒。个人认为,不管是新瓶还是旧瓶、不管是新包装还是老字号,新基建必须是一瓶新酒,是一瓶醇香四溢、清新脱俗的新酒。如何来判定这是不是一瓶新酒,个人觉得有四个标准。

　　一是要为高质量发展提供牵引力。习近平总书记指出,我们现在正处于"百年未有之大变局"时期,在这次抗击新冠肺炎战役中要善于在危中寻机,要化危为机。如何才能在"前所未有的挑战"面前抓住"前所未有的发展机遇",关键的一招就是要走高质量发展之路,结构再造,产业重塑。这次来势汹汹的新冠肺炎,不仅造成百年罕见的全球性瘟疫,而且也给现行的世界经济秩序和人类社会生产活动乃至其他方面带来极其深刻的"危机"。与此同时,也对我国改变发展模式的战略性任务产生了强大的"倒逼"之势,"前所未有的大变局"迫使我们不得不寻求转型发展的新路子,否则很难从这场瘟疫引发的全球性"危局"中站起来。如果仍坚持抱残守缺、大水漫灌的传统发展模式,那么这场"危局"就很可能变成我们的"困局"乃至"败局"。当下,在统筹推进抗击疫情和经济发展、实现"两战赢"的关键时刻,中央推出新基建的发展政策和方针,就是要用国家和政府的力量引导社会各方面高质量的转型发展。不转型就不能转危为机,不转型就难以应对"黑天鹅""灰犀牛"等各种充满变数和不可预知的社会发展风险。

　　二是要为实现科技"领跑"提供基础。我们以前沉湎于"跟跑"文化的轻松获益,执着于"短平快"的技术与产业发展捷径,被基于"相对优势"的全球化理论长期锁定在中低端集成制造上。这种落后的科技文化精神与依赖性很大的产业格局,使得我国高新技术产业发展在战略上始终跳不出"跟踪追赶"的桎梏束缚。国家每年花了那么多钱支持科技创新、支持企业搞研发,效果如何呢? 有没有一流的、可以领跑的创新成果呢? 坦率地说,屈指可数、乏善可陈。即便有些前景不错的创新成果也因为没有强大的产业能力支撑和拥抱创新的文化氛围与应用环境,大多成为"水中月""镜中花",不过是体现了一下"橱窗效应"罢了,最终逃脱不了被舶来品扼杀在摇篮中的命运。这次推动新基建,就是要从创新供给侧改革思路出发,从创造未来社会前瞻性需求的高度引领高技术及相关产业的发展,为新一代信息技术和战略性新兴产业提供可持续发展的前行动力,起到"触一发而动全局""以四两拨千斤"的作用,实现多领域融合发展,在技术引领与可自持产业生态营造上花大力气、下狠功夫,做好"十年磨一剑"的思想、精神、物质和人力准备,打赢技术与产业领跑的翻身仗。

三是要从一开始就统筹好信息化和网络安全。有人说新基建不能局限在信息领域,权且不论对错与否,但是有一点是形成共识的,那就是新基建依赖高版本的信息化。这次新基建是数字经济时代的再信息化过程,一定要汲取以往的教训,只顾饕餮"信息化"大餐,完全不顾及网络安全之恶果。随着信息化的"大饼"铺得越来越大,网络安全问题就越发变得积重难返,以至于既有的"亡羊补牢"招数都不大管用了,甚至到了"几乎被赤裸"的境地。这一轮的新基建,务必从筹划阶段就统筹好信息化和网络安全的关系,按照习近平总书记提出的战略要求,必须落实"车之双轮""鸟之两翼"的发展目标。我个人认为,与"旧基建"的本质区别之一就是,新基建必须从"基因层面"拥有内生安全的体制机制,使安全性指标可量化设计、安全性标准可验证度量,让内生安全成为新基建的最显著特征之一,赋予"新设施""新功能""新服务""新应用"安全可信之内涵,重构自主可控的信息基础设施,重塑网络空间安全新秩序。

四是要让民众有更多的获得感。从基础建设的一般意义来说,是与国计民生息息相关的,与千家万户紧密相连。原来所谓的"铁公机"不管如何评价,给老百姓的生活带来了实实在在的改善,路宽了、出行方便了、物质丰富了。那么这一轮新基建呢? 能让老百姓在数字经济时代有一个什么样的切身体会？这不仅需要我们从供给侧做足文章，还要从需求侧做好文章，让普通老百姓能够用得上、用得好、用得起新技术带来的新应用。如果应用场景不加快形成，不在需求侧早做绸缪，场景建好了却没人用或者不好用，那新基建可能就要事倍功半甚至成为摆设。比如说智慧家庭，政府不去引导公众需求，不推动智慧家庭标准建设，相关技术产品就很难进入千家万户。总之，新基建最后是不是新，最终的裁判是老百姓，金杯银杯不如百姓的口碑。是不是办事更方便了？是不是费用更便宜了？是不是网速快了、流量高了、服务更丰富了？是不是更管用了？面对突发事件，能够信息畅通、数据贯通，能够保平安发展大局，能助度过大灾大难，经得起网络战争的严峻考验。

当然，对于新基建肯定还有更多更好的认识。以上只是一点个人的看法或见解，与大家分享。其实，不管如何认识新基建，关键还是要加快干起来。如果还是口号满天飞、摆弄"假大空"那一套，再新的基建也没有用。只有扎扎实实、闷头实干、不囿成规、不务虚功，才能让新基建成为我国数字经济时代结构性的变革力量。

邬江兴

中国工程院院士

国家数字交换系统工程技术研究中心主任

2020 年 5 月

序 三

　　以5G、人工智能、数据中心、工业互联网、物联网等为代表的"新型基础设施建设"近年来受到政府、企事业单位乃至全社会前所未有的关注。经济新常态和国际竞争新形势下挑战与机遇并存,新基建的提出,既是积极应对当前经济增长新变化和国际竞争新形势等挑战的战略举措,更是我国抓住新旧动能转换、产业转型升级和国际格局重塑等机遇的国家战略,作为引领国家发展的新引擎,新基建正推动数字时代向纵深发展。正在推动数字时代成为现实。作为一名信息领域的科研和教育工作者,我欣喜看到一个信息化、智能化的数字时代正在到来,基于新一代信息技术的新基建国家战略的实施将会加速推动我国全面进入数字时代,进一步提升综合治理能力,对我国经济社会发展产生深远影响。

　　信息技术蓬勃发展,持续推动了过去二十年互联网产业的快速发展,"互联网+"已经成为众多传统行业转型升级的新动力,不断推动社会发展进入数字时代。如果说,高铁拉近了物理距离、加快了人流和物流速度,为我国经济持续快速发展奠定了物理基础;那么,以信息技术为代表的新基建将会显著加快智能化信息流的速度,为我国可持续高质量经济与社会发展插上动力强劲的翅膀。

　　过去十年,数据中心、高速光纤和移动通信等信息技术使基于云端服务的移动互联网应用成为可能,支撑了我国移动互联网产业的快速发展,中国老百姓正逐渐习以为常的电商购物、外卖快递、移动支付、网络约车、共享单车、网络社交、视频直播等新生活方式正是信息基础设施所带来的巨大变化,毫不夸张地说,现在的中国人已基本做到手持一部手机便可以行走天下。生活方式的巨大变革也蕴含着生产方式的巨大变革,其背后催生出了巨大的新市场和众多新行业。

物联网、大数据、工业互联网、人工智能等信息技术与制造、物流、农业、交通、政府管理、医疗等传统产业不断深度融合,从"互联网+"逐渐向"数字+"和"智能+"迈进;数字工厂和智能工厂可以显著提高生产效率并可实现精细化按需生产,有效应对劳动力成本上升的不利因素;基于信息化和大数据的高效、快速智能物流体系是电商王国的基础,使得水果、蔬菜、海鲜等生鲜电商成为了电商新增长点;智能化农机、精细化灌溉、精准传感器网络、无人机农保等为代表的智慧农业则将是巩固我国粮食安全、提高食品安全与质量的重要保障;工业生产将融合大数据和人工智能,实现贯穿产品全生命周期智能生产体系;以智慧交通、智慧政务、智慧安防、智慧水务等为代表的智慧城市建设正在快速推进城市精细化和智能化管理;基于人工智能、大数据和物联网等信息技术的智慧医疗可以实现线上问诊、远程诊断、线上挂号等互联网医疗服务新范式,有望大幅度提升医疗体系效率和医疗资源利用率。工业生产将融合大数据和人工智能,实现贯穿产品全生命周期智能生产体系。高端科学仪器、大型科研装置、科技研发平台、产业技术创新平台等科技创新基础设施,有力支撑了我国基础前沿的科学研究和关键核心技术的攻关研发,并可为企事业单位提供科技创新的平台性支撑。

以新一代信息技术为核心的新基建意义重大,将为我们的经济社会发展、生产方式、生活方式提供持续性变革的巨大动能,与传统基础设施建设共同助推国家和民族的伟大复兴。新基建的发展必将与各级政府、企事业单位乃至我们每一个人息息相关,要把握好数字时代未来发展的方向,就需要对新基建有一个清晰的认知。在这样的大背景下,本书应运而生,作者从新基建的发展现状、涵盖领域、应用场景、前沿技术和市场投资等多个维度娓娓道来,深入浅出地阐释了新基建"是什么、做什么以及怎么做",普及了与新基建密切相关的5G、人工智能、云计算、工业互联网、物联网等新一代信息技术的知识和内涵,也对未来新基建可能引发的经济与社会巨大变革进行了畅想。可以说这本书是一把为我们悉心准备的开启数字时代认知的钥匙,对参与新基建其中的各级政府人员、企事业单位人员及我们每个人是一本非常值得一读的科普性读物,有助于我们更好地投入到新基建浪潮中,共同为我国的新基建添砖加瓦,促进我国新兴技术产业迈入世界前列。

黄　如

中国科学院院士

北京大学信息科学与技术学院教授

2020 年 5 月

总论篇

登高望远入地

新基建,是新型基础设施建设的简称,与铁路、公路、机场、航运、管道、能源、水利、市政等传统基础设施建设不同,有着特定的含义。早在 2011 年 3 月,"十二五"规划纲要就提出:"加快建设宽带、融合、安全、泛在的下一代国家信息基础设施"。"十三五"规划纲要又进一步明确:"加快构建高速、移动、安全、泛在的新一代信息基础设施"。

2018 年底的中央经济工作会议,习近平总书记在会上首次提出新基建这一概念,强调要"加快 5G 商用步伐,加强人工智能、工业互联网、物联网等新型基础设施建设"。2019 年 3 月的全国人大会议上,李克强总理在政府工作报告中提出:打造工业互联网平台,拓展"智能+",深化大数据、人工智能等研发应用,加强新一代信息基础设施建设。2020 年 3 月,中央政治局常委会又一次要求,加快 5G 网络、数据中心等新型基础设施建设速度。2020 年 4 月,习近平总书记在陕西考察时,再次强调"推进 5G、物联网、人工智能、工业互联网等新型基建投资"。2020 年 5 月,习总书记在山西考察时,进一步明确提出:"大力加强科技创新,在新基建、新技术、新材料、新装备、新产品、新业态上不断取得突破。"

2019 年 9 月至 10 月,新基建课题组深入粤港澳大湾区、长三角地区和北京市实地调研,与 40 多家政府部门、60 多家重点企业座谈交流。结合疫情下应对全球和我国经济形势变化的思考,现就新基建的战略意义、基本内涵、典型特征、应用场景、技术支撑、政策工具作一个综述。

一、新基建的战略意义

党的十九大宣告,中国特色社会主义进入新时代。新时代的一个重要标志是,我国经济由高速增长阶段转向高质量发展阶段。在这个阶段,要通过推动质量变革、效率变革、动力变革,深化供给侧结构性改革,建设现代化经济体系,提高全要素生产率,保持经济持续健康发展。

过去,在相当长一个时期,我们的发展战略、宏观政策注重短期增长和需求刺激,主要依靠扩大投资、出口、消费需求来拉动经济增长。现在,高投入、高消耗、高排放、低品质、低效率的发展模式已经难以为继。2008 年至 2018 年,我国广义货币供应量 M_2 从 47.5 万亿元增加到 182.7 万亿元,增长 3.8 倍;全社会固定资产投资从 17.3 万亿元增加到 64.6 万亿元,增长 3.7 倍;但国内生产总值从 31.9 万亿元增加到 90 万亿元,仅增长 2.8 倍;特别是反映技术进步、效率提升的全要素生产率增速,2010—2018 年与 2000—2008 年相比,年均增速从 4.4% 下降到 2.1% 左右。这四组数据说明,资金供给在增加,投资总额在增加,投资效益在下降,生产效率在回落。

从新一轮科技革命与产业变革的大趋势看,第四次工业革命以数字化、智能化、网络化为核心,一个万物互联、人机智联的数字时代正在开启。以 5G、人工智能、大数据、云计算、互联网、物联网为代表的数字技术融合发展、全面渗透,成为强劲的引爆点。数据资源已经成为重要生产要素,成为 21 世纪的"黄金""石油",取之不尽、用之不竭;数字经济已经成为继农业经济、工业经济之后的主要经济形态;新型基础设施成为数字经济的主要载体,成为数字时代的新结构性力量,是推动全要素数字化转型、实现全要素生产率提升的强有力支撑。这是一场伟大的数字革命。国际数据公司(IDC)认为,从现在起,全球 GDP 的 60%以上将是数字化的,每个行业的增长都是由数字化的产品、运营所驱动的。

在传统基础设施建设年代,生产要素主要在"路"上流动,包括铁路、公路、航路、水路等;未来生产要素将主要在"网"上流动,包括互联网、物联网。过去,我们常说,"要致富,先修路";现在,可以说,"要做强,先上网"。在新一代网络平台上,数据流引领技术流、物质流、资金流、人才流,数字化推动智能化。海量的数据、海量的资源在网络集聚,无数的智能机器和智慧大脑在网络互动,拓宽了发展的空间,创造了众多的商机,大大地提升了资源配置效率。麦肯锡公司(MGI)的《人工智能对全球经济影响的模拟计算》研究报告认为,人工智能将显著提高生产力,到 2030 年有可能使总产量增加约 13 万亿美元,使全球 GDP 每年增加约 1.2%,到 2030 年人工智能对增长的贡献可能达到未来 5 年的 3 倍甚至更多;这种影响比第一次工业革命对人类经济社会的影响速度快 10 倍,范围广 300 倍,作用几乎大 3000 倍。

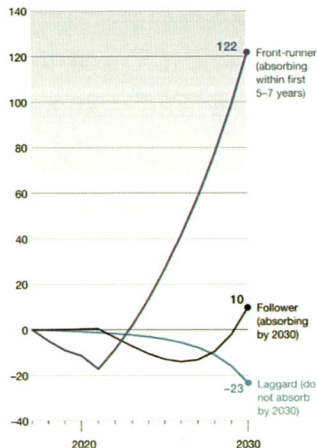

Faster AI adoption and absorption by **front-runners** can create larger economic gains.

Relative changes in cash flow by AI-adoption cohort, cumulative % change per cohort

Front-runner (absorbing within first 5–7 years) 122

Follower (absorbing by 2030) 10

Laggard (do not absorb by 2030) -23

Note: Numbers are simulated figures to provide directional perspectives rather than forecasts.

图 1-1-1　2030 年采用人工智能的领跑者(Front-runner)、跟随者(Follower)、落后者(Laggard)相关现金流变化预测

资料来源:麦肯锡报告。

互联网是物联网的基础,物联网是互联网的延伸。互联网基于人的连接,物联网基于物的连接。随着超速率、广连接、大容量、低时延、高可靠性的5G技术商用,物联网产业将迎来爆发式增长。现在全球人口已超过75亿,但物品是人口的若干倍,从某种意义上也可以说,互联网是加法,物联网是乘法。

全球移动通信系统协会(GSMA)预测,到2025年,全球物联网连接设备数将达到251亿个。中国通信工业协会(CCIA)预测,到2022年,中国物联网设备连接数将达到70亿个,是2019年31亿个的2.3倍,占全球比重从28.9%上升到40.1%;中国物联网市场产业规模将达到2.13万亿元,是2019年1.49万亿元的1.4倍。根据GSMA数据显示,2018年,物联网对全球经济的影响达到1750亿美元,占GDP比重的0.2%,预计到2025年,将达到3710亿美元,占比增加至0.34%;从行业来看,对全球制造业的影响最大,高达920亿美元;从国别来看,对美国经济影响位居第一,达到542亿美元,中国第二,达到362亿美元。中国信息通讯研究院报告显示,到2030年,5G直接带动我国经济产出将达到6.3万亿元,创造就业机会800万个以上。

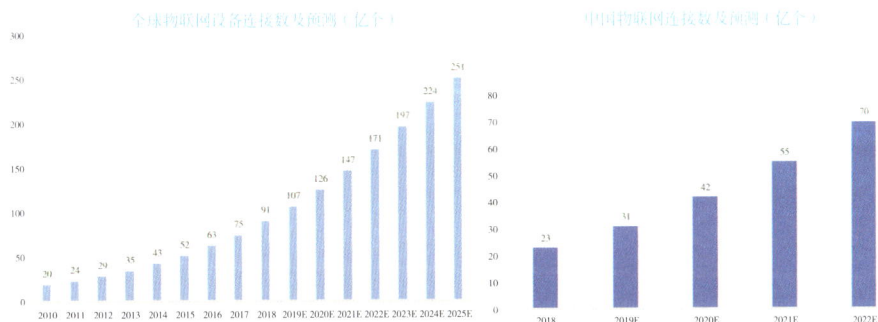

图1-1-2　物联网产业迎来爆发式增长

资料来源:新基建课题组根据GSMA、2019MWC数据整理。

这次新冠疫情冲击,我国经济发展面临前所未有的严峻考验。消费、出口、投资这"三驾马车"拉动增长的作用大大减弱,消费目前遭遇最大创伤,出口因全球疫情雪上加霜,投资成为最重要的对冲手段。因此,社会上有一种声音在疾呼,启动新一轮的大规模基础设施建设! 这是我们熟悉的模式,其经济效益前面已有较为详尽地论述,这里再从投资现状作一个分析。

从"十二五""十三五"期间看,公路、铁路、水路、民航、轨道交通等传统基础设施投资,投资额分别为 12.95 万亿元和 23.73 万亿元,十年平均增速为 3.8%;所创造的成果是令人鼓舞的:"五纵五横"综合运输大通道基本贯通,高速铁路网、高速公路网基本建成,高速铁路营业里程占全球 60% 以上,高速公路里程位居全球第一,全球机场旅客吞吐量前 10 位占 3 位,港口货物吞吐量前 10 位占 7 位。

从"十二五""十三五"期间信息基础设施投资看,分别为 2 万亿元和 1.9 万亿元,十年平均增速只有 2.1%,比前者低 1.7 个百分点。《世界互联网发展报告 2019》显示,美国互联网基础设施指数为 4.1,中国互联网基础设施指数为 3.2;美国信息基建公司总市值约 13.1 万亿元,中国信息基建公司总市值仅为 1.7 万亿元;美国场景应用公司总市值约 21.5 万亿元,中国场景应用公司总市值仅为 9.2 万亿元。2018 年,联合国有关机构发布的报告显示,中国数字经济规模 4.73 万亿美元,排名全球第二,而排名第一的美国数字经济规模达到 12.34 万亿美元,是我们的 2.6 倍。

这些数据说明,由政府主导的传统基础设施投资,受到边际效应递减、政府债务约束的影响,加之现有规模巨大,发展空间受限。而新型基础设施建设,既是发展的短板,也是发展的重点,还有发展的潜力,这是我们当前应对经济衰退、长远提高生产效率的有效投资需求。下一个十年,"好钢要用在刀刃上",要把重点放在以 5G、人工智能、工业互联网、物联网、数据中心等新型基础设施建设上。

二、新基建的基本内涵

根据中央的提法和发展的实践,我们认为,新基建以 5G、人工智能、工业互联网、物联网、数据中心、云计算、固定宽带、重大科技设施为重点,致力于打造数字化、智能化的新型基础设施,运用数字化、智能化技术改造提升传统基础设施。新基建的核心:一是连接,二是计算,三是交互,四是安全。主要包括八个方面:基础网络、基础数据、基础硬件、基础软件、基础平台、基础应用、基础标准、基础安全。这是一个系统的、复杂的重大工程。

(一)基础网络:数据传输、万物互联的高速通道

基础网络以 5G 为关键支撑,由网络核心设备、传输设备、无线基站等构成,形成以有线网络、无线网络和卫星网络组成的"天地空"一体网络。根据使用范围和用途不同分为互联网、工业互联网、物联网。互联网主要是沟通人与人的网络,工业互联网主要是企业实现数字化管控的网络,物联网是实现万物互联的网络。重点是推进 5G 规模建网、固定宽带网络建设,构建具有强大交互功能的网络平台。我国已建成全球最大的光纤宽带网络和 4G 网络。2019 年末,我国 4G 用户总数达到 12.8 亿户,光纤宽带用户总数达到 4.18 亿户,均居全球第一。据华为预测,到 2020 年底,我国将占全球 5G 基站建设数的 50%以上,用户数量占全球 70%以上。

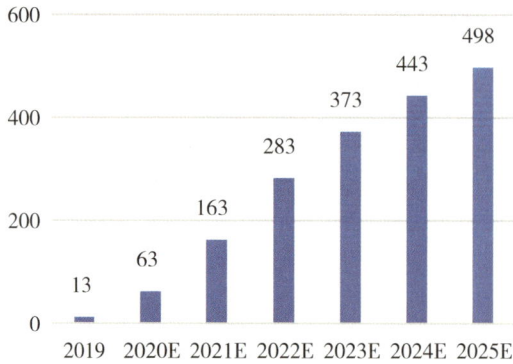

图 1-2-1 我国 5G 基站数量及预测(单位:万个)

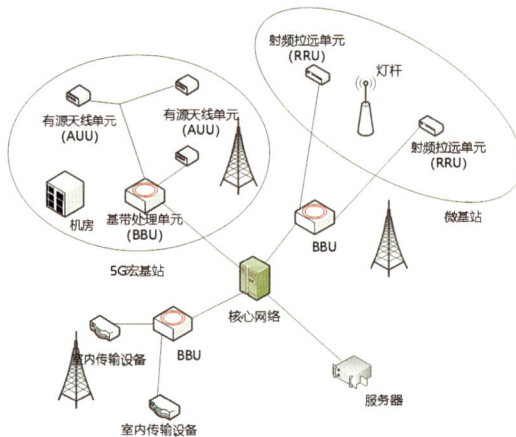

图 1-2-2 基础网络组织架构

(二) 基础数据:数据分析、智能计算的要素资源

基础数据一部分是数据存储载体,以大数据中心、分布式数据中心为代表,另一部分是数据本身,是将大量非结构化数据转化为量化的数字信息存储,为数据计算、分析、应用提供可能。重点是构建数据开放、共享、应用、保护机制,促进数据合理流动、交易。据 IDC 和希捷公司报告显示,2018 年,中国

数据圈占全球数据圈的 23.4%，即 7.6ZB；到 2025 年，中国数据规模将达 48.6ZB①，超过美国同期的数据产生量约 18ZB，成为全球最大的数据生产国。据赛迪研究院数据显示，2019 年中国互联网数据中心数量大约有 7.4 万个，市场规模从 2009 年的 72.8 亿元增长到 2019 年的 1562 亿元，预计 2022 年，中国互联网数据中心市场规模将超过 3200 亿元。

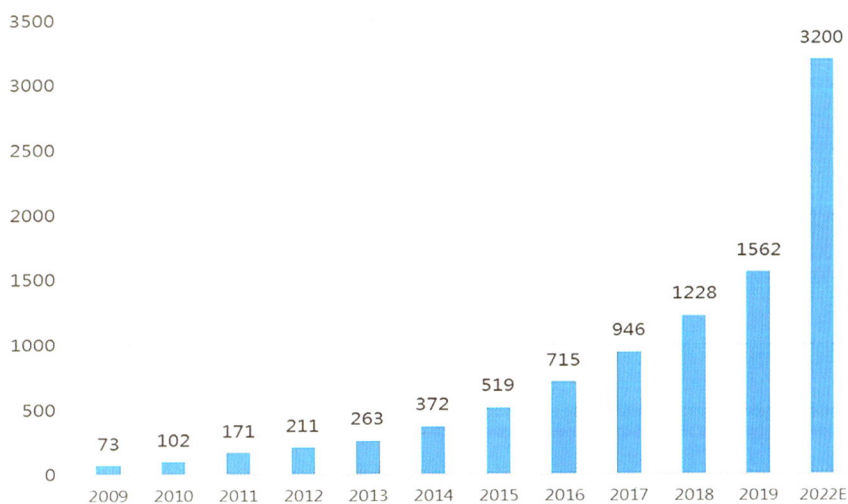

图 1-2-3　我国互联网数据中心市场规模（亿元）

资料来源：wind。

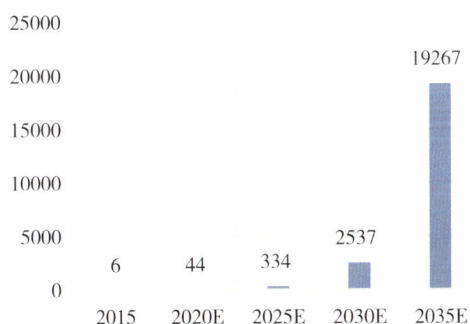

图 1-2-4　2015—2035 年全球数据总量预测（ZB）

资料来源：IDC。

----

① 1GB = 1024MB，1ZB = 10995 亿 GB。

（三）基础硬件:网络连接、计算能力的核心内核

基础硬件以集成电路、电子元器件、半导体材料和设备、新型显示器为核心,包括手机、电脑、可穿戴设备等智能终端和网络连接设备,是构建新一代数字化、智能化网络的基本物质条件。重点是提升网络设备连接能力,智能计算能力。芯片作为集成电路的载体,是每年我国主要商品中进口数量、金额最多的。在 CPU、FPGA、DSP、MPU、DRAM 和 NAND Flash 等核心芯片产品市场,国产芯片几乎一片空白,高端芯片主要依赖进口。

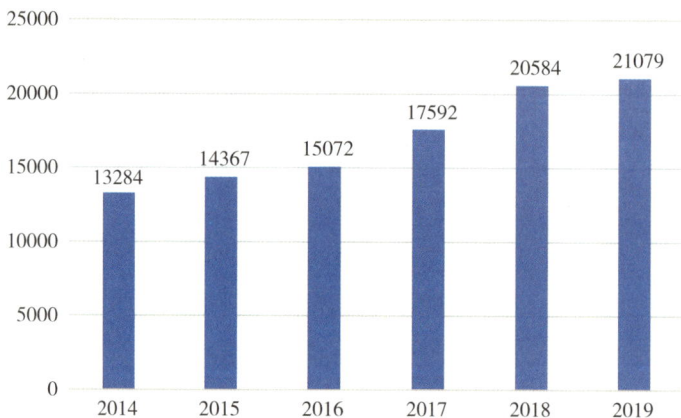

图 1-2-5　我国集成电路进口金额(亿元)

资料来源:根据海关总署数据整理。

（四）基础软件:高效运行、安全保障的重要基石

基础软件是数字技术之基,网络安全之盾。为硬件设备提供配套的操作系统、数据库、中间件、应用软件等,主要是实现数据分析、处理、运算,为终端应用提供服务。重点是增强安全可靠的软件产品供给能力,构建具有国际竞争力的自主软件生态。2010—2019 年,我国软件业务收入从 1.34 万亿元增

至 2019 年的 7.18 万亿元,年复合增长率为 18%。但关键基础软件仍被国外垄断。以 PC 操作系统为例,NetMarketShare 统计数据显示,2019 年 7 月,Windows 10 占有 46%,Windows 7 占有 36%,Mac OS 占有 5%,前 10 名中没有国产操作系统,自主研发操作系统主要是以开源系统 Linux 为基础的二次开发,国产操作系统在核心技术和市场占有率上缺乏优势。

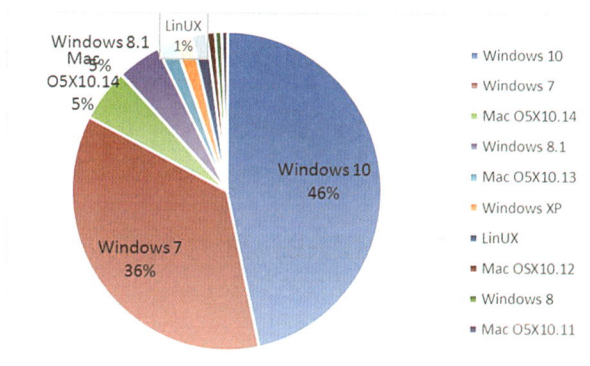

图 1-2-6　全球 PC 操作系统市场占有率

资料来源:NetMarketShare。

（五）基础平台:推动科研、推广应用的战略高地

基础平台指引领型、突破型、协同型、基础型的重大科技设施、各类科技平台。如国家实验室、重点实验室、工程实验室、工程研究中心、企业技术中心;以头部企业牵引的交易型、社交型平台;重点是以底层基础技术与工艺构建起的开源开放平台和工业互联网、物联网等技术体系平台、产业生态平台。美国设立的洛斯阿拉莫斯、劳伦斯伯克利、橡树岭、阿贡等一批国家实验室,在宇宙观测、生命科学、粒子物理、物质微观结构等领域傲踞全球,支撑其在核电、生物医药、先进材料等技术、产业长期保持领先优势,被称为美国科技"皇冠上的钻石"。未来网络基础设施是我国在通信信息领域一项重大科技设施建设项目,骨干网络覆盖全国 40 个城市,建成 40 个主干网络节点、133 个边缘网络等,全长 3.4 万公里,支持 4096 个并行试验。

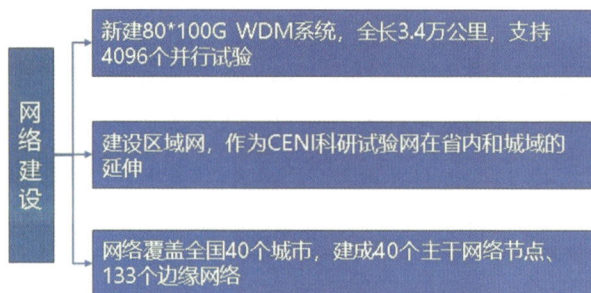

图 1-2-7 未来网络试验设施(CENI)

资料来源:南京未来网络创新研究院。

(六) 基础应用:优化供给、提升效率的广阔舞台

基础应用指依托 5G、人工智能、互联网、物联网、云计算、区块链等新技术,广泛应用于经济社会各个领域。推进消费互联网、产业互联网、智慧城市互联网精细化、协同化发展,提升交通、能源、水利、物流、市政等传统基础设施

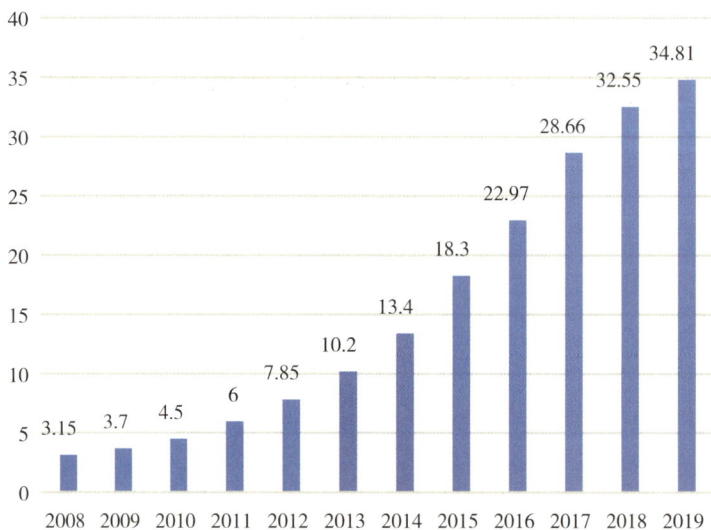

图 1-2-8 我国电子商务市场规模(万亿元)

资料来源:wind。

数字化水平,提升医疗、教育、养老和社会治理智能化水平。重点是加快数字经济发展、智能社会建设。我国电子商务规模从 2008 年的 3.15 万亿元增长到 2019 年的 34.81 万亿元,年均增速 20%。根据 IDC 数据,2019 年,我国云计算产业规模为 594 亿元,预计到 2025 年达到 7961 亿元,年均增速 37%。

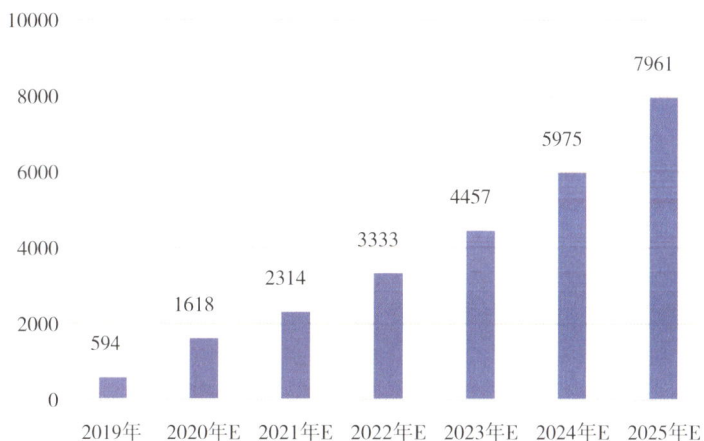

图 1-2-9　我国云计算市场规模(亿元)

资料来源:IDC。

（七）基础标准:规范发展、开放对接的基本准则

基础标准指适应网络化、数字化、智能化发展需要,覆盖规划设计、建设管理、运营维护、更新升级全过程和全生命周期的统一规范、先进适用的标准体系。纵向包括国家标准、行业标准、企业标准等,横向包括技术标准、管理标准、工作标准等。基础标准既是"硬规矩",也是"软实力"。重点是在统一国内标准的同时,加快国内标准走向国际市场,在国际标准制定上争取更多话语权。5G 标准是众多技术的一个组合,有多个国家共同参与和推进。5G 标准集中表现在 5G 必要专利(SEP)数量上。截至 2020 年 1 月,全球 5G 专利声明达到 95526 项,申报的 5G 专利族 21571 个。其中,中国企业声明的 5G 专利占 32.97%,华为以 3147 族排名第一,前 12 名中有 4 家中国企业。

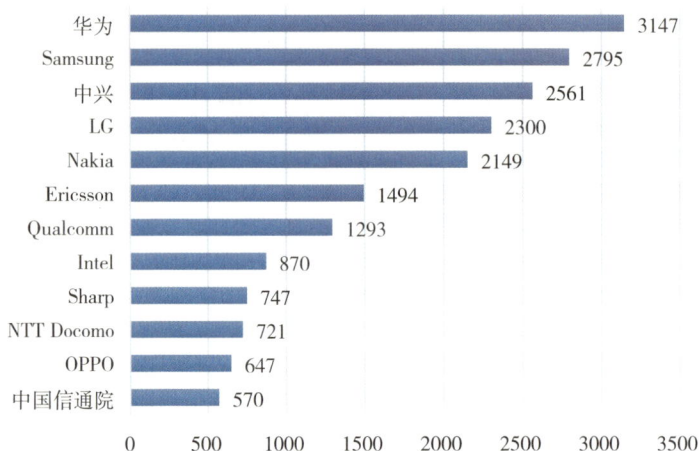

图 1-2-10　企业在 ETSI 声明的 5G 标准必要专利数量

资料来源：IPLytics 和柏林工业大学发布 5G 报告。

（八）基础安全：数据管理、网络治理的可靠保障

基础安全指网络系统正常运行，网络数据可用性、完整性和保密性得到保障，计算机硬件、软件和数据不因偶然和恶意的原因遭到破坏、更改和泄露。基础安全包括网络安全、数据安全、软硬件安全。重点要自主可控、能够抵御风险。一是网络安全：能够抵御恶意软件、恶意网址、移动安全、CVE 漏洞、互联网安全、Linux 病毒对网络造成的恶意攻击。二是数据安全：防止对数据中心的网络攻击，防范数据泄露，确保经过网络传输和交换的数据不会发生增加、修改、丢失和泄露等。三是软硬件安全：避免因软件、硬件被恶意的破坏，造成网络终端被恶意攻击和控制。数据显示，2018 年全年捕获到的各类受僵尸网络控制的主机中，中国受害最严重。2019 年，全球公开披露的高级持续性威胁报告共 596 篇，攻击目标以政府（24.5%）、金融（14.7%）、防务（14.1%）、零售（8.7%）为主，地域上以中国、美国、韩国、中东为主要地区。

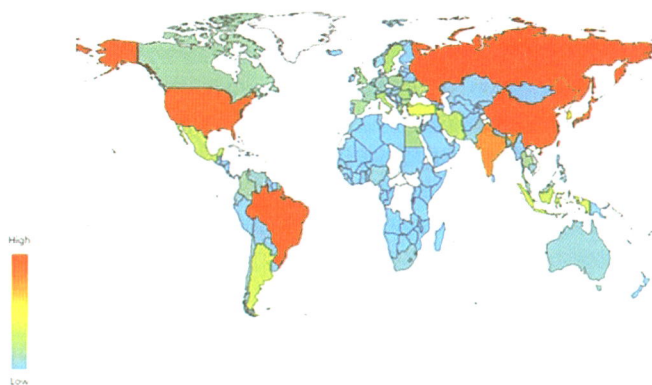

图1-2-11 2018年全球僵尸主机分布情况

资料来源：FreeBuf《2018—2019网络安全态势观察报告》。

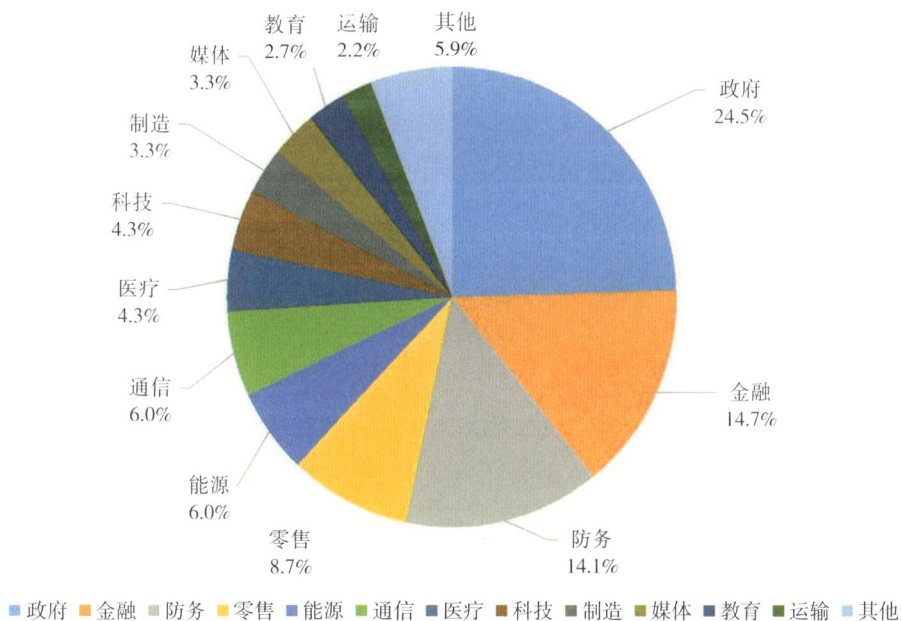

图1-2-12 2019年公开高级威胁事件报告行业分布

资料来源：《全球高级持续性威胁（APT）2019年报告》。

三、新基建的典型特征

与前几次工业革命相比,正在兴起的第四次工业革命所代表的不是任何单一的技术,而是一系列技术发展的趋势。多种技术的交叉将带来"核聚变",对未来社会带来多维辐射。这些趋势相互融合,相互促进,催生新的产业形态、商业模式,创造新的产品和服务,改变人类的生产生活方式。可以说,新型基础设施是第四次工业革命的基础设施,是数字时代的基础设施,是基础设施领域的数字革命。与传统基础设施建设比较,新基建呈现出 6 个典型特征。

一是技术迭代。从第一代移动通信技术 1G 到 5G,发展历程就是一部科技变革史。移动互联网、物联网应用融合创新发展,开始向超高速、大容量智能应用演进。万物互联的 5G,以及未来具有无限可能的 6G,泛在化的无线网络与嵌入式传感器、分布式计算能力结合在一起,空前海量的电子数据存储在云端,通过高性能计算能力、高精度先进算法驱动的人工智能,对这些数据进行分析和解读,区块链技术使这些数据不会被篡改和遗忘,量子通讯的绝对安全特性,量子计算的超强运算能力,都将带来迷人的前景。

二是软硬兼备。传统基础设施基本上是物理空间的实体,依托列车(轨道)、汽车(公路)、飞机(航线)等硬件,以人员、物品为传输对象。而新基建依托新一代数字化、智能化网络,以数据、物品为传输对象,既有基础硬件,如高端芯片、传感器、智能终端;又有基础软件,如操作系统、数据库管理系统、计算机辅助软件、应用软件等,物理空间和数字空间的界限越来越模糊,现实世界与虚拟世界彼此交互的功能、转换的功能越来越强大。硬件与软件完美的连接、协同和持续的升级,代表其创新能力和发展水平的攀升。

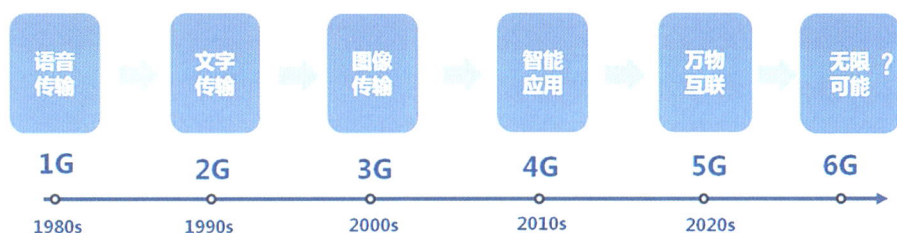

图 1-3-1　移动通信技术的演变

三是数据驱动。经济发展的动力从要素驱动、投资驱动正在向创新驱动转化。数据驱动已经成为创新驱动的主要标志，成为生产率提升的持续动力，成为社会治理的一种变革力量。数字技术使人们可以对海量的数据进行深度分析和解读，从中获得以往难以想象的洞察力，使新一代系统能够以前所未有的速度吸收、处理和响应这些信息。谷歌对机器学习和人工智能的研究表明，运用强大的神经网络模式，可以将 120 种语言的音频转化为文本。通过基因编辑、纳米技术等，数据驱动的能量，不仅可以进入我们的工作、我们的环境，未来还可以进入我们的身体。

四是协同融合。新一代核心技术与工艺将推动新一代网络集感知、传输、存储、计算、应用于一体，是数字化与智能化、互联网与物联网的协同融合。通过传感器、摄像头、语音输入系统获取各种数据信息，通过互联网、工业互联网、物联网平台实现数据传输，通过大型数据中心、边缘数据中心进行存储、计算，通过算法、模型等对海量数据进行安全可信的加工处理，形成对政府、企业、个人不同的应用反馈，最终反馈到各个智能终端应用系统。协同融合还体现在新技术与新经济、产业生态与企业形态、2C 与 2B、线上与线下、传统基础设施与新型基础设施、社会治理与公共服务的协同融合。

五是平台聚力。互联网的集聚效应，使平台型企业、平台型经济快速崛起，拥有庞大的规模、丰富的资源、活跃的创造力和空前的影响力。如电子商务、移动支付、搜索引擎、共享单车、网络约车、网络订餐迅猛发展，阿里巴巴、腾讯、百度、京东、滴滴、美团等头部企业走在世界前列。在工业互联网领域，工信部发布十大工业互联网平台：海尔、浪潮、华为、富士康等行业巨头上榜，在超级计算、智能计算领域，上海超算中心是国内首个面向社会开放、实现资

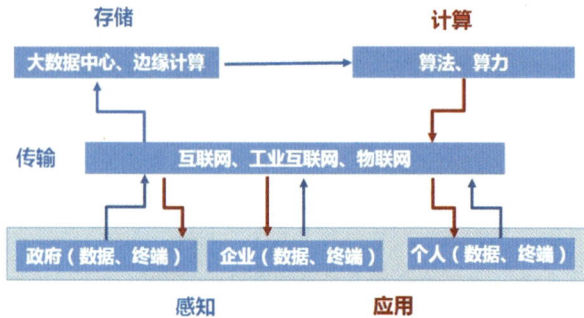

图 1-3-2 感知、传输、存储、计算、应用一体图

源共享的高性能计算公共服务平台,中科院计算所联合寒武纪公司,建成每秒超五十亿亿次人工智能基本运算的智能计算平台。在科研领域,科技部、财政部提出,到 2020 年,基本形成定位准确、目标清晰、布局合理、引领发展的国家重点实验室体系,总量保持在 700 个左右。

六是价值赋能。新基建与传统基础设施根本区别在于,运用网络化、数字化、智能化技术,提升创新链、产业链、价值链水平,对工业、农业、交通、能源、医疗、教育等垂直行业赋予更多、更新发展动能,优化产业结构、完善商业生态,开发更多、更好的产品和服务,在提升社会生产力的同时,满足人们对美好生活的需求。以路灯为例,可以把传感器、无线发射器、电动汽车充电站、5G 基站以及其他数字技术安装到路灯里,为城市和运营商创造全新的服务、现金流和商业模式。数字经济从 2008 年的 4.8 万亿元提高到 2019 年的 35.9 万亿元,占 GDP 的比重从 15% 提高到 36.2%,年均增速 20%。

四、新基建的应用场景

新基建能否创造强大的新动能,推动产业升级,催生新型业态,关键在于应用。随着 5G 技术的商用、新基建的加速,垂直行业的应用场景会越来越多,应用价值会越来越高。从消费互联网到工业互联网、智慧城市互联网,从产业数字化到生活数字化、社会治理数字化,可以说无处不在、无所不能。

列举十个主要领域的应用场景。例如,智能制造、智慧农业、智慧城市、智能交通、智能电网、智慧金融、智慧教育、智慧医疗、智慧物流、智能文旅;从无人工厂、定制生产到车联网、自动驾驶,从金融科技、生物支付到远程诊断、手术,从智能门锁到智能音箱,农产品从生产到销售、从田间到餐桌的全过程监控、追溯,以满足、保障人们对食品品质的需求。任何一个行业发生的源于质量、效率的变化,解决诸如假冒伪劣商品、融资难、融资贵、看病难、看病贵等问题,都会给人们带来惊喜,都会吸引更多的有效投资,激发更多的经济活力,释放更多的消费需求。德勤会计师事务所研究表明,2020 年至 2035 年全球 5G 产业链投资额达到 3.5 万亿美元,由 5G 技术驱动的全球行业应用将创造 12 万亿美元以上的消费额。

上世纪 90 年代,笔者在湖南省工作时,谋划和建设湘西山区高速公路,担心"路修好了,没有车跑",结果建成后,车辆增长远远超过可研报告的预期;又如机场建设,不少地方,机场建成之日便是容量饱和之时。中国 14 亿人,移动宽带人口普及率 98%,大大高于全球平均水平的 48%,正处在产业、消费升级阶段,内需发展的潜力是巨大的,创造一个便利的条件、一个良好的环境、一个安全可信的体系,市场需求便会随之生成、扩展。在这个方面,要有前瞻思维,超前布局,精准投入。

从这次疫情防控看，新一代信息技术、互联网平台扮演了重要角色。百度地图慧眼迁徙大数据及时显示武汉外出的500多万人口的流向，为各地防疫提供了有价值的参数；腾讯在微信支付页面开设“全国新冠肺炎疫情动态”专区，上线“全国发热门诊地图”，覆盖各省及363个城市、1512家医疗救治定点医院和11594家发热门诊；腾讯的企业微信版升级，可提供群直播、收集表、支持300人高清视频会议；华为给火神山、雷神山医院提供5G通信设备，保障数据实时采集使用；钟南山院士领衔广东10位顶级专家对新冠肺炎和重症病例进行远程会诊；高校搭建网络课堂、开展在线学习；企业开展线上办公、远程办公；阿里钉钉软件提供的网上办公平台，支持了1000多万家企业、2亿多上班族在线开工，电话、视频会议等线上业务增长几十倍，1.2亿学生通过钉钉上课；AI算法在新冠肺炎的诊断方面应用于100多家医院；电商、快递成为保障民生需求和城市运转必不可少的工具。

面对疫情带来的挑战与机遇，因势利导、化危为机，推动数字经济、数字社会的发展，速度在加快，领域在拓宽，规模在扩大。2020年4月，《上海市促进在线新经济发展行动方案（2020—2022年）》闪亮登场，提出打造具有国际影响力、国内领先在线新经济发展高地。围绕重点领域实施四个“100+”：集聚

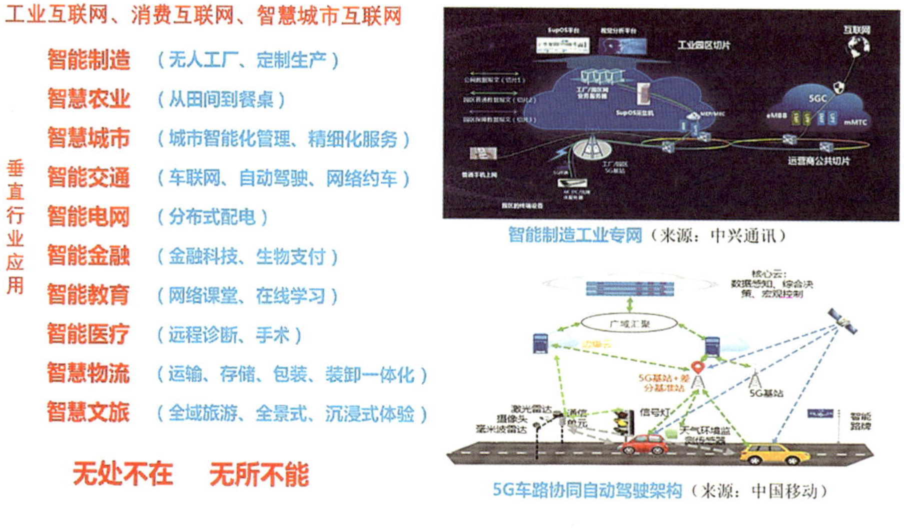
工业互联网、消费互联网、智慧城市互联网
垂直行业应用
智能制造 （无人工厂、定制生产）
智慧农业 （从田间到餐桌）
智慧城市 （城市智能化管理、精细化服务）
智能交通 （车联网、自动驾驶、网络约车）
智能电网 （分布式配电）
智能金融 （金融科技、生物支付）
智能教育 （网络课堂、在线学习）
智能医疗 （远程诊断、手术）
智慧物流 （运输、存储、包装、装卸一体化）
智慧文旅 （全域旅游、全景式、沉浸式体验）
无处不在 无所不能
工业园区切片
互联网
运营商公共切片
智能制造工业专网（来源：中兴通讯）
广域汇聚
5G基站
信号灯
智能路牌
5G车路协同自动驾驶架构（来源：中国移动）

图1-4-1 新基建的应用场景

"100+"创新型企业、推出"100+"应用场景、打造"100+"品牌产品、突破"100+"关键技术;聚焦九大发展重点:打造标杆性无人工厂,加快发展工业互联网,推广远程办公模式,优化在线金融服务,深化发展在线文娱,创新发展在线展览展示,拓展生鲜电商零售业态,加速发展"无接触"配送,大力发展新型移动出行,优化发展在线教育,加快发展在线研发设计,提升发展在线医疗。

五、新基建的技术支撑

从目前和今后一个时期情况看,新基建面临的技术短板是发展的软肋,也是攻关的重点。例如,在软件产品方面,操作系统、数据库系统、工业设计软件等;在集成电路方面,微处理、存储器、EUV 光刻机等;在电子元器件方面,高功率激光器、半导体光放大器等;在半导体材料和设备方面,电子级多晶硅、电子气体等;在新型显示方面,8.5 代及以上液晶基板玻璃、柔性 OLED 玻璃等;在网络安全方面,各种智能处理系统或终端的软硬构件存在泛在化的内生安全,这些重点技术、产品和装备对外依存度高,严重依赖进口。全球传感器有 2 万多种,我们只有 6000 多种。这些都是制约数字化转型、高质量发展的关键所在。

技术支撑的不足,反映出科研路径和方法上的问题。这些年来,我国研发经费投入一直保持持续快速增长。2019 年达到 21737 亿元,增长 10.5%,占 GDP 比重达到 2.19%,与发达国家的差距在缩小,超过欧盟 15 个国家的平均水平,比韩国的 5.4%、日本的 3.44% 要低。但是,应该看到,我们的基础研究严重不足,2019 年基础研究投入 1209 亿元,占研发经费投入的 5.56%。这个数字与 2018 年有关国家数据比,美国是 18.65%、韩国是 25.77%、日本是 22.14%,差距是倍数级的。科研领域长期受"跟跑"文化影响,缺乏"领跑"意识和跨越行动。我们的研发经费投入,主要向应用研究、试验发展倾斜,喜欢做"短平快"立竿见影和临门一脚的事情,久久为功尚未成为一种习惯。

必须认识到,没有高水平、高强度的基础研究投入,就难以产生原创性的、颠覆性的科技成果,就难以形成自主的技术路线、技术标准,就只能沿着别人的灯塔航行,跟着别人的火把追赶。华为的 5G 研发和产品为什么能够走在世界的前列?为什么能够面对打压而屹立不倒,越战越勇?很重要的一点是,华为多年来始终坚持在核心领域保持技术领先的理念,始终保持研发投入占营业收入比重在10%以上。2019年华为营业收入8500亿元,研发投入超过1200亿元,占比14.1%,以3524件专利申请在欧洲专利申请量中排名第一,5G标准必要专利遥遥领先;芯片和操作系统领域,研发出了拥有自主知识产权的鲲鹏、昇腾芯片和鸿蒙操作系统。这是华为的立身之本、强身之道。大疆的无人机为什么占全球70%的市场?关键一条也是舍得花本钱,研发投入占营业收入比重高达15%。

还有重要一点,必须改革科技创新体制机制,真正确立企业创新的主体地位。企业是市场竞争的主体,理应是科技创新的主体。科技与产业的结合,很大程度上是先进理论、共性技术与企业产品研发的结合。一方面,我们不少企业想的是如何赚快钱,如何低成本赚钱,如何以钱生钱,不愿在科技创新上下功夫;2018年,全国规模以上工业企业开展研发活动的企业只占27.3%,研发

基础研究投入不足

2018年世界主要国家研发经费占GDP比重(%)
基础研究占研发经费比重(%)

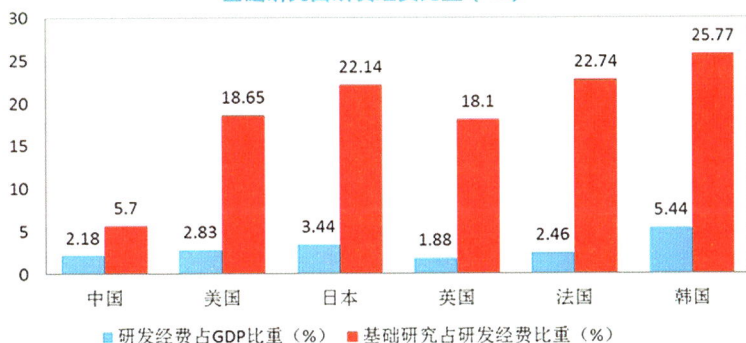

2019年,我国研发投入达到21737亿元,占GDP的比重为2.19%。但基础研究经费1209亿元,占研发投入比重为5.6%;2018年,规模以上工业企业开展研发活动的只有27.3%,研发支出占主营业务收入的比例1.1%。

数据来源:中国数据来源《全国科技经费投入统计公报》,美、日、英、法、韩数据来自OECD。

图1-5-1 基础研究投入情况

资料来源:课题组根据OECD和《全国科技经费投入统计公报》数据整理。

投入占主营业务收入比例仅为 1.1%。另一方面,在科研模式上,政府主导的面向应用的技术多,支持直接产品开发的多,支持基础生态的少,理论创新、方法创新和共性技术研究严重不足,有能力自主开展高水平技术创新的企业又太少,具有领跑地位的成果不多。

从日本经验看,上世纪 70、80 年代,日本通产省组织富士、日立、东芝、三菱、松下等 5 家大企业成立超大集成电路联合开发体,企业出资 300 亿日元,政府出资 400 亿日元,产生出上千项专利,到 1988 年,全球 10 家最大的半导体公司,日本占到 6 家,后因美国强势制约才滑向边缘。我们必须构建以企业为主体、产学研一体化的科技创新体系,让企业在研发方向、技术路线、成果转化、收益分配上拥有更多的自主权;政府则围绕企业优化创新环境,配置创新资源,集聚创新要素,推进教育改革、人才培养。任正非先生说过一句很形象、很深刻的话:"让听到炮声的人呼唤炮火。"

六、新基建的政策工具

传统基础设施建设,基本上是政府主导。新基建与新产业、新业态、新商业模式以及新产品、新服务联系紧密,直接作用于、服务于工业、农业、交通、能源等垂直行业应用,以市场化、企业化运作为主,投资主体、投资模式呈现多元化。现在要加快发展5G,与4G基站相比,5G基站的密度要大2至3倍、投资要多2至3倍、能耗要高2至3倍,行业应用、市场培育需要一个过程。要较好地解决运营商、相关企业和投资主体前期投资动力不足、投资能力不足的两大困惑,需要发挥好市场和政府两个作用,加大综合施策的力度。针对目前存在的重点难点问题,就新基建的政策工具提出九点看法。

第一,加强规划导向和配套政策实施。新基建不能一哄而起,要有战略导向,规划牵引。应制定一个中长期的新型基础设施建设规划,明确新基建的原则、目标、任务和政策举措,确立一批重大工程项目,配套出台今后一个时期5G、人工智能、工业互联网、物联网、数据开放共享、关键核心技术攻关、基础技术生态发展、重点行业应用、重大科技设施、技术标准体系、网络安全规范、产业政策导向和传统基础设施数字化、智能化改造等工作指引或指导性意见,通过规划滚动实施和完善。

第二,用好开发性、政策性金融工具。长期以来,国家开发银行发挥中长期投融资的功能和优势,80%左右的贷款资金用于支持基础设施、基础产业和支柱产业,为加快我国工业化、城镇化进程作出了重大贡献。应发挥好国家开发银行、农业发展银行、中国进出口银行等开发性、政策性金融在新基建中的特殊作用,依托国家信用支持,发行新基建专项债券,设立新基建专项贷款;加大央行抵押补充贷款(PSL)等政策工具支持力度,提升其发放低利率的15至

20 年长期贷款的规模和能力；深化金融供给侧改革，创新和丰富适应新基建融资需求特点的金融产品和服务，恢复开发银行软贷款产品，作为股权投资工具或项目配套资本金。同时，鼓励和引导金融机构通过银行贷款、股权投资、债券融资、资本市场等多种渠道和方式，支持新基建项目、新基建企业。

第三，发挥财政政策定向引导作用。现有财政科技专项资金、国家创业投资基金应重点支持与新基建相关的关键核心技术、产品、装备攻关；设立国家新型基础设施投资基金，引导和吸引社会资本参与，构建多元化、市场化运作的专项基金。2019 年，我国财政赤字率为 2.8%；中央财政国债余额和地方政府债务余额两项相加，占 GDP 比重不到 40%，远低于日本 200% 多、美国 100% 多的政府负债水平，财政政策还有一定空间，可以提高财政赤字率，发行特别国债，增加地方政府专项债券，在保住基本民生、帮扶困难企业的同时，把新基建作为一个重点。

第四，创新运用基础设施信托投资基金（REITs）。我国固定资产投资形成的存量资产，高达数百万亿元。有固定收益、现金流好的产品很多，如高速公路、港口码头、污水处理、仓储物流、电力网络、通讯基站、数据中心、工业厂房等。设计不同类型的基础设施 REITs 产品，盘活各类经营性基础设施存量资产，带动和扩大增量投资，既可以降低政府债务和企业财务风险，也可以为方兴未艾的新基建提供新的融资工具。北大光华管理学院 REITs 研究中心分析测算，我国标准的公募 REITs 产品潜在规模应在 4 万亿到 12 万亿元之间，可以撬动 3 倍约 12 万亿至 36 万亿元资金。2019 年底，国务院常务会议提出："基础设施领域和其他国家鼓励发展的行业项目，可通过发行权益型、股权类金融工具来筹措资本金"。加快推进基础设施公募 REITs 试点，很重要的一条是，对此类产品应给予税收优惠。

第五，更大力度推进政府数据开放共享应用。党的十九届四中全会首次把数据列为生产要素。我国 80% 以上的数据掌握在政府部门，数据资源的充分开放、深度开发、广泛共享、安全保护仍然是一个突出问题，信息壁垒、信息孤岛、信息烟囱等现象同时存在。大量的数据沉淀在政府各个部门的服务器，宝贵的价值得不到有效发掘，直接影响数字经济的高质量发展。加快出台相关法律法规，不断扩大数据共享责任清单，开列数据负面管理清单，建立健全

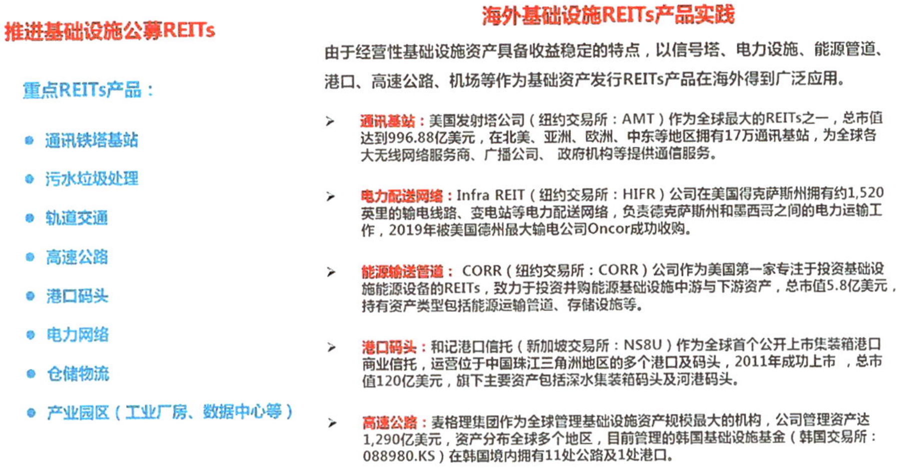

推进基础设施公募REITs

重点REITs产品：

- 通讯铁塔基站
- 污水垃圾处理
- 轨道交通
- 高速公路
- 港口码头
- 电力网络
- 仓储物流
- 产业园区（工业厂房、数据中心等）

海外基础设施REITs产品实践

由于经营性基础设施资产具备收益稳定的特点，以信号塔、电力设施、能源管道、港口、高速公路、机场等作为基础资产发行REITs产品在海外得到广泛应用。

➤ **通讯基站**：美国发射塔公司（纽约交易所：AMT）作为全球最大的REITs之一，总市值达到996.88亿美元，在北美、亚洲、欧洲、中东等地区拥有17万通讯基站，为全球各大无线网络运营商、广播公司、 政府机构等提供通信服务。

➤ **电力配送网络**：Infra REIT（纽约交易所：HIFR）公司在美国得克萨斯州拥有约1,520英里的输电线路、变电站等电力配送网络，负责德克萨斯州和墨西哥之间的电力运输工作，2019年被美国德州最大输电公司Oncor成功收购。

➤ **能源输送管道**：CORR（纽约交易所：CORR）公司作为美国第一家专注于投资基础设施能源设备的REITs，致力于投资并购能源基础设施中游与下游资产，总市值5.8亿美元，持有资产类型包括能源运输管道、存储设施等。

➤ **港口码头**：和记港口信托（新加坡交易所：NS8U）作为全球首个公开上市集装箱港口商业信托，运营位于中国珠江三角洲地区的多个港口及码头，2011年成功上市，总市值120亿美元，旗下主要资产包括深水集装箱码头及河港码头。

➤ **高速公路**：麦格理集团作为全球管理基础设施资产规模最大的机构，公司管理资产达1,290亿美元，资产分布全球多个地区，目前管理的韩国基础设施基金（韩国交易所：088980.KS）在韩国境内拥有11处公路及1处港口。

图 1-6-1 新基建与基础设施公募 REITs

政府数据的开放机制，企业数据的交换机制，个人数据的保护机制，数据交易的利益机制，促进数据合法、公平、有序地流通和交易。

第六，强化国有企业科技攻关责任。我国国有企业资产总额接近 200 万亿元，进入世界 500 强的国有企业达到 88 家。拥有这么大的体量，这么多的资源，应该在攻克关键核心技术难关、推进基础网络建设中发挥突破性、引领性作用。目前国有企业研发经费支出占营业收入比重低于全国规模以上工业企业研发经费投入占比的平均水平。要改革国有企业科研管理体制，增强科技创新责任，大幅提高重点国有企业的研发经费投入占主营业务收入比重，改革经营绩效考核机制，强化创新成果激励。

第七，支持民营企业开发应用场景。新基建的应用场景多，市场空间大。要充分发挥民营企业开发、拓宽应用场景的积极性、创造性，放开市场准入门槛，营造公平竞争环境，强化金融服务，保护合法产权，给民营企业在发展数字经济、壮大数字市场中创造更多的机会，发挥更大的作用。同时，进一步提高研发经费税前加计扣除的比例，激发民营企业创新的动力。

第八，调整优化能源相关政策。5G 基站、大数据中心、云平台、超算中心等，都是用电大户、耗能大户；人工智能、工业互联网、物联网在垂直行业的广泛应用，必然带来能源消费、用电缺口、电力成本的大幅增加。目前实行能源消费总量和单位能耗强度的双控,等于控制了 GDP 增速。应调整优化相关政策,一是能源消费总量的控制,只控制化石能源消费总量,剔除可再生能源消费量。这对 CO_2 排放影响不大;单位能耗强度控制,适当区别化对待;二是电网规划、建设要考虑新型基础设施的用电特点和需求;三是对 5G 建设用电申请、电力增容、直供电改造、基站用电纳入电力市场化交易等方面给予支持,实行定向精准扶持政策。整体看、长远看,数字经济发展会带来能耗降低。

第九,建设、土地管理部门开辟绿色通道。5G 基站站址资源紧缺,5G 信号通过室外覆盖室内入场难度大,数据中心、边缘计算等需要大量用地,这是当前在建设过程中存在的一些障碍。要出台新基建建设规范,将其纳入项目审核和验收环节。各级政府建设、土地管理要开辟绿色通道,加强统筹协调,千方百计帮助运营商和相关企业解决建设用地需求,铁塔和管道等站址资源共享、路灯等社会资源利用,免费开放政府办公楼宇、绿地,室内室外统一入场、免收场租等具体问题,形成合力为开辟室内应用场景创造条件。

参考资料

[1]《中华人民共和国国民经济和社会发展第十二个五年规划纲要》,人民出版社 2011 年版。

[2]《中华人民共和国国民经济和社会发展第十三个五年规划纲要》,人民出版社 2016 年版。

[3]《国家发展战略与宏观政策》,北京大学出版社 2018 年版。

[4]易观梅森咨询公司(Analysys Mason):《5G 全球竞赛》,赛迪工业和信息化研究院编译,2019 年。

[5]CSIS 繁荣与发展项目报告:《越过技术的范畴:发展中国家的第四次工业革命》,赛迪工业和信息化研究院编译,2019 年。

[6]赛迪工业和信息化研究院:《2020 年中国工业和信息化发展形势展望系列报告》,2019 年。

[7]国家统计局:《中华人民共和国 2019 年国民经济和社会发展统计公报》,2020 年。

全 球 篇

放眼百舸争流

放眼全球,数字革命正在以前所未有的速度和规模改变着经济和社会活动,它不仅助力经济增长,不断成长为全球经济发展的新引擎,而且将有助于解决一系列社会挑战,这对重构全球创新版图、重塑经济结构,甚至调整国家力量对比、改变竞争格局都将产生重要的影响。面对新的历史机遇,世界主要国家纷纷将数字经济作为推动经济可持续发展的主要增长点,聚焦关键环节、推动技术创新突破、加快新型基础设施建设,积极探索各具特色的发展路径。研究分析其他国家新基建状况,对我国有较大的借鉴意义。

一、全球:数字基建方兴未艾，主要国家抢占先机

（一）数字经济正成为全球增长的关键动力

以云计算、大数据、物联网、人工智能为代表的数字技术逐渐成熟，数字经济正成为全球增长的重要动力。全球主要国家纷纷出台相关战略和政策，着力推动数字技术创新，以谋求数字经济时代国家竞争发展的新优势。

根据 2019 年 10 月中国信息通信研究院发布的《全球数字经济新图景》，2018 年 47 个国家数字经济总规模超过 30.2 万亿美元，占 GDP 比重高达40.3%。其中，约半数国家数字经济规模超过 1000 亿美元;美国数字经济以12.34 万亿美元的规模蝉联全球第一;中国数字经济规模达到 4.73 万亿美元，继续保持全球第二大数字经济体地位。同时，各国数字经济已成为国民经济的重要组成部分。2018 年英国、美国、德国数字经济在 GDP 中已占主导地位，比重超过 60%，韩国、日本、爱尔兰、法国超过 40%，新加坡、中国、芬兰、墨西哥等也都超过了 30%。此外，在世界经济增长趋于放缓的背景下，各国数字经济仍保持着快速增长态势，为带动全球经济复苏贡献巨大力量。2018 年，在 47 个国家中，38 个国家的增速显著高于 GDP 增速。其中爱尔兰数字经济增速最快，达到 19.5%，中国、爱沙尼亚、捷克、马来西亚等25 个国家增速均超过 10%。

表 2-1-1　2018 年全球主要国家数字经济规模　　单位:亿美元

美国	123408	丹麦	910
中国	47290	挪威	888
德国	23994	马来西亚	780
日本	22901	南非	635
英国	17287	泰国	580
法国	11550	土耳其	542
韩国	7636	罗马尼亚	474
印度	5415	捷克	473
加拿大	4342	奥地利	460
巴西	3832	匈牙利	344
意大利	3828	越南	293
墨西哥	3670	葡萄牙	261
俄罗斯	2942	新西兰	240
澳大利亚	2664	希腊	219
西班牙	2391	卢森堡	135
爱尔兰	1618	斯洛伐克	130
新加坡	1348	克罗地亚	120
瑞典	1296	保加利亚	118
瑞士	1277	立陶宛	89
荷兰	1239	斯洛文尼亚	84
印度尼西亚	1186	爱沙尼亚	71
比利时	1055	拉脱维亚	64
波兰	1045	塞浦路斯	29
芬兰	945	总计	302098

资料来源:中国信息通信研究院《全球数字经济新图景(2019年)》。

　　2020 年新冠肺炎疫情全球大流行成为数字经济按下"快进键"的关键契机,显著催生了新的生活方式和消费习惯,大量前沿数字技术迅速投入社会化应用。在线消费蓬勃发展,亚马逊 2020 年第一季度营业额同比上升近 25%,美国 3 月中旬线上零售额较 3 月上旬翻了一番。产业链加速"云"布局,生产管理全流程不同程度出现线上转移趋势,远程办公、云签约出现爆发式运用,供应商远程管理和客户远程服务加快发展,数字化程度高的企业受疫情冲击相对较小,推动企业更加注重使用数字工具开展运营。数据规划、管理、决策成为各国政府进行疫情预测、分析和防控的重要手段。

（二）新基建决定数字经济发展的潜能和竞争力

联合国发布的《2019 年全球数字经济报告》把数字经济分成以 ICT 为核心的数字基础设施、以平台为核心的新兴数字经济产业和数字化转型驱动的传统行业转型三部分，三者形成有机整体，其中数字基础设施是推动物理世界与数字世界融合的核心力量，决定数字经济发展的潜能和竞争力。

根据 Synergy 最新调研数据显示，2018 年全球超大规模数据中心主要集聚在美国、中国、日本、欧盟、澳大利亚、德国、加拿大、新加坡等国家和地区，这些国家和地区同时也是数字经济的领先者。华为《全球联接指数（GCI）2019》公布了一项关键发现，当一个国家对 ICT 基础设施的投资达到某个水平时，该国的经济增长将进入一个新的阶段。如处于宽带基础设施建设阶段的起步者国家，GCI① 得分达到 35 分时，国家数字化发展将出现乘数效应，催生一系列互联网企业发展机会。国内已经建成最先进数字基础设施的领跑者国家，也能通过数字经济拐点刺激经济增长，当一个国家的 GCI 得分超过 65 分时，该国 GDP 将至少增长 1%。同时预测到 2025 年，如果各国的 ICT 基础设施投资平均每年增加 8%，数字经济创造的新增长潜力将达到 23 万亿美元。②

（三）大型科技企业成为发展数字经济的主导力量

根据《日经亚洲评论》编制的亚洲以及全球公司的市值榜单，截至 2019 年 12 月 20 日，全球十大市值公司中科技公司占据了七席，依次为苹果、微软、

---

① 华为《全球联接指数（GCI）2019》中，GCI 是衡量数字经济的相对优势、劣势、机遇和挑战的重要标杆。GCI 得分在 23—39 为起步者国家，得分在 40—64 为加速者国家，得分在 65—85 为领先者国家。

② 数据来自华为《全球联接指数（GCI）2019》。

谷歌母公司 Alphabet、亚马逊、Facebook、阿里巴巴、腾讯。数字经济领域的平台型企业已经成为全球最重要的、市值最大的企业群体。

这些大型科技企业成为提供基础设施服务、发展数字经济的主导力量。在云服务领域,2018 年亚马逊云服务占全球市场份额的 47.8%,而阿里巴巴云业务年度收入增长高达 92.6%,增速位居所有云服务供应商首位(见图 2-1-1)。在深度学习开源框架领域,以谷歌、亚马逊、Facebook、微软等代表的国际互联网科技巨头,占据了人工智能开源平台的技术和规则主导权。目前已经形成谷歌的 TensorFlow 和 Facebook 的 PyTorch 两家独大的格局,全球 90%以上开发者都在这两个开源平台的生态体系之内。在移动支付领域,支付宝和微信以 53.58%和 39.53%的市场份额居于第一和第二位,长期占据中国移动支付市场超过 90%的市场份额。

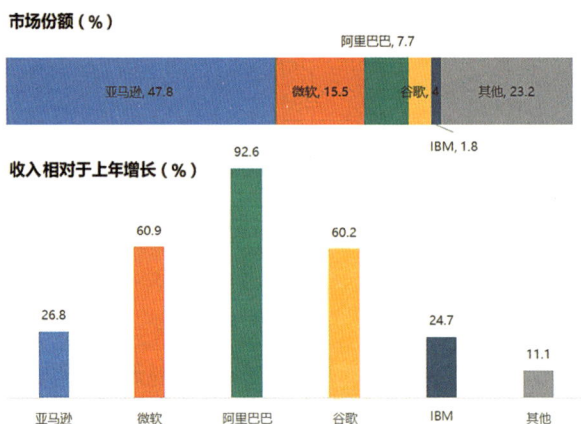

市场份额(%)

| 亚马逊, 47.8 | 微软, 15.5 | 谷歌,4 | 阿里巴巴, 7.7 | IBM, 1.8 | 其他, 23.2 |

收入相对于上年增长(%)

亚马逊	微软	阿里巴巴	谷歌	IBM	其他
26.8	60.9	92.6	60.2	24.7	11.1

图 2-1-1 2018 年全球云计算服务头部企业市场份额和年增长率
资料来源:《经济学人》。

(四) 各国(地区)积极探索发展数字经济的不同路径

从全球看,各国(地区)都在积极探索与自身情况相适应的数字经济发展路径。大致可以分为四类。

第一类,以美国、中国、欧盟为代表的数字经济领先国家或地区。该类国家或地区拥有巨大的内部市场、高水平的信息化基础设施(网络、移动手机、计算机普及率高,民众信息技术应用技能水平高)和发达的信息技术产业,正在努力把数字经济当作拉动整个经济增长的关键核心动力。如美国依托科技领军企业,全方位加速数字基础设施建设,以强化其战略引领地位。中国在国家层面提出加快布局新型基础设施的战略举措,大力发展数字经济新业态、新模式。欧盟以建设欧盟数字单一市场为目标,发起"数字欧洲"项目,强化人工智能、网络安全、数字创新中心等数字基础设施投资。

第二类,以日本、韩国、以色列、新加坡为代表的数字技术领先国家。该类国家拥有领先的信息化基础设施和信息技术基础,但缺乏足够的内部市场。他们选择发挥独有优势,面向全球输出自身能力。如日本牢牢把握价值链顶端的基础元器件,成为全球数字产业的关键供应商。韩国以5G为引领,全面提升在电子信息领域的优势。新加坡发挥区位优势,打造开放的全球数字经济高地。以色列发挥研发优势,持续孵化前沿科技领域的创新企业,对接全球信息技术产业生态。

第三类,以印度、印度尼西亚、马来西亚、泰国、巴西等为代表的拥有巨大数字经济消费潜力的新兴国家。该类国家人口流量大,正逐步迈向信息社会,但缺乏足够信息化基础设施和产业基础。他们重点围绕消费互联网,启动本国的数字经济产业。如印度2019年底有5.022亿智能手机用户,覆盖超77%的人群,近年来涌现出以移动支付公司Paytm、打车应用Ola Cabs、在线教育公司Byju's等为代表的21家独角兽企业,成为全球第三大"独角兽"中心。印度尼西亚是社交网络普及率最高的国家,手机用户渗透率高达91%,互联网用户1.5亿人,其互联网经济在2018年达到270亿美元,并有望在2025年达到1000亿美元。

第四类,以大量的非洲国家为代表的数字经济起步国家。该类国家正依托移动互联网的便利性努力缩小数字鸿沟。以撒哈拉以南非洲为例,该地区移动通信的用户和资金规模正迅速发展。根据全球移动通信协会(GSMA)最新数据,2018年该地区新增移动通信用户2000万人,2018年底移动支付账户数量创纪录地达到3.957亿个,几乎占到全球总数的一半。2018年,以通话、数据和移动支付为主导的移动通信行业为撒哈拉以南非洲创造了8.6%的GDP和超过1440亿美元的经济附加值。

二、美国:依托领军企业,布局数字产业

（一）跟踪创新趋势,强化战略规划引领

美国持续出台一系列具有前沿性和全球影响力的战略规划,有效引领产业发展。如在人工智能领域,2016 年美国白宫发布《时刻准备着:为了人工智能的未来》《国家人工智能研究与发展战略规划》《人工智能、自动化与经济》,2019 年发布《国家人工智能研究与发展战略规划》更新版等一系列政策促进措施。在 5G 领域,2018 年发布"5G 快速计划"、《美国未来可持续频谱战略》备忘录,改革监管举措、制定频谱战略等措施。在物联网领域,美国学者于 1991 年率先提出物联网概念,2005 年美国国防部将"智能微尘"(Smart Dust)列为重点项目,在美国国家情报委员会(NIC)2008 年发表的《2025 年对美国利益潜在影响的关键技术报告》中,更是将物联网视为六大关键技术之一,美国国家科学基金会"全球网络研究环境"(GENI)也将组建传感器子网等物联网设施作为重点。

（二）依托科技领军企业,加速推进新基建

美国拥有一大批科技领军企业,政府通过支持这些企业加速推进新基建。一是加大资金支持力度,Facebook、微软、谷歌、Datto、雅虎等在数据中心建设中均获得了不同程度的资金奖励或税收减免。二是加强创新生态能力支撑。

美国国家科学技术委员会(NSTC)2016公布《推进量子信息科学：国家挑战与机遇》，报告指出美国联邦政府支持量子信息科学的研发投入每年为2亿美元左右，主要通过国防部、能源部、情报先进研究计划局、国家标准与技术研究院、国家科学基金会等机构支持。如2019年谷歌"量子霸权"背后离不开政府性质实验室的支持。谷歌CEO桑德尔·皮查伊发表文章表示，"感谢美国国家科学基金会(NSF)对我们研究人员的支持，以及与美国国家航空航天局Ames研究中心和橡树岭国家实验室(Oak Ridge National Laboratory)的密切合作。与互联网和机器学习一样，政府对基础研究的支持对于长期的科技成就仍至关重要"。之后，谷歌依靠能源部的超级计算机和美国宇航局量子人工智能实验室的联邦专家的支持，完成验证量子算法的艰巨任务。[①] 三是政府采购支撑。如2019年10月美国国防部与微软公司达成为期10年的"联合企业国防基础设施"(JEDI)云服务合同，价值最高可达到100亿美元。四是改革监管措施。如美国联邦通信委员会(FCC)通过修改基础设施部署规则、简化下一代无线设施部署程序、明确选址审查受理期限等举措减少5G基础设施部署的障碍，支持运营商布局建设无线基础设施。

（三）积极开放公共数据，促进数字生态成熟

美国自2009年起开始实施《透明和开放的政府》《开放政府令》《电子化政府执行策略》等法案，成为第一个开放政府数据的国家。2014年5月，美国政府发布《美国开放数据行动计划》，提出"主动承诺开放并逐步开放数据资源"的原则，要求发布数据应做到方便公众使用和查找，并根据公众反馈不断完善，使其更易使用和理解。目前，数据开放成效不断显现，涵盖数据收集、数据分析和建模等的"数据价值链"已经形成。比如房地产公司Zillow利用政府开放的房屋数据，开发在线房产估值和交易服务，公司员工仅560人，市值超过55亿元人民币；意外天气保险公司Climate Corporation依托政府开放的

---

① 谷歌CEO桑德尔·皮查伊：《我们的量子计算里程碑意味着什么》。

60 年农作物收成数据、超过 100 万个气象监测站的气象数据以及 14TB 的土壤质量数据进行深度分析,面向农民提供完备的意外天气保险服务,并于 2013 年被农业生物技术公司孟山都(Monsanto)以 11 亿美元收购。①

(四)聚焦关键基础设施,积极保障信息安全

由于关键基础设施涉及军事、政治、经济等各领域,基于关键基础设施的信息安全愈发重要。美国分别于 2007 年发布《国土安全国家战略》、2015 年发布《联邦信息安全管理法案》、2016 年发布《联邦政府信息资源管理通告》等法案。其中 2014 年发布的《提升美国关键基础设施网络安全的框架规范》,将信息安全风险纳入企业风险管理程序当中,在识别、保护、检测、响应和恢复五个层面,提供了信息安全风险管理框架;在《联邦采购条例》中,将信息安全纳入进口关键基础设施安全的重要考虑因素。

(五)加强数字技术援外,增强战略影响

美国国家开发署(USAID)于 2020 年 4 月发布了《数字战略 2020—2024》,提出运用数字技术增强受援助国家自主发展能力,推动重大发展和实现人道主义援助;同时强调在国家层面构建开放、包容和安全的数字生态体系,这一过程必须受美国价值观的引导和影响,以符合美国法律和最佳实践的方式,推动合作伙伴国的数字建设项目。

---

① 张子淇、姜涵:《美国数据开放七年的经验与启示》,《通信世界》2016 年第 24 期,第 27—28 页。

三、欧盟:建设数字欧洲,数字驱动发展

(一) 加快建设欧盟数字单一市场

为保持信息领域的领先地位,欧盟先后出台 eEurope 和 i2010 战略。eEurope 战略于 1999 年启动,欧盟理事会分别于 2000 年发布《eEurope 2002 年行动计划》、2002 年发布《eEurope 2005 行动计划》,旨在使信息社会惠及所有欧洲人,将连接转化为生产力。2005 年,欧盟委员会通过《i2010:欧洲信息社会 2010》的五年发展规划,旨在推动数字经济的发展。欧盟数字战略实施的第一个十年,欧盟信息社会建设取得了长足进展。

随着 2010 年《欧洲数字议程》的发布,欧盟数字战略进入第二个十年,打造数字单一市场(Digital Single Market,简称 DSM)成为欧盟数字战略的首要目标。为推进数字单一市场建设,欧盟发布多项政策文件,如 2014 年 7 月的《走向繁荣的数据驱动型经济》、2016 年 4 月的《欧洲工业数字化》、2016 年 5 月的《欧洲网络平台与数字单一市场的机遇与挑战》、2017 年 1 月的《建立欧洲数据经济》等。其中最重要的是 2015 年欧盟委员会发布的《欧洲数字单一市场战略》,该战略明确了建立单一市场的三大支柱:为消费者和企业提供更好的数字商品和服务;为数字网络和服务的蓬勃发展创造合适的环境;使欧洲数字经济的增长潜力最大化。欧盟认识到目前很多市场规则问题仍不统一,通过破除 28 个成员国(注:现为 27 个成员国)之间的"制度围墙",实现货物、人员、服务、资金和数据的自由流动,增强欧洲数字企业竞争力,促进欧洲在数字经济时代的领导地位。欧盟委员会认为,数字单一市场每年将为欧盟带来

4150 亿欧元收入,并增加大量就业机会。[①]

(二) 坚持强化战略自主性

新一届欧盟领导人上任以来,大力推动以"技术主权"为核心的数字新政,以期建设强大的数字欧洲。2020 年 3 月 10 日,欧盟委员会发布了《欧洲新工业战略》,强调战略自主权的核心是减少对其他国家的依赖。为此,欧盟将重点推动数字化转型尤其是提升先进技术自主权,重点包括在未来 10 年部署基于量子密钥分发技术的"端到端"安全基础设施,保护欧盟成员国关键数字资产;支持机器人、高性能计算、区块链、量子技术、光子学、生物制药、先进材料等关键产业技术研发。同时欧盟注重强化数字经济的规则制定权和话语权,2018 年颁布了《通用数据保护条例》(GDPR),对数字隐私进行严格限制,同时部分成员国推出"数字税",对限制外国数字企业使用欧盟数字资源和在欧盟过度扩张起到了重要作用。

(三) 发起"数字欧洲"项目

欧盟委员会 2018 年 6 月公布 2021—2027 年欧盟长期预算草案里的一系列提议,包括设立欧盟首个"数字欧洲"项目并向其拨款 92 亿欧元,其中 27 亿欧元用于超级计算机及数据处理领域;25 亿欧元投入人工智能领域,主要支持人工智能研发测试的基础设施建设;20 亿欧元投入网络安全领域;13 亿欧元推动数字技术更广泛使用,包括建设数字创新中心、支持相关试点等。欧盟已成立了信息技术及消费电子产品协会"数字欧洲",由来自各成员国的 40 个行业协会以及谷歌、爱立信、诺基亚等 70 家全球领先的数字企业组成,会员总数超过 35000 家。

此外,欧盟委员会还提议开展多项新基建工程。如,拨款 30 亿欧元用于

---

① 闫德利:《欧盟:建设数字单一市场》,《中国信息化》2019 年第 3 期。

高容量宽带网络建设。2018 年 10 月，欧盟委员会宣布由欧盟和部分成员国共同投资 10 亿欧元，启动为期 10 年的量子技术旗舰计划，目前已有 24 个成员国宣布共同研发和部署欧盟量子通信基础设施。2018 年 1 月提出的一项与欧盟成员国共同投资的"欧洲高性能计算共同计划"（2019 — 2026 年实施），已从欧盟成员国中选定 8 处地点建设"世界级"超级计算机中心，总预算达 8.4 亿欧元，投入使用后将使可用于欧洲范围的超级计算资源翻倍。

（四）协同合作全力争取 AI 时代的优势

目前，欧洲在数字经济方面相对落后，截至 2018 年全球市值最大的 21 家互联网科技公司中，美国有 12 家，中国有 9 家，没有一家欧洲公司。为了重塑科技新优势，欧盟各国正在协同合作，全力争取 AI 时代的优势。2018 年欧盟 28 个成员国共同签署《人工智能合作宣言》，承诺在人工智能领域形成合力。欧盟发布《关于欧洲人工智能开发与使用的协同计划》，计划促进成员国在投资、数据、人才、信任等方面的合作。2019 年 1 月，欧盟启动欧洲联盟人工智能项目，整合汇聚成员国 79 家研发机构、企业的数据、算法等人工智能资源，建立人工智能需求平台、开放协作平台。

（五）在技术创新和社会治理中取得平衡

欧盟十分重视信息技术与伦理、社会的协调发展，希望从发展之初为其设置伦理规范，确保技术在适宜框架内发展。关注人工智能带来的安全、隐私、尊严等风险是欧盟人工智能战略的侧重点，2018 年 4 月发布的《欧盟人工智能》报告将确立合适的伦理和法律框架作为三大战略之一，欧盟成立了人工智能高级小组（AIHLG），负责起草人工智能伦理指南，并于 2019 年 4 月发布《人工智能伦理准则》，提出受人类监管、技术稳健安全、数据隐私管理、透明度多样性和公平性、社会和环境福祉、问责制等原则。

（六）以工业数字化为切入点

欧洲拥有强大的工业尤其是制造业基础，欧盟以工业数字化为重要切入点，提升数字时代产业竞争力。比如德国政府于 2010 年提出《数字德国(2015)》、2014 年提出《数字议程(2014—2017)》、2016 年提出《数字化战略(2025)》，在国家战略层面全力推进“工业 4.0 战略”。2019 年 11 月 29 日，德国联邦经济和能源部正式公布了《工业战略 2030》，内容涉及完善德国作为工业强国的法律框架、加强新技术研发和促进私有资本研发投入、在全球范围内维护德国工业的技术主权等。文件强调以“欧洲制造”标准建设自主和可信任的数据基础设施是关键，只有掌握数据主权才能在数字经济中取得竞争优势。

（七）重点支持数字技术研发

欧盟主要通过研究框架计划，推动前沿技术研究和挖掘产业新机会。2018 年 5 月 2 日，欧盟正式宣布 Horizon Europe 计划(简称 FP9)2021—2027 年研究投资框架预算，与 ICT 领域相关的重大专项课题驱动中 Digital & Industry 领域预算将达到 150 亿欧元。研究方向包括 Manufacturing Technologies(制造技术)、数字化技术(Digital Technologies)、人工智能与机器人(Artificial intelligence & Robotics)等。(图 2-3-1)

Global challenges & Industry Competence

Health	77亿欧元
Inclusive &Secure Society	28亿欧元
Digital & Industry	150亿欧元
Climate ,Energy & Mobility	150亿欧元
Food & natural Resources	100亿欧元
Non-Nuclear direct actions for JRC	22亿欧元

重点投资的9个领域
Manufacturing Technologies（制造技术）
Digital Technologies（数字化技术）
Artificial intelligence & Robotics（人工智能与机器人）
Next Generation Internet (NGI)（下一代网络/互联网）
High Performance Computing & Big Data（高性能计算与大数据）
Advanced Materials（先进材料）
Circular Industry（循环产业）
Space

图 2-3-1 欧盟 FP9 重大专项课题驱动的研究方向

资料来源：欧盟 Horizon Europe 计划提案。

四、日本:打造超智能社会，推进可持续发展

（一） 以构建超智能社会（社会 5.0）为统领

2016 年 1 月,日本内阁在《第五期科学技术基本计划（2016—2020）》中首次提出了超智能社会（社会 5.0）的概念,并将其定义为继狩猎社会（社会 1.0）、农业社会（社会 2.0）、工业社会（社会 3.0）、信息社会（社会 4.0）之后的新社会形态。

"社会 5.0"的全景图由六大超智能化系统构成:无人机送货;AI 家电普及;智慧医疗与照护;智能化产业;智能化经营管理;全自动驾驶、物联网（IoT）、大数据、人工智能和机器人等。"社会 5.0"旨在利用数字技术解决日本经济社会可持续发展的关键问题,不仅要提升核心产业竞争力,还要实现国民生活智能化,从衣、食、住、行各方面提升生活便捷性;同时提高灾害的防御和应对能力等。

（二） 以 5G 通信网建设为先导

日本把 5G 定位为"构成经济社会与国民生活根基的信息通信基础设施",大力推动 5G 通信网建设。一是允许政府和企业自建 5G 专网。日本政府 2019 年 12 月开始接受 5G 专网服务频谱牌照申请,并计划在 2020 年扩大

可用于 5G 专网的无线频谱资源,允许地方政府和企业在农村地区建设自己的网络。目前东京都政府、NEC 集团、富士通等都提交了申请,其中富士通自建的 5G 专网已于 2020 年 3 月 27 日正式商用。二是加大税收支持力度。根据日本 2020 年度税制改革大纲,未来 2 年内对采用日本政府认定安全性较高的供应商设备的通信运营商,其基站建设投资额的 15% 将从法人税中直接扣除,或将投资额的 30% 列入设备折旧。对企业在本工厂内建设的局域 5G 通信网络也列为减税对象。① 三是利用国家高密度的交通信号灯来降低推出超高速网络的成本和时间。日本政府将允许 NTT、Docomo 及其他移动运营商在交通信号上建立 5G 基站,2019 年日本《IT 新战略》提出把设置于全国的约 20.8 万个交通信号灯作为第 5 代移动通信系统(5G)基站的设置场所使用,到 2025 年度底完成在信号灯设置基站的工作。

(三) 以基础元器件为战略重点

日本曾经是最大的消费电子制造国,近年来受老龄化影响逐渐丧失了整机领域的领先地位,但依然牢牢把握价值链顶端的基础元器件,是全球数字产业的关键供应商。英国调查公司 IHS Markit 2019 数据显示,索尼占据了全球 50.1% 的 CMOS 传感器市场份额。根据《日本经济新闻》2020 年 2 月报道,村田制作所的积层陶瓷电容器(MLCC)掌握全球 40% 的市场份额。日本电产集团的硬盘驱动器步进马达、手机/智能手机振动马达等产品市场份额均占世界第一位,其中硬盘驱动器市场份额超过 80%。

(四) 以机器人、自动驾驶为重要方向

机器人是日本智能化发展的标志,也是其参与国际竞争的强势领域。根

---

① 内容来源于日本 2020 年度税制改革大纲。

据国际机器人联合会(IFR)数据,作为世界第一大工业机器人生产国,2018 年日本交付了全球供应量的 52%。2018 年日本机器人销量达 55000 台,创下了该国有史以来的最高值。对于一个已经高度自动化的工业生产市场来说,2013 年以来 17% 的平均年增长率是惊人的。[①] 此外,依托日产、丰田等汽车龙头,日本加快推动自动驾驶发展,2019 年 5 月,日本政府以 L3 自动驾驶为前提,修改了《道路交通法》和《道路运输车辆法》,是目前自动驾驶相关法律方面走在世界最前沿的国家之一。2019 年 8 月,日本在东京都中心区开启首辆自动驾驶出租车载客测试计划,并积极开展自动驾驶卡车高速公路测试。

（五） 以东京夏季奥运会为契机提供新技术落地场景

历届奥运会作为新科技成果应用的重要场景,都有力地促进了举办国科技产业发展和城市现代化进程。日本计划借助举办东京奥运会展示日本科技产业的新活力,有可能创下奥运会期间机器人投放数量最多的新纪录,此外还将应用无人驾驶、面部识别技术、电子通行证、5G 无线连接、实时语言翻译等多项数字技术。

（六） 以促进科研成果转化成数字经济生产力为关键

日本政府积极促进政府与学术界、产业界的合作交流,通过一些国立大学实验室及研究机构的企业化运作、研发成果推介会议等途径,有效促进数字技术创新与生产要素的结合,将科技成果转化成数字经济生产力。以人工智能为例,日本人工智能技术战略委员会作为国家层面的综合管理机构,负责推动总务省、文部省、经产省以及下属研究机构间的协作,进行人工智能技术研发。

---

① 数据来自国际机器人联合会(IFR)发布的《全球机器人 2019——工业机器人》报告。

五、韩国:强化 5G 牵引,发展新兴业态

(一) 将发展 5G 产业作为国家战略

2013 年,韩国就成立 5G 论坛推进组 5G Forum,提出了 5G 国家战略和中长期发展规划,同年底,韩国科学技术信息通信部(MSIP)发布了 5G 移动通信先导战略。2018 年平昌冬奥会上实验性地应用 5G 技术。2019 年 4 月,韩国 KT、SK Telecom、LG Uplus 正式开启 5G 手机服务,成为全球首个启用民用 5G 网络的国家。与此同时,韩国政府对外发布国家层面的"5G+战略",韩国总统文在寅亲自宣布这一计划,提出到 2026 年占全球 5G 市场份额 15% 的目标,并在 5G 相关产业创造 60 万个工作岗位和 730 亿美元出口额。

(二) 快速启动 5G 市场

一是快速推进 5G 网络建设。韩国科学技术信息通信部数据显示,在 5G 商用化仅 11 个月后,韩国 5G 基站已遍布韩国境内 85 个城市,总基站数达 10.9 万个(中国 2019 年底 5G 数 13 万个);二是快速投放 5G 终端。截至 2020 年 2 月 28 日,全球 5G 智能手机市场中,三星以 43% 的市场占有率位居第一;三是降低消费者使用门槛。运营商通过终端补贴、流量赠送和有吸引力的 5G 套餐价格等培养消费习惯。截至 2020 年 2 月 28 日,韩国 5G 用户总数已达 536 万人,5G 网络渗透率达到 10%。

（三）出台系列鼓励支持政策

韩国政府制定一系列措施鼓励 5G 产业发展和技术创新。一是为 5G 网络投资提供 2%—3% 的税收抵免政策（2019—2020 年）。二是制定 10 万亿韩元 5G 设施投资项目。该项目由国有银行执行,将在 2021 年结束。此外,成立 15 万亿韩元基金,以支持有前途的 5G 相关创业公司。① 三是支持中小型企业参与 5G 技术研发。韩国未来创造科学部 2014 年 1 月 22 日表示,为了使韩国到 2020 年获得国际一流的标准专利竞争力,政府将和海外研究机构联合进行研究,并将中小企业参与 5G 研发的比重从目前的 25% 提高到 40%。

（四）拓展数字化内容供给加速产业生态成熟

韩国支持运营商开发 5G 新商业模式,协助形成"杀手锏"应用来加速产业生态成熟。目前韩国三大运营商在 Cloud VR 和 AR 领域持续投入和创新,打造了一批有吸引力的 5G 新业态,如 SKT 推出低时延社交直播,与多家世界级 VR/AR 运营商合作推出 5G 流媒体游戏;KT 率先开展基于 5G 的视频、游戏等内容服务;LGU+提供 U+职业棒球、U+高尔夫、U+偶像直播等独家媒体内容,将资费套餐与内容结合以形成差异化竞争优势。

---

① 资料来源于韩国《5G+战略》。

六、新加坡：从城市国家，到智慧国家

（一）将"智慧国"作为国家名片

新加坡早在 2006 年就推出了"智能城市 2015"发展蓝图，致力于将这个"城市国家"建设成一个以资讯通信驱动的智能化都市；在 2014 年，新加坡将该计划全面升级，公布了名为"智慧国 2025"的 10 年计划，这也是全球第一个智慧国家蓝图。在两个计划的推动下，新加坡在电子政务、智能交通等领域均取得了全球领先的成果。2018 年，又推出"服务与数字经济蓝图"，重点提升本国服务业领域的数字创新能力。①

凭借连续性的发展政策和 ICT 技术积累，"智慧国"已成为新加坡的国家名片。新加坡广泛应用数字智能技术，将整个国家打造成一个"真实实验室"，企业可以与公共部门和研究机构合作，在现实生活中测试城市解决方案，促进其商业化和技术迭代创新。新加坡设置了"IDA 实验室"和"创客空间"作为创新平台，"IDA 实验室"支持使用新技术创新产品和服务，"创客空间"则向中小媒体公司提供生产设施以开发有趣的数字内容。

（二）吸引全球数字经济企业建设数字基础设施

新加坡政府发挥地理位置优越、政治稳定、自然灾害风险低、海底电缆网

---

① 赵觉珵：《新加坡寻求数字经济新变革》，环球网，2018 年。

络丰富等区位优势，积极主动吸引全球企业共同建设先进数字基础设施。一是政府划出专门区域用于数据中心的建设，打造丹戎克林数据中心园区，已成功吸引了包括 Facebook 等众多知名互联网企业入驻。二是优化审批流程，新加坡政府对于数据中心项目审批设立绿色通道，审批时间一般控制在 1 个月内。三是积极应对数据中心能耗压力。为应对热带地区不利于建设数据中心的自然环境劣势，新加坡于 2016 年宣布开展由政府支持的全球第一个热带数据中心的试验。目前，新加坡已吸引亚马逊、微软、谷歌、阿里、Equinix 等科技巨头来建设数据中心，同时 Global Switch、Airtrunk、STT、Keppel、Singtel、Telstra、NTT 数据中心托管商等也纷纷入驻。截至 2018 年，新加坡一共拥有数据中心容量达 330MW，紧随其后的东京和香港分别拥有 315MW、285MW，新加坡已成为亚太地区数据中心容量最高的城市。在优质的数字基础设施吸引下，三分之一的《财富》500 强公司选择在新加坡设立亚太或亚洲地区总部，跨国企业区域总部已达到 4200 家。

（三）通过政企合作模式，全球推广"新加坡方案"

新加坡政府非常重视与产业界的合作，"智慧国"建设总蓝图即联合大学、初创公司、大企业以及政府携手共进。政府提出长远宏观目标，并通过财政补贴方式引导企业进行相关研究。如 2019 年新加坡成立数字产业发展司（DISG），旨在打造一个公共和私营之间合作模式，以更好地了解企业需求，协助企业招募专才、进入国际市场。同时，新加坡也积极在全球范围内推广这种政企合作的"新加坡方案"，如 2014 年中国青岛市政府与新加坡国际企业发展局将双方已有的合作关系提升至"城市发展全域合作"层次，带动技术交流和社会资本投资。

（四）全力培育数字文化、数字资产新业态

新加坡地处东南亚海上通道的心脏区域，是东西方文化的交汇之处，得益

于此,新加坡全力培育数字文化、数字资产等新业态。在数字文化领域,新加坡兼容并蓄的多元文化生态是培育创造力的沃土,已有包括迪士尼、福克斯、卢卡斯影业、育碧软件、光荣 Tecmo、艺电 EA 在内的诸多国际娱乐、传媒品牌进军新加坡市场,已有超过 7000 家传媒公司以分支机构或者办公室形式进驻。在数据资产领域,作为全球第四大金融中心的新加坡,面向全球开放互联网金融、金融科技,已成为全球最大的数字资产交易所注册地,火币、WBF、BiKi 等全球知名数字货币交易所均位于新加坡,其余小型交易所更是不计其数。

参考资料

[1]中国信息通信研究院:《全球数字经济新图景 2019——加速腾飞 重塑增长》,2019 年。

[2]联合国贸易与发展会议:《2019 年数字经济报告(中文版)》,2019 年。

[3]华为:《全球联接指数(GCI)2019 量化数字经济进程》。

[4]黄龙光等:《量子信息科学的发展:挑战与机遇并存》,《科技前沿快报》2016 年第 10 期。

[5]张子淇、姜涵:《美国数据开放七年的经验与启示》,《通信世界》2016 年第 24 期。

[6]闫德利:《欧盟:建设数字单一市场》,《中国信息化》2019 年第 3 期。

[7]张翼燕:《韩国发布〈5G+战略〉》,《科技中国》2019 年第 7 期。

领 域 篇

协同交叉融合

领域篇描绘的是新基建的主要内涵,解决的是新基建建什么和怎么建的问题。不同于传统基建和互联网基建,新基建的核心是数字基础设施,主要解决的是物与物之间的数据交互问题,目的是建立一个完整的数字孪生体系。因此,新基建的建设领域包括数据的感知和收集(物联网)、数据的传输(5G网络,宽带网络)、数据的存储计算(数据中心,云计算,人工智能)、数据的主要应用(工业互联网,传统基础设施的数字化智能化改造)和技术支撑(大科学设施)。综合起来,构成了新基建的完整网络。这其中,5G网络、物联网、数据中心、人工智能、工业互联网在不同场合的中央文件中被反复提及,也是领域篇中最核心的内容。

一、5G 网络

随着对数据传输速度、传输质量要求越来越高,4G 网络难以满足更多新的生产、生活需求,第五代移动通信技术应运而生,我们称之为 5G,5G 网络是更高水平的通信网络。

（一） 内涵特征

5G 是第五代移动通信技术的简称,又被称为 IMT-2020,是面向 2020 年大规模商用的新一代移动通信系统。和过去的移动通信系统相比,5G 充分考虑了人以外的通信主体的通信需求,将通信的连接拓展到了人与人、人与物、物与物,希望实现一个万物互联的世界。国际电信联盟(ITU)对 5G 的设定,主要应用在增强移动宽带业务(eMBB)、海量机器类通信(mMTC)、超高可靠与低时延通信(uRLLC)三大场景,实现高速度、低延时、广覆盖、移动性,在流量密度、能效、数量等方面表现出优越性。5G 能满足"人与人通信"和"物与物连接"的需求,广泛应用到超高清视频、AR/VR、车联网、工业物联网等垂直行业领域。

增强移动宽带业务(Enhanced Mobile Broadband,eMBB)是在现有的移动宽带业务场景的基础上,极大地提升用户业务体验,特别是给用户带来沉浸式的业务体验。5G 可以支持 4K、8K 高清视频直播与 AR/VR 等业务,将会极大地提升用户体验。

海量机器类通信(Massive Machine Type Communication,mMTC)指的是大

规模物联网。5G 将传统人与人通信升级为人与物、物与物的大规模通信,5G 实现海量数据传输,实现多元的物联网终端链接。在降低终端功耗方面,5G 在协议设计上简化连接模型,以便降低物联网终端功耗。

超高可靠与低时延通信(Ultra-Reliable Low-Latency Communications, uRLLC)要求网络可靠、低延时,对网络数据传输提出更高要求,应用在无人驾驶、工业机器人等场景。基于 5G 网络,能够实现边缘计算,实现及时、快速反应。此外 5G 能够切片,实现双通道,确保连接的高可靠性。

为了满足这三大应用场景的需求,5G 网络将具备比 4G 更高的性能,支持 100 Mbps—1 Gbps 的用户体验速率(是 4G 的 10—100 倍),每平方公里 100 万的连接数密度(是 4G 的 10 倍),毫秒级的端到端时延(是 4G 的 1/5),每平方公里 10 Tbps 的流量密度,每小时 500 Km 以上的移动性和 20 Gbps 的峰值速率。其中,用户体验速率、连接数密度和时延为 5G 最基本的三个性能指标。相比 4G,5G 频谱效率显著提高,网络部署和运营的效率大幅提高,每比特数据传输的能效和成本效率也提升百倍以上。

5G 典型应用场景涉及未来人们居住、工作、休闲和交通等各种区域,特别是办公楼宇、居民区、机场、车站、广场等场景实现广覆盖。典型的应用包括 5G 自动驾驶、5G 远程驾驶、5G 智能电网、5G 智能工厂、5G 无人机物流、5G 无人机高清视频传输、5G 远程医疗、5G 虚拟现实、5G 增强现实、5G VR 全景直播、5G 安防、5G 儿童安全、5G 智慧园区、5G 智慧农场、5G 远程教育、5G 新零售、5G 养老助残、5G 智慧家居、5G 超级救护车等。

5G 作为移动通信基础设施,可实现人与人、人与物、物与物的强连接,连接社会运行的方方面面。同时 5G 与人工智能(AI)、物联网(IoT)、云计算(Cloud Computing)、大数据(Big Data)、边缘计算(Edge Computing)融合交织(AICDE),共同构成新一代泛在智能信息基础设施。5G+AICDE 与智能机器人、高清视频、无人机、AR/VR 等智能技术相结合,将为社会各行业提供通用能力,包括教育、医疗、文娱、交通等生活领域,工业、农业、能源等生产领域,以及政务、安防、环保等社会治理领域,形成 5G+X 应用延展,不断推出新产品、新服务、新模式、新业态。

（二）发展现状

全球主要经济体都高度重视 5G 发展，并已在较大范围进行部署。截至 2020 年 3 月底，123 个国家和地区的 381 家运营商宣布开展 5G 网络建设，有 40 个国家和地区推出一项或多项 5G 服务，63 家运营商已推出符合 3GPP 标准的 5G 移动服务，34 家运营商已推出符合 3GPP 标准的 5G FWA 或家庭宽带服务。① 美国优先发展毫米波频段，从设备、手机、应用到业务的稳定性均有提升，业务发展重点从固定无线接入转向移动业务，是全球第二个推出 5G 个人移动业务的国家。目前，美国 5G 主要集中在人口密集城市地区。在西班牙、英国、意大利等国，跨境运营商沃达丰与 Orange、O2、TIM 等共建共享天线、基站、站址等，并与其中部分运营商整合铁塔资源。瑞典运营商 Tele2 和 Telenor 联合建设 5G 网络，以快速实现 5G 网络广覆盖。比利时，Orange 与 Proximus 共享接入网、独立运营商核心网。日本三大运营商 NTT DoCoMo、KDDI 和软银公司在 2020 年 3 月推出 5G 服务。韩国的 SK、KT 和 LG U+三大运营商积极进行 5G 部署，三大运营商共享共建了包括基站、铁塔、天线、管道、室内分布系统在内的基础设施。

在全球 5G 商用方面，2019 年 4 月，韩国率先推出 5G 个人移动服务。随后的几个月内，美国、瑞士、英国、阿联酋、意大利、西班牙、爱尔兰、科威特等国也相继开通 5G，成为首批开通 5G 服务的国家。

2019 年 10 月，我国开通 5G 个人服务。早期的 5G 网络部署主要选择大城市人口密集区和商业中心区，目前正在进行全国范围的大规模组网。其中，中国电信和中国联通采用共建共享的方式开展网络部署，铁塔公司为三大运营商提供主要基站铁塔。截至 2020 年 2 月底，我国三大运营商的 5G 用户突破 3000 万②，开通约 16 万个 5G 基站，遍布 50 余个城市③。2020 年底，中国

---

① 数据来源于 GSA。
② 数据来源于亿欧网。
③ 数据来源于 GSMA。

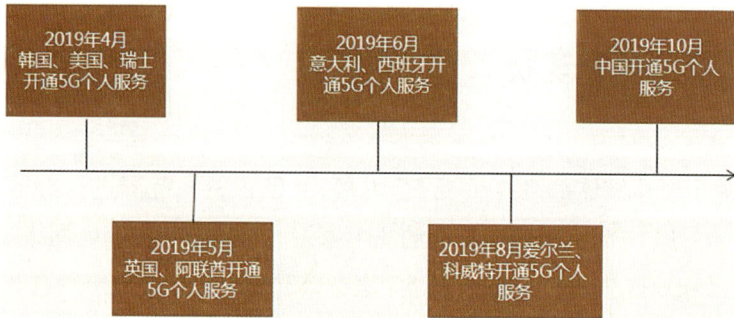

图 3-1-1　全球 5G 个人服务提供时间

将建设 55 万个 5G 基站,所有地市以上城市将开通 5G 服务。

在中国市场,5G 普及速度与当初的 4G 普及速度相比更快。在推出个人移动接入服务 4 个月后,5G 用户占用户总数 1.9%。而在 4G 时期,自推出个人移动接入服务 4 个月后,4G 用户占用户总数 0.38%;推出服务 7 个月后,4G 用户占用户总数 1.63%。[①]

（三）体系架构

5G 端到端网络的基础设施构成主要包括无线、传输、核心网和业务应用平台,以及部署所需的机房、供电、低下和地上管线等设施,如图 3-1-2 所示。

无线设备主要包含天线设备 AAU(有源天线单元),通过光纤将 AAU 和 BBU(基带处理单元)相连。其中 AAU 一般挂在铁塔上对一定区域提供无线覆盖,而 BBU 则会放置在无线接入机房中。无线接入机房除了 BBU 和传输设备,还会配置电源、蓄电池、空调和监控设备等。在部分应用场景中,为支持边缘计算(MEC)和部分核心网功能(如 UPF)的下沉,接入机房还需要支持 MEC 和 UPF 设备的部署。

传输部分主要由一张覆盖全国的光纤传输网络、光传输设备以及路由交

---

① 数据来源于工业和信息化部。

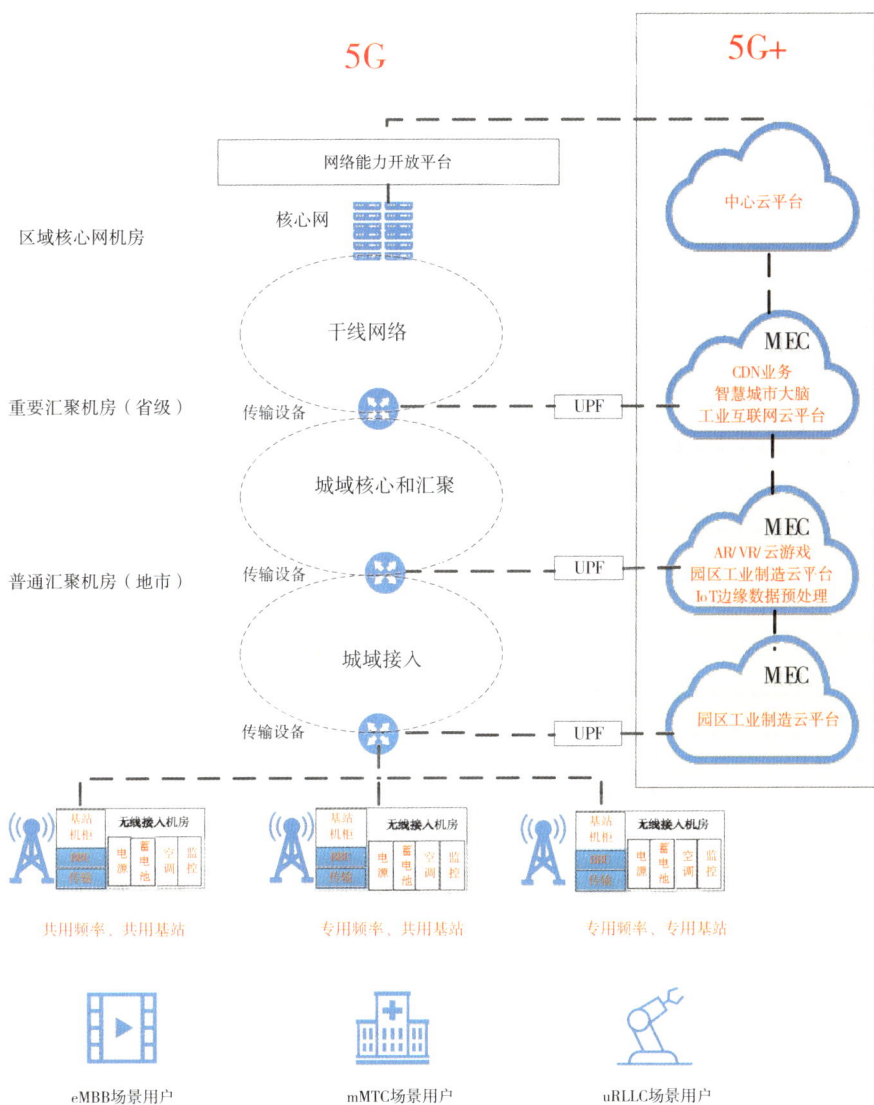

图 3-1-2　5G 基础设施图

换设备构成。根据核心网网元部署位置的不同,5G 承载涉及不同层次的传输网络。传输网络分为省际骨干传送网、省内骨干传送网和城域传送网。在城域传送网络的最末端,如在园区等地点,接入基站的传输设备串联构成城域接入层;多个接入环被串接形成城域汇聚层;多个汇聚环被连通形成城域核心层。去往部署在地市以上的核心网元,还将涉及省内或者省际骨干传送网,将数据发送至核心网。为了提升网络的可靠性,各层可采用环网或网状网拓扑。另外,传输网的建设除购买传输设备和光纤之外,将涉及遍布全国的庞大光纤管线以及满足传输设备部署需求的传输设备机房及其配套设施的建设。

5G 的新核心网基于服务化架构(SBA:Service-based Architecture),结合核心网的特点和技术发展趋势,将网络功能划分为可重用的若干个"服务","服务"之间使用轻量化接口通信。服务化架构的目标是实现 5G 系统的高效化、软件化、开放化。基于软件定义网络和网络功能虚拟化的平台,核心网控制面网元可承载在电信云基础设施上,实现 IT 化运维。所以,核心网控制面网元通常分区域地集中部署在运营商的电信云机房当中,UPF 等用户面网元下沉至靠近用户的更低位置部署。

在 5G 网络的基础功能之上,5G 网络可通过网络能力开放平台,将网络能力对外开放,结合 MEC 和网络切片,实现云网协同,提供更佳的用户体验和全新的垂直行业应用服务能力,赋能千行百业,加速社会的数字化转型,提供经济增长的新动能。不同于传统 4G 网络,5G 网络切片旨在基于统一的网络基础设施提供不同的、定制化的端到端"逻辑专用网络",最优适配不同行业用户的不同业务需求。5G 天然具备的泛在化、灵活化、经济化接入特征,结合网络切片独有的"同一网络基础设施、多个逻辑专用网络"技术特点、能够很好地匹配行业客户对于通信网络业务可用、安全可靠、可管可控的核心诉求,从而在行业建网成本和业务体验保障上取得有效平衡。

基于上述能力,5G 网络不仅可以为公众用户提供 2C 网络服务,也可以为行业客户提供 2B 的专网服务。目前运营商已经研究提供了以下多种类型的专网服务:

虚拟专网。共用频谱、共用无线基站设备,通过 QoS、网络切片技术等功能性技术与手段做到业务优先保障、业务逻辑隔离,满足网络速率、时延、可靠性优先保障的需求,达到业务逻辑隔离、按需灵活配置的效果。该种模式主要面向大部分广域业务和部分局域业务,且对网络能力和隔离保障有一定要求,网络部署成本较低。

准物理专网。专享频谱、共用无线基站设备,通过边缘计算等影响网络架构的技术手段,结合网络切片等功能,共同做到网络专用,满足数据不出场、超低时延、专属网络的需求,达到数据流量卸载、本地业务处理的效果。该种模式主要面向局域业务,且对网络时延和隔离保障有较高的要求,网络部署成本更高。

物理专网。通过基站、频率、核心网设备的专建专享,来进一步满足超高安全性、超高隔离度、定制化网络的需求,达到专用5G网络、VIP驻场服务的效果。

（四）产业生态

5G的整个生态构成较为复杂,如图3-1-3所示,根据相互的依存关系,大致可分为上、中、下游三个部分。

5G上游产业可以分为两大部分。

第一部分为半导体集成芯片/器件的生产制造,主要包括原材料(如单晶硅、化合物材料)、设计(如各类EDA软件)、工艺(制造设备和化学材料,如光刻机、刻蚀机、光刻胶等)和封测等环节。

第二部分为构成网络设备和终端产品的射频前端器件、射频芯片、基带芯片、其他外围器件等硬件产品以及操作系统等软件产品。在网络设备中,射频器件包括无源的天线、滤波器/双工器、环形器/隔离器、匹配负载等,以及有源的功率放大器、低噪声放大器、开关、收发信芯片(含数模/模数转换器)、毫米波幅相控制芯片等。数字芯片包括CPU、ASIC、FPGA、EPLD、内存、硬盘、接口芯片、交换芯片、时钟芯片等,以及运行在数字芯片上的操作系统等。此外,还包括外围的电源芯片、光模块、PCB、接插件等。由于5G大带宽、多天线、高频率、低时延等新需求带来的挑战,网络设备的芯片和器件亟须满足更低功耗、更低成本、更高集成度和更高处理能力的要求。

终端主要涉及射频芯片、基带芯片、射频前端器件、内存、屏幕、摄像头等其他外围器件以及操作系统等软件产品。相比以往其他制式,5G主芯片和射频前端器件变化较大,需要针对5G新特性,重新开发新的射频芯片、基带芯

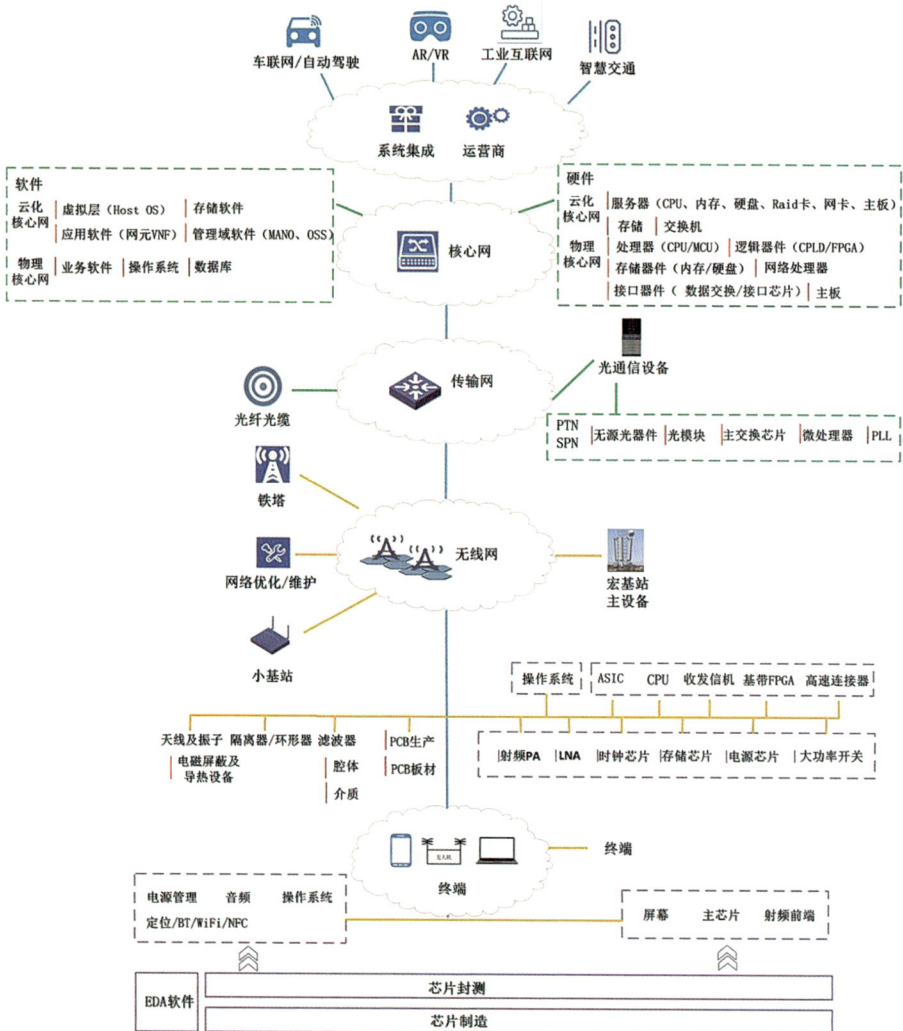

图 3-1-3　5G 产业图谱

片以及射频前端器件等。此外,相比以往的 2G、3G、4G 终端,5G 终端需要支持更多的模式和频段,所需功率放大器、滤波器等射频前端器件的数量几乎翻倍,5G 终端实现难度明显提升。

　　5G 中游产业主要包括 5G 核心网、传输网、接入网设备和终端,以及测试仪器仪表。5G 核心网包括 AMF、SMF、UPF、UDM/UDR 等 VNF 网元,构建电信云基础设施的通用硬件服务器以及部分用户面网元采用的专用硬件。传输网包括5G基站承载的分组交换设备、路由器和光传送网OTN等设备,以及光纤光缆、配线架等传输配套资源。终端包括智能手机及辅助设备,模组及行业应用终端等。测试仪表包括频谱仪、信号源、矢量网络分析仪、终端/基站综测仪、信道仿真仪、路测仪、信令分析仪、终端一致性测试系统等。

5G下游产业主要包括运营商网络和各类业务应用与内容,是未来需要着力发展的环节,尤其是5G与人工智能、大数据、云计算等的结合,将带来更加丰富的应用场景。

目前,全球5G产业发展,在5G网络设备方面,面向个人市场为主的NSA端到端产品已基本成熟,满足商用建设和个人客户市场基本需求;而作为5G目标网的SA端到端产品的成熟度有待进一步提升,部分城市已经在试点,预计2020年底可具备大规模商用的条件。终端方面,随着5G商用网络建设的扩大,多家厂商已发布芯片、手机、数据终端、模组等产品。截至2020年2月,发布5G芯片12款,5G手机累计完成入网并上市40余款,数据终端上市3款,5G模组上市7款,AR/VR等新形态终端产品上市7款,5G笔记本电脑等更多形态的5G终端产品也将陆续上市,5G终端产业初具规模。

在5G新业务和新应用培育方面,国内3家运营商已分别联合国内数百家合作伙伴成立5G联合创新中心、5G产业创新联盟,建设数十个开放实验室,在工业互联网、智能交通、智慧医疗等领域实现了上百个应用示范项目落地。5G商用时代已经到来,5G通过与人工智能、物联网、云计算、大数据、边缘计算、区块链等新一代前沿技术深入融合,逐渐助力和衍生出众多服务于生产、生活和城市管理的应用场景,涉及工业、农业、金融、交通、教育、电力、医疗、城市管理、公共安全、媒体等领域。

二、人工智能

未来10年是全球迈入智能经济和社会的重要时期,将为我国人工智能新型基础设施建设带来巨大的发展机遇。

（一）内涵特征

人工智能新型基础设施以数据、算力和算法为核心要素资源,是赋能实体系统实现感知、理解和决策等任务目标的能力中心。

人工智能作为新型基础设施的重要一环,具有三大动力互为促进的"正循环"特征,见图3-2-1。原有算法在更多数据和更快算力支撑下,可以进一步优化为更强的算法;更好的算法会创新出更好的应用,而更好的应用又会积累下来更多的数据。具体来看:

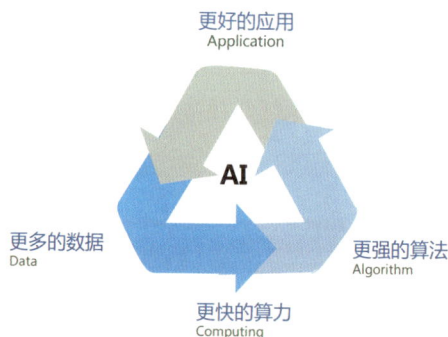

图 3-2-1　人工智能正循环

一是算力的大幅提升和成本下降。IT 行业大名鼎鼎的摩尔定律以及云计算和大规模并行计算等，让以前需要数月甚至数年时间才能完成的计算可以在数小时内完成。当前普通人使用的手机计算能力，已经超越了美国登月计划时国家航空航天局所拥有的全部计算能力的总和。二是深度学习算法的突破。相比传统机器学习，深度学习优势在于，随着数据量的增加，效果显著提升。三是互联网等新技术和应用带来的大数据爆发。预计 2025 年全球数据将从 2018 年的 33ZB 增至 175ZB。其中，中国数据增长最为迅速，到 2025 年有望增至 48.6ZB，占比全球第一，达 27.8%。[①] 算力、算法、数据几大因素互为促进，推进产业快速发展。

（二）发展现状

人工智能自诞生至今已走过 60 多年的历程，1950 年，图灵发表《计算机器与智能》论文，首次探讨了机器能否拥有智能，并提出著名的"图灵测试"。1956 年达特茅斯会议聚焦人工智能开展了重要研讨，这一年也被称作人工智能元年。此后，人工智能经历了多次高潮和低谷的交错，但始终在探索中前行。2012 年，加拿大辛顿教授团队利用深度学习技术，在 ImageNet 比赛中将图像识别准确度大幅提升至 85%，再次掀起了人工智能的热潮。2018 年，美国计算机协会宣布把图灵奖颁给辛顿、本吉奥和杨立昆三位人工智能科学家，以表彰他们在推动深度学习发展中作出的杰出贡献。

中美两国是国际人工智能领域中的领头羊，我国人工智能在全球处于并跑和领跑地位。从企业数量看，全球活跃人工智能企业达 5386 家，美国 2169 家，中国大陆 1189 家。[②] 全球共 41 家 AI 独角兽，美国 18 家，中国 17 家[③]；从

---

① IDC：《2025 年中国将拥有全球最大的数据圈》，2019 年，见 https://www.seagate.com/files/www-content/our-story/trends/files/data-age-china-regional-idc.pdf。

② 中国信息通信研究院：《全球人工智能产业数据报告》，2019 年，见 http://www.caict.ac.cn/kxyj/qwfb/qwsj/201905/P020190523542892859794.pdf。

③ 中国信息通信研究院：《全球人工智能产业数据报告》，2019 年，见 http://www.caict.ac.cn/kxyj/qwfb/qwsj/201905/P020190523542892859794.pdf。

投融资看,中美两国份额共计约60%。2016年以来,中国在AI领域获得的大额投资累计达114次,居全球首位①;从技术水平看,中国在语音、图像识别、NLP等领域达到国际一流水平,国际科技论文发表量和发明专利授权量居世界第二。以专利为例,根据2019年"日经人工智能专利50强",上榜的中国企业增至19家。其中,百度全球第4(1522项专利),国家电网全球第6(1173项专利),腾讯全球第8(766项专利)②;从应用看,中国企业更愿意采用人工智能,这是人工智能大规模落地的重要基础。波士顿咨询调研显示,中国积极采用人工智能的企业占被调研企业总数的85%,而美国仅一半③,见图3-2-2。

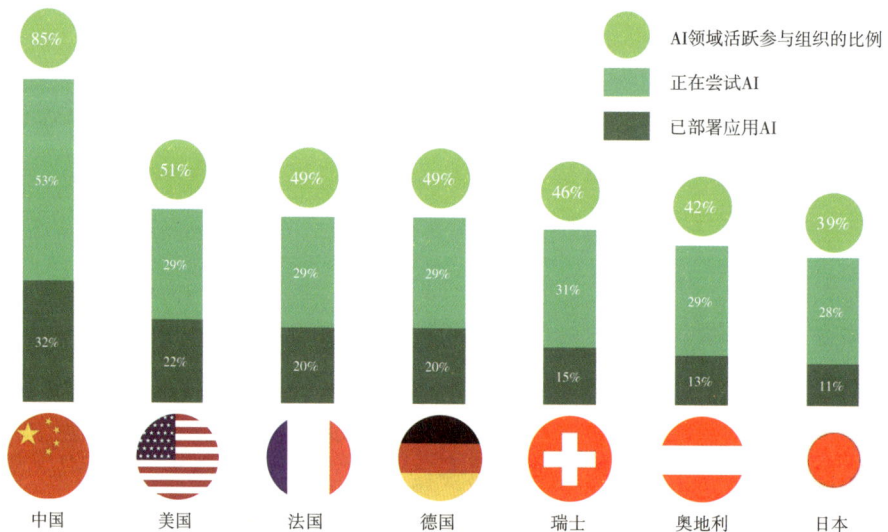

图3-2-2 全球企业应用人工智能的意愿分析

资料来源:波士顿咨询。

2017年7月,国务院印发实施《新一代人工智能发展规划》,同月新一代人工智能产业技术创新战略联盟宣告成立,确立"一体两翼"战略部署。其

---

① 中国信息通信研究院:《全球人工智能产业数据报告》,2019年,见 http://www.caict.ac.cn/kxyj/qwfb/qwsj/201905/P020190523542892859794.pdf.

② "China overtakes US in AI Patent Rankings", *Nikkei Asian Review*, https://asia.nikkei.com/Business/Business-trends/China-overtakes-US-in-AI-patent-rankings.

③ BCG, *Mind the (AI) Gap: Leadership Makes the Difference*, 2018, p.4, https://media-publications.bcg.com/france/Mind-the-(AI)-Gap-Press-deckVF.pdf.

中,"两翼"分别指以专家为主体的多个工作组和以企业为主体的应用推进组。"一体"则是指新一代人工智能开源开放平台(简称"启智",英文为OpenI),截至2019年,我国人工智能开源开放平台初步形成。2020年,新一代人工智能重大科技项目设置专门项目,支持在联盟组织下,打通开源开放平台和开放创新平台,构建新一代人工智能开源开放基础设施。

(三) 体系架构

人工智能新型基础设施建设是"AI 芯片+数据资源+深度学习平台+开源开放平台"软硬件一体的智能大脑,为我国智能经济和智能社会发展提供核心驱动力和关键支撑,是我国赢得全球科技竞争主动权、推动科技跨越发展、加速产业优化升级、实现生产力整体跃升的重要战略资源,其体系架构如图3-2-3 所示。

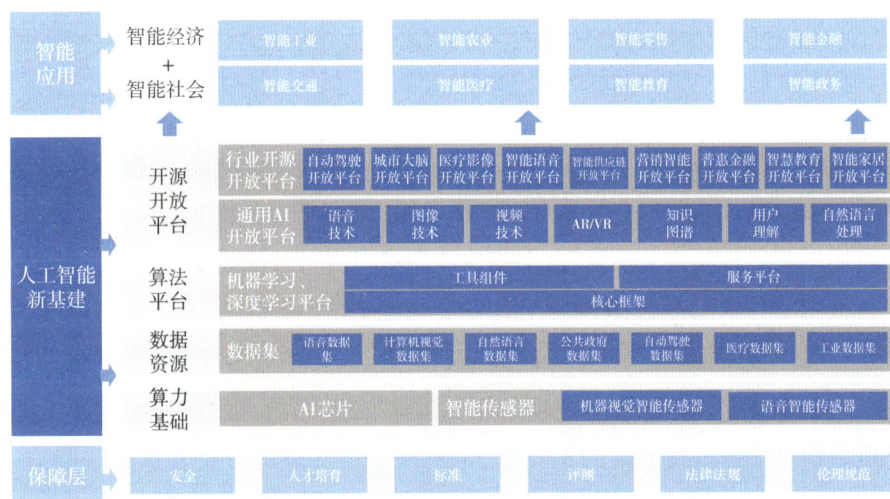

图 3-2-3　人工智能新型基础设施的框架体系

1. 算力基础

AI 芯片是人工智能基础设施的核心基础硬件和专用算力加速器,为算法提供更高性能、更低成本的海量计算能力。AI 芯片是专门针对人工智能算法设计和优化的芯片,相比传统的 CPU、GPU 等芯片,它计算速度更快,功耗更小,可高效实现特定场景应用的训练和推理任务。据 OpenAI 统计,自 2012 年至 2019 年,计算机视觉类人工智能应用的芯片算力需求每 3.4 个月增长一倍。随着算法的成熟和应用深入,未来 5 年,AI 芯片需求将以更快速度增长。

智能传感器是推动 AI 更快应用到各行各业的关键基础元器件,是具有信息采集、处理、交换、存储和分析等功能的集成电路。例如机器视觉智能传感器同时具备图像采集能力和图像 AI 分析能力,可以直接嵌入电视、台灯、冰箱等产品中,成为家电产品的"眼睛"。

2. 数据资源

数据是人工智能新型基础设施的核心要素资源。各领域的公共数据集建设,将给计算机提供源源不断的资源,促进模型和算法的优化,进而让人工智能在各行业发挥更大的作用。这既包括语音数据集、图像数据集、自然语言数据集等,也包括工业、政府、医疗、交通、教育等各行各业的公共数据集。

3. 算法平台

算法平台是人工智能新型基础设施的核心软件平台,是国际人工智能技术竞争的焦点,具有极高的战略意义。当前最为成熟的是深度学习平台,被称为"人工智能时代的操作系统",不仅为各行各业生成海量的人工智能算法模型,还是连接 AI 芯片和开放平台的桥梁纽带,发挥着承上启下的重要作用:向下直接影响芯片的指令设计,向上提供应用接口支持各类模型的开发,进而基于这些模型开发出各类 AI 应用。深度学习平台大大降低了人工智能技术的开发门槛,可有效提高深度学习的效率和质量。

典型的深度学习框架由核心训练和预测框架、系统调用接口等构成。国外巨头很早就意识到框架的重要性,希望从底层构筑对产业生态的控制力。谷歌 2015 年发布 TensorFlow,已有超过 4100 万的下载量。目前我国深度学习平台的大部分份额被国外公司占据,可与国外对标的是 2016 年开源的百度的飞桨平台,以及 2020 年开源的华为 MindSpore 和旷视 Brain++「天元」深度学习开源框架等。其中,百度飞桨开源平台 4 年来已累计服务 150 多万开发者,同时支持稠密参数和稀疏参数场景的大规模深度学习并行化训练,支持万亿规模参数、数百个节点级的并行训练，可以在多种硬件上部署，支持服务器端、移动端等多种异构硬件设备的高速推理，预测性能优异。华为MindSpore AI 计算框架于 2020 年 3 月正式开源，支持端、边、云独立和协同的统一的 AI 领域训练和推理场景，支持不同的资源部署环境，以统一分布式架构支持机器学习和深度学习，提供跨平台、大规模、高并发的 AI 算法运行软件环境。

工具是降低 AI 应用门槛、提升效率的关键技术，AI 领域的主要工具包括：AI 开发工具、数据管理工具和 AI 算法部署工具三大类。

4. 人工智能开源开放平台

在新一轮工业革命中，数据、算法、算力等成为新的创新要素，开源开放平台也因此成为最高效的技术供给模式和创新模式，成为重要的新型基础设施[1]，见图 3-2-4。

开放平台的独特优势有助于克服产业智能化的关键挑战

开源智能算法	整合算力资源	共享多维数据	助力人才培养	赋能商业落地
将最新的AI理论和算法，以及相关源代码等开放给合作伙伴	提供云/边缘计算产品和服务，赋能产业发展	生态伙伴共同贡献数据，丰富采集渠道	提供全方位培训内容和体系，降低人才培养的门槛	帮助定义落地场景，提供为场景优化/定制的解决方案，以及商业化配套服务

图 3-2-4 AI 开放平台的重要作用

资料来源：波士顿咨询。

人工智能开源开放平台从不同角度来看，可以分为四个层次和两大类别。其中，人工智能基础设施开源开放平台的四个层次分别是：开源社区层、开源创新平台层、开放创新平台层和开源开放节点层，如图 3-2-5 所示。开源社区层是指人工智能领域的科学研究、技术开发和应用开发活动，服务我国产学

---

① BCG:《产业智能化：中国特色 AI 平台模式》,2019 年 ,第 8 页, 见 https://mp.weixin.qq.com/s/3yvD4WsKz1GmbACmp1mAsw。

研用各单位,同时向全世界开放。开源创新平台层由公共科研机构牵头建设的多个开源创新平台组成,由国家和地方政府支持建设,采用开放源代码方式,向全社会提供开放服务。开放创新平台是龙头企业牵头建设的人工智能科研设施,主要满足企业自身科研和产业应用的需要,在国家对平台的建设和公共服务提供一定的支持下,可以参与超大型人工智能科研任务的实施,也将部分能力向社会开放。开源开放节点为其他企业、高校院所、社会机构和国际合作机构建设的人工智能研发设施,采用统一的互联协议和技术标准接入国家人工智能重大科学设施,实现资源共享。

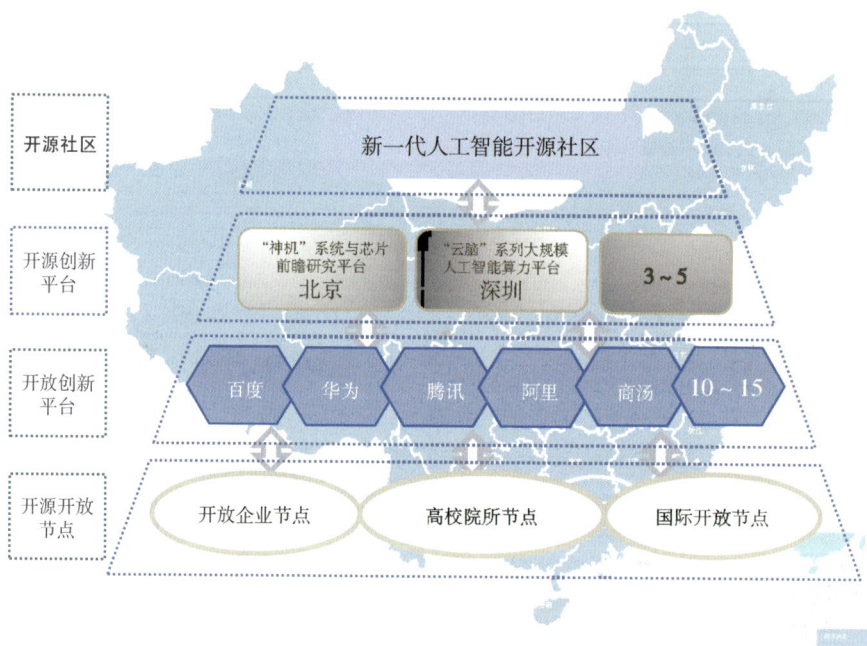

图 3-2-5　新一代人工智能开源开放基础设施

　　开源开放平台是人工智能技术能力的中台,又可以划分为通用化和行业性的各类人工智能技术两大类别,并以平台化和接口化的方式对外输出,赋能各行业智能化升级。其中,通用化 AI 开放平台上集成人工智能最新技术进展和广泛应用的技术,例如语音、图像、视频、AR/VR、知识图谱、用户理解和自然语言处理等。国内很多企业都推出了 AI 开放平台,有的是全技术栈开放,有的是针对单一技术开放。开放平台的模式,已得到广大开发者认可,正在成为未来人工智能能力供给最重要的平台,见表3-2-1。

表3-2-1　通用化 AI 开放平台技术能力集

分类	详细技术能力
语音	语音识别:短语音识别、实时语音识别、音频文件撰写、语音自训练平台、远场语音识别等 语音合成:在线合成音库、离线语音合成、在线合成客服音库等 语言翻译:AI 同传、语言翻译 SDK 等
图像	图像识别:通用物体和场景识别、品牌 Logo 识别、植物识别、菜品识别、红酒识别、地标识别、货币识别等 人脸识别:人脸检测、人脸对比、人脸搜索、活体检测、人脸融合、人体关键点识别、人脸口罩检测等 文字识别:身份证识别、银行卡识别、火车票/行程单/银行汇票等票据文字识别、驾驶证识别、车牌识别、网络图片文字识别、二维码识别、IOCR 识别、手写文字识别、公式识别等 人体分析:驾驶行为分析、手势识别、指尖检测、危险行为识别等 车辆分析:车型识别、车辆检测、车辆统计、车辆损伤识别、车辆属性识别、车辆分割等 图像搜索:相同图像搜索、相似图像搜索、商品图像搜索、绘本图像搜索等 图像审核:色情识别、暴恐识别、广告检测、恶心图片识别、公众人物识别、敏感词识别、图像质量检测等 图像效果增强:图像去雾、图像对比度增强、图像无损放大、黑白图像上色、拉伸图像恢复、图像修复、图像风格转换、人像动漫化、图像清晰度增强等
视频	视频内容分析、视频封面提取、视频对比检索、视频内容审核等
AR/VR	增强现实:AR 核心技术、AR 内容平台、3D 肢体关键点 SDK、3D 物体跟踪、人脸表情动捕 SDK 等 虚拟现实:VR 视频 SDK、全景图片 SDK 等
知识图谱	知识理解:实体标注、汉语检索、知识问答、作文检索等 事件图谱:资讯事件判别、事件名抽取、事件属性抽取、事件相似度判别等
自然语言处理	语言处理基础技术:词法分析、词向量表示、词义相似度、依存句法分析、DNN 语言模型、短文本相似度等 语言处理应用技术:文本纠错、情感倾向分析、评论观点抽取、对话情绪识别、文章标签、文章分类、新闻摘要、地址识别等 文本审核:色情识别、暴恐违禁、敏感内容识别、恶意推广等 场景方案:智能招聘、消费者评论分析等 机器翻译:通用翻译 API、定制化翻译 API、语音翻译 SDK、拍照翻译 SDK、垂直领域 API、语种识别 API、AI 同传等 开发平台:内容审核平台、智能创作平台等

5. 体系保障

安全是人工智能发展需遵循的首要原则,必须加强前瞻预防与约束引导,最大限度地降低风险,确保人工智能安全、可靠、可控发展;评测对促进人工智能产业化落地非常关键,其中,通过自动化引擎评测平台,可以开展统一和标准的自动化评测,全面、客观地评测引擎在不同样本集上的优劣势;标准对人工智能发展具有基础性、支撑性和引领性作用,2018 年国家标准化管理委员会正式成立国家人工智能标准化总体组,负责拟定我国人工智能标准化规划,协调人工智能相关国家标准的技术内容和技术归口,统筹相关标准化组织、企业及研究机构,建立人工智能基础共性标准与行业应用标准的传导机制,2020年 3 月在全国信息技术标准化技术委员会下成立了人工智能分技术委员会,对口国际 ISO/IEC JTC1 SC42;伦理规则的建立是人工智能发展的"压舱石",2019 年相继发布人工智能北京共识和新一代人工智能治理原则,我国对人工智能伦理和治理的重视已上升到国家层面。

三、工业互联网

（一）内涵特征

工业互联网是新一代信息技术与工业系统全方位深度融合所形成的产业和应用生态，是以机器、原材料、控制系统、信息系统、产品及人的网络互连互通为基础，通过对工业数据的全面深度感知、实时传输交换、快速计算处理及高级建模分析，实现智能控制、运营优化和生产组织方式的变革。

工业互联网将给制造业带来四方面的颠覆。一是智能化生产，实现对关键设备、生产过程等的全方位智能管控与决策优化，提升生产效率和质量。二是网络化协同，通过工业互联网整合分布于全球的设计、生产、供应链和销售资源等，形成协同设计、众包众创、协同制造、垂直电商等一系列新模式新业态，能够大幅降低研发制造成本、缩短产品上市周期。三是个性化定制，将富含行业知识的产品设计、配置软件简易化，利用互联网精准获取用户个性化需求，通过灵活柔性组织设计、制造资源与生产流程，实现低成本条件下的大规模定制。四是服务化延伸，依托工业互联网对产品的运行状态进行实时监测，为用户提供远程维护、故障预测、性能优化等一系列增值服务，推动企业实现服务化转型。

工业互联网紧紧围绕"工业"这个焦点，基于工业要素，遵循工业知识，聚焦工业应用，提供工业价值，形成"工业数据+工业知识+智能控制"为驱动的新型基础设施平台，为工业的数字化转型提供关键基础设施，为制造业竞争力提升提供重要支撑。

（二）发展现状

2012 年美国政府提出《先进制造业国家战略计划》,推动制造业回流和竞争力提升,在此背景下 GE 公司根据航空发动机预测性维护模式,率先提出了工业互联网的概念,强调工业互联网就是将人、数据和机器连接起来,2014 年GE、AT&T、IBM、Intel、思科等美国五家顶级企业联合发起了工业互联网联盟(Industrial Internet Consortium, IIC)并于 2015 年发布了第一版标准化的工业互联网参考架构模型。2013 年德国在汉诺威工业博览会上正式发布《工业4.0 战略》,并组建了一个由政府、企业、大学以及研究机构共同参与的项目团队,西门子公司作为牵头企业、弗劳恩霍夫研究所作为主导研究机构,共同推动工业制造智能化与数字化的发展道路。2016 年,美国工业互联网联盟与德国工业 4.0 平台开展合作,将两种技术架构进行对接和融合。随后英国发布《英国工业 2050 战略》、法国发布《新工业法国计划》、日本提出工业价值链计划等,普遍强调利用数字技术推动传统工业转型升级。

我国在 2015 年提出制造强国战略,提出以"智能制造"为主攻方向,通过"三步走"实现由制造大国向制造强国转变的战略目标。2017 年国务院印发《关于深化"互联网+先进制造业"发展工业互联网的指导意见》,2020 年 3 月工业和信息化部又印发《关于推动工业互联网加快发展的通知》,在工业互联网专项工作组推动下,我国加快网络、平台、标识、大数据中心四大基础设施建设,在北京、广州、重庆、上海、武汉五个地方建设了工业互联网标识解析国家顶级节点,于 2019 年制定完成了《工业互联网综合标准化体系建设指南》,明确要加快基础共性、总体、应用三类标准,拓展融合创新应用,培植壮大创新发展新动能。总体来看,我国工业互联网平台建设推广取得了良好的进展,不同平台企业的定位和发展路径逐渐清晰,平台功能、应用水平均有了明显的提升,一批解决方案和应用案例不断涌现。

工业互联网主要包括设计仿真、智能生产、供应协同、售后服务、营销管理、创新应用等六个场景。

1. 设计仿真

计算机仿真已经成为众多工业企业及科研机构的重要研发工具,可缩短研发周期,优化产品设计,积累研发知识,节约研发成本。仿真云平台将仿真应用软件的图形交互及计算服务,以 WEB 服务的形式提供给研发人员,从而将传统的仿真软件工具发展成为"研发云"中的在线计算资源,有效提升数值仿真设计工作效率。

2. 智能生产

智能生产使得生产由集中向分散转变,规模效应不再是工业生产的关键因素;产品由趋同向个性的转变,未来产品都将完全按照客户需求进行生产,极端情况下将成为自动化、个性化的单件制造。

3. 供应协同

将上游的原材料、工具、装备、供应链等,以及下游的渠道、仓储、物流、售后服务等多个环节进行有效协同。

4. 售后服务

除了传统的呼叫中心、在线客服、产品知识库等售后服务,越来越多的企业也在通过物联网、大数据等技术,为客户提供更多的创新服务。比如工程机械领域,通过 Io 技术,将大型机械设备变成在线设备,为用户提供大型机械设备的预防性维护以及租赁服务。

5. 营销管理

通过对于客户行为数据采集、用户画像,企业能够更加精准的定位客户需求,为下一代产品的研发和企业的业务发展方向提供有效的数据支撑。

6. 创新应用

电商平台将消费侧的变化向供给侧传递,驱动制造企业改进设计与生产决策,根据消费者的需求生产个性化和定制化商品等各种创新应用。

(三) 体系架构

1. 总体架构

工业互联网由网络、平台、安全三个部分构成,其中网络是基础、平台是核心、安全是保障。

网络是工业系统互联和工业数据传输交换的支撑基础。包括网络互联体系和标识解析体系,通过低时延、高可靠、广覆盖的工业互联网网络基础设施,能够实现信息数据在产品全生命周期的无缝传递,支撑形成实时感知、协同交互、智能反馈的生产模式。

平台是工业全要素链接的枢纽与资源配置的核心。在工业互联网体系架构中具有至关重要的地位。下连设备,上连应用,通过海量数据汇聚、建模分析与应用开发,推动制造能力和工业知识的标准化、软件化、模块化与服务化。其中工业智能是工业互联网的精华,是基于对海量数据清洗、处理、挖掘和萃取出来的行业知识积累,是人工智能在工业领域的应用体现。工业应用是基于工业互联网,承载工业知识和经验,满足特定需求的工业应用软件,是工业技术软件化的重要成果,是工业互联网价值实现的最终出口。

安全是工业互联网健康发展的保障。涉及设备安全、控制安全、网络安全、应用安全、数据安全五个方面,识别和抵御各类安全威胁,为工业智能化发展保驾护航。

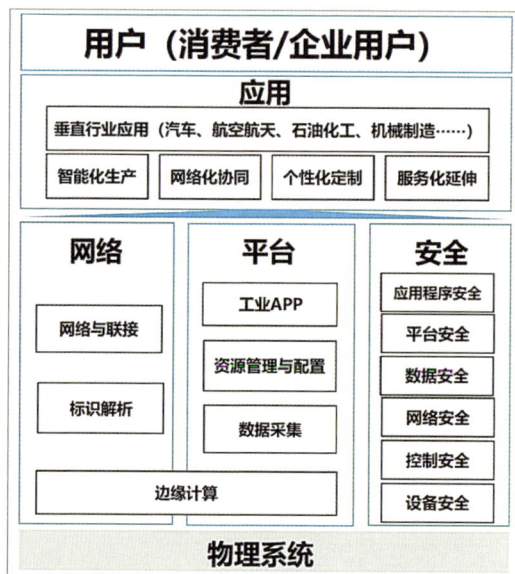

图 3-3-1　工业互联网参考框架

资料来源:《工业互联网综合标准化体系建设指南》。

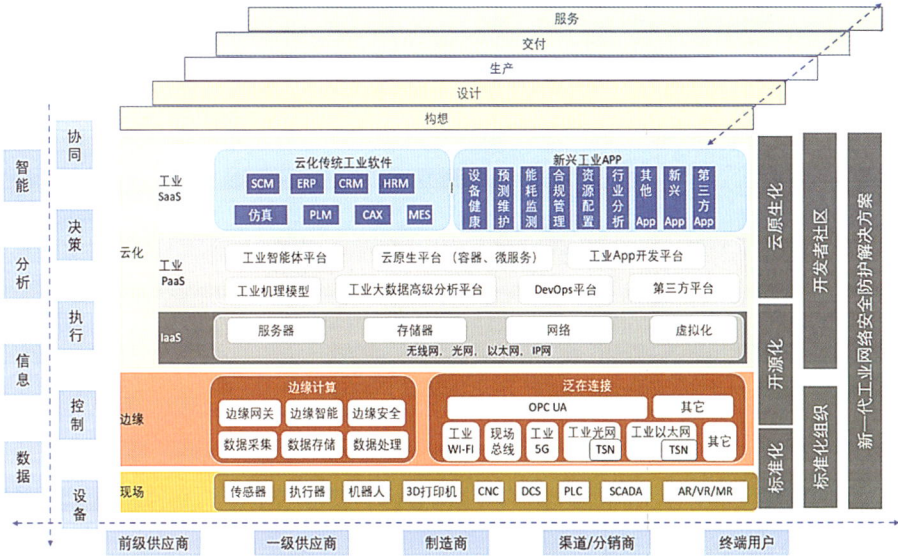

图 3-3-2 典型的工业互联网总体架构

2. 网络架构

(1)网络连接体系

网络为人、机、物全面互联提供基础设施。根据通信方式划分为有线通信网络和无线通信网络。根据场景和连接对象划分为工业互联网外网和工业互联网内网。

其中工业互联网外网用于连接企业工厂、分支机构、上下游协作单位、工业云平台、智能产品与用户等主体,支撑网络化协同、远程调度控制等,是推动工业互联网更广范围发展的关键网络基础设施。随着 IPv6、FlexE 等新技术的广泛使用,可以在降低网络运维成本的同时,打造低时延、高带宽、广覆盖、可定制的高质量外网。

工业互联网内网深入到车间、产线、设备,是实现人、机、物全面互联的关键基础和必要条件。当前以工业总线、工业以太网为主,而随着 5G、边缘计算、时间敏感网络 TSN、工业光网等新型网络技术产品不断发展,逐渐具备了满足生产控制高要求的能力。

不同的业务和场景对网络的需求差异很大。工业互联网内网应用场景总体分为三大类:一是用于运动控制、机器人、流程闭环控制的时延敏感型(低

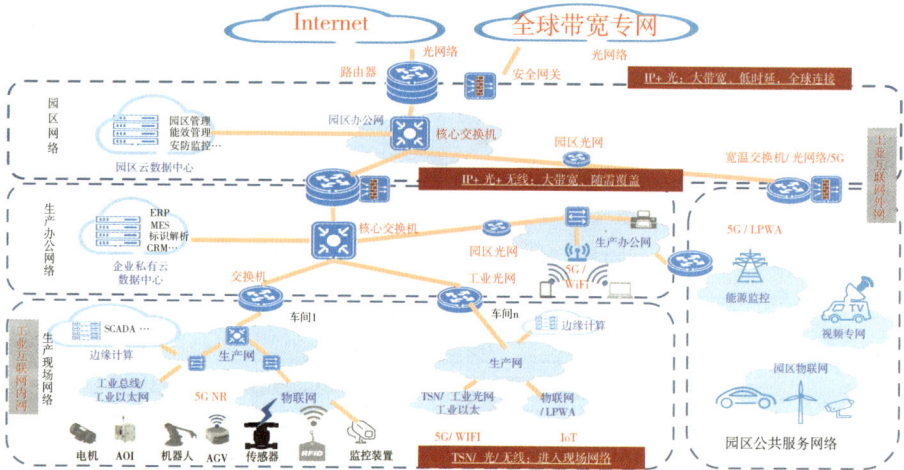

图 3-3-3　工厂网络示意图

时延）应用。二是用于图像检测、监控、扫描的带宽消耗型（大带宽）应用。三是用于设备状态监控的海量连接型（多连接）应用。这三类应用场景对网络的具体要求见图 3-3-4。

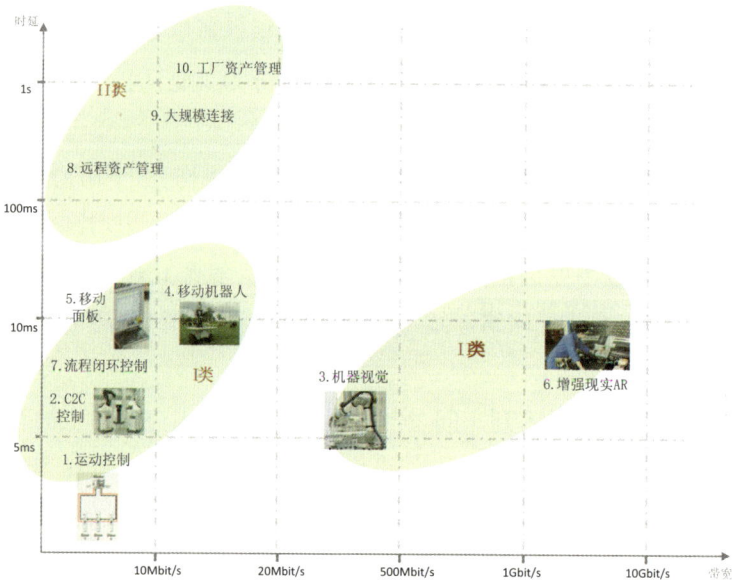

图 3-3-4　工业互联网内网应用场景

资料来源：AII《无线应用场景白皮书》。

目前网络依然是制约工业互联网发展的瓶颈,普遍存在连接方式多样分散、七国八制,带宽不够、抗干扰能力不强,依赖工控厂家集成、系统封闭等问题。未来随着工厂新业务演进,对网络将提出越来越多要求。例如随着移动机器人等连接灵活性高的业务发展,无线通信技术会越来越多地用于工厂连接和覆盖。

表 3-3-1　新兴工业互联网网络技术及应用前景

新兴工业互联网网络技术	应用前景	类型
时间敏感网络 TSN	时间敏感网络目标是在以太网络上提供一种在确定的时间内处理和传递报文的机制,以满足实时应用对确定性和低时延的要求。TSN 网络与 OPC UA 的结合,则实现从现场层、控制层、管理层直到云端的互通,促进 IT 和 OT 无缝融合。	第一类低时延
IPv6+	新一代互联网协议 IPv6,匹配工业场景下的海量连接需求,支持超大规模组网;同时基于 IPv6 的 SRv6/APN6 等系列协议可以使网络动态调整,实现网络智能运维,降低整网运维成本。	第二、三类
FlexE	FlexE 切片技术作为新一代 IP 网关键技术,广泛应用于办公业务、生产业务融合承载场景中,可在同一张网中针对不同应用对带宽、时延、可靠性的不同需求分配相应的网络资源,在提供网络硬隔离管道的同时,兼顾网络资源灵活复用,把工业互联网外网打造成低时延、高带宽、广覆盖、可定制的高质量外网。	全部
SDN	通过 SDN 技术的引入,使能工业互联网的自动化,实现全网集中管理和控制,业务快速开通、快速调整。同时,通过实时收集和统一分析网络关键数据,实现对网络潜在故障的提前识别、精准定位、及时修复,进一步降低业务风险。	全部
工业光网	面对智能化工业互联网的各种需求和挑战,工业光网在部署简易程度、带宽精益分配、可信时延、可靠/冗余等方向超越工业以太网。具有独享管道随需切片,硬管道隔离,提供确定性低时延高带宽保障,单节点时延稳定,支持高精度时钟时间传送等优势,解决了工业以太协议发展的后顾之忧,满足未来工业互联网的部署要求。	全部
Wi-Fi6	最新一代 Wi-Fi 技术 802.11ax 即 Wi-Fi 6,在非授权频段实现了比拟 5G 的大带宽、低时延、多连接的能力,同时大幅降低了企业建设和使用无线网络的成本,满足了企业对内部网络数据流量的安全自主可控的诉求。	第二类大带宽

新兴工业互联网网络技术	应用前景	类型
5G	5G 高带宽、低时延、支持海量接入等方面的优势,具备与工业互联网融合的潜力。按照工业互联网产业联盟发布的报告显示,5G 和工业互联网合作的可能性较高的场景分别为 5G+超高清视频、5G+AR、5G+VR、5G+无人机、5G+云端机器人、5G+远程控制、5G+机器视觉以及 5G+云化 AGV(自动引导运输车)。	全部
LPWA 低功耗广域网	低功耗广域网络,专为低带宽、低功耗、远距离、大量连接的物联网应用而设计。包含多种技术,如 LoRa、Sigfox 和 NB-IoT 等。适用于远程资产管理,工业抄表等业务。	第三类多连接

(2)标识解析体系

工业互联网标识解析体系是工业互联网网络体系的重要组成部分,是支撑工业互联网互联互通的神经枢纽。其作用类似于互联网领域的域名解析系统(DNS)。标识解析可用于正向监控产品从生产加工到售后的产品状态信息,反向追溯从售后服务到前期生产过程各环节中产品的质量信息。工业互联网标识解析体系的核心包括标识编码、标识解析系统、标识数据服务三个部分:

一是标识编码,能够唯一识别机器、产品等物理资源和算法、工序、标识数据等虚拟资源的身份符号,类似于"身份证"。

二是标识解析系统,能够根据标识编码查询目标对象网络位置或者相关信息的系统,对机器和物品进行唯一性的定位和信息查询,是实现供应链系统和企业生产系统的精准对接、产品全生命周期管理和智能化服务的前提和基础。

三是标识数据服务,能够借助标识编码资源和标识解析系统开展工业标识数据管理和跨企业、跨行业、跨地区、跨国家的数据共享共用。

工业互联网标识解析体系涉及终端标签、解析软件、公共平台、集成应用等环节。终端标签有以条形码、二维码、智能 RFID 为代表的被动标识载体,以及 UICC(通用集成电路卡)、MCU(微控制单元)、模组、终端为代表的主动标识载体。

工业互联网标识解析体系是我国工业互联网建设的重要任务,应积极统

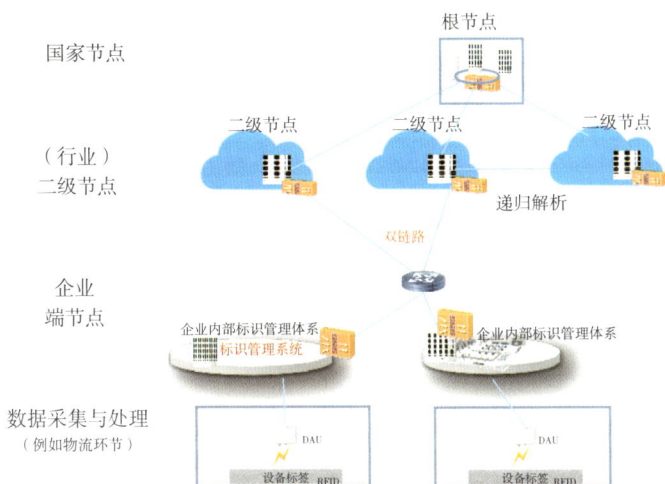

图 3-3-5　标识解析架构图

筹协调根节点、国家顶级节点、注册管理系统的建设和运营,开放授权一批二级及以下其他服务节点运营机构标识解析国家顶级节点,并与国内外各主要标识解析系统实现互联互通。

3.平台架构

工业互联网平台本质是通过构建精准、实时、高效的数据采集互联体系,建立面向工业大数据存储、集成、访问、分析、管理的开发环境,实现工业技术、经验、知识的模型化、标准化、软件化、复用化。

工业互联网平台主要分为三层:底层是由信息技术企业主导建设的云基础设施 IaaS 层;中间层是工业 PaaS 层,其核心是将工业技术、知识、经验、模型等工业原理封装成微服务功能模块,供工业应用(App)开发者调用;最上层是由互联网企业、工业企业、众多开发者等多方主体参与应用开发的工业 App 层,其核心是面向特定行业、特定场景开发在线监测、运营优化和预测性维护等具体应用服务,形成工业互联网平台的最终价值。此外,通过部署边缘计算模块,实现数据在生产现场的轻量级运算和实时分析,缓解数据向云端传输、存储和计算压力。

(1)工业 IaaS(Infrastructure as a Service,基础设施即服务)

这是工业计算的基础设施,工业场景的多样性,必然带来了数据的多样

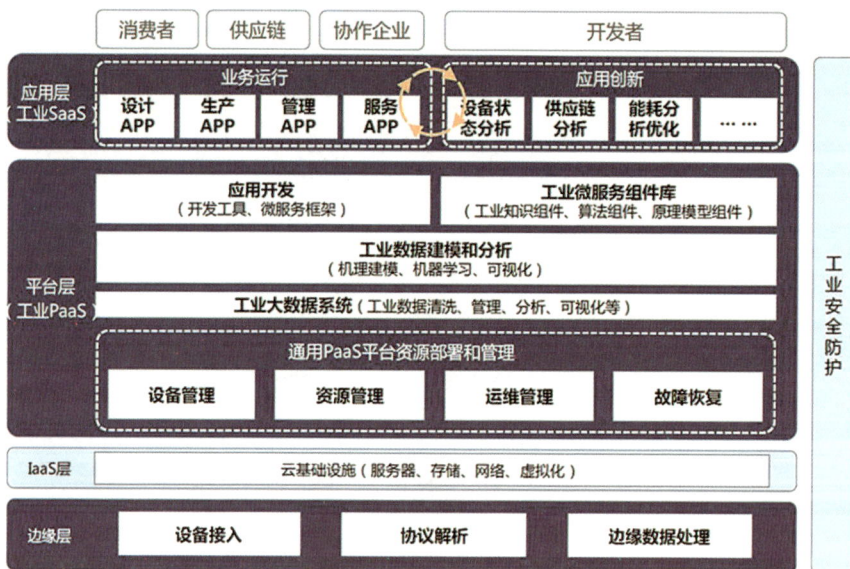

图 3-3-6 工业互联网平台功能架构图

性,没有一种计算架构可以高效满足所有业务诉求,单一计算平台难以适应业务要求,计算多样性成为必然。面对新兴应用对计算平台提出的端—边—云协同、海量多样化数据智能处理、实时分析等需求,IT 基础设施将在计算体系架构、芯片架构、业务部署架构等诸多方面进行创新来适配该需求,从而找到最优解决方案。未来计算产业发展方向必然是多种计算架构共存,工业互联网的普及将会加速这一进程。

以 ARM 为代表的 RISC 通用架构处理器以及具备特定定制化加速功能的 ASIC 和 FPGA 芯片等在场景多样化计算时代具备明显的优势。而随着 TPU、NPU 等人工智能处理芯片在智能摄像头、无人驾驶等领域的广泛部署,使得通用处理器加上深度学习加速芯片成为典型的工业场景计算架构。

(2)工业 PaaS(Platform as a Service,平台即服务)

工业平台 PaaS 是工业互联网平台的核心,主要是其集成了工业数据管理与服务、工业建模与工业智能,以及工业 PaaS 与应用管理功能。

一是工业数据管理与服务。包含数据集成、数据存储、规范设计、数据开发、数据质量监控、数据资产管理、数据服务等功能,支持行业知识库智能化建设,支持大数据存储、大数据计算分析引擎等数据底座,帮助企业快速构建从数据接入到数据分析的端到端智能数据系统,消除数据孤岛,统一数据标准。其核心目标是全方位采集各个环节的数据,并汇聚进行深度分析,反过来指导各环节控制与管理决策。首要解决的问题是将多来源的海量异构数据进行统一采集和存储。工业数据来源广泛,生产流程中的每个关键环节都会不断地产生大量数据,不仅数据结构不同,采集周期、存储周期及应用场景也不尽相同。这就需要一个能够适应多种场景的采集系统对各环节的数据进行统一的收集和整理,并提供支持多种数据类型(交易数据、时序数据、非结构化的文档、视频类数据等)的高效存储方案来满足各种数据的留存要求。同时需要依据合适的数据治理要求对汇入系统的数据进行标准和质量上的把控,根据数据的类型与特征进行有效管理。进一步提供各类分布式计算引擎来支撑各类场景的分析建模需求,包括基础的数据脱敏过滤、关联数据的轻度汇总、更深入的分析挖掘等。

二是工业建模与工业智能。工业智能依靠 AI 与工艺机理协同实现智能化应用,包含智能算力、工业数据、智能算法和智能应用四大模块,以工业大数据系统的工业数据为基础,依托硬件基础能力和训练、推理运行框架,完成工业数据建模和分析。工业智能的本质是实现工业技术、经验、知识的模型化,从而实现各类创新的工业智能应用。

三是工业 PaaS 与应用管理。企业应用集成平台需要能够打通应用和数据孤岛,提供消息、数据、API、OT 集成等多种集成能力,联接云上云下,消除数字鸿沟,构建业务敏捷性,驱动数字化转型。

(3)工业 SaaS(Software as a Service,软件即服务)

工业 SaaS/工业应用(App)是基于工业互联网、承载工业知识和经验、满足特定需求的工业应用软件,是工业技术软件化的重要成果。将工业技术知识数字化、软件化,可形成各种各样工业 App,如研发设计类 App、制造类 App、运行维护类 App、企业管理 App 等,是工业互联网的最终表现形式和价值。

(4)工业边缘

随着工业控制器等越来越多的设备连入云端,传统以云为中心的模式无法对工业现场数据进行实时处理,特别是对于毫秒级时延的场景,云边端协同会更好满足企业实际需求。云计算聚焦非实时、长周期数据的大数据分析。边缘计算聚焦实时、短周期数据分析,支撑本地业务的实时智能化处理与快速执行响应,满足行业数字化在设备接入和协议解析、实时业务、数据处理、AI边缘智能分析、边缘应用部署、安全与隐私保护等方面的关键需求。打造云+边缘计算+端协同的解决方案,将是工业互联网未来的发展趋势。

4. 安全架构

以工业互联网为代表的新型基础设施在国计民生中越关键,其安全性就越重要。例如,2010年"震网"造成伊朗核计划停滞两年,等同于遭受一次"外科手术"打击;2011年Conficker/Flame定向攻击中东产油国,造成油价波动;Havex造成北美大面积停电;乌克兰电网被攻击造成半个国家停电;台湾ATM机遭遇"自动吐钱"攻击被盗1亿新台币;2018年台积电遭遇WannaCry变种损失数十亿美元;等等。这些网络攻击造成了政治、经济上的重大损失。

工业互联网是OT/IT/CT的融合,工业互联网安全也是OT/IT/CT安全技术的延伸。工业互联网架构与对应的安全框架如下:

工业互联网安全框架,包括"设备安全、控制安全、网络安全、应用安全、数据安全"五个部分。

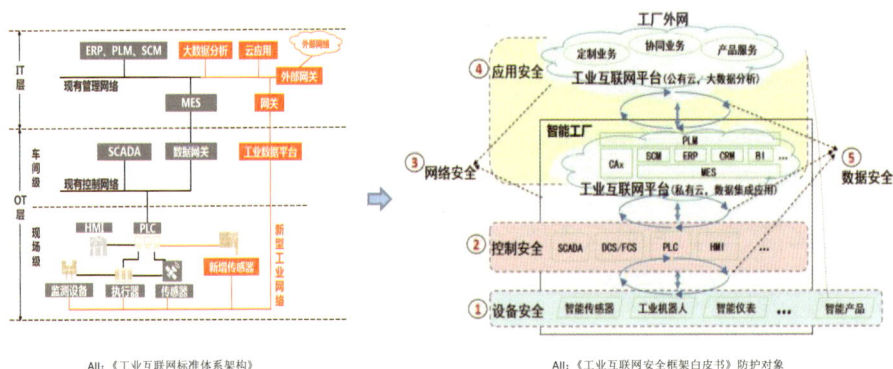

图 3-3-7 工业互联网架构与对应的安全框架

每一部分都需要参照《信息安全等级保护》GB/T 22239 的要求具备对应的安全能力。例如:对于"设备安全",需要具备固件增强、漏洞修复加固、补丁升级管理、运维管控等能力;对于"网络安全",需要具备网络边界安全、网络接入认证、通信传输保护、网络设备安全防护、安全监测审计等能力。

越是重要的工业互联网系统越重视可用性,无法接受安全带来的潜在时延、抖动等风险。工业互联网安全问题无法通过"工业漏扫、工业防火墙、工业威胁情报"等现有互联网与工控安全技术解决,主要由于:一是越关键的工业资产(光刻机、生产 EMS 系统等)越不敢部署补丁、杀毒软件等侵入式安全技术,其上的漏洞必然是开放的。二是互联网基于统一架构的开放系统,威胁知识库全网通用,而工业互联网系统与威胁各不相同,通用威胁情报没有价值。三是互联网安全保障主要靠专家运维,而工业互联网是无人值守的低交互系统,需要基于 AI 的自动化安全运维能力。四是工业互联网系统漏洞开放、安全设备部署受限、威胁情报价值低,试图通过消除威胁来实现安全防御的目标很难实现。

工业互联网必须建立基于韧性架构的安全。2017 年前后,美国国土安全部和欧洲网络与信息安全局,先后提出"网络基础设施韧性"的概念,指的是在威胁不能完全消除(漏洞开放、被攻击渗透)时,网络基础设施把业务恢复到可接受状态的能力,以应对日益严重的"不确定风险"。网络基础设施韧性框架是传统"威胁防御"体系的扩展,由"业务信任""威胁防御""风险管理"三部分构成。

工业互联网安全关键能力包括三部分:一是业务信任体系。保证系统内实体行为与业务设计相符,行为可预期、可验证。包括工业设备合法行为模型、基于网络行为的实体安全评估、基于资产类别的认证与访问控制、设备"0信任"等。二是威胁防御体系。消除可感知的安全威胁,阻止异常行为,包括非侵入式的安全功能,未知恶意代码检测"沙箱"、未知网络威胁检测等;主动安全,包括启发式网络攻击诱捕、工业蜜罐等;安全管理/应急响应,用户异常行为分析 UEBA、威胁自动给化学习等。三是风险管理体系。持续监测并动态纠偏,时刻恢复业务到正常状态。包括基于资产的威胁识别和呈现、基于 AI 的自动化威胁判定、自动化响应编排等。

新基建 数字时代的新结构性力量

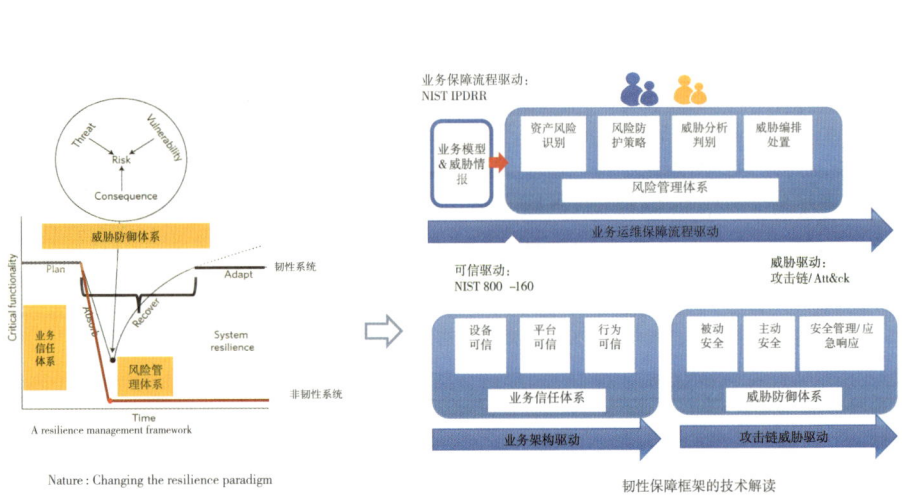

图 3-3-8　基础设施韧性管理架构的组成和技术实现

四、物 联 网

物联网可以将物理世界纳入智能系统中实现信息化,随着新一代信息技术的迅速发展,物联网在各行各业渗透率不断加速,在新型基础设施中承上启下的作用也日益凸显。

（一）内涵特征

物联网（IoT，Internet of things）可以简单地理解为"万物相连的互联网",它以互联网为基础进行延伸和扩展,最终形成各种信息传感设备与互联网结合的巨大网络。其内涵可理解为,通过与大数据、5G、人工智能等新一代数字技术结合,实现物理世界与数字世界的融合,将一切事物数字化、网络化,在物与物之间、物与人之间、人与现实环境之间实现高效信息交互。而外延是指基于物联网数据的运营和创新。物联网是"新零售"从线上走向线下的基础、是解决共享经济信息不对称的关键所在,可以有效解决行业痛点,催生新的经济模式与创新应用场景。物联网内涵与外延形成双螺旋架构,推动物联网做螺旋式的上升发展。如图 3-4-1所示:

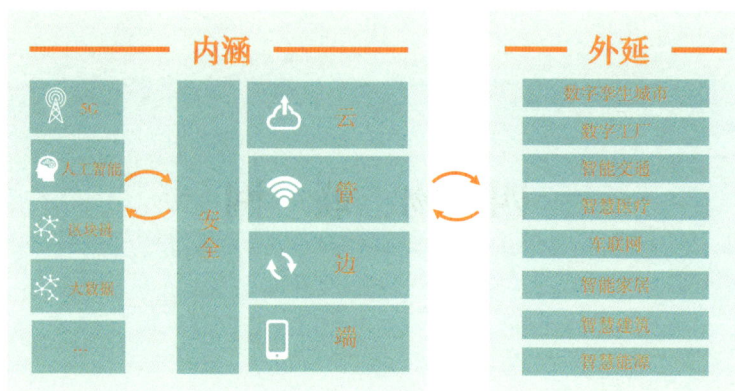

图 3-4-1 物联网的内涵外延

（二）发展现状

物联网一词最早由 Peter T.Lewis 于 1985 年在演讲中创造。1999 年美国麻省理工学院（MIT）的 Kevin Ashton 教授首次阐明物联网的概念，提出在互联网的基础上，基于射频识别（RFID）、产品电子代码（EPC）等技术，构造全球物品信息实时共享的实物互联网，即物联网。到 2003 年，蓝牙、WIFI、ZigBee 等短距无线接入技术先后问世，并运用到物联网应用中。2005 年，国际电信联盟发布《ITU 互联网报告 2005：物联网》，对最初以 RFID 为基础的物联网概念进行了扩展，提出无处不在的网络和无处不在的计算发展愿景。与此同时，无线蜂窝通信技术（2G/3G/4G）逐渐开始为广域 M2M 应用提供主要的连接服务。2010 年起，非授权频段的低功耗广域网（LPWA）先后问世并开始应用，如 Sigfox、LoRa 等。自 2016 年起，授权频谱技术，例如 NB－IoT、eMTC 逐渐在全球范围大规模部署。在中国，物联网产业的发展取得了长足进展，已成为全球最大的物联网市场以及全球物联网发展最为活跃的地区之一。

随着数字化转型意愿日益强烈，传统产业自发性创新活动明显增多。工业互联网、智慧城市、智慧能源、车联网、智能家居等领域对物联网技术的升级与落地起到了关键的助推作用。IDC 2019 全球数字化转型调研结果显示,物联网技术在企业数字化转型项目中的重要性排在首位。

物联网市场迅猛发展,物联网应用场景也得到不断扩展,网络、终端功耗、终端成本等问题不断优化创新。NB-IoT、eMTC、LoRa 等技术进一步增强覆盖、降低功耗、提升连接数;4G Cat1/Cat1bis 终端类型面向物联网进行了简化,降低了模组成本,逐步扩展应用场景,产业关注度不断提高;在短距通信技术方面,WIFI5 向 WIFI6 演进,可以提升 30% 的传输速率;蓝牙有望从 5.2 标准向更低功耗的方向继续演进。

（三）体系架构

1. 物联网标准体系

物联网不仅仅是"物"的连接,还包括"应用"的连接和"数据"的连接。物联网的基本属性是万物互联,而互联的基础是标准的制定。标准是物联网的基本语言,只有打通标准,才能形成让智能传感器设备与应用相互通信、相互理解,才能让数据自由地流通,并且变得更有意义。

物联网产业生态的发展需要同步开展跨行业物联网标准的制定,以标准为基础发展生态伙伴、助力传统行业数字化转型,形成"以产业促标准研制,以标准促规模扩大"的良性发展局面。物联网横向涉及工业互联网、智慧家庭、车联网等多个垂直行业,纵向涉及平台/架构、网络、终端和安全等技术领域。如图 3-4-2 为主要的标准产业组织。

2. 物联网架构

物联网是万物的"神经中枢"。在"物"实现联网后,可以采集和传输整个物理世界的数据并通过丰富的物联网应用实现智能化。"云、边、管、端、安全"之间的协作构成了物联网的总体架构。云平台是面向应用开发、设备管理的关键枢纽;边是云平台下沉的决策节点;管是数据传输的通道;端是各类物联网终端,负责链接与数据生成;安全则是实现覆盖云、边、管、端的数据与安全管理。如图 3-4-3 所示。

智慧城市　　　　车联网/智慧交通　　　　智慧工业　　　　智慧家庭

平台/架构

网络

终端/开源

安全

图 3-4-2　物联网标准生态

图 3-4-3　物联网总体架构

(1)"云"是物联网的中枢大脑,掌控全局,赋能应用业务

云平台主要负责物联网应用与设备的"管理、控制、运营",向下接入并汇集数据,向上面向应用服务提供商,提供应用开发的基础性平台和面向底层网络的统一数据接口,同时还可对物联网设备进行有效管理。从功能分类来看,物联网云平台主要包括应用使能类平台(AEP, Application Enablement Platform)、连接管理类平台(CMP, Connectivity Management Platform)、设备管理类平台(DMP, Device Management Platform)和业务分析类平台(BAP, Business

Analytics Platform)，前两者应用更为广泛，将在下文重点介绍。我国物联网平台提供商大致可分为运营商、互联网公司、云计算公司、初创公司几类，目前还处于起步阶段，平台功能、生态系统均需完善，未来市场空间广大。

AEP 应用使能平台是提供快速开发部署物联网应用服务的 PaaS 平台。面向设备，适配多种网络环境和常见传输协议，提供各类硬件终端的快速接入方案和设备管理服务；面向应用层，提供成套应用开发工具（SDK）、中间件、数据存储、业务逻辑引擎、第三方 API 接口等功能，使物联网各行业可更专注于自身应用的开发，而不用将工作重心放在设备接入层的环境搭建上，从而缩短物联网系统的形成周期，降低企业研发、运营和运维成本。

CMP 连接管理平台一般用于运营商和虚拟运营商网络管理，是为满足物联网海量数据和高时效要求而产生的，是主要管理物联网 SIM 卡的管理平台，该平台可以实现对物联网连接配置和故障管理、网络资源用量管理、连接资费管理、账单管理、套餐变更等管理。如图 3-4-4 所示。

图 3-4-4　物联网云平台基础架构

（2）"边"是数据计算与决策能力下沉的关键

5G 时代万物智联真正成为现实的同时也对计算结构提出了新的要求，需要低时延、大带宽、高并发和本地化，个别场景中云、端协同计算可能无法满足用户需求。因此，在网络设施支持下，云、边、端三体协同成为最佳解决方案——拥有高效、实时、安全特性的边缘计算将成为新型基础设施。据

新基建 数字时代的新结构性力量

Gartner 预测,2021 年将有 40% 的大型企业在项目中纳入边缘计算原则。而到 2022 年,边缘计算将成为所有数字业务的必要需求。

IoT 边缘设备是边缘计算在物联网行业的应用。IoT 边缘设备在靠近物或数据源头的边缘侧,融合网络、计算、存储、应用核心能力的开放平台,就近提供计算和智能服务,满足行业在实时业务、应用智能、安全与隐私保护等方面的基本需求。

边缘计算与云计算形成天然互补。云平台离终端设备(如摄像头、传感器等)和用户较远,把计算放在云上会引起较长的网络延时、网络拥塞、服务质量下降等问题,难以满足实时性要求高的计算需求。而终端设备通常计算能力不足,无法与云端相比。在此情况下,IoT 边缘设备将云端计算和智能能力延伸到靠近终端设备的边缘节点,解决上述问题。IoT 边缘设备广泛应用于:智慧园区、智慧交通、智能工业、能源电力等场景。IoT 边缘架构如图 3-4-5 所示。

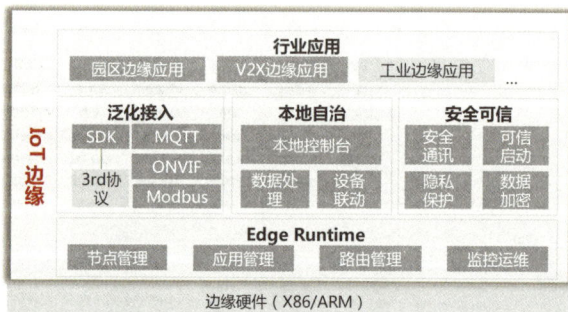

图 3-4-5　IoT 边缘计算基础架构

(3)"管"使多技共存,长短结合,提供优质数据传输

管是为物联网终端提供基础通信能力的网络设施。物联网无线通信技术有多种,根据传播距离的不同,可分为短距和广域通信技术。短距通信技术主要包括 WIFI、蓝牙、ZigBee、NFC、RFID 等。广域通信技术主要包括:2G、3G、4G(含 Cat1/Cat1bis/Cat-M)、5G、NB-IoT、LoRa 等。以下重点介绍几个产业关注的焦点技术,5G 因在其他章节有重点阐述,以下不再赘述。

NB-IoT 是 3GPP 针对低功耗物联网业务进行深度优化的窄带移动物联网标准,于 2016 年 6 月正式形成国际标准。NB-IoT 以其强覆盖、低功耗、低

— 90 —

成本的特点,已经成为 LPWA 的主流技术,中国主导了 NB-IoT 技术研发和应用推广,在其技术标准化和产业化方面发挥了核心作用。当前,NB-IoT 技术主要应用于智慧城市、智慧表计、智慧农业、智慧消防、智慧物流等行业。

eMTC 是 4G 面向物联网定义的技术,终端等级是 Cat-M。与 NB-IoT 相比,可支持更高速率和话音,但同时成本和功耗偏高,目前主要应用在北美市场。

Cat1/Cat1bis 也是 4G 中为物联网专门定义的低能力等级终端标准,Cat1bis 是 Cat1 的低成本方案,覆盖弱于 Cat1。Cat1/ Cat1bis 基于现有的 4G 网络,完全复用现有 4G 资源,与 NB-IoT 相比,可支持话音和高数据速率,但功耗和模组成本相对较高,主要用于可穿戴类设备及承载中高速业务。

LoRa(LongRange)是一种部署低功耗广覆盖的无线物联技术,与 NB-IoT 相比,主要优势是市场先发、部署快,但速率、覆盖等性能相对较弱。我国 LoRa 率先在园区、建筑楼宇、住宅小区等场景组网应用,主要应用于监测类、抄表类物联网业务。

WIFI 主要用于短距离和室内覆盖场景。WIFI6 是最新一代(第六代) WIFI 技术。比上一代 WIFI5 速率提高 30%。WIFI6 具有速率高、系统设计简单等优点,缺点是难以满足高性能或者高品质服务场景,组网难度、运营复杂度较高。如图 3-4-6 所示。

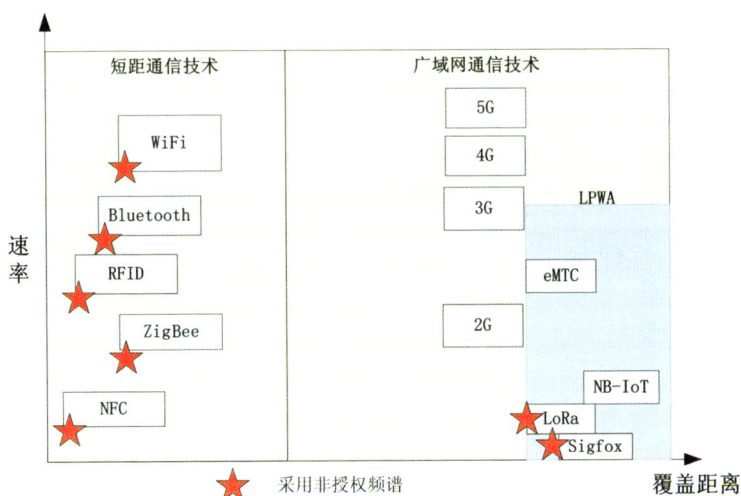

图 3-4-6　物联网通信技术总览

（4）"端"是信息传感，海量连接、物联数据之源泉

在物联网"云、边、管、端"总体架构中，"端"是所有感知信息接入的节点，包括车载、家居、工业控制等各类物联网终端。物联网芯片集成形成通信模组，通过植入通信模组，使物联网终端具备数据采集、处理、存储、传输等能力，将感知信息通过"管"传输至"云"，并接受"云"端远程控制。

芯片是物联网系统的核心，低功耗、高可靠性的半导体芯片是几乎所有环节都必不可少的关键部件之一，包括高性能计算控制芯片、长距离、短距离通信芯片、安全芯片以及传感器芯片等。

通信模组通过集成芯片、各类外围器件等形成通信基础单元，支持 2G、3G、4G、5G、NB-IoT、WIFI、BT、ZigBee 等无线通信技术，是物联网终端通信接入的重要抓手。

操作系统（OS）是支持物联网智能化、各种创新应用和行业应用得以实现的基础。当前物联网操作系统碎片化，造成应用开发成本高而且无法在不同端设备进行迁移和切换。未来的 OS 需要更灵活、更智能，能够面向多种设备、多种形态需求，促进互联、互通。此外，未来的 OS 需要具有支持新一代应用形态、开发环境与运行框架的能力，从而满足应用跨设备流转等关键需求，使得应用可以部分迁移到适合的设备。

（5）"安全"组合出击，态势感知，御敌于千里之外

在万物互联的时代，物联网与个人生活及各行各业深度融合，依托云计算和 AI 技术，结合多种新兴无线网络技术，不断推动创新应用和场景的落地。在海量化的终端硬件，多样化的无线接入方式，差异化的业务场景和逻辑等复杂条件下，敏感数据始终面临着在感知、传输、存储、处理等环节的安全风险：硬件级别的安全攻击，如信道分析、激光注入、错误注入等；利用已知网络协议漏洞入侵并提权；业务流程体系漏洞，存在认证绕过，非授权访问等风险点；密钥静态化管理等。

与传统 IT 网络相比，物联网安全在终端、网络、云平台、应用、隐私合规等方面，都提出了更高的要求。面向物联网的安全生态建设，必须建立安全基线，并能针对物联网终端硬件能力和联网能力碎片化的特点，建设云、管、端体系化的安全平台，满足面向场景的各级安全等级需求。如图 3-4-7 所示。

图 3-4-7 物联网安全

围绕具备硬件可信信任根能力的物联网设备,在国际主流加密算法和国密算法支持下,结合云端双向认证与密钥协商服务,以及一机一密或一次一密等密码管理机制,可以有效防止设备伪造和中间人劫持,以此实现设备认证和数据保护。除了数据加密,数据保密还包括:防篡改、完整性校验、敏感数据防提取、安全固件升级、可信启动等内容。如图 3-4-8 所示。

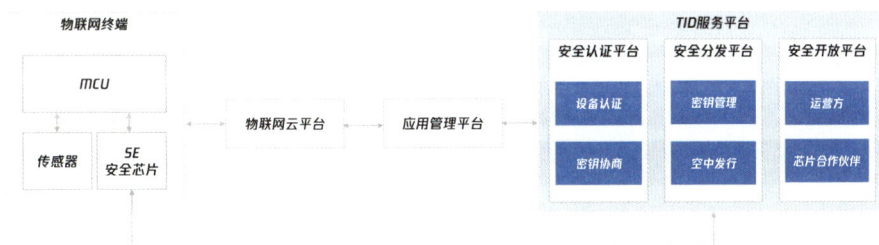

图 3-4-8 物联网安全加密技术

通过在终端提供设备安全能力,在管道侧实现恶意流量检测与拦截,在云端实现平台全生命周期安全保障和隐私保护,构建起物联网终端防御、管道保障、云端保护三个物联网安全技术族和安全运维与管理,以此满足国家和区域法律法规、行业标准等合规要求,构建物联网安全端到端的纵深防御体系,抵御威胁。

（四）融合创新

新技术都是在现有技术的基础上发展起来的,而现有技术又来源于先前的技术。IoT 技术与 5G、人工智能、区块链等新一代数字技术的融合逐渐加深,成为物联网落地的标配,在推动新技术、新场景、新模式、新商业、新业态与新产业上,起到了关键作用。如图 3-4-9 所示。

·新商业 ·新场景 ·新产业

·新技术 ·新模式 ·新业态

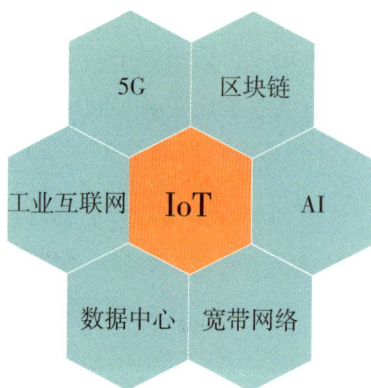

图 3-4-9 物联网与新一代数字技术融合

1. IoT+5G 成为万物互联的基石

5G 作为新一代信息技术,将从移动互联网扩展到移动物联网领域,与经济社会各领域深度融合,逐步应用于工业制造、交通运输、传媒与物流等诸多垂直行业,赋能各个行业的数字化转型。如图 3-4-10 所示。

eMBB 高带宽与低时延是对于传统移动互联的升级,可以满足 3D 视频感知与处理的智能终端设备对于大数据量回传的要求。mMTC 赋能海量物联终端的广域接入,支持低功耗的轻量级通信,在支持大密度连接的同时兼顾高频小数据量。URLLC 具备高可靠和超低时延特性,其超低丢包率和抖动优势,可以胜任精密生产和控制类物联网应用要求。5G 切片和边缘计算技术将推

| | | 终端速率 | 连接数 | 时延 | QoS |

eMBB
enhanced Mobile Broadband
高吞吐 100Mbps～1Gbps
高速移动特性 350-500/H

mMTC
massive Machine Type Communications
低速 100Kbps   弱移动特性
高密度 1M连接数/km²   网络能效比 10年
小吞吐量

URLLC
Ultra Reliable Low Latency Communications
超低时延 1ms～10ms
高可靠性

性能 低 高

4G 20Mbps 10,000/km² 80ms 尽力而为

5G 1-10 Gbps 100,0000/km² 1-10ms 5个9

图 3-4-10　5G 技术

动不同垂直行业在 IT/CT/OT 超融合应用上的探索,对现有物联网应用基础进行升级和创新拓展。如图 3-4-11 所示。

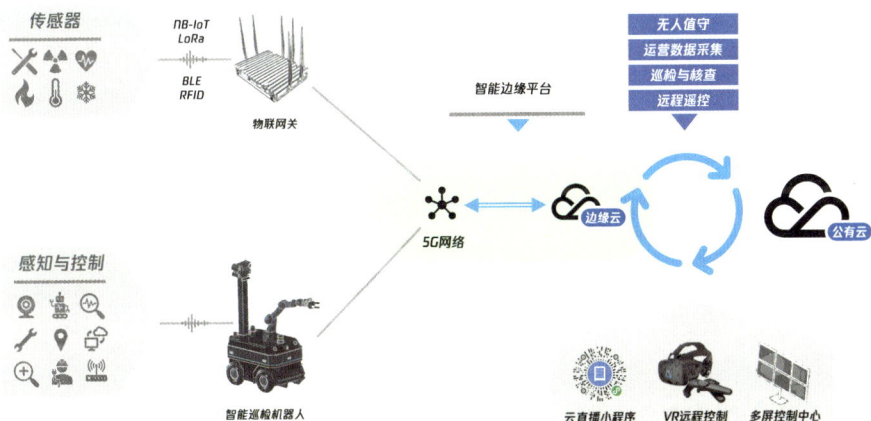

图 3-4-11　5G+IoT 应用的落地场景

2. IoT+AI 驱动数据决策自动化

　　IoT 技术是"数据时代"的产物,AIoT 则标志着"数据智能时代"的到来。IoT 技术将物理世界中的万物抽象到数字世界中,再由 AI 技术来探索新的认知,并作用回物理世界,对其进行优化。可以说,在 AI 技术的加持下,物联网能力将得到进一步释放,这将改变现有产业生态和经济格局,甚至改变人类的生活模式。未来,物物相连的智联网、新一代人机自然交互与机器智能将会

是 AIoT 技术在不同行业与场景落地的三种主要呈现方式。

3. IoT+区块链加强物联网设备的数字信任

根据 IDC 2018 全球物联网趋势预测,到 2020 年年末,预估有高达 10% 的试点会将区块链与分布式账本纳入物联网传感器。这是因为 IoT 与区块链技术有天然的契合性,物联网代表了大量收集数据的设备,而区块链加密创建了防篡改机制。物联网的安全和隐私问题可通过区块链的加密技术改善;物联网设备的通信问题可通过区块链信任机制得以定义;此外,区块链分布式的特点,还可以为物联网设备的扩展提供支持。

五、数据中心

数字经济已成为全球经济增长的新引擎,正在深刻改变人类社会的生产和生活方式,数据成为了数字经济时代的关键生产要素,而数据创新则成为了国家数字经济新业态发展的重要方向和关键形式。云计算、移动互联网、泛在感知、人工智能等 ICT 新技术、新模式、新应用无一不是以数据为基础,又反过来带动了海量数据的爆发式增长。数据中心作为数字经济坚实的"数据底座",其宗旨在于提供高性能计算平台、安全可靠的存储能力、加速数据流动、促进数据协同、最终牵引数据创新。

(一) 内涵特征

1. 数据中心的内涵

数据中心是以"节能、融合、协同、智能、安全、开放"为特征,以助力千行百业及实体经济数字化转型升级为目标,具有海量数据的"采、存、算、管、用"全生命周期管理能力,并能提供高效、安全、分层解耦能力的新型数据基础设施。

数据中心通过一系列技术领域的组合使用,诸如:高效能源设施、智能运维管理、通用及 AI 计算技术、数据存储技术、数据分析处理技术、数据治理技术、数据服务平台、云计算等,助力数字经济和产业数字化转型发展。

2. 数据中心的外延

全球数字化浪潮催生了海量的数据,加快了对数据价值的持续挖掘,也使得数据逐步成为了数字经济时代的核心生产资料,数据中心作为数据的主要载体,其外延的主要表现即通过挖掘数据价值,帮助各行业实现数字化转型。通过数据中心的支撑,可以提高数据获取效率,打通数据流动通道,盘活数据资产,提供快速的数据分析能力,为行业用户提供一站式的服务,帮助各行业用户深度挖掘数据价值,实现转型和创新发展。

数据中心主要有三种部署场景,如图 3-5-1 所示:基地大型或超大型数据中心一般以承载云计算、人工智能、大数据存储,行业服务平台或企业系统业务为主;区域小型或中型数据中心以承载本地存储、计算业务为主;边缘计算节点主要承载终端低时延、大带宽业务。

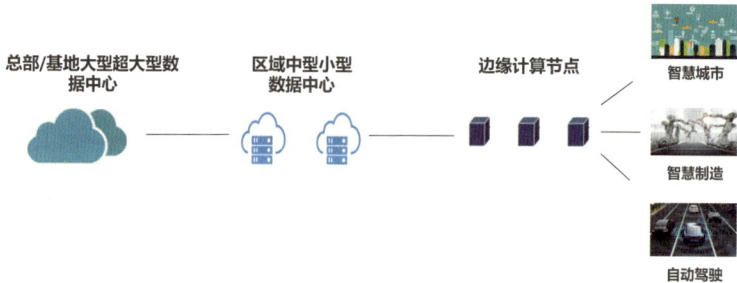

图 3-5-1　数据中心主要部署场景

3. 数据中心的特征

数据中心具备以下 6 个特征:节能、融合、协同、智能、安全、开放,以帮助企业实现数据存储智能化、安全化、管理简单化和数据价值最大化。

(1)节能

随着数据中心数量和规模的快速增长,其消耗的电力、水、土地等资源越来越高。传统数据中心的能效评价指标电能使用效率(PUE,Power Usage Ef-fectiveness,电能使用效率=数据中心总能耗/IT 设备能耗)已无法反映社会资源的综合利用效率,也未反映碳排放和环境友好性问题。新型能源设施针对资源的关键制约点、挖掘点、环保点,引入多项指标(清洁能源、电能、水、土地等使用效率),牵引创新建设模式、新型架构设计和自动化运维管理,实现真正意义上的绿色高效可持续发展,提高能源利用效率,如图 3-5-2 所示。

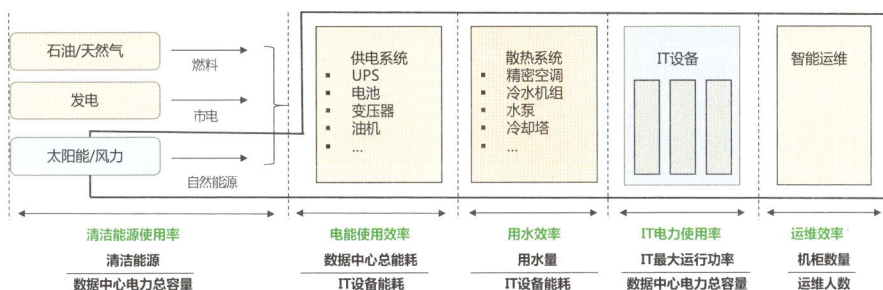

图 3-5-2　数据中心能源利用效率示意图

（2）融合

产业创新推动企业数据量从 PB 级向 EB 级迈进,数据中心规模也随之扩大。数据中心所容纳数据的海量化、多元化和非结构化逐渐成为新常态;数据实时性处理需求变得更为迫切;5G、物联网、边缘计算、云计算、大数据、人工智能、区块链等一系列新型数字技术与数据中心的海量数据不断产生化学反应,牵引创新的出现。数据中心呈现"数据枢纽"化的融合发展趋势。数据效能相关技术可以解决多元数据、海量数据在存储、跨数据源协同、处理、分析时带来的问题,同时帮助数据中心减少冗余性数据,扩大数据中心可容纳规模,通过多访问形态下的单一数据集的复合使用,提升数据流转效率,通过形成的公共数据空间促进数据协同,达到数据的融合创新使用。

（3）协同

数据协同需要依赖数据存储和处理技术,围绕多种数据源以及与之相关联的特定的数据进行数据处理。数据协同可能发生在同一数据中心或不同数据中心,也可能是数据中心与边缘站点之间的协同。

跨数据源协同分析可实现分散在多个数据源的多张数据表进行交叉分析;跨域协同分析可实现分散在异地数据中心的多张数据表进行碰撞分析;云边协同分析可实现云侧和边侧之间特殊的跨源、跨域协同分析;异地数据即时访问可以让联网的数据中心实时访问刚进入其他数据中心的数据,而不需要等待数据复制到本地;统一访问接口让开发人员对外提供 SQL 或命令行等统一的查询接口,而无须关心数据的存储位置,只需要像处理本地数据一样提交处理任务。数据协同会促进数据利用效率大幅提升,从而支撑更多的业态创新。

（4）智能

数据智能是一个跨学科的研究领域，它结合大规模数据处理、数据挖掘、机器学习、人机交互、可视化等多种技术，从数据中提炼、发掘、获取有揭示性和可操作性的信息，使数据"智能"，为人们在基于数据制定决策或执行任务时提供有效的智能支持。工业界和学术界持续探索人工智能技术在数据中心的应用，以确保数据中心能快速适应数字经济所催生的新的智能化业务需求。

首先需要智能芯片来解决传统处理器性能无法按照摩尔定律继续增长的问题。智能芯片可以分为通用类芯片、基于 FPGA（Field Programmable Gate Array，现场可编程逻辑门阵列）的半定制化芯片、全定制化 ASIC（Application Specific Integrated Circuit，专用集成电路）芯片、类脑计算芯片等。未来的智能芯片主要是在两个方向发展：一是模仿人类大脑结构的方向，二是量子化。

数据中心智能运维也引入了人工智能，以自动侦测和有效预测数据中心基础设施的运行状态和潜在故障，通过机器学习等算法优化数据中心各类资源效率和容量负载，智能调整各类参数确保数据中心整体运维效率达到最优。

数据中心能源设施充分利用人工智能、3D、机器人等新技术，实现部件级、设备级、系统级的运行状态、关键参数、故障告警等全局可视。通过机器巡检、故障自动定位、预测性维护等智能手段，减少业务中断，提升运维效率。利用人工智能精确分析数据中心的能耗分布，并自动优化，达到数据中心最优PUE、最优 WUE（用水效率＝用水量/IT 设备能耗）、最优空间利用率等。

未来的数据中心智能化程度将进一步提升，越来越多的数据操作从人工走向 AI，逐步解放人的双手、双脚、五官和大脑，最终实现数据中心"自动驾驶"。

（5）安全

数据中心承载着海量的数据，包括业务的核心数据以及隐私数据。这些数据支撑着企业的所有业务和运营，关系着企业的生命线。需要构建全方位的数据安全体系，帮助企业实现数据在全生命周期过程中的数据不丢失、不泄露、不被篡改、业务永远在线、可追溯和隐私合规。

数据中心应具备平台安全、数据安全、隐私合规三个层面全方位的安全技术体系。

平台安全指环境和系统本身的安全，包括物理环境安全，介质、芯片、板卡等硬件设备安全,操作系统、数据库、固件等软件安全,以及网络、协议等安全。其中也包含对设备安全可信、可持续供应的含义。当前国际政治经济情况复杂,作为承载数字经济的科技底座,数据中心必须要有稳固的自主知识产权,不能被卡脖子,政府和大型企业用户对数据中心的自主可控要求也在提升,要求从芯片、IT 基础设备做到安全可信,才能保证国家和产业的安全稳定发展。

数据安全是指数据中心为支撑数据存储、传输、处理等全生命周期过程提供的数据安全保护能力,如数据加密、数据隔离、访问控制、完整性校验等。

隐私合规是指数据中心为保障数据存储、移动、再利用等过程中的合规提供的能力,如数据脱敏、违规分析、密文搜索、同态加密等。欧盟在 2019 年 10 月 4 日发布非个人数据移动条例,放宽非个人数据流动限制,以推动欧盟数字经济发展,在该条例下,个人数据保护将对产业发展产生较大影响。

(6) 开放

"开放"需要包容开放的技术和产业生态。数据产业是一个有众多细分领域、众多参与者的产业,它需要数据、产品和服务间的紧密协同,而数据中心作为其中的关键支撑环节,涉及硬件产业、软件产业,以及各类开源技术、闭源技术等,这就决定了数据中心具有生态复杂性,需要很强的生态协同能力,并通过技术和产业的开放性来吸引更多的参与者以保持生态的活力。构建"平台+生态"的数据中心开放模式,需要产业各环节的协同操作,包括基础设施和应用服务间的协作、同类型供应商之间的协作、上下游供应商之间的协作,甚至内部产品之间的协作。使产业链上下游实现高效率、低成本的多赢局面。

（二）发展现状

1. 国外发展现状

(1) 战略趋势

各国纷纷把数据中心所承载的大数据竞争力上升为国家级战略。美国积极推进政府机构数据中心整合。2016 年美国公布"数据中心优化倡议(DCOI)",要求美国政府机构实现数据中心电能、PUE 目标、虚拟化、服务器利用率以及设备利用率等指标监控和度量。由此推动至少 60% 的中小型数据中心关闭,并不断优化大型数据中心,截至 2019 年,美国大型及超大型数据中心占全球的 40%,位列第一。① 同时,美国依托大型数据中心优势,开始实施大数据"三步走"战略,推进大数据产业发展。一是快速部署大数据核心技术研究,并在部分领域积极开展大数据应用;二是调整政策框架与法律规章,积极应对大数据发展带来的隐私保护等问题;三是强化数据驱动的体系和能力建设,为提升国家整体竞争力提供长远保障。2019 年 12 月,美国白宫发布了《联邦数据战略和 2020 年行动计划》,以 2020 年为起始,联邦数据战略描述了美国联邦政府未来十年的数据愿景,其核心思想是将数据作为战略资源来开发,通过确立一致的数据基础设施和标准实践来逐步建立强大的数据治理能力,为国家经济和安全提供保障。

欧盟在 2020 年 2 月也发布了《欧盟数字化战略》《数据战略》《人工智能战略》,核心思想亦是在建立联合数据平台的基础上实现数据主权和技术主权,从而促进其数据产业发展,达到在数字经济时代竞争力领先的目的。同时,为提高能效水平,欧盟还提出了数据中心行为规范,主要针对小型数据中心开发减少能耗和碳排放的解决方案,要求遵循行为规范的数据中心必须实施节能最佳实践方案,满足采购标准,每年报告能耗。为兼顾信息流通保护与个人权利保护,欧盟还实施《通用数据保护条例》(GDPR),明确了个人数据定义,条例适用范围,划定了合法性基础、数据主体权利、数据控制者义务、数据流通标准、数据救济和处罚。

英国紧抓大数据产业机遇,应对脱欧后的经济挑战。密集发布《把握数据带来的机遇:英国数据能力战略规划》《数字战略 2017》等政策文件,将全方位构建数据能力上升为国家战略,力争 2025 年数字经济对本国经济总量的贡献值达到 2000 亿英镑。

(2)产业趋势

全球数字经济蓬勃发展,2018 年,美国数字经济规模蝉联全球第一,达到12.34 万亿美元,中国依然保持全球第二大数字经济体地位,规模达到 4.73 万

---

① Synergy Research Group,Hyperscale Data Center Operators.

亿美元,德国、日本、英国、法国数字经济规模紧随其后,均超过 1 万亿美元。[①]

2019 年全球数据中心机架数量持续增加,如图 3-5-3 所示:存量为 1773 万个,未来机架以 100 万个/年的速度递增。中国现有存量机架约 250 万个,占全球的 14%,数据中心机架数量规模未来还需提升。

图 3-5-3　全球及中国数据中心机架数量

全球大型数据中心发展趋势和分布如图 3-5-4 所示:2019 年数量达 509 个。未来以约 60 个/年的速度增加。2019 年美国大型及超大型数据中心约 203 个,占全球的 40%,位列第一。中国占比为 8%,位列第二。

图 3-5-4　全球大型数据中心数量

根据 Statista 和 Wikibon 等研究机构在 2019 年发布的数据,全球大数据市场规模增长强劲,如图 3-5-5 所示:2020 年全球大数据市场的收入规模将达

---

①　中国信息通信研究院:《全球数字经济新图景 2019》。

到 560 亿美元,较 2018 年增长约 33.3%。随着数字经济的蓬勃发展和新兴技术的融合应用,到 2024 年,全球大数据市场规模将接近千亿美元,对经济增长的拉动作用愈加凸显。

图 3-5-5　2012—2024 年全球大数据市场规模

全球大数据产业规模呈快速增长态势。数据中心建设规模持续加大不仅为其本身的产业链上下游带来直接价值,还在为大数据与传统产业之间的融合、牵引带来动力。

2. 国内发展现状

(1)战略趋势

我国于 2015 年 8 月颁布《促进大数据发展行动纲要》,大数据正式上升为国家发展战略。受国家政策指引以及移动互联网快速发展的驱动,我国数据中心产业连续高速增长。2018 年工信部印发《全国数据中心应用发展指引(2017)》以来,我国数据中心布局渐趋完善,新建数据中心,尤其是大型、超大型数据中心逐渐向北上广深杭周边及中西部地区转移;我国数据中心能效水平总体提升,优秀绿色数据中心案例不断涌现;我国数据中心建设模式不断创新,预制化、模块化成为数据中心建设新模式。

与数据中心发展同步,2016 年工信部印发了《大数据产业发展规划(2016—2020 年)》,引发全国大数据产业建设高峰。据不完全统计,2015—2018 年我国国家层面及地方政府发布大数据相关的政策、法规多达 28 项。伴随新一代信息技术、智慧城市、数字中国等发展战略逐步推动社会经济数字化转型,大数据的产业支撑得到强化,应用范围加速拓展,产业规模实现快速增长。

(2)产业趋势

2019 年中国数据中心人均功率 5W,是发达国家(新加坡、美、日)的 1/10 到 1/2,数字化程度总体较低。未来伴随新一代信息技术、智慧城市、行业数字化等发展战略逐步推动,需要建设更多的数据中心,提升数字化程度,推动社会数字化经济上升(如表 3-5-1 所示)。

表 3-5-1　全球部分国家 2018 年数据中心人均功率对比

国家	数据中心容量(MW)	人口(万)	人均功率(W)
美国	10200	32700	31.2
英国	943	6644	14.2
日本	1425	12478	11.4
新加坡	357	564	63
中国	7200	139500	5.2

中国数据圈领先全球增速。根据 IDC 报告分析,全球数据圈(数据圈指被创建、采集或是复制的数据集合)从 2018 年的 33ZB 将增至 2025 年的 175ZB。其中,中国数据圈增速最为迅速,预计 2025 年将增至 48.6ZB,占全球数据圈的 27.8%,平均每年的增长速度比全球快 3 个百分点,中国将成为全球最大的数据圈。

赛迪《2019 中国大数据产业发展白皮书》数据显示,中国大数据产业将持续高速发展。截至 2018 年,中国大数据产业整体规模达到 4384.5 亿元,预计到 2021 年将达 8070.6 亿元,如图 3-5-6 所示。大数据产业将持续促进传统产业转型升级,激发经济增长活力。

我国重点领域实体经济数字化融合进程加快。我国正处于从工业经济迈

2016—2021年中国大数据产业规模

图 3-5-6 2016—2021 年中国大数据产业规模

向数字经济的攻坚阶段,实体经济数字化、智能化转型需求越发迫切,大数据技术日新月异,融合发展相关政策持续完善,大数据与实体经济融合发展正迈入前所未有的重大机遇期。在党中央、国务院的高度重视和大力推动下,国务院、各部委出台的大数据相关多项文件加快落地实施,融合发展的实施机制、资金支持、人才培养等政策保障持续强化,大数据与实体经济融合发展的进程正在加快。

大数据与实体经济的融合发展目前已取得显著成效,但也必须认识到,融合领域还面临着要素支撑能力不足、政策供给相对滞后、融合应用不平衡不充分等问题,大数据与实体经济深度融合的持续推进面临诸多挑战。疫情之后,国内外形势可能会更加复杂严峻、实体经济可能面临更大挑战、人民群众追求美好生活的愿望更加强烈,大数据与实体经济融合发展的需求愈加紧迫。面对挑战,应坚持以融合需求为指引、以融合问题为导向,进一步增强融合支撑能力、全面强化融合要素保障、全力构建融合发展生态、持续完善融合市场环境,加快推动大数据与实体经济融合发展迈向纵深。

（三）体系架构

1.整体框架

数据中心整体上呈 3+1 层架构布局,如图 3-5-7 所示:3 个基本层分别是能源设施、数据基座及开放平台,1 个边缘层指的是行业应用,行业应用承载于数据中心之上,但更多是应用在不同的领域之中。数据基于上述架构的全生命周期流动处理,与行业深度融合,从而发挥出其真正价值,助力实现产业数字化。

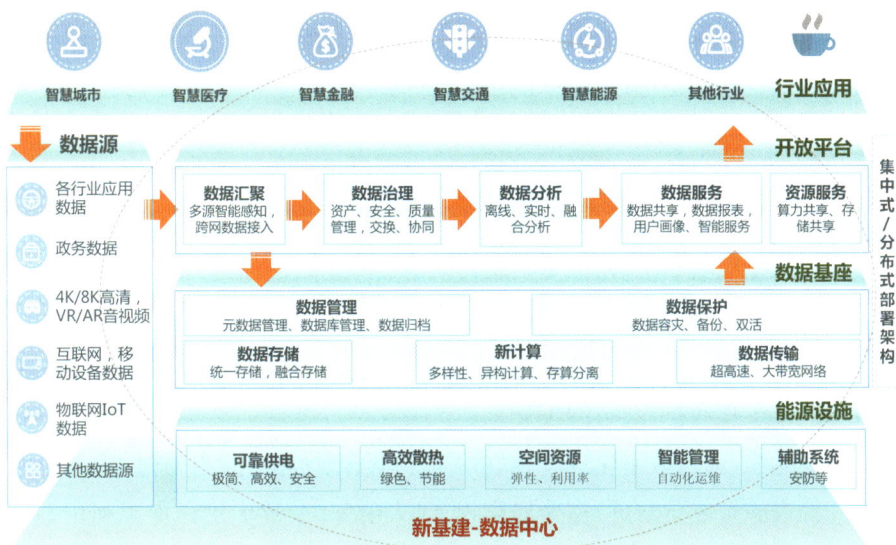

图 3-5-7　数据中心架构示意图

能源设施:绿色、极简、弹性、智能,可持续发展。云和 AI 促进计算密度提升,同时也带来能耗与碳排放增加,对能源设施提出更高的要求,向架构极简、绿色节能、弹性升级、智能运维、安全可靠等方向发展。

数据基座:端到端数据效能全面提升。区别于传统的软硬件设备和数据平台,数据基座包括数据存储、新计算、数据传输、数据保护及数据管理等几个部分,具有更强的计算能力、更可靠的存储保护能力、更低的每比特成本、更快的网络传输能力及更高效的数据库管理能力。

开放平台:数据中心对外服务的操作层。开放平台包括数据汇聚、数据治理、数据分析、数据服务和资源服务,是上层数据应用所依赖的核心基础设施,是产业需求与底层核心计算能力之间的纽带。

行业应用:市场需求驱动产业数字化转型。数据要加以应用,才能真正发挥价值,所以需要让数据与传统产业深度融合,推出有针对性的产品或解决方案,服务社会大众,比较典型的有政务大数据应用、医疗大数据应用、金融大数据应用、交通大数据应用、工业互联网应用等。

2. 能源设施

架构极简:采用工厂预制模式,减少现场工程、缩短建设周期。减少供电、散热系统变换次数,以及设备小型化、高密化,减少能源设施占地,提升数据中心空间利用率。

绿色节能:采用高效供电、散热设备,充分利用自然冷源和 AI 等技术实现系统级高效率,减少电力消耗。因地制宜鼓励采用风冷冷却方案,减少水资源消耗。通过预制装配式建筑模式,减少建筑垃圾、工业粉尘、噪声等污染。采用锂电等新型储能系统,减少重金属污染。

弹性升级:能源设施的架构设计匹配 2—3 代 IT 设备的部署,支持机柜功率密度弹性升级,全生命周期价值最大化。模块化架构分期部署、支持按模块、房间、楼层在线扩容,节约投资。

智能运维:通过数字化、IoT 物联网等手段实现信息化,再通过 AI 等技术实现能源设施智能化演进,在全局可视、无人值守、能效优化和资源利用等方面,加速推动能源设施自动化进程,最终实现"自动驾驶"。

安全稳定:通过预测性维护等自动化、智能化手段,识别潜在风险、及时发现故障、主动维护或提前响应,减少业务中断和服务影响。通过网络安全风险监测、韧性设计、隐私保护、分布式存储计算等,打造安全稳定的数据中心。

3. 数据基座

新计算,引入了异构计算的概念,从单一算力到多样性算力,支持存算分离,匹配多样性数据,让计算更高效,为数据中心提供强壮的心脏。同时,为了应对人工智能、深度学习、图片编解码和视频渲染等深度应用需求,新计算采用人工智能芯片,以满足在训练和推理过程中对计算性能、能耗、吞吐和延迟等方面的更高要求。

数据存储从单一类型存储走向多样性融合存储,以统一存储、融合存储等方式降低技术门槛,解决了过去存储效率低、管理复杂的问题。在高速存储技术方面,闪存技术的进步将助力固态硬盘突破容量限制,推动成本持续降低,在低成本大容量存储方面,融合、混合存储技术将成为趋势。

数据保护指通过数据加密、容灾、备份、双活等技术,构建全方位的安全保护体系,保障数据端到端的安全可靠。

由于数据中心承载的业务和流量高速增长,对数据中心内部网络管理和性能也提出了更高要求。而无损网络、光模块、高速骨干网络等技术可以更好地帮助数据中心实现内部快速、高效的数据传输。无损网络通过流量控制、拥塞控制、负载均衡等技术创新,具有无丢包、低时延的特点,而40G、100G甚至400G光模块技术日趋稳定,正在被逐渐广泛应用,结合国家5G移动网络与固定骨干网络新型基础设施的建设,将为数据中心提供超高速、大带宽、稳定可靠的数据传输能力。

数据管理的概念是伴随着20世纪80年代数据随机存储技术和数据库技术的使用而诞生的,主要指依赖于数据库系统的软件支撑,对计算机系统中的数据进行方便地存储和访问。未来随着机器学习、区块链等新技术与数据管理需求结合,数据管理平台将持续向开源、兼容、工具化方向发展,数据管理类软件的地位也将越来越重要。

4. 开放平台

开放平台是数据中心对外服务的统一接口,是各类数据资产可管可控、可挖掘、可治理的使能中枢。

数据汇聚:支持从各类数据源,基于规范化的接口协议和数据格式读取多源数据,对采集的数据进行清洗、转换,为后续处理和分析提供统一的数据视图。

数据治理:建立一套有助于数据资源顺畅流动、数据价值合理分配、数据安全稳固保障、数据供给持续合规的规范体系,是保障数据中心顺畅运转的重要前提。数据资产管理平台,实现数据溯源分析和下游影响分析,维护统一的数据资源目录;数据质量管理跟踪并定期报告,确保数据在整个生命周期内都具有高质量,进而提升数据分析结果可信度;数据标准管理按行业制定数据分级分类标准,并将各环节的数据管理要求落到数据资产管理平台中。

数据治理将从人工流程走向自动化、智能化。过去,数据治理需要依赖于众多数据专家理解数据、理解业务,构建数据安全和数据质量体系,基于 AI 的数据治理平台通过算法理解数据和业务,对不同的数据自动采取相应的分类安全和质量保障体系,降低对人工的依赖,提升治理效能。

数据分析:依赖于大数据软件系统,从单一处理向多源数据智能协同、融合处理等方向发展,能够提供实时/批量计算、数据可视化分析,具有多引擎支撑、权限管理、实时数仓、数据处理监控等功能。

数据服务:是数据基座与各类业务应用对接的"窗口"。在规划设计层面,结合行业特性和监管要求对数据中心进行中长期的规划和短期分阶段建设的咨询服务;在应用服务层面,通过与商业智能(BI)、人工智能(AI)等工具协同,提供灵活的数据查询、交互式数据报表、多维度用户画像和精准信息推荐等数字化服务。数据服务形式以 API 接口为主,通过合规安全的形式提供数据内部共享和外部数据流通流程,提供数据大屏,展现数据价值。

资源服务:数据中心是容纳计算存储等资源的集中之地,通过云计算、大数据、软件定义等一系列技术的组合,数据中心内的 IT 资源可构成统一的资源池,实现物理资源与逻辑资源的解耦,逻辑资源通过协同和调度,可以实现跨域的计算能力共享,提升整体资源利用率。

随着 5G 时代到来,工业互联网及视频直播领域的广泛应用,数据中心部署方式将多元化,有算力、存储集中部署,也有满足低时延业务场景诉求的边缘节点。构建先进的算力共享及数据分析引擎,可实现跨数据源、跨数据中心、跨执行引擎位于不同数据中心的不同类型数据源的数据联合分析/即时查询的需求;算力共享可优化集群资源使用,解决业务资源使用瓶颈;执行引擎最优选择可提升数据使用效率,解决业务数据孤岛,最大化数据的使用价值。

5.行业应用

以数据中心为基础的行业数据应用不断繁荣,与大数据结合紧密的行业逐步向工业、电信、金融、政务、交通、医疗、教育等领域广泛渗透,应用逐渐向生产、服务、物流、供应链、社交等场景延伸。在新兴产业如新材料、新装备、智慧交通、智慧城市、智慧医疗、智慧金融等领域,科技创新也无一例外需要以海量数据作为技术创新的基础。

即使是在我们的日常生活中,也有很多这样的数据与社会、生活相结合的场景。比如:在智慧零售行业,以"数据、体验、流量"为核心,助力零售企业完成人、货、场全方位数字化,囊括更多年龄层用户,同时效率更高,服务更优,改善排队、拥堵、流程繁琐等问题;智慧餐饮行业,借助扫码点餐场景的普及和广泛渗透,一方面以数字化运营能力提升门店经营效率;另一方面聚焦用餐体验升级及场景拓展,通过开放更多数据能力,为企业提供定制化、精细化的运营能力,让更多人享受智慧餐饮的温度。

数据中心作为行业数字化转型的数据基础设施,为各行业发展提供持续不断的强大数据处理能力,加速新兴领域的科技创新,促进数据与行业融合协调发展。

六、云 计 算

全球数字化进程加速,在数字化领域,基础设施云化、核心技术互联网化、应用数据智能化趋势明显。未来 5 — 10 年,中国数字经济的发展将牵引中国新型基础设施的建设,而云计算服务于数字经济,助推数字产业化,作为新型基础设施的重要组成部分,蓬勃发展是必然趋势。

(一) 内涵特征

1. 内涵

美国国家标准与技术局(NIST)关于"云计算"的定义如下:"云计算是一种模型,它使得用户能够方便地通过网络按需访问一个共享的、可配置的计算资源池(例如:网络,服务器,存储,应用和服务),这些计算资源能够被快速地提供和释放,并且在此过程中,实现管理成本或服务提供商干预的最小化"。

国际标准组织(ISO)对于云计算的定义也非常类似:"一种基于网络访问的可弹性伸缩的共享物理或虚拟资源池的典型范例,并可支持按需自助发放和管理"。

狭义上讲,云计算是一种提供资源的模式,使用者可以随时获取"云"上资源,按需求量使用,并且可以看成是无限扩展的,只要按使用量付费就可以,"云"就像自来水厂一样,我们可以随时获取水资源,并且不限制用量,按照自己的用水量,付费给自来水厂就可以。

广义上讲，云计算是与信息技术、软件、互联网相关的一种服务，云计算把许多计算资源集合起来，这种计算资源共享池叫做"云"，然后通过软件实现自动化管理，只需要很少的人参与，就能快速提供资源。也就是说，计算能力作为一种商品，可以在互联网上流通，就像水、电、煤气一样，可以方便地取用，且价格较为低廉。

云计算依赖两大关键能力：抽象和编排。云计算提供商将底层物理基础设施抽象为共享的资源池，然后通过编排（和自动化）将一组资源从池中取出并传递给用户。从这个角度可以看到云计算与传统虚拟化的区别：虚拟化能够对资源进行抽象，但通常不会进行编排并按需交付给客户。

2. 基本特征

NIST 将云计算的定义展开，概括了云计算的 5 个基本特征、3 种服务模式和 4 种部署模式，如图 3-6-1 所示。

图 3-6-1　云计算基本特征、服务模式和部署模式

云计算主要有以下 5 个特征：

共享的资源池：云服务提供商将计算资源汇集到资源池中，通过多租户模式共享给多个用户，根据用户的需求对不同的物理资源和虚拟资源进行动态

分配或重分配。资源的所在地具有保密性,用户通常不知道资源的确切位置,也无法控制资源的分配,但是可以指定较粗略的位置(如,国家、省或数据中心)。资源类型包括存储、计算、内存、带宽和虚拟机等。

按需自助服务:用户可以根据单方面需要从资源池中申请并获得资源,自行管理所获得的资源,不需要像传统 IT 那样与管理员进行交互。

广泛的网络连接:所有资源都可以通过网络进行访问,而不需要进行直接的物理访问。这个网络可以是互联网,也可以是企业局域网或者专网。

快速弹性伸缩:为了使用户的资源消耗与业务需求相匹配,快速弹性伸缩支持用户自由地扩展或收缩从池中获取的资源(发放和释放),并且这个过程通常是完全自动的。例如,随着业务需求的增加,用户可以申请添加虚拟机,然后在需求下降时释放它们。

可度量的服务:用户申请的资源是可度量计费的,因为在云计算模式下,用户和运营商都需要清晰地知道有多少资源被消耗了,并可在需要的时候对它们进行计费。

除上述 5 个特征外,"多租户"有时候也被当作云计算的基本特征,其实这已包含在"共享的资源池"这一特征中。因为多个不同的消费群体共享同一个资源池,使得云具有多租户的特点,租户互相独立,彼此之间互不影响。这种隔离确保云服务提供商可以将资源分配给不同的群体,也确保他们不能看到或修改其他人的资产。对于云计算而言,租户可以是一个企业或者组织,也可以是企业或组织中的一个单位或部门。

3. 服务模式

(1)服务模式

云计算的服务模式一直在不断进化,但目前业界普遍接受的分类方式,是NIST 提出的云计算三大服务模式:IaaS、PaaS、SaaS,如图 3-6-2 所示:

基础设施即服务(Infrastructure as a Service,IaaS)以服务的形式提供虚拟硬件资源,如虚拟主机、虚拟磁盘、虚拟网络。平台即服务(Platform as a Service,PaaS)是云环境中的应用基础设施服务,也可以说是中间件即服务。软件即服务(Software as a Service,PaaS)是指用户通过网络(如浏览器)即可使用应用软件,而不需要自己购买或安装。

图 3-6-2　云计算服务模式

（2）部署模式

部署模式与云计算的商业形态强相关，根据对资源的掌握程度，可以将云计算的商业形态分为：公有云、社群云、混合云和私有云四类。如图 3-6-3 所示。

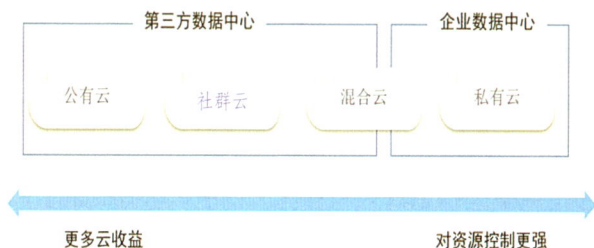

图 3-6-3　云计算商业模式

这四类云在使用对象、基础设施归属、运维管理及部署位置几个维度的关系如表 3-6-1 所示。

表 3-6-1　云计算模式与管理关系

	基础设施归属主体	基础设施管理主体	基础设施部署位置	访问/消费/角色类型
公有云	第三方提供商	第三方提供商	第三方提供商	不确定
私有云	企业/组织	企业/组织、第三方提供商	企业/组织	确定
社群云	第三方提供商	企业/组织、第三方提供商	第三方提供商	确定

— 115 —

	基础设施 归属主体	基础设施 管理主体	基础设施 部署位置	访问/消费/ 角色类型
混合云	企业/组织+第三 方提供商	企业/组织+第三 方提供商	企业/组织+第三 方提供商	确定+ 不确定

资料来源:《云计算技术和产业白皮书(2019年)》。

公有云:公有云部署在互联网上,面向普遍公众与企业组织提供云服务和解决方案,具有典型的云计算基本特征,如图3-6-4所示。

图 3-6-4　公有云

私有云:通常是由企业或政府在自己的数据中心建立的,内部用户可通过内部网络获得服务。基础设施归属权属于企业/组织,并且部署位置也就是本地数据中心,这是用于区别私有云与社区云的主要方面,而对于私有云的管理维护,则可能是企业/组织自己负责,也可能是交由第三方主体负责。如图3-6-5所示。

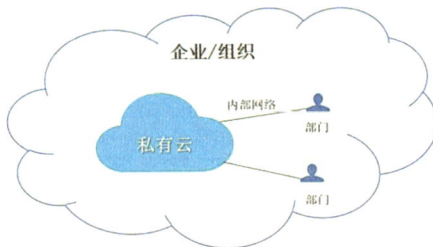

图 3-6-5　私有云

社群云:指一些有着共同利益(如任务、安全需求、政策、合规要求等)并打算共享基础设施的企业或组织共同建设的云,且由企业、组织或第三方管理,具体形态包括行业云、区域云、政务云等。如银行、政府机构,都是自己熟悉的已知可控的企业/组织,这些用户都需要满足相同的监管要求。如图3-6-6所示。

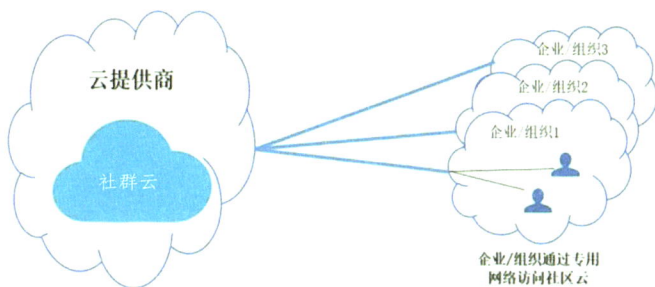

图3-6-6 社群云

混合云:混合云(Hybrid Cloud)是在云计算演进到一定程度后才出现的一种形态,它不是简单的将几种云叠加堆砌,而是以一种创新的方式,利用各种云部署模型的技术特点,提高用户跨云的资源利用率,催生出新的业务,从而更好地为业务服务。目前,应用较多的混合云形式为公有云+私有云的组合。如图3-6-7所示。

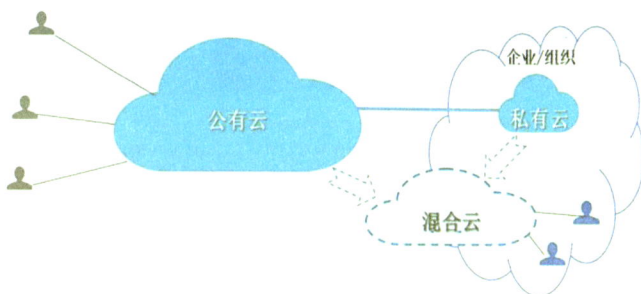

图3-6-7 混合云

最后从外延看,云计算演化为泛云计算。泛云计算产品涉及广泛,如基础平台、中间件类、数据类、AI 类、应用类、工具类等方向,面向企业提供服务。当前及过去一段时间,云服务商主要表现为 IaaS、PaaS 和 SaaS,目前我国以IaaS 为主。但随着云服务泛在化,未来云服务商主要是行业解决方案商、系统集成商、运维管理商、迁移服务商和规划咨询服务商等,都可以算作是云计算发展的拓展。

（二）发展现状

1. 全球云市场

2018 年,以 IaaS、PaaS 和 SaaS 为代表的全球公有云市场规模达到 1363 亿美元,增速 23.01%。未来几年市场平均增长率在 20% 左右,预计到 2022 年市场规模将超过 2700 亿美元。如图 3-6-8 所示。

图 3-6-8　2018 年全球公有云市场规模

资料来源:Gartner。

IaaS 市场保持快速增长。2018 年全球 IaaS 市场规模达 325 亿美元,增速为 28.46%,预计到 2022 年市场份额将增长到 815 亿美元。PaaS 市场增长稳定,2018 年全球 PaaS 市场规模达 167 亿美元,增速为 22.79%,预计未来几年的年复合增长率将保持在 20% 以上。① 其中,数据库管理系统虽然市场占比

————————

① 中国信息通信研究院发布:《云计算发展白皮书》,2019 年。

较低,但随着大数据应用的发展,用户需求明显增加,预计未来几年将保持高速增长,年复合增长率或将超过 30%。SaaS 市场增长减缓,各服务类型占比趋于稳定。2018 年全球 SaaS 市场规模达 871 亿美元,增速为 21.14%,预计 2022 年增速将降低至 13%左右。其中,CRM、ERP、办公套件仍是主要 SaaS 服务类型。如图 3-6-9 所示。

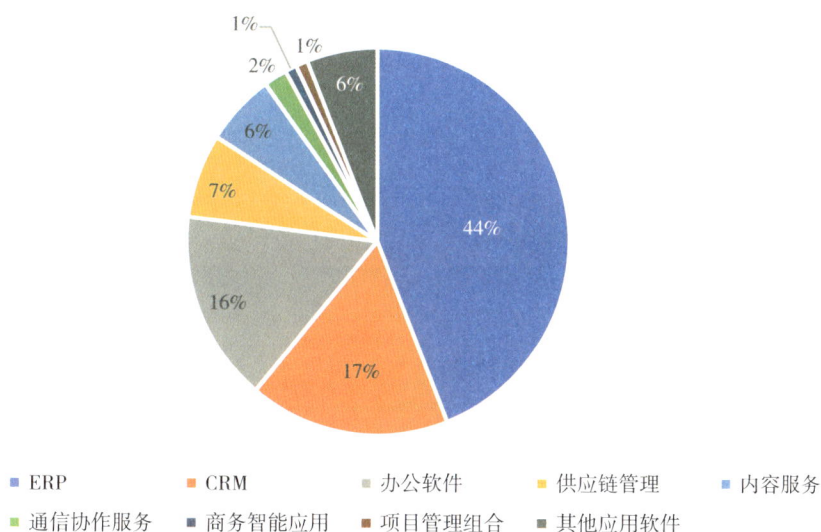

图 3-6-9 2018 年全球 SaaS 结构

资料来源:Gartner。

2. 国内外云市场发展差异

我国云计算产业虽然呈快速增长状态,但产业规模与欧美国家还存在较大差距。例如,2018 年中国云计算市场规模仅相当于美国云计算市场的 8%左右,这与同期中国 GDP 约占美国 GDP 的 66%的现状差别显著。另外,中美云市场结构差异明显,目前我国云计算市场以 IaaS 为主,而美国云计算市场相对更发达,产品标准化程度高、使用范围更广的 SaaS 发展更为迅速,美国 SaaS 细分行业出现较多龙头。

相较于发达国家,我国企业上云率还处于较低水平。根据麦肯锡等研究机构的数据显示,2018 年,美国企业上云率已经达到 85%以上,欧盟企业上云率也在 70%左右。而据国内相关组织和机构的不完全统计,2018 年我国各行业企业上云率只有 40% 左右。

（三）体系架构

云计算核心部分包括数据中心、云操作系统、云安全、运维运营和开放接口等。如图 3-6-10 所示。

图 3-6-10 云计算总体框架

1. 数据中心

数据中心是云计算环境的重要支撑。数据中心是一整套复杂的设施，不仅包括计算机系统和与之配套的设备（例如通信和存储系统），还包含冗余的数据通信连接、环境控制设备、监控设备以及各种安全装置。笼统来看，数据中心可以被认为是多功能的建筑物，能容纳多个服务器以及通信设备。这里所说的数据中心，不是简单的传统物理机房大规模建设、工业时代的物理硬件的堆砌,而应该是依照新一代云计算标准建立起来的,具有一定规模的,能够实现云服务功能和运营的,为社会提供源源不断的云服务能力的数据中心。

2. 云操作系统

与传统操作系统并不相同,云操作系统是一个新的软件类别,它通过部署或对接一个或多个硬件设备集群(包括计算设备、存储设备、网络设备、安全设备等),使之成为无缝、灵活和动态的操作环境并进行全面管理。云操作系统是云计算的核心,对外提供统一的公共服务和对应的编程接口,对内管理数据中心的服务器等物理资源,常包括操作系统内核、系统服务、原生服务、安全服务、支撑服务、开放接口等关键技术模块。如图3-6-11所示是我国自主可控的飞天操作系统框架图,可以清晰地看到云操作系统管理的物理资源,云操作系统提供的内核、系统和原生服务能力,以及其支撑的上层应用和平台等。

图3-6-11　云操作系统框架图

资料来源:阿里巴巴。

(1)内核

从操作系统能力角度来看,云操作系统需要能够对一个或多个数据中心的物理资源和设施有整体的抽象和管理,主要表现为对物理资源配置信息的集中管理、自动化部署、在线升级、在线快速扩容和缩容,以及为其他模块提供物理资源的基本信息等功能。在这里,物理资源和设施既包括了每一台服务器内部的芯片、内存、存储资源,更包括了数据中心内的服务器、机架、集群、网络以及数据中心之间的网络连接资源(如骨干网)。这一层的能力可以理解为一个操作系统内核中对底层硬件的管理和驱动的基础能力。

在此基础上,云操作系统在内核层可以构建出基于计算、存储、网络的内核级别的基础服务。重点功能包括:云操作系统的计算类基础服务提供云上计算资源虚拟化服务(如通用或软硬一体的虚拟化能力);存储基础服务提供分布式存储服务(如分布式文件系统);网络基础服务提供虚拟网络服务(如SDWAN、虚拟网络交换机、虚拟专有网络等)。同时,在云操作系统内核层面,需要在计算、存储、网络资源的不同维度也具备资源管理和任务调度的能力。一个成熟的云操作系统,需要可以在整体物理资源的控制管理之上做到任务和资源的"先聚后分",对超大规模计算任务进行及时有效的任务调度并达到资源与任务的高度协调。整体而言,基于计算、存储、网络的内核级别基础服务和能力,提供了云操作系统继续向上构建公共服务的能力支撑。

(2)系统服务

在内核能力之上,云操作系统自带的系统级应用也是操作系统本身的有机组成部分。同时,虽然有小部分上层应用会直接调用内核服务,绝大部分上层应用是通过调用系统级应用才能有效有序的运行在操作系统之上的。比如,单机操作系统的内核层面文件存储能力,往往会通过系统级别的文件管理系统应用透出给用户使用。相对的,云操作系统的系统级应用是构建在内核服务之上,对上层应用,包括云上用户提供对应的服务。系统级应用包含了计算服务,如弹性计算 ECS(Elastic Computing Service)的各种计算实例产品(虚拟机实例、裸金属实例、异构计算实例、容器计算实例等);存储服务,如云块存储、云对象存储、云文件存储等产品;网络服务,如负载均衡(SLB)、云企业网(CEN)等产品;以及数据计算引擎,如云大数据计算服务(MaxCompute)和原生数据库 PolarDB 的数据引擎等产品和能力。

一是网络。由于网络带宽的不断增长,网络基本满足了大多数服务的需求,再加上无线网络和移动通信的不断发展,使人们在任何时间任何地点使用互联网成为可能。然而,在云计算的不断发展下,传统网络需要作出改变。例如,服务器和应用需要具备可移动性,网络架构需要具备良好的可扩展性。又如,网络需要适应不断出现的新的应用以及云服务等,并且考虑如何快速地将这些应用和服务提供给用户。为了应对这些新的挑战,提高云计算网络环境适应能力,需要灵活的、可软件定义的网络架构,以适应云下大规模网络的管理;快速的云服务供给,以便加快用户对于各种应用的访问速度;强大的虚拟网络支持,以满足云用户对于自身网络设计的需求;强大的流量应对策略,以应对云平台下复杂的流量模式。

二是弹性计算。云计算具有弹性计算能力,弹性计算是将计算机物理资源如 CPU、网络、内存及存储等予以抽象、转换后通过虚拟化的形式呈现出来,使用户可以用比原本组态更好的方式来应用这些资源。弹性计算不受现有资源的架设方式、地域或物理组态所限制,可通过将工作量灵活地分配给不同的虚拟机(云服务器)实现资源共享,并通过交换设备的虚拟化,以及灵活动态的内存交换管理,提高系统性能和内存的有效利用率,达到资源利用最大化。

三是服务器虚拟化。服务器虚拟化软件和云操作系统软件最关键的两个技术是计算虚拟化和云资源调度编排。这两者是云计算数据中心技术堆栈的基础底座。而虚拟化则是云计算最重要的核心技术之一,它为云计算服务提供基础架构层面的支撑,是 ICT 服务快速走向云计算的最主要驱动力。虚拟化把应用系统各硬件间的物理划分打破,从而实现架构的动态化,实现物理资源的集中管理和使用,旨在增强系统的弹性和灵活性,降低成本、改进服务、提高资源利用效率。随着计算虚拟化技术的发展,传统的软件虚拟机方案,逐步地向软硬件结合技术演进。可以说,没有虚拟化技术也就没有云计算服务的落地与成功。

四是存储。存储以数据存储和管理为核心,通过集群应用、网络技术或分布式文件系统等功能,将网络中大量各种不同类型的存储设备通过应用软件集成起来协同工作,共同对外提供数据存储和业务访问功能。当云计算用于海量数据存储和管理时,云中就需要配置大量存储设备,此时云计算就转变成为一个云存储的形态。然而严格来讲,云存储不是存储,而是服务。就如同云状的广域网和互联网一样,云存储对使用者来讲,不是指某一个具体的设备,而是指一个由许许多多个存储设备和服务器所构成的设备群。使用者使用云存储,并不是使用某一个存储设备,而是使用整个云存储系统带来的一种数据访问服务。

（3）原生服务

云操作系统的最上层是原生服务,也是广大云计算用户大概率需要的服务。这些服务往往直接服务于云计算用户,但是也可以作为组件构建更多的上层应用。

一是数据计算。云计算实质上也是一种数据计算,但又不等同于数据计算。一般来说,提升计算处理能力的传统方法是不断提高数据库服务器的硬件水平,但随着处理能力提高,系统的建设成本也越来越高。相对于传统数据库为中心的计算模式,云数据库具有普通数据库所不具有的特点和功能,云计算基于分布式计算,采用海量数据存储技术、海量数据管理技术、MapReduce编程模型等,实现计算能力的延伸。针对数据库使用场景,云操作系统可以提供云数据库服务,并支持云上数据库的变更、查询和计算。这种服务不仅仅能够把用户从繁琐的硬件、软件配置上解脱出来,还可以简化软件、硬件的升级。

二是云中间件。数据计算常常依赖于中间件,把数据计算中常见的问题和解决方案提炼出来,并针对不同的资源类型进行性能优化和容错处理,然后通过统一的管理引擎和开发平台提供给应用服务开发者使用,这就是云计算中间件的技术理念。云计算中间件利用多层次分布式虚拟技术、智能系统管理和资源自动调配,使企业能够快速、有效地搭建和管理云平台。在云计算中间件的帮助下,应用服务商可以从复杂繁琐的分布式计算资源管理问题中解脱出来,集中精力和财力为用户提供更好的服务。

三是函数计算。函数计算（Function as a Service,FaaS）是一个新兴的领域,在只调用函数的情况下,实现完全无服务器（Serverless）并可以具备弹性扩展和按需提供服务的能力,是继虚拟机和容器后对云计算资源的又一次顶层抽象。

四是容器。容器是通过轻量级虚拟化技术来隔离在主机上运行着的不同进程,从而实现进程之间、进程和宿主操作系统相互隔离、互不影响的技术。这种相互孤立的小型虚拟化环境就叫容器,它有自己的一套文件系统资源和从属进程。

3. 监控、运营和运维服务

云操作系统也需要纵向贯穿始终的监控、运营和运维相关功能,如内核层面的分布式追踪和监控能力、应用层面的日志监控能力、安全生产运营能力和各个产品、服务、资源的运维能力。云计算服务需要能相对容易地配置部署。例如,对于 SaaS 而言,可采用共享桌面、基于虚拟机的托管桌面、基于虚拟机的本地桌面等不同的部署方式。可以通过镜像的方式一键式部署,也可以通过书写配置脚本方式予以部署。对终端用户来说,他们所看到的是一个统一的云界面,不知道后台的部署模型,这种部署也不会影响他们享受到云桌面提供的伸缩性。

4. 云安全

在云计算体系中,安全涉及网络安全、硬件安全、软件安全、系统安全等。软件安全厂商、硬件安全厂商都在积极研发云计算安全产品和方案,包括传统杀毒软件厂商、软硬防火墙厂商、IDS/IPS 厂商在内的各个层面的安全供应商都已加入到云安全领域。目前越来越多的企业使用公共云和混合云部署,同时越来越多的敏感数据被存储在云服务厂商的环境中,企业不断积极寻求更好的方法保护他们在云中的数据,云计算安全性已经成为云服务商焦点。特别是云计算服务系统中所有用户的数据文件被集中存放在服务提供商的云数据中心中,数据加密、安全传输、安全隔离成为用户数据安全的重要保障,这要求云服务提供商必须具备足够的数据安全保障能力,可以做到数据虚拟隔离、加密传输、依据不同权限实现数据可用不可见,且在出现问题时数据使用可溯源,甚至强制数据保护,以降低今天的各种网络安全风险。

总之,云安全是在动态中实现保护,真正的云安全需要具备强攻防对抗能力,从而实现云上安全态势感知,做到风险早预知早规避,为云上数据提供全链路安全防护。

（四）产业生态

按照产业结构来看,云计算产业链可以分为上游核心硬件(芯片:CPU、闪存,内存)、中游 IT 基础设施（服务器、存储设备、网络设备等）以及下游软件生态(基础软件平台、运营服务、云原生应用等)三部分。如图 3-6-12 所示。

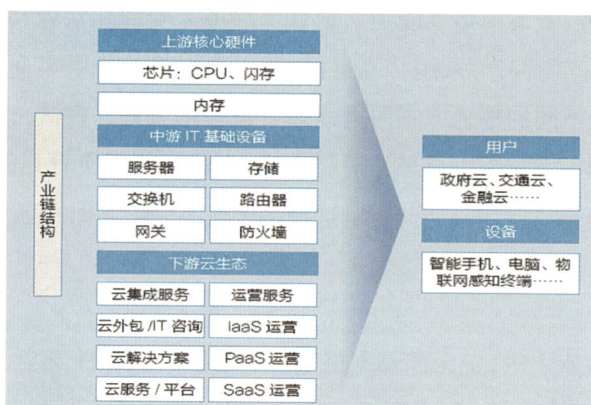

图 3-6-12　云计算生态体系

硬件方面,我国通过各类基金和重大专项等一系列重大措施,对核心企业进行了技术、资金和市场等全方位的支持,已经培育出华为鲲鹏、天津飞腾、中科龙芯、申威等众多处理器产品。基础设施方面,伴随着产业信息化建设高速发展和互联网产业的发展,我国 IT 基础设备设施市场已经取得了较为良好的发展,在服务器、存储、数据中心都有较大发展。软件生态方面,操作系统市场一直被 Redhat 为代表的 linux 和 Windows 垄断,但国内基于中国唯一 100% 自主源代码的云操作系统"飞天",开放技术能力和标准,逐渐形成自主的云计算和芯片产业生态。数据库领域在传统市场被 Oracle、DB2、MySql 垄断,但我国自主研发的 OceanBase、POLARDB 等新一代关系型云原生数据库也快速壮大,逐渐成为数据库领域的生力军和中坚力量。

七、固定宽带网络

传统经济向数字经济的转型过程中,固定宽带网络已成为当前经济和社会发展中不可或缺的战略性基础设施。随着基于光纤的固定宽带网络的不断发展和延伸,如高清视频、智慧家庭、云 VR、远程教育等新兴高带宽业务已经逐渐普及到千行百业和千家万户,推动社会生产方式的持续进步,也深刻改变了人们的生活方式。

(一) 内涵特征

1. 内涵

固定宽带网络是通过光纤、电话线、网线等有线介质为个人、家庭、企业、政府等提供网络接入、信息承载与信息传递的通信网络。固定宽带网络由光接入网络、光纤光缆网、光传送网络和 IP 网络共同构成。如图 3-7-1 所示。

光接入网络主要由光线路终端、光配线网和光网络单元及适配功能模块组成,通过光线路终端与业务节点相连,通过光网络单元与用户连接,并采用光纤作为主要的信息传输媒质,实现用户侧和业务节点之间的信息传送功能。

光传送网络是一种基于波分复用技术与光信道技术为核心的通信网络传送体系,由光分插复用、光交叉连接、光放大等网元设备组成。

IP 网络是一种将通信技术和计算机技术相结合,使用 Internet 协议实现软、硬件和信息资源共享的网络,主要由路由器、交换机及业务网关等网元设备构成,向上可承载各种网络业务和应用的数据信息,向下可通过传送网将

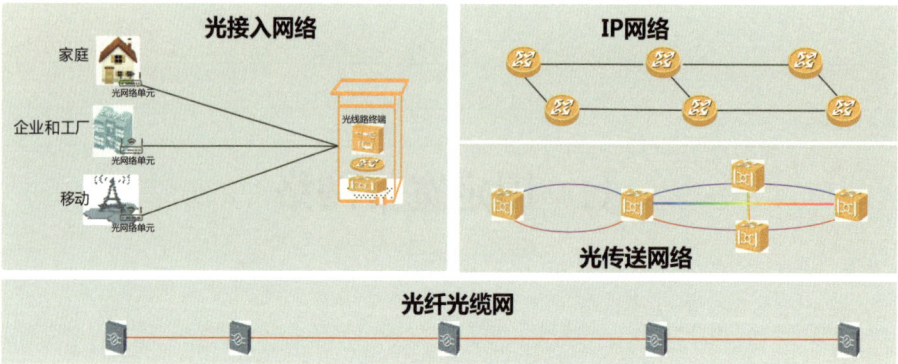

图 3-7-1 固定宽带网络基础设施的范畴

IP 信息包放到不同的传输媒介,如铜线和光纤网络来传送。

2. 特征

固定宽带网络已步入千兆时代,具有全光联接、超高带宽、云网融合、智能化、极致体验等特征,可满足家庭数字生活、企业上云、云间互联、行业数字化等需求。光接入与光传送网络已经发展到第五代技术,IP 网络也进入 IPv6 规模部署和应用阶段。

全光联接,利用全面覆盖的光纤基础设施支持泛在联接,包括接入、传送等网络内联接以及新型基础设施各部分之间联接;超高宽带,全面具备千兆带宽接入能力;云网融合,固定宽带网络与云服务深度融合,为实体经济发展提供云网一体化的综合服务;智能化,具备端到端的网络智能调度能力,网络配置自动化,提升资源利用效率;极致体验,固定宽带网络可通过技术创新,协同大数据采集、边缘计算、人工智能等领域,为企业用户提供不同应用场景、不同业务差异化的精准业务质量保障,提升用户上网体验。

(二) 发展现状

1. 光接入网络

光接入网络主要采用无源光网络(Passive Optical Network,简称 PON)技术,基于光纤为用户提供稳定、高速的带宽接入能力。光接入网络正在进入千兆时代，无源光网络技术已发展到 10G PON，具备大带宽、广覆盖等特征，单系统可为 30—40 户家庭提供千兆接入能力，已成为当今世界各国运营商在部署高速光接入网时的优先技术选择。另外，10G PON 还可通过与 Wi-Fi 方案配合进一步实现家庭无缝千兆覆盖，极大地增强宽带用户的上网体验。伴随着业务和场景极大丰富和驱动，光接入网络的建设和发展将围绕在以下三个方面展开。

（1）千兆提速

以家庭千兆速率接入为目标，全面采用 10G PON 技术；家庭场景内应用 Wi-Fi6 提升末梢接入速率，结合 10G PON 提供千兆带宽直达用户终端；部分先进区域可通过 50G PON 技术探索试验万兆接入能力。

（2）光联万物

在物理层，光纤连接的场景从家庭延伸千行百业，包括光纤到房间、工业 PON（工业光网、光纤到机器）、光纤到园区企业（各类政企、园区、教育、电力、交通等各垂直行业）等，通过新一代高性能、高集成度、低功耗的光电芯片和算法来保障快速响应、低时延、工业级的高可靠、安全。

（3）极致体验

通过大数据采集、边缘计算、人工智能等技术的应用，加之端到端网络切片，多层次调度保障算法，为不同用户、不同业务提供差异和精准服务保障，提升用户的业务体验。

全球多个国家都在积极推进高速宽带网络部署，加快实现宽带千兆进程，但发展速度及所处阶段并不均衡。美国大部分电信运营商均已推出千兆业务，其中北美有线电视服务商基于同轴电缆并采用 DOCSIS3.0 技术提供了可达千兆的接入网络，具有区域竞争优势。欧洲电信运营商仍然保有大量铜线接入网络，并通过新技术（如 Vectoring、G.Fast）提速经营，如西班牙计划 2021 年光纤网络覆盖全国 100% 人口，德国计划 2025 年全面具备千兆接入能力①。亚洲的日本、韩国、新加坡发展迅猛，其中韩国、新加坡千兆家庭覆盖已分别达

---

① 《1000 亿欧元，德国发布国家千兆战略》，搜狐网。

到 93% 和 95%①,其余国家和地区的固定宽带整体发展缓慢,但近年来逐渐出现电力公司(拥有管线资源和施工能力)与运营商协同建设全光接入网的趋势,加速了宽带发展。

尤为值得一提的是,2020 年 2 月,欧洲电信标准化协会(ETSI)成立了"第五代固网"(The 5th Generation Fixed Network,简称 F5G)工作组,旨在研究 F5G 标准与应用,推动固定宽带代际演进。如图 3-7-2 所示。

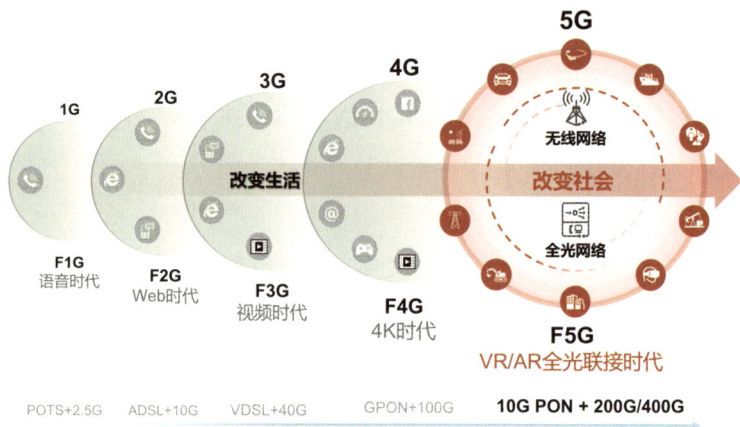

图 3-7-2 通信技术的代际演进

我国过去 5 年期间,"宽带中国"主要战略目标提前两年完成,自 2019 年起加快推进"双 G 双提"工作,基础电信运营商已启动千兆宽带的规模部署,网络提速卓有成效。截至 2019 年底,三家基础电信企业的固定互联网宽带接入用户总数达 4.49 亿户,其中光纤接入(FTTH/O)用户 4.17 亿,占比 92.9%。农村宽带用户总数达 1.35 亿户,占固定宽带接入用户总数的 30%。100Mbps 及以上接入速率的固定互联网宽带接入用户达 3.84 亿户,占固定宽带接入用户总数的 85.4%。1000Mbps 及以上接入速率的用户数 87 万户,标志着我国固定宽带网络已经发展到第五代,迈入千兆时代。② 如图 3-7-3 所示。

2. 光传送网络

近年随着千兆宽带、5G 建设兴起,全球光传送市场保持持续快速发展态

---

① 《千兆互联网可用性覆盖全球 49 个国家的 3 亿多人》,腾讯网。

② 本段的数据来源于工信部《2019 年通信产业统计公报》、国家统计局《2019 统计公报》。

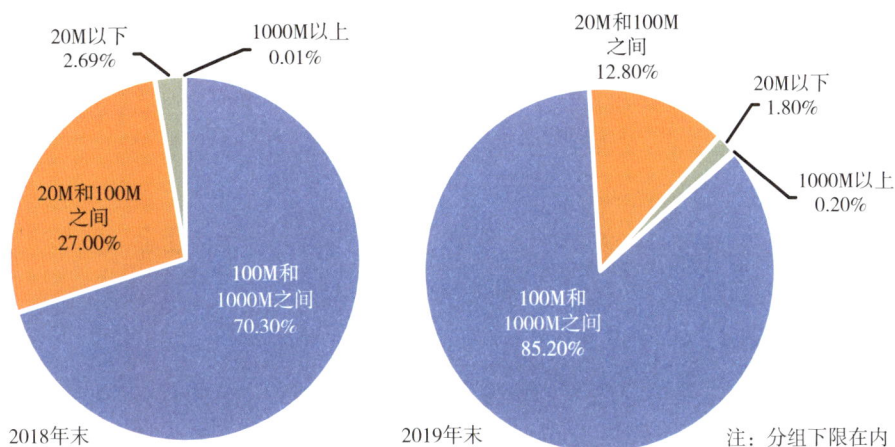

图 3-7-3　2018 年末和 2019 年末固定互联网宽带各接入速率用户占比情况

势。2019 年全球光通信设备同比增长 9%，中国、日本、欧洲、中东、非洲以及北美都出现了强劲的增长。2019 年，中国、欧洲、中东和非洲等国家和地区从100G 向 200G 的演进，带动了全球 200G 波长投资，同时全球运营商都在投资下一代 ROADM(可重构光分插复用)网络。①

国外光传送网发展在以下几个领域较为领先：一是在光层自动调度上，普遍采用可重构上下波长的 ROADM 系统，欧美发达地区已普遍部署，可以节约运营维护人力成本；二是自动保护倒换光网络 ASON 网络，在亚洲、非洲、拉丁美洲区域以及跨国运营的移动运营商网络中得到广泛应用，目标是通过自动保护倒换技术实现业务保护，提升网络维护能力；三是在城域采用 DWDM 技术大幅度扩展光纤带宽容量；四是随着数据中心建设兴起，欧美出现了面向数据中心互联的城域波分建设新趋势，并发展出盒式易堆叠大容量的光网络设备型态，用于解决网络扩容频繁的问题。

我国的光传送网络已迈入全光网 2.0 时代，从全网光纤化走向全光自动调度，具有三大核心特征：10THz 的可用频谱、100Tbit/s 的超大容量、1Tbit/s 的超高速率。在技术领先的全光交叉 OXC 网络、基于时延最优的 OTN 网络和超大容量的 200G 规模建设等方面，走在了全行业的前列。网络架构方面，

───────────────

① 本段数据来源于 OMDIA 咨询公司报告。

基础电信运营商骨干层网络已逐步实现 MESH 化组网,有效降低业务端到端时延,实现业务灵活调整和动态恢复。网络应用方面,光传送网将从配套网向业务网演进,构建品质专线支撑新兴业务高速、高质量发展,其覆盖范围也进一步向网络边缘延伸,实现基于光传送网的全业务综合承载。智能管控方面,通过逐步引入智能云化网络管控系统,实现对网络的数字化和智能化管控,将设备、业务和时延进行可视化显示,提供灵活可变的业务发放策略,提供按需自动调整、网络隐患提前预警和业务提前切换等功能。

3. IP 网络

全球 IP 网络都在进行 IPv6 的规模部署和应用。印度、美国、巴西、德国、日本、英国、法国等 IPv6 网络用户占比已超过 40%[①]。同时随着 5G 和云为代表的数字化浪潮来临,网络规模和复杂性持续加大,原生 IPv6 在网络简化、网络体验和网络智能化等方向面临挑战。各国均加快新一代 IP 网络的技术创新和标准布局。美国以互联网公司为代表,正在进行 IP 网络自动化升级,依托其产业链优势,重点布局新一代智能化 IP 网络。欧洲通过欧盟研究框架、数字欧洲、连接欧洲设施(CEF)等计划加快新一代 IP 网络研究,自动化/智能化网络、网络协议演变等成为 IP 网络重点布局的创新研究方向。国际标准组织 IETF、ETSI 等围绕下一代 IP 网络,已开展分段路由(SRv6)、网络质量感知(iFIT)、应用体验保障(APN6)等一系列 IPv6+协议创新技术标准的研究。2020 年初,SRv6 SRH(RFC 8754)作为 IPv6+的标志性 RFC 在 IETF 正式发布。ETSI 的 IPv6+白皮书已经启动,旨在全面阐述 5G 和云时代对网络的新需求以及 IPv6+的内涵,该工作吸引了业界主流厂商的支持和参与。

我国电信网络基础设施的 IPv6 升级改造已基本完成,IPv6 活跃连接数超过 11 亿[②],具备向全国提供 IPv6 宽带服务的网络能力,可以高质量支持视频、游戏、直播等国内互联网的丰富生态产品。但同时我国 IPv6 活跃用户占比为23.55%[③],TOP 网站及应用的规模升级改造仍需加快步伐。为推进 IPv6 网络

[①] 数据来源于《2019 IPv6 支持度报告》。

[②] 数据来源于国家 IPv6 发展监测平台 2020 年 2 月数据。

[③] 数据来源于国家 IPv6 发展监测平台 2020 年 2 月数据,见 http://www.china-ipv6.cn/#/IPv6/activeUser。

规模应用以及支撑工业互联网、云计算等业务创新，2019 年我国成立"IPv6+技术创新工作组"，在 IPv6 规模部署基础上，进一步将 IPv6 与创新技术结合，发展增强型的"IPv6+"网络，布局下一代网络协议和关键技术。

（三）体系架构

新一轮科技革命和产业变革逐渐凸显，众多新技术、新业务应用、新型态终端不断涌现。固定宽带网络在向新一代固定宽带网络的演进过程中，联接了末端海量的设备和终端，为其提供业务接入和数据传递，呈现出全光联接、超高带宽、云网融合、智能化和极致体验等发展趋势，最终实现高质量泛在网络基础，带动产业发展，加速新型业务的应用普及。如图 3-7-4 所示。

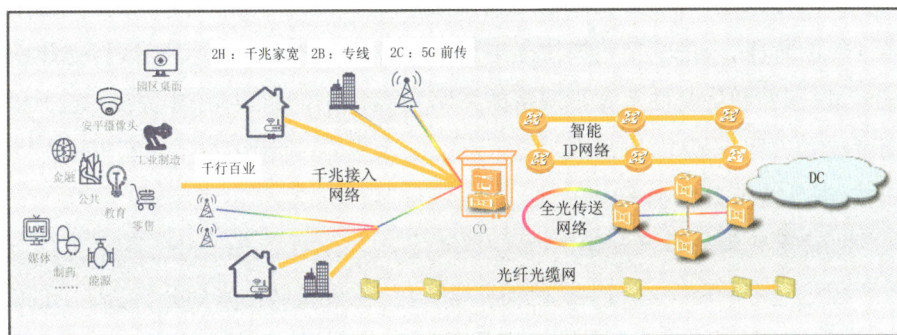

图 3-7-4　固定宽带网络架构

固定宽带网络在新型基础设施中的位置如图 3-7-5 所示。光接入网络和 5G 共同实现了个人终端、家庭、企业、桌面、园区、工厂、物联网 IoT 的全面接入，并通过光纤光缆网络物理链路以及光传送网和 IP 网络作为承接网络，联接到数据中心和云平台，为其他新型基础设施提供大带宽、低时延、高可靠的网络入口和高速管道，作为信息通信网络的"传导神经"发挥积极作用，满足物联网、工业互联网等新型基础设施领域的网络联接需要，支持丰富的行业数字化应用，例如数字娱乐、智慧城市、智慧工程、远程教育等，加速传统产业向网络化、数字化、智能化方向发展，助力智慧社会建设。

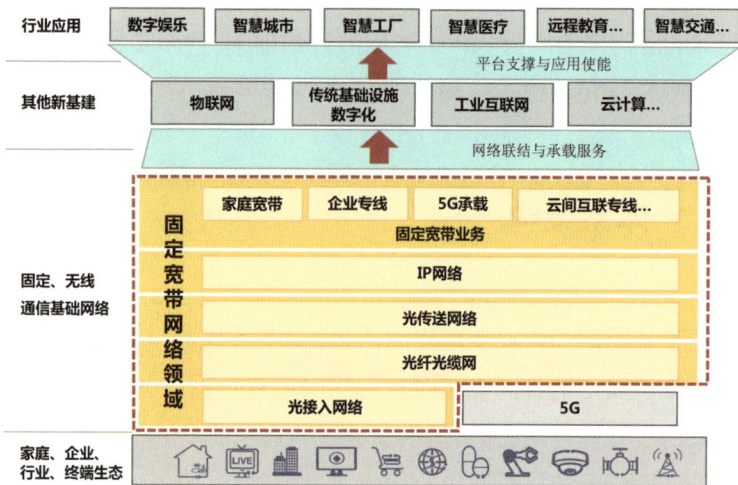

图 3-7-5　固定宽带网络与新基建其他领域生态体系图

面向千兆接入能力,我国固定宽带网络处于初步形成网络能力和覆盖重点区域的阶段,未来 5 年将加快固定宽带网络的网络建设和速率升级,提升系统容量;延伸和优化固定宽带网络的网络覆盖范围,实现城镇中家庭、企业和商业场景的普遍覆盖;增强固定宽带网络接入能力,持续增长千兆宽带接入用户数,提升宽带普惠水平。

1. 固定宽带网络产业体系

固定宽带网络产业的生态范畴非常广泛,从设备属性来划分,包括了光接入、光传送、IP、光缆/无源器件等四个产品大类,从系统和部件组成角度还可进一步细分为:应用于全光接入网络的局端 OLT 设备,光分配网络中光纤光缆、网线、机柜/箱体等各类光纤光缆和无源器件,以及家庭、企业、工厂园区中使用的多样化接入终端;应用于全光传送网络的 OXC、再生器、ROADM、放大器、中继器、均衡器、FOADM、OTN CPE 等设备;应用于智能 IP 网络的各类型路由器、多业务网关、防火墙、交换机、SPN 等设备;其他如光模块、光/电芯片、操作系统、无源器件等相关领域的软硬件部件。如图 3-7-6 所示。

我国已具备相对完整的固定宽带网络产业链,产业上下游生态体系相对完整,具备绝大部分中低端产品及部分高端产品的设计和生产制造能力。未来随着固定宽带网络的建设和关键技术演进,产业链也会向高端产品的设计

图 3-7-6　固定宽带网络产业体系图谱

和生产制造能力不断攀登。

2.固定宽带网络业务发展

固定宽带网络是新时期战略性的公共信息基础设施的组成部分。积极推动超高速固定宽带网络的快速发展和规模部署,将为我国各行业的长远布局和发展提供坚实的网络能力保障。

一是固定宽带网络助力超高清 4K/8K 和云 VR 产业发展。截至 2020 年 2 月底,三家基础电信 IPTV 总用户已达 2.97 亿①。IPTV 视频用户体验也已进入 4K 时代,未来 8K 清晰度进一步提高,平均码率在 50—80Mbps,需要的网络带宽在 100Mbps 以上。与此同时,新兴的 VR/AR 技术已在影视、游戏等领域广泛应用,未来还可在工程、教育、培训、医疗等众多行业得到广泛应用。个人侧 VR 业务接入同样需要大带宽、低时延的网络带宽保障(运营级 VR 需要 130Mbps 带宽,20 毫秒以内时延网络;极致 VR 体验至少需要 1.5Gbps 带宽,8 毫秒以内时延网络)。固定宽带网络的建设将普及千兆接入能力,可以有效促进高清视频产业的发展,并满足 VR/AR 业务发展需要。

二是千兆宽带助力在线教育、远程医疗、远程办公发展。在线教育、远程

---

① 数据来源于工信部《2020 年 1—2 月通信业经济运行情况》。

医疗、远程办公属于固定宽带网络的典型应用场景,2020 年突如其来的新冠病毒疫情让此类应用需求呈现激增状态,推动此类业务迅速进入规模应用阶段。据统计,教育类 App 下载量增幅第一,日活用户迅速增长几十倍。同时,疫情期间在线问诊平台需求激增。远程办公因其灵活性、便利性,成为新的联接模式,2020 年春节后开工第一周,使用远程办公的企业规模超过 1800 万家,超过 3 亿人使用远程办公软件①。

固定宽带网络基于千兆接入、IPv6 及技术创新、网络分片等关键技术,提供数据、图像和语音的综合传输,实现差异化的网络服务并保障用户的网络质量,实现实时稳定的语音和高清晰图像的交流,满足在线教育、远程医疗、居家办公、家庭娱乐等业务所需的大流量、高并发、低时延等网络要求。

三是千兆宽带助力政企专线品质升级,加速产业升级的数字化转型。随着千兆时代的到来,各个行业数字化转型进一步加速,带动整个 ICT(信息与通信技术,Information and Communications Technology)行业和数字经济的并行发展,推进并引发了行业的深刻变革。与此同时,垂直行业涌入了大量的创新企业,他们在不断重塑传统行业的运营模式和商业模式,其中包括:金融、政务、大型企业以及涉及敏感业务和关键应用的政企领域,对于企业专线连接的诉求与日俱增,加速驱动全球各运营商在 2B 业务领域全面布局。

具备千兆接入能力的固定宽带网络可以提供灵活柔性和刚性等各类管道,在差异化业务质量保障、稳定可靠的安全网络、灵活丰富的套餐组合、更低的成本和快速开通服务等方面为各行各业提供了丰富便捷的连接基础,并且打破了传统架构思维边界,灵活匹配了市场中海量存在的小带宽、高品质、低成本专线诉求,将品质专线延伸至更广泛的应用领域。

3. 固定宽带网络关键技术

固定宽带网络在千行百业中的应用对网络本身在带宽控制、低时延/确定性时延、低功耗、复杂环境适应、智能化管控等各方面都提出了技术创新要求,推动网络关键技术发展进入持续的快车道。

面向固定宽带网络全产业链,在更高速 50G PON 接入、传送网、IP 网中可

---

① 艾媒咨询发布的《2020 年中国新春远程办公行业热点专题报告》。

发展新一代芯片,提升网络容量和可靠性,支撑"信息高铁"持续提速;同时推动基于 IPv6 协议和场景的持续创新,加快建设大带宽、低时延、服务化、智能化的新一代 IP 网络。针对光器件、芯片制造、高速仪表及软硬件工具等领域的关键技术加强基础性投入,在新型光电材料、高速光电子器件、高端光电子装备及工艺、光电化合物半导体材料生长设备、高端光电子仪器仪表、光学设计工具、大规模可编程逻辑器件、网络操作系统、高性能图形数据库、下一代 IP 协议、规模弹性智能化组网等领域实现技术布局,聚集国内产业力量在高性能、高集成度、低功耗的光芯片、电芯片及智能算法等领域实现突破,提前做好专利布局并掌握关键技术的自主知识产权,建立产学研用的正向循环,增强标准牵引能力,培育技术优势和竞争力,巩固并繁荣产业生态,保障我国固定宽带网络的可持续发展和演进,使能固定宽带网络具有更广的智能性、包容性和延展性。

4.固定宽带网络助力各行各业稳步发展

固定宽带网络的发展,将带动智能终端、云服务、工业等相关产业的快速发展,推动具备大带宽、高性能等需求的业务的成熟,并催生应用的不断创新,释放产业巨大潜能带动经济增长,助力千行百业发展,实现人民美好生活。

(1)固定宽带网络促进智能终端设备产业发展

固定宽带网络为千万家庭提供性能强、性价比高的宽带接入服务,由此激发了用户对高带宽产品和应用的消费需求,为智能终端的普及和发展创造了新机遇。

在视频终端方面,固定宽带网络的普及应用将促进 4K/8K 超高清视频与VR/AR 产业发展,加快 4K/8K/VR/AR 终端设备普及。2024 年 VR/AR 终端设备出货量将增长至 7671 万台,2020 — 2024 年期间复合年均增长率达81.54%[①]。

在智慧家庭方面,万物互联和智慧生活加速千兆宽带和智能终端设备的普及,由此带来消费的持续增长,从而推动智能终端产业的快速发展。根据

---

① 数据来源于国家 IPv6 发展监测平台 2020 年 2 月数据,见 http://www.china-ipv6.cn/#/IPv6/activeUser。

OVUM 报告预测显示,全球智慧家庭用户将由 2016 年的 9000 万上升到 2021 年的 4.63 亿,2016—2021 年期间复合年均增长率达 39%。

(2)固定宽带网络助力云服务产业生态发展

我国云计算行业市场规模呈逐年快速增长态势,截止到 2019 年,年增速平均保持在 40% 左右,预计 2020 年到 2023 年,年增速平均保持在 35% 左右。① 固定宽带网络具有大带宽、低时延、高可靠的特点,可提升云间互联的效率和能力,可增强云网互相支持的能力。因此,随着千兆宽带的普及,有助于带动云计算产业成熟和业务多样化发展。

(3)千兆宽带为工业互联网提供基础性内外网联接

在工业互联网实践中,从设计、生产到运维等全生命周期的精细化管理,降低整体的人力成本、资源消耗,全面提升生产和运营效率等越来越受到重视,这对网络基础设施提出了更高的要求。工厂外网呈现出云网协同发展的趋势,工厂内网呈现出大带宽、全连接、广泛兼容、便捷部署等趋势。固定宽带网络的优质性能和特点结合工业网络改造升级的迫切需求,为工业互联网发展奠定良好的连接基础。我国已实施的部分工业互联网项目的实践和创新,涌现出两个特点,一是核心能力不断提升,5G+工业 PON 能有效满足工业场景的连接需求,边缘计算、时间敏感网络、AI 和大数据能力的融合有效提升生产效率。二是应用场景不断丰富,生产车间、工厂、工业园区和异地工业园区等场景,均可通过 5G+千兆宽带提供高质量网络实现协同制造、高效运营和智能管理。

---

① 数据来源于艾瑞咨询发布的《2019 年中国基础云服务行业发展洞察报告》。

八、重大科技基础设施

重大科技基础设施是解决全球共同面临重大问题、标志国家科技竞争力的大型复杂极限研究手段。自 20 世纪 40 年代美国实施曼哈顿计划以来，重大科技基础设施对科技、经济和社会的强大引领和带动效应受到世界各国广泛关注和持续投入。当今世界正处于百年未有之大变局，新一轮科技革命和产业变革蓄势待发，全球科技版图和经济格局正在发生深刻变化，重大科技基础设施事关关键核心技术突破，对我国实施创新驱动发展战略、建设世界科技强国具有重要意义。

（一）内涵特征

第二次世界大战期间，美国为了占领科技制高点，增强国家竞争实力，建造了一大批重大科技基础设施。从诞生之日起，这些重大科技基础设施就与科学前沿和国家战略密不可分。如同交通、能源等基础设施对国民经济社会发展的支撑引领作用一样，重大科技基础设施是基础研究的重要平台和提升创新能力的重要载体，能够有效加强创新主体之间的互动联系，使国家吸引高水平创新人才和发挥高水平创新人才作用，孕育原始性颠覆性科技创新。在欧盟关于重大科技基础设施知识系统框架中，它被视为研究的知识源头、教育的传播渠道以及创新的应用组织，发挥着不可替代的核心驱动作用。

近年来，随着科学研究活动从分散和孤立的小范围协作，逐渐走向整体性、系统性和集成性较强的大规模研究行为，以及越来越多的产业界用户参与

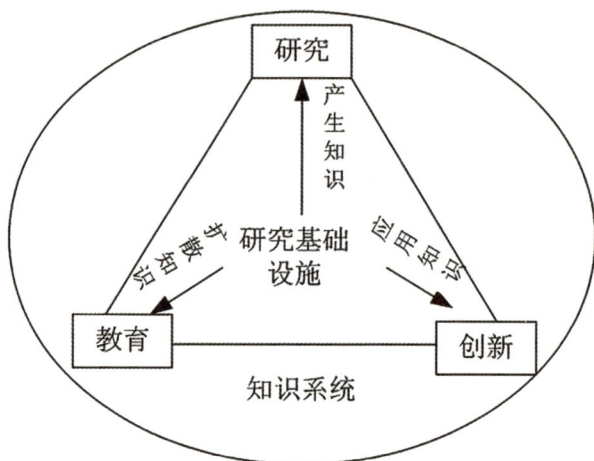

图 3-8-1 重大科技基础设施的知识系统框架

到设施建设和使用之中,当代重大科技基础设施的内涵、形态和范围都更加丰富。参考《国家重大科技基础设施建设中长期规划(2012—2030 年)》和《国家重大科技基础设施管理办法》中对重大科技基础设施的定义,瞄准新时代、新趋势、新要求,界定重大科技基础设施应包括如下内涵:为探索未知世界、发现自然规律、引领技术变革提供极限研究手段的大型复杂科学技术研究装置或系统,是突破世界科技前沿和解决经济主战场、国家重大需求、国家安全中重大科技问题的物质技术基础,是国家统筹布局、长期稳定运行、面向社会开放共享的新型基础设施。

重大科技基础设施具有以下典型特征:

一是基础性。重大科技基础设施是解决国家重大基础研究的"国之重器",兼顾科技发展目标和国家使命。重大科技基础设施建设的目标是解决全局性、基础性和前瞻性科技问题,支撑前沿科学研究和国家重大任务实施,是代表国家参与全球科技竞争的利器。

二是创新性。重大科技基础设施具有卓越的性能,能支撑最高水平科学研究,产生最具挑战的研究成果。重大科技基础设施建造是运用当代最新科技成果的高难度创新活动,建设之前要开展大量预先研究,研制大量高性能的非标部件。

三是整体性。重大科技基础设施只有达到一定规模时才能提供服务或提供有效的服务，其中的一部分难以实现既定功能，导致设施不可分割。建造时，设施的各个层级及其构成单元必须进行整体性设计；建成后，必须统一协调、统一管理、整体性运行。

四是长期性。重大科技基础设施建成后，要通过长期稳定的运行和持续的科技活动才能实现预定的目标，设施性能具有可提升性和可拓展性，一般具有较长久的科学寿命，能够长期保持设施先进性和竞争力。

五是开放性。重大科技基础设施主要由国家投资建设，具有准公共物品属性，可以根据需要对社会用户开放共享。设施的科学目标反映了国家相关科技领域的重大需求，且要解决这些重大问题，应该向社会开放。

（二）发展现状

多年来，美国、日本、德国、英国、澳大利亚等国为了保持科技竞争力，在国家研发预算中单列设施科目，保持重大科技基础设施投入的稳定性和管理的规范性，推动设施向更远、更快、更强、更微的方向发展。由欧盟主导发起，中国、美国、日本、俄罗斯、韩国、印度等国参与的国际核聚变实验堆（ITER），投入超过 130 亿美元，是目前全球规模最大、影响最深的项目，将为解决人类能源问题提供最佳方案。美国作为世界头号科技强国，建设和运行着世界上数量最为庞大的重大科技基础设施群。第二次世界大战期间，美国为满足原子弹研制对实验设施极端复杂性、先进性的要求，建造了粒子加速器、实验型原子反应堆等一批重大科技基础设施，攻克了一系列核裂变技术难题，率先成功研制出原子弹。依托这些设施，美国设立了洛斯阿拉莫斯、橡树岭、阿贡等一批国家实验室，让美国在宇宙观测、粒子物理、物质微观结构等科技领域傲视群雄，也支撑美国在核电、生物医药、先进材料等产业领域长期保持全球领先优势。美国能源部拥有 17 个国家实验室，被称为美国科技体系中的"皇冠上的钻石"。

从总量看，美国近 5 年年均投入 25.72 亿美元，日本 24.14 亿美元，德国

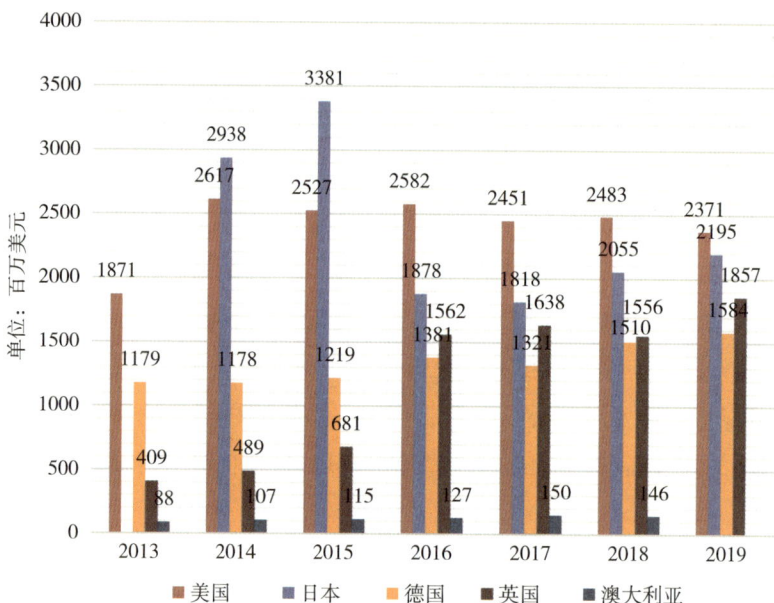

图 3-8-2　主要科技强国重大科技基础设施投入额

14.03 亿美元,英国 14.59 美元,澳大利亚 1.1 亿美元。美国、日本成为重大科技基础设施投入的第一梯队。

半个多世纪以来,我国重大科技基础设施的发展历程印证了国家科技和经济实力的巨大变化。设施建设与国家重大需求结合更加紧密、与前沿科学目标更加紧密,建设质量和水平也不断提高,在许多引领性基础研究前沿取得开拓性的重大突破,为支撑国家科技创新需求发挥重要作用。

《国家中长期科学和技术发展规划纲要(2006—2020 年)》发布以来的三个五年计划,特别是党的十八大以来,我国对标建设世界科技强国,按照学科发展加强战略规划布局、加大重大科技基础设施投入,从预研、新建、推进和提升四个层面,推动设施快速发展。重要学科领域的设施空白得以填补、优势领域得以巩固,其中光源设施、托卡马克装置、天文观测设施等已逐步向体系化发展,极大支撑了我国开展世界级科学研究,为推动经济社会发展、加快人类科技进步奠定了重要物质基础。

从研究领域看,我国重大科技基础设施已形成较全面的科学领域布局。目前,我国建成设施的学科覆盖范围已从粒子物理与核物理、天文学等传统大科学领域,向地球系统与环境科学、生命科学等新兴领域拓展。能源、生命、地球系统与环境、材料、粒子物理和核物理、空间和天文及工程技术科学等 7 个领域已形成全面均衡布局。截至 2019 年底,我国正在运行的国家重点实验室 515 个,累计建设国家工程研究中心 133 个,国家工程实验室 217 个,国家企业技术中心 1540 家。①

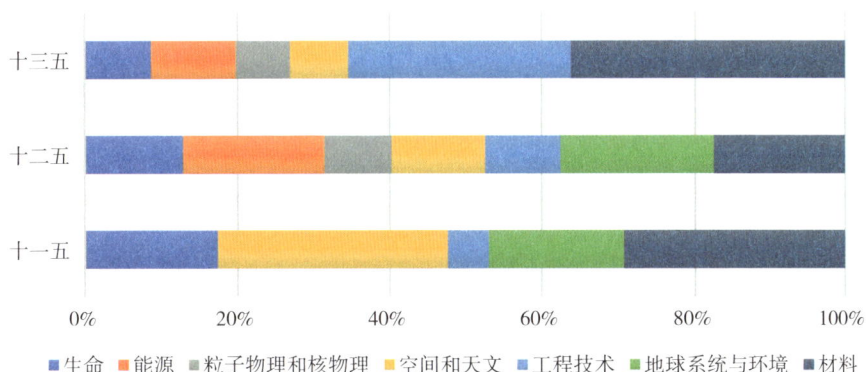

图 3-8-3 近三个五年规划设施领域分布情况

从设施形态来看,重大科技基础设施可以分成一地建设、多地建设、网络式布局和移动式设施。多数设施为单一地点建设,约占设施总数的约 70%。网络式设施主要包括地球与环境科学、空间领域的台网类设施以及信息工程中的网络设施,如遥感卫星地面站、大陆构造环境监测网络、极地频探地工程、海底科学观测网、子午工程、高精度地基授时系统、未来网络试验设施等,约占 15%。移动式设施主要包括地球与环境科学领域现场观测用的船舶、飞机类设施,包括"东方红 2 号"海洋考察船、海洋科学综合考察船、航空遥感系统等,约占 5%。多地建设的设施多分布在生命领域,也包括部分因各种原因分拆建设的设施,包括蛋白质科学研究设施、转化医学研究设施、模式动物表型与遗传研究设施、强磁场装置、高效低碳燃气轮机试验装置等,约占 10%。

从区域布局看,综合考虑我国设施规划布局和建设情况,北京怀柔、上海张江、安徽合肥等国家重大科技基础设施的集聚区陆续建设综合性国家科学

---

① 引自《中华人民共和国 2019 年国民经济和社会发展统计公报》。

中心。"十二五"和"十三五"期间规划布局的 26 个设施中有 13 个项目整体或部分在 3 个综合性国家科学中心集聚,涉及总投资接近 300 亿元。京津冀和长三角的多学科综合性优势突出,长三角、珠三角的产业优势明显,但基础创新面临短板,对重大科技基础设施需求较为强烈。同时,中西部地区根据区域特色布局了战略性、前瞻性设施。主要围绕国家重大战略和前沿科学探索,重大科技基础设施集中在空间天文、粒子物理和核物理、工程科学中的空气动力学等传统性、战略性领域。

从标志性重大成果来看,我国重大科技基础设施整体水平进入国际前列的同时,综合效益日益显现。党的十八大以来,我国重大科技基础设施建设水平不断提升,重点科技前沿取得了一批具全球影响力的原创成果。目前,我国在建和投入运行的重大科技基础设施总量已接近 50 个,总体水平基本进入国际先进行列。500 米口径球面射电望远镜(FAST)可以在未来 20 年保持世界领先地位,并在建设过程中产生了超过 30 项自主创新专利成果。超导托卡马克装置让 5000 万度等离子体稳定持续燃烧 101.2 秒,创造新的世界纪录。散裂中子源首次打靶成功,标志着我国成为继美、英、日之后第 4 个拥有散裂中子源的国家。稳态强磁场试验装置边建设边运行,已产生 40 万高斯的世界第二高磁场强度,正冲击世界第一高。脉冲强磁场试验装置成功实现了 90.6 特斯拉的峰值磁场,使我国成为世界上第三个突破 90 特斯拉大关的国家。重大科技基础设施为载人航天、探月工程、新药创制、大型客机研制、核心电子器件研制、高分辨率对地观测等国家重大科技任务提供支撑,取得了四夸克粒子(由 4 个夸克组成的新粒子)物质发现、重大流行病跨种传播机制等一批原创科技成果,催生出了重离子治疗癌症、低温超导材料规模化制备等一批高新技术,在保障国计民生和国家安全中也发挥着不可替代的作用。

(三)发展方向

1. 国际科技竞争态势对重大科技基础设施提出新挑战

当前,国际政治经济秩序复杂多变,未来的国家竞争将趋于更加全面、激烈，其中，科技竞争将决定谁能引领时代潮流。重大科技基础设施作为面向国家战略需求、前沿科技和社会经济主战场的"国之重器"，具有不可替代的战略性、前瞻性、基础性作用。新时期复杂多变的国际环境对设施布局的影响深刻。

科技革命为我们实现跨越式发展提供了机遇，在一些核心技术领域，我们同国外处在同一条起跑线上，如果能够超前部署、集中攻关，很有可能实现从"跟跑""并跑"到"并跑""领跑"的转变，从而在国际科技竞争中赢得先机。

我国面临的"卡脖子"问题反映出过去关键技术和核心零部件自给能力和创新积累不足。随着主要科技强国不断强化自身的优势技术保护和垄断，科技创新的艰巨性将成为新常态。要求设施布局建设更具自主性和可控性，提前做好人才培养、关键核心技术研制等工作，提高技术原创性。

当前我国依然存在创新能力不足、技术依赖引进等问题，致使在国际科技竞争合作中处在不利的位置、话语权不足。重大科技基础设施作为支撑探索前沿科技的重要工具，应成为吸引高水平创新人才的"吸铁石"和支撑取得重大科学前沿突破的"孵化器"，助力我国加速提升科技综合实力和优势领域创新引领能力。

2. 建设现代化强国对重大科技基础设施提出新要求

党的十九大对现代化强国建设作出系统部署，明确 2035 年我国要进入创新型国家前列，2050 年要建成世界科技强国。创新引领，设施先行。跻身创新型国家前列要求设施全面支撑创新，以创新作为社会发展核心驱动力，以技术和知识作为国民财富创造的主要源泉，主要产业进入全球价值链中高端，产出对世界科技发展和人类文明进步有重要影响的原创成果。重大科技基础设施技术水平和科技产出要总体居世界前列，全面支撑前沿科技领域开展原创性研究。

建设科技强国要求重大科技基础设施完善布局体系。当前，我国在主要科技领域和方向上实现了邓小平同志提出的"占有一席之地"的战略目标，正处在跨越发展的关键时期。实现引领未来科学和经济社会发展的前瞻性基础研究重大突破需要依赖新思想、新原理、新技术，前瞻性、系统性、连续性布局，建设一批前所未有、具有世界领先水平的新型重大科技基础设施，坚实支撑科技强国建设。

高质量发展要求重大科技基础设施承担新使命。经济向高质量发展转变，对科技创新提出了更高的需求，要求重大科技基础设施布局建设更具实用性和开放性，布局建设更多产业界用得上的设施，解决重点产业"卡脖子"技术问题，更多地追求向全社会开放，提升经济的创新力和竞争力。

3. 科技革命新机遇对重大科技基础设施指出新方向

抢抓新一轮科技革命和产业变革历史机遇，要求重大科技基础设施布局建设更具前瞻性和战略性。一是优势领域要求重大科技基础设施夯实引领基础。当前，重大科技基础设施已推动我国粒子物理、核物理、生命科学等领域部分前沿方向的科研水平进入国际先进行列①。这些重大科学前沿领域正处于重大突破的前夜，各科技强国都以率先取得突破为目标建设相关设施，我国亦需持续布局以强化竞争优势，力争取得更多引领性基础科学前沿突破。二是新兴领域要求重大科技基础设施适应快速发展节奏。新的社会变革中，依托设施破解全局性、整体性重大科技问题的需求显著增强。需要我国超前布局若干原创性、引领型的重大科技基础设施，超前布局信息网络、生物技术等战略性产业相关的设施，打造未来发展新优势。三是颠覆性技术要求重大科技基础设施加强前沿探索。颠覆性技术是我国建设世界科技强国进程中塑造非对称优势的重要途径。要求我国布局重大科学前沿设施，借助设施不断探索未知领域，加强基础研究积累和学科领域交叉融合，为颠覆性技术创新奠定基础。

---

① 《国家重大科技基础设施建设中长期规划（2012—2030）》。

九、传统基础设施数字化智能化升级

基础设施是为社会生产和生活提供基础性、大众性服务的工程和设施,是社会赖以生存和发展的基本条件。

传统基础设施数字化智能化升级是将传统基础设施行业与信息技术行业深度融合,综合利用5G、大数据、机器学习、人工智能、物联网、云计算、区块链等一系列技术收集分析日常运营和创新所需数据,通过打造自主可控的数字化赋能平台、塑造促进数字化智能化升级的创新体系、构建开放的数字化生态体系等,实现数据深度共享、业务高度智能。运用新一代信息技术改造传统基础设施将有助于形成运营全景图、客户全景图、产品全景图、市场变化及行业趋势全景图等,从整体上提升基础设施建设的运营效率、服务水平和管理水平,创造新的业务模式。

(一) 交通基础设施数字化智能化升级

1.发展现状

近年来,发达国家和地区已经开始规划、布局智能综合交通网络的建设。虽然不同国家和地区建设综合交通建设的切入点存在差异,但通过终端感知、数据融合与共享促进多域协同,提升监管和集疏运效率,打造一体化综合交通体系的愿景是一致的。在欧盟方面,欧盟自90年代末期开始规划并打造泛欧交通体系(TEN-T),2014—2020年间,连接欧洲基金(CEF)累计投资237亿欧元用于完善泛欧交通体系的核心交通网络基础设施,2021—2027年间将进一步投资 677 亿欧元用于泛欧交通体系的建设。预计到 2030 年,欧盟将实现包括铁路、机场、内陆水运、港口、公路以及重点国家重要交通枢纽等骨干交通网络的联通,并于 2050 年前建成覆盖欧盟所有区域的综合交通网络,达成弥合欧盟内部差距、消除瓶颈和技术障碍,并增强欧盟社会、经济和领土凝聚力的目标①;德国作为西欧交通的引领者,积极引入新技术,推出铁路 4.0 战略②。预计在 2016—2030 年间,德国联邦投资将达到 2696 亿欧元,重点加强整体网络,使之适合全球数字时代的基础设施——运输现代化、基础设施数字化和交通加速。战略还提出建立数字化能力中心,作为互补的平台,用于快速交流和协调各项举措的推进③;日本政府计划在 2030 年实现公共、个人交通出行、物流等多种交通方式集成对接,建设能够打通社区、城区、交通枢纽、乡村一体化的大交通系统,提供安全、便捷、无缝的出行体验④。

我国近年来也不断推进交通基础设施数字化智能化升级,提出以“数据链”为主线,构建数字化的采集体系、网络化的传输体系和智能化的应用体系,加快交通运输信息化向数字化、网络化、智能化发展,为交通强国建设提供支撑⑤。但相比之下,当前我国交通基础设施数字化智能化升级仍处于刚刚起步阶段,与发达国家相比还有一定差距。主要体现为:一是数字化智能化升级投资占比较低,以铁路领域为例,德国平均每年用于铁路系统数字化智能化升级的资金约占营业收入的 15%,而我国这一投入比例不足 2%⑥;二是各领域缺乏统一的行业标准指导行业建设、运营等,导致业务系统之间割裂,增加了多业务板块之间协同的难度;三是各行业仍存在组织壁垒,各领域数据孤岛问题仍然存在,旅客流、货物流、行车流、运行流等基础数据仍然难以共享。

---

① 资料来源:Delivering TEN-T:Facts and Figures September 2017。
② 包括:Mobility 4.0,Logistics 4.0,Infrastructure 4.0,Production 4.0,IT 4.0 和 Working Environments 4.0 等。
③ 资料来源:The 2030 Federal Transport Infrastructure Plan。
④ 资料来源:ITSWC 2019。
⑤ 资料来源:《数字交通发展规划纲要》(交规划发〔2019〕89 号)。
⑥ 资料来源:The 2030 Federal Transport Infrastructure Plan。

2.体系架构

《交通强国建设纲要》提出：到2035年，基本建成交通强国。现代化综合交通体系基本形成，人民满意度明显提高，支撑国家现代化建设能力显著增强；拥有发达的快速网、完善的干线网、广泛的基础网，城乡区域交通协调发展达到新高度；基本形成"全国123出行交通圈"（都市区1小时通勤、城市群2小时通达、全国主要城市3小时覆盖）和"全球123快货物流圈"（国内1天送达、周边国家2天送达、全球主要城市3天送达），旅客联程运输便捷顺畅，货物多式联运高效经济；智能、平安、绿色、共享交通发展水平明显提高，城市交通拥堵基本缓解，无障碍出行服务体系基本完善；交通科技创新体系基本建成，交通关键装备先进安全，人才队伍精良，市场环境优良；基本实现交通治理体系和治理能力现代化；交通国际竞争力和影响力显著提升。

图 3-9-1　现代综合交通体系基本构成

交通基础设施数字化智能化升级是交通强国建设的切入点和主要抓手。将5G、物联网、边缘计算、机器视觉、云计算等新技术应用于交通基础设施中，对交通运载工具、装备、路网、枢纽、场站等交通基础设施进行数字化智能化升级，通过构建云边端协同、数据融合共享的数字化平台，实现对人、车、路、环境、信息等交通要素的全面感知和泛在连接，最终建成高效联程联运的综合立体数字化智能化交通网络。

数字化智能化交通网络构成包括：一是感知层。主要包括摄像头、传感器、手机、显示屏等，运用这些智能终端构建各类交通基础设施（包括公路、铁

新基建 数字时代的新结构性力量

路、航运等)、交通流及多种交通要素(载具、人员、货物等)、交通装备(包括高速铁路等运载装备、挖掘机等货运装备)的数字化采集体系。二是连接层。主要包括5G、车联网、卫星通信等,运用这些网络与技术促进交通专网与"天网""公网"的深度融合,形成涵盖高速公路、轨道、航空等多网融合的交通信息通信网络。三是数字平台层。主要包括高可靠、开放的交通行业数字平台与算法模型,内容涵盖云平台、大数据平台、视频服务平台、物联网平台、GIS/BIM平台等基础平台之间的协同联动,以及交通行业数据治理、主题库、专题库、数据模型、指标体系、车路协同算法模型、自动驾驶与自动导航算法模型的构建等,运用这些平台与技术,提升交通管理水平与决策效率。四是应用层。主要包括各类业务应用。将5G与人工智能、大数据、云计算等与传统交通基础设施相结合,构建智慧航运、智慧客运、智慧物流等智能化的应用体系,实现无人运行、智能调度、一体联运。

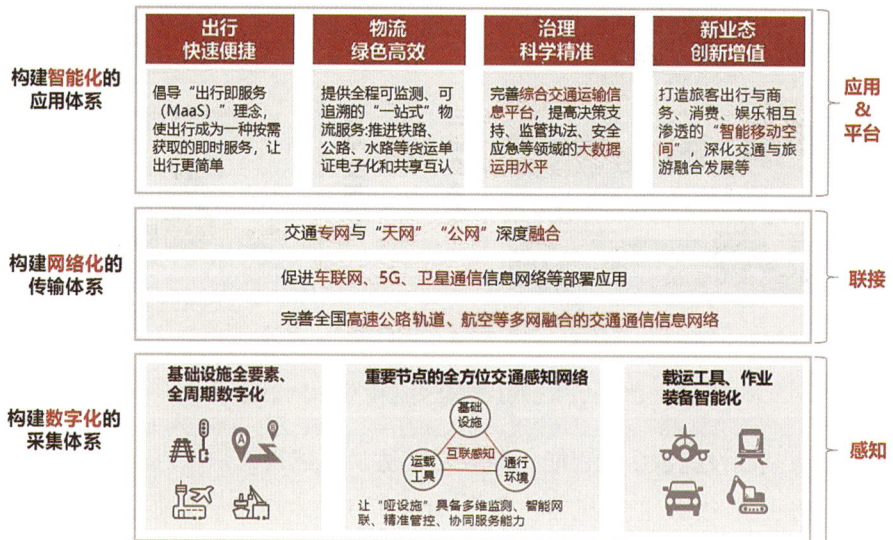

图3-9-2　交通基础设施数字化智能化升级全景图

3.重点领域

(1)铁路基础设施数字化智能化升级

铁路基础设施主要包括运输线路(路基、桥隧建筑物、轨道等)、运输设备(列车、动车组、信号设备、通信设备等)、运输枢纽(车站)、运行指挥调度中心,其数字化智能化升级的方向是推动云计算、大数据、物联网、人工智能等新一代信息技术与铁路深度融合,建设数字铁路、智能铁路。

在运输线路、设备与枢纽方面,一是通过研究低功耗、广覆盖、大连接、易维护的物联网技术,构建全面感知能力,推动铁路基础设施和设备的数字化,全面实现"状态修";二是加快铁路从落后的 GSM-R 网络向下一代宽带移动通信 LTE-R 升级,研究支持 500 公里/时以上的车地通信,解决列车、动车组的实时运行状态回传问题;三是通过移动端应用和站内智能化设施,为旅客提供便捷和个性化的站内定位导航、服务呼叫、设施位置查询、周边消费引导、安检时长预测、寻人寻车、各交通方式信息查询等全方位出行支持,同时也将为高铁站管理运营方提供客流分布检测、客流拥堵预警、人流高峰预测、自动疏导、自动巡更管理、重点区域监控、紧急事件报警等功能,并通过数据提供进行旅客画像分析、商铺价值评估、规划布局优化、接驳路线设计、广告精准投放等方面的帮助。

在运行指挥调度中心方面,一是基于大数据和云计算等技术构建包含铁路资源、指标、态势等多要素的全景运行平台,实现可视化调度指挥,辅助科学决策;二是综合运用机器人流程自动化、图像识别等人工智能技术,实现列车运行图的自动编制与动态调整。

(2)公路基础设施数字化智能化升级

公路基础设施领域数字化智能化升级主要包括:一是车辆网联化、智能化、无人化;二是智慧公路通信网络,包括新一代公路、车辆融合感知、传输网络(5G、光网)、分布式能源设施、C-V2X 通信网络、充电网络等要素;三是基于云计算、大数据、人工智能、物联网的公路数字平台与公路网综合运营平台等。

(3)港口基础设施数字化智能化升级

港口基础设施领域的数字化智能化升级主要包括:一是无人化、自动化、智能化的港口建设,选取国内重点沿海或内河港口,利用 5G 技术、车路协同、大数据、物联网等技术进行升级改造,实现集装箱的自动化吊装与转场卡车的无人自动化驾驶,最终提高港口的安全程度、运营效率;二是打造贯穿港口、铁路、公路、场站、仓储等多个物流环节的"大交通"综合枢纽等。

（4）航空基础设施数字化智能化升级

围绕航班流、旅客流、行李流对航空基础设施进行数字化智能化升级,主要包括:一是建设 5G 专网,推动基于 5G 技术的航空移动机场通信系统（AeroMACS）,在机场范围提供高速 5G 网络,承载空管、航空公司、机场及相关保障单位核心生产业务通讯;将人工智能技术应用到机场核心运行资源的分配、航班保障节点采集、人脸识别等环节中,实现智能化运行,旅客一张脸走遍机场;二是搭建机场数字平台,广泛融合多种数据源,建立数据互联互通标准,推进航信、机场、航司和空管的数据共享,实现飞行和流量信息、航行情报信息、气象信息、旅客信息、行李信息等航空信息的融合共享;三是运用实体机器人与虚拟机器人、增强现实（AR）眼镜服务辅助、超宽带（UWB）高精度室内定位系统、无人接驳车,实现对旅客的高质量服务与机场的高效运行。

（5）轨道交通基础设施数字化智能化升级

轨道交通领域的基础设施数字化智能化升级主要包括:一是列车、弓网、轨道、路基、桥隧、轨行区、车站等移动装备、固定基础设施和行车环境的智能化监测;二是基于 5G 技术融合演进的非行车安全信息车地通信;三是超大容量、全分布式组网、智能流量分配的新一代有线承载网络,基于有线无线融合发展交通线网综合运营调度系统;四是乘客流、行车流、车站环境等智能化监测、预测、仿真的数字化平台等。

（6）城市公共交通基础设施数字化智能化升级

城市公共交通基础设施建设的核心是以公共交通（火车站、机场、地铁、轻轨等）为中心、以 400—800 米为半径建立中心广场或城市中心,形成集工作、商业、文化、教育、居住等为一体的城市公共交通 TOD 模式。针对这一领域的数字化智能化升级主要包括:智能化的运行监测、安全疏散与应急、乘客综合信息服务、运营调度、停车管理和综合运行信息管理系统;自动导引停车机器人与反向寻车机在智慧停车场中的运用;多层级、一体化的综合交通枢纽体系（交通+园区+商业+产业）。横向延伸到生活娱乐、工作商务,纵向提升跨交通方式的协同效率。

（二）能源基础设施数字化智能化升级

1. 发展现状

能源智能化是国际公认的能源未来发展趋势，是支撑可再生能源的开发、输送和消纳的关键。21世纪以来，发达国家不断加快推进能源智能化的发展进程。在电力领域，2003年7月美国能源部就发布美国下一个电力百年愿景——"电网2030"，致力于建设现代化电网[1]。2007年12月美国国会颁布了《能源独立与安全法案》（Energy Independence and Security Act 2007），其中第13号法令为智能电网法令，确立了智能电网的国策地位[2]。2009年奥巴马签署《美国恢复和再投资法案》（ARRA2009），进一步加大了智能电网战略推进力度[3]。欧盟委员会早在2008年11月在其第二份《战略性能源评估报告》（Second Strategic Energy Review）中就发布了"超级电网"发展计划，通过一体化电网整合欧洲的可再生能源电力，实现欧盟各国间大规模可再生能源电力的跨国输送和互补利用[4]。在石油行业，根据美国咨询公司 Relecura 对油气行业智能化发展的调研报告《拓展油气行业的技术前沿》（Expanding Technology Frontiers in the Oil & Gas Industry），油气市场的人工智能应用预计将从2017年的15.7亿美元增长到2022年的28.5亿美元，复合年增长率达到12.66%[5]。

---

[1] 资料来源："GRID 2030" A NATIONAL VISION FOR ELECTRICITY'S SECOND 100 YEARS。https://www.energy.gov/sites/prod/files/oeprod/DocumentsandMedia/Electric_Vision_Document.pdf。

[2] 资料来源：ENERGY INDEPENDENCE AND SECURITY ACT OF 2007 TITLE XIII—SMART GRID。https://www.energy.gov/oe/downloads/title-xiii-smart-grid-sec-1301-1308-statement-policy-modernization-electricity-grid。

[3] 资料来源：American Recovery and Reinvestment Act of 2009。https://www.congress.gov/bill/111th-congress/house-bill/1/text。

[4] 资料来源：AN EU ENERGY SECURITY AND SOLIDARITY ACTION PLAN。https://eur-lex.europa.eu/LexUriServ/LexUriServ.do? uri=COM:2008:0781:FIN:EN:PDF。

[5] 资料来源：Expanding Technology Frontiers in the Oil & Gas Industry。https://blog.relecura.com/2019/03/expanding-technology-frontiers-in-the-oil-gas-industry/。

我国能源企业已经开始在大数据、云计算、物联网、移动互联网、5G 等先进信息技术加持下,初步开展数字化转型工作。以电力领域数字化智能化升级为例,国家能源集团开展发电工业互联网、智慧电厂试点建设;国家电网进行国网云平台、数据中台和物联平台等基础平台的建设,构建泛在电力物联网;南方电网全面开启基于云、大数据、物联网、AI 的数字南网建设。未来电力系统将持续向智能化和数字化方向发展,人工智能、云计算、物联网等等新一代信息技术将推动电力领域的新基建建设,形成集约化、平台化、服务化、智能化的电力能源管理体系。

2. 体系架构

从整体上看,能源基础设施数字化智能化升级包括传统集中发电网、新能源分布式供能、储能网、智能电网、天然气网及用能网等,特别是以特高压骨干网、各级智能电网、清洁能源、油气管网为重点。整个能源领域运用新一代信息技术将集中式发电网、分布式能源网、智能电网、智能油气网、储能网及其他能源网相互结合,促进能源替代、存储、转化、交易和调度互联互通。通过建设"源—网—荷—储—用"协调发展、集成互补的能源互联网,实现能源在生产、传输、消费等环节的协调控制,促进供需双向互动、能源共享,进而推动我国能源生产和消费革命。

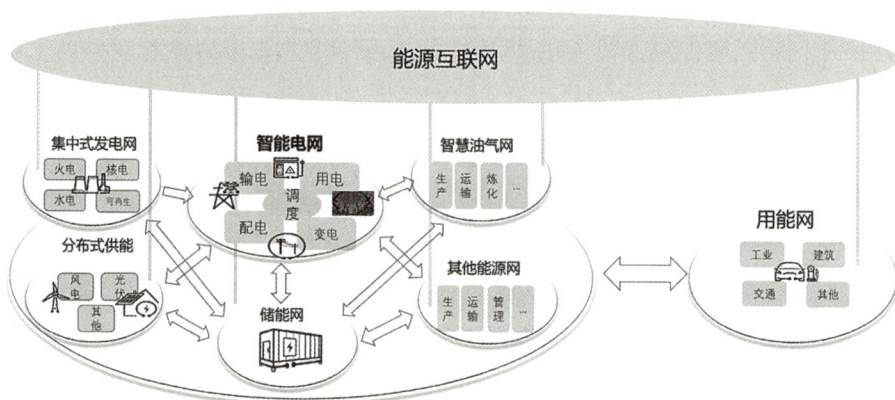

图 3-9-3　能源基础设施数字化智能化升级全景图

3. 分领域数字化智能化升级

（1）电力基础设施数字化智能化升级

未来电力系统将持续向智能化和数字化方向发展，并由云侧信息系统向端侧延伸，云计算、大数据、人工智能等等新一代信息技术将推动电力基础设施数字化智能化升级，传统电网也将向智能电网全面升级。整体上看，电力基础设施数字化智能化升级将以新一代信息技术为支撑，从"端—边—管—云—用"端到端对电网发电、输电、变电、配电、用电、调度和企业经营管理各环节全面进行数字化智能化升级改造。通过新技术与电网的深度融合，电网整体数字化水平将大幅提升，有利于构建集约化、平台化、服务化、智能化的电力能源管理体系。

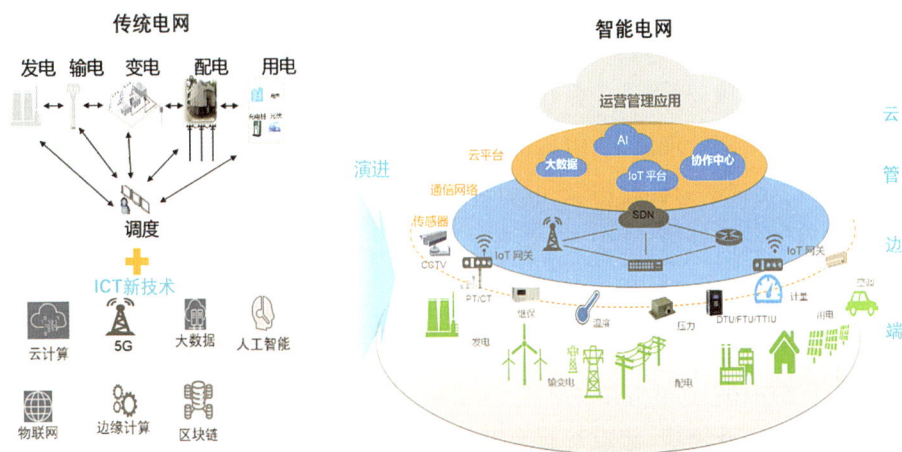

图 3-9-4　电力基础设施数字化智能化升级全景图

在发电领域，通过云计算、大数据技术构建发电工业互联网，发电业务系统和工业软件向云迁移，实现信息化成本降低和大规模部署；发电设备、生产、管理等数据通过大数据汇聚和分析，实现场景的优化和增值；通过发电工业互联网平台打通产品链、供应链、价值链各环节的实时连接和资源共享，解决跨领域资源调配和协同协作，实现发电业务商业模式的创新。

在输变电领域，在端侧设备加装智能高清摄像头、无人机、传感器，利用AI、大数据技术对输变电线路、缆沟、变电站、配电房运行状态进行智能化识别,改变以往人工现场拍照、线下经验识别、故障事后发现的业务模式,实现在线智能巡检、故障预判预测,提升巡检效率,保障电网安全。

在配电领域,通过配电物联网技术,实现配电网端-边-云的全面互联、互通、互操作,以云端协同的边缘计算方式,实现配电网的全面感知、数据融合和智能应用,满足配电网精益化管理和用户多样变化的需求,支撑能源互联网的变革发展。

在用电领域,通过云数平台、IoT 与 AI 技术,整合行业信息化应用,打通数据孤岛与业务壁垒,打造公共用电服务平台,贯通厂—网—户业务流与数据流,提供标准用能服务入口与服务模式,快速响应电动汽车、储能等新型用能业态;构建大数据综合分析体系,分析电力特征、业务模式与客户行为,协同源网荷储、营配融合、电能双向互动等电网新需求,精准服务电力客户与用电企业,推动清洁能源消纳。

在调控领域,利用云计算和大数据,构建调控云基础平台,提升网—省—市多级调控协同处理能力、信息化支撑能力及全局资源共享能力,构建大数据分析体系,实现电力调度仿真、电力负荷精准预测等业务场景。

在网络通信领域,基于 5G 构筑多站融合方案,与电力共享基站,在节约大量土地、管道、传输、电力等资源的同时,可有效降低 5G 网络部署成本,提升 5G 网络覆盖质量和速度;用 5G 覆盖输配用电网,满足移动接入及大容量大带宽传输需求。

在新型业务领域,建设智慧充电站/桩,利用 AI 芯片改造现有摄像头,采用视觉识别技术监控现有设施设备运行状态、当前车辆充电状态、燃油车识别等,提升充电设施的使用率等;运用云计算、大数据等技术构建一体化运营平台,并结合科学的数据模型分析配置车桩比例,提升充电设施利用率和增值服务能力。

(2)油气基础设施数字化智能化升级

本轮数字化智能化升级的重点是加快管网基础设施向数字化智能化转型。从整体上看,智慧管网是在数字化管道的基础上,通过"端+边+云"体系架构集成管道全生命周期数据,通过大数据、人工智能技术手段,实现智能分析和决策支持,提升管道的安全性、并降低管道生产运营成本。

图 3-9-5　油气管道产业全景图

油气基础设施数字化智能化升级的关键环节体现为智慧场站、智慧管道、智慧调控三个方面。

智慧场站:以物联网、大数据、人工智能技术为支撑,实现场站设备实时状态感知、状态辨识与预测以及实现维修策略优化,支撑设备信息、设备健康、站场风险、设备维护策略、检维修计划及作业、库存和备品备件的管理,保障设备安全、可靠、高效运行。

智慧管道:以管体及周边环境感知技术为手段,主要通过智能摄像头、物联网全面感知管体及周边环境的风险状况,实现管道安全预警的集中化、可视化,结合人工智能技术进一步强化预警反馈,实现决策分析智能化。

智慧调控:构建全局管网运行调控平台,通过管网在线实时仿真,优化运行方案,提升管道生产管理智能化水平,促进节能降耗,提高业务运转效率,辅助决策支持智能化。

（三）水利基础设施数字化智能化升级

1. 发展现状

发达国家(如美国、英国、德国、丹麦等)在水利信息化应用研究和实践起步较早,且非常注重数据的深度挖掘、分析与应用,积累了大量的宝贵经验,也形成了相当多的技术成果和方案。从技术方面看,国外大部分国家利用自控、感知、人工智能等技术手段建设智慧水务系统、不断提升城市水系统管理水平,其智慧水务系统主要包括计算机辅助(IT)和业务技术支持(OT);从数据方面看,许多发达国家水利水务企业通过建立水务数据库,布设大量水情、雨情、工情、视频等传感器采集生产运营中的数据;从分析与应用方面看,国外水利信息化的应用除了在水系统本身,还延伸到用户用水量预测、分析等服务领域。例如欧盟资助的 iWIDGET 智慧水务项目,研究内容不仅包括水务系统方面的技术,还包括对用户消耗水量的数据分析。通过分析不同类型用水的实时数据、获得为提高水费发票精准度和灵活性的信息、并基于数据分析获取水的消费趋势等[1]。

近年来,我国水利系统深入贯彻落实中央"四化同步"的战略部署,按照"以水利信息化带动水利现代化"的总体要求,全面推进水利信息化建设,有序实施了"金水工程",有力支撑了各项水利工作,全国水利信息化取得显著成效,为水利信息化转型迈入智慧水利新阶段奠定了良好基础。

2. 体系架构

2019 年 7 月,水利部发布的《智慧水利总体方案》是智慧水利建设的顶层设计,各省市水利主管部门参考该方案架构进行设计与建设。从整体上看,水利基础设施数字化智能化升级包括透彻感知、全面互联、深度挖掘、智能应用四个层面。

透彻感知依托水利感知网实现。水利感知网是智慧水利的"感知系统",重点围绕水旱灾害防御、水工程建设与安全运行、水资源开发利用与节约、城乡供排水监管、江河湖泊治理、水土保持、水利监督等工作,利用传感、定位、视频、遥感等技术,构建天空地一体化水利感知网。

全面互联依托水利信息网实现,水利信息网是智慧水利的"神经网络",建立起大脑与"感知系统末梢"的连接。立足现有基础,构建覆盖各级水行政主管部门、各类水利工程管理单位、相关涉水单位全面互联互通的水利网络大平台,打造高速、移动、安全的智能水利信息网。

深度挖掘依托水利数字平台实现。水利数字平台以云为基础,通过优化整合新一代信息技术,包括大数据、人工智能、视频、物联网、融合通信、GIS、遥

---

① 资料来源:谢丽芳等:《国内智慧水务显著及国外智慧水务发展趋势 & 案例解析》,http://www.build.cn/Print.aspx? id = 20612,2017-10-26。

感等,对海量感知数据进行大规模存储和计算,深度挖掘数据价值,融合水利模型与新一代信息技术,能使水利行业实现业务协同与敏捷创新,打造水利数字世界的底座。

智能应用依托各类智慧化的业务应用实现,通过业务与数据的协同、组织与流程的创新,研发各类智慧化应用,支撑水资源保护、水灾害防御、水工程运行、水生态修复、水利综合监督、水行政管理和水公共服务的智慧化,全面提升水利业务的精细管理、预测预报、分析评价与决策支持能力。

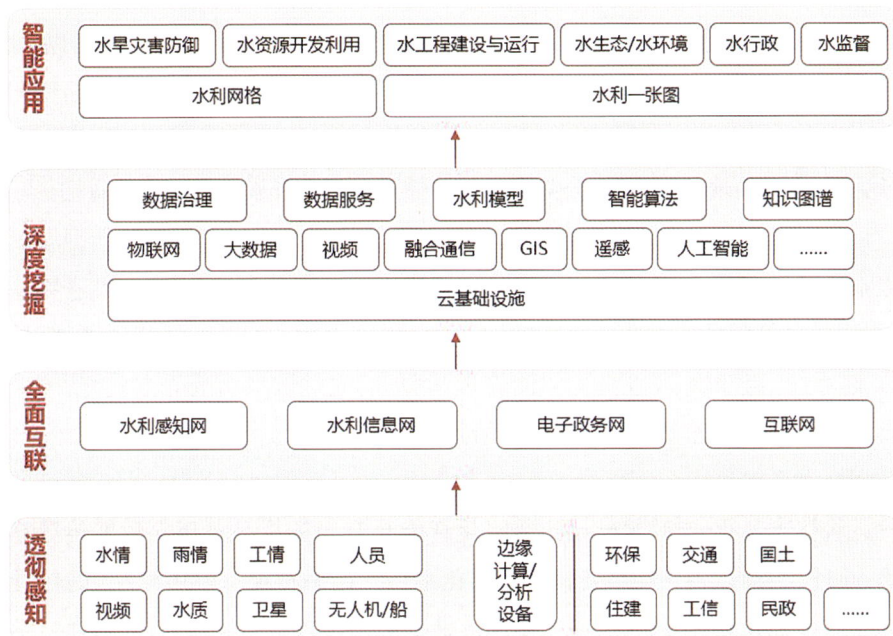

图 3-9-6　水利基础设施数字化智能化升级全景图

（四）市政基础设施数字化智能化升级

1.发展现状

为应对人口增长、城市化进程不断加快所带来的种种问题,近年来各国政府不断加大对于市政基础设施数字化智能化升级的投入力度,推动城市管理部门实现更加精细化的管理和更加科学的决策,提升居民的生活质量和安全健康水平,实现城市治理水平和整体竞争力的提升。

总的来看,全球市政基础设施数字化智能化升级可分为三个阶段:第一阶段由城市政务应用驱动,主要通过信息化支持城市功能各条块的单领域、基础性、事务性应用,大幅提高了城市治理与服务的工作与服务效率,为各城市、城区的单个领域的服务和管理标准化奠定了基础;第二阶段是由互联网等信息技术驱动,通过优化业务流程、针对对外服务层面进行跨领域应用集成,如政府服务实现了少跑腿、不跑腿、一窗式、自助服务等,提高业务流程标准管理和服务水平,进而提升用户体验;第三阶段是由数据驱动,运用大数据、人工智能、区块链等新一代信息技术,推动数字化、智能化建设模式进一步向多层面横向系统的数据融合和业务融合转型,将城市的物理世界映射到数字世界,实现两者交融,支撑实现城市治理、公共服务供给体系和产业发展等多方面的重构。

我国市政基础设施数字化智能化升级的核心是建立以人为本的新型城镇化服务体系,解决城镇化进程中带来的现实问题。近年来,我国广泛推进物联网、云计算等信息技术在市政基础设施建设中的应用,不断加强跨领域、跨地域、跨系统、跨部门、跨业务的协同管理和服务,通过试点示范等方式,基本形成了新型城市生态中的公共服务供给和治理体系。

2. 体系架构

从整体上看,市政基础设施数字化智能化升级的核心是建立数据传导系统,通过"感知设备—网络传输—数字化平台—网络传输—应用终端"的传导方式进行全方位指挥调度,最终实现落地。数据进入该系统后,首先将通过感知设备收集,经过由 5G 等通信技术赋能的网络传输层完成数据集成和智能处理后,统一进入实现数字孪生功能的相应数字化平台,这些平台涉及交通、治理、生活、环境、人才和产业六大板块。基于区块链、AI、物联网等前沿技术,相应数字平台对传入数据进行智能处理后,将指令输出至网络传输层,然后由传输层导入应用终端,最终落实平台的指令。市政基础设施数字化智能化升级的关键在于交通、治理、生活、环境、人才、产业 6 大数字化平台的搭建,内容涵盖了城市生产生活的方方面面。

交通平台:聚焦于通过现代信息技术在交通全领域的深度融合,以实现人们更加便捷、顺畅、高效、平安的出行。通过大数据、人工智能、GIS 等技术在各公共和私人交通方式中的创新应用，帮助人们优化出行的路径和效率，减少人车拥堵和事故的发生。

治理平台：依托新型智能设备的应用，凭借大数据平台、云计算、数字信息建模等技术，提升区域内的综合治理效率，更加有效地识别安全隐患、加快反应速度、提升救援水平，为政府服务水平的提升提供了有力的支撑和保障。

生活平台：通过智能化设施和平台的应用来全方位提升大众的整体生活体验。通过各类信息及技术在人们衣、食、住、购、娱等方面的立体渗透，帮助人们享受到更便利贴心的公共服务、更快速精准的需求导航以及更丰富多彩的工作生活。

环境平台：借助新一代信息技术在能源、水务和环保领域的深度应用，在优化城市资源运用的同时严控污染排放，助力打造更加绿色、生态的环境。通过遥测技术、物联网、大数据、云计算等技术的嵌入，实现在能源和水资源利用与调度、垃圾分类和处理、各类污染监测防控方面更加精细、高效、动态的综合管理。

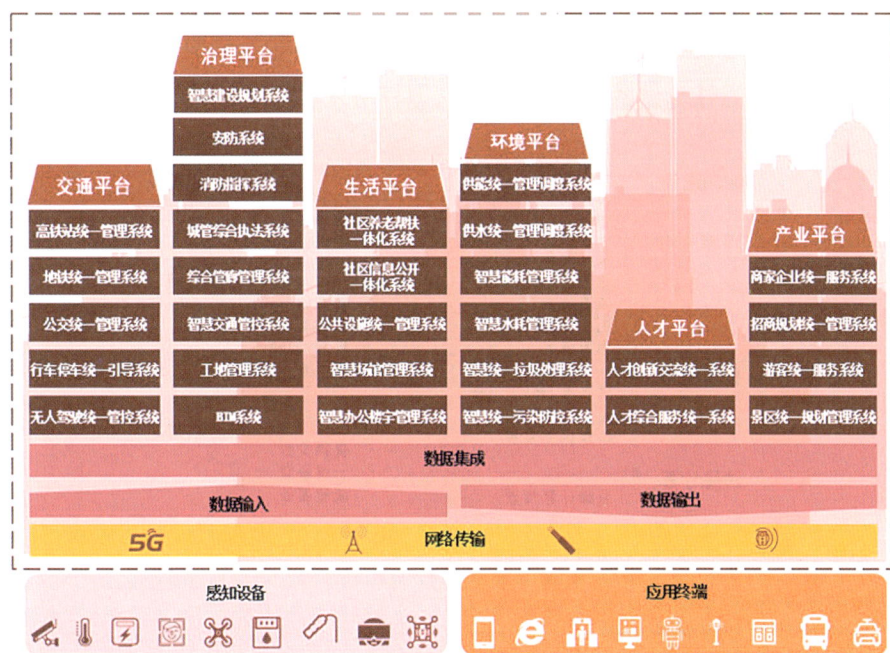

图 3-9-7 市政基础设施数字化智能化升级全景图

人才平台：在未来人才培养和现有人才服务两个方面通过信息化、智能化、创新化的手段培养、留住并吸引更多高端人才，为进一步的发展积聚人才资源。

产业平台：通过信息技术和智能化手段改善优化整体商业环境、赋能规划产业的发展，并最终形成产业和商业环境的互相促进提升。

3.市政基础设施重点领域数字化智能化升级

市政基础设施包括市政、市容和城市管理等诸多领域，其中，杆塔设施和综合管廊由于具有共享性、融合性、综合性等特性，是市政基础设施数字化智能化升级的重点细分领域。本章以这两个领域为代表，阐明市政基础设施数字化智能化的方式与途径。

（1）杆塔设施数字化智能化升级

杆塔设施主要包含通信杆、路灯杆、监控杆等杆塔及其附属的电力、机房等配套资源，其数字化智能化升级主要有两个发展方向。一方面对于分布广、挂载高的杆塔设施，可为5G、物联网等信息基础设施和环保、交通、能源等传统基础设施数字化升级提供共享载体，助力新基建。另一方面对于密集分布、贴近用户的杆塔设施，将加速向"多杆合一"演进，同时为满足算力下沉等应用需求承载边缘计算设备，持续推进向智慧杆塔发展。

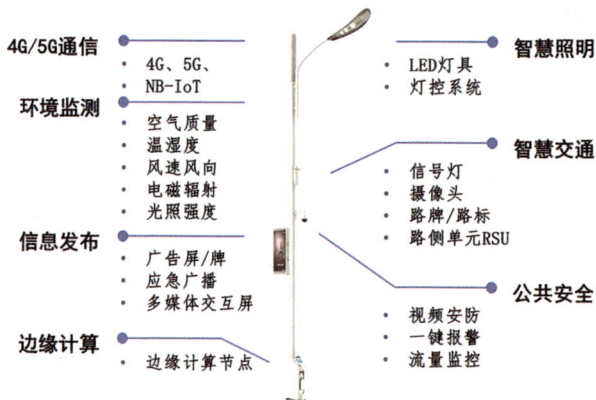

图 3-9-8　多杆合一的智慧杆塔

（2）发展现状

近年来，以美国为代表的发达国家开始尝试将杆塔设施改造为跨行业的数字化平台,提供卫星地面增强站、边缘计算、道路监控、气象数据等多样性服务。新加坡、西班牙、荷兰、韩国等国家在智慧城市建设探索中布局和试点了智慧杆塔项目,通过对传统杆塔设施的升级改造,实现移动通信、智慧照明、环境监测、视频监控、交通控制、安防等新应用。

随着市政基础设施的不断发展,以及信息通信技术广泛普及,我国杆塔设施的数字化智能化升级实现了快速发展。目前超过 200 万的通信杆塔和城市内数千万的各类市政杆塔,正快速支撑 5G 网络建设;同时通过杆塔设施共享,实现了对环保、气象、地震、国土、海事等行业的应用。在新发展理念驱动下,各地方政府加快了智慧杆塔的建设进程,北京、上海、广东、湖北、江苏、重庆、福建、山东、贵州等省市陆续启动了试点项目建设,以集约利用杆塔资源为导向推动"多杆合一""一杆多用"的智慧杆塔建设。

(3)体系架构

杆塔设施的数字化智能化升级从软硬件层面,可分为设施层、设备层、网络层、平台层、应用层五个层次。杆塔设施的建设运营企业承担设施层的建设,通信和供电管网改造,对接市政管理平台杆体,为设施层制定供电、传输和挂载接口标准,为杆塔设施各类功能打造基础;杆塔上安装的摄像头、传感器等按需可选、可扩展的智能设备,作为各类智慧应用的实际载体,构成智慧杆塔的设备层,由设备供应商提供;网络层包括各类应用所需的网络接入,如移动网络、互联网、物联网等,由网络运营商提供;杆塔设施的平台层对杆塔及挂载设备进行管理、运行监控及数据运维,可与智慧城市或各行业应用平台融合,由平台服务商提供;通信、交通、市政、环境等行业是智慧杆塔的最终使用者。

(4)塔杆设施数字化智能化升级重点领域

5G:杆塔设施可为 5G 提供海量站点资源,支撑 5G 多快好省建设,是众多"5G+"创新应用的基础;此外,杆塔资源由于其点位优、分布广等特点,适合作为物联网的载体,随时随地接收各行业、各类智能终端的信息并分析整合,为城市治理提供全面的数据和决策支撑,推动城市管理效率和智能化水平的提升。

边缘计算:在杆塔设施上可部署边缘计算节点,实现更低的时延、更好的

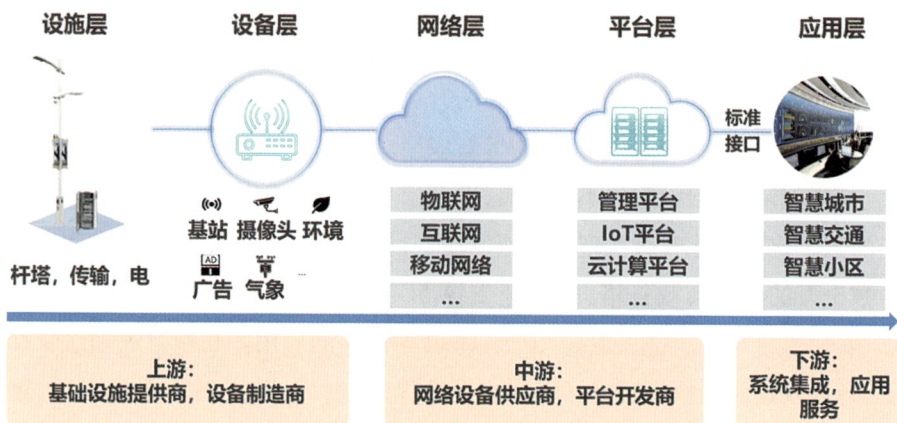

图 3-9-9 杆塔设施数字化智能化升级全景图

用户体验、更低的带宽成本,充分满足车联网、远程控制、智能安防等场景中快速连接、实时响应、数据优化、隐私安全等数字化智能化升级需求。

车联网:在杆塔设施中部署高清摄像头、边缘计算节点、路侧单元(RSU),构建集智能感知、本地计算、实时通信于一体的车路协同平台,实现"人、车、路、云"全方位连接和信息交换,满足车联网应用在时延、可靠性、接入速率等方面的特殊要求,推进汽车、信息通信、交通运输等行业深度融合,促进汽车、交通服务新模式新业务发展。

公共安全:在杆塔设施上部署视频摄像头、报警器等设备,并与远程安全管理平台相结合,已成为公共安全领域的重要实现方式。借助高清摄像头及图像识别技术,可实现人脸、车牌等智能识别,并与广播、报警器、显示屏等设施及时联动,实现精准定位、实时预警、智能跟踪等功能,有效提升公共安全服务质量。

环境监测:通过挂载气象环境监测设备,智能监测环境温湿度、空气质量、光照、风向风力、电磁辐射、噪声等环境信息,为环保部门提供数据参考和智能分析应用,推动环境治理效率不断提升。

智慧交通:在杆塔设施上挂载视频摄像头、交通流量检测器并结合车牌识别,可服务交通管理部门快速识别超速、违停等违章违法行为;同时,实时采集的交通状态信息,辅以智能化分析手段,是实现智慧交通的重要组成。

信息发布：杆塔设施广泛分布于城市主干道、商业街、居民小区等区域，对人口密集处有良好的渗透。通过挂载广告屏等多媒体交互终端，可实现政府公告、新闻、广告等信息的实时发布以及人机交互。与杆塔上服务的各行业监测信息联动，还可实现环境、交通、气象等信息的实时发布和应急告警。

（5）综合管廊数字化智能化升级

①发展现状

城市综合管廊数字化智能化升级是在5G、物联网、云计算、人工智能、大数据、边缘计算等ICT技术的赋能下，通过搭建统一的综合性平台，集信息采集、智能控制、综合管理于一体，实现设备监控、环境监控、地理信息、通信网络、安全防范的集中管控，提升综合管廊的运营效率和管理效率。数字化智能化升级后的城市综合管廊将作为智慧城市的重要公共基础设施。

国外对综合管廊的发展非常重视。1832年，法国巴黎启动建设世界上第一条容纳电力、自来水、通信、压缩空气的综合管廊。英国、俄罗斯、德国、日本等国家也非常重视管廊技术的发展，其管廊建设规模大，涵盖的管线种类众多，在综合管廊领域处于国际领先水平。

目前，我国地下综合管廊建设虽然发展较快，但在信息化与智能化方面还存在技术水平落后、系统性不强、信息整合与利用不足、网络信息安全存在隐患等问题。同时，在建立集污水收集处理、排水防涝监测与应急响应等为一体的综合调度、集约高效的智慧排水系统方面技术水平落后。随着5G、物联网、大数据、人工智能等新一代信息技术的快速发展，以及多类型信息数据共享联动，将为我国综合管廊的数字化智能化升级提供重要发展机遇。

②体系架构

综合管廊的数字化智能化升级的目标是实现更智能、更安全、更经济的管理，为城市治理提供更智慧化、便利化、绿色化的创新服务，为此，需要综合管廊具备深度感知、大数据分析、高度智能和安全可控等方面的能力。

深度感知：在感知层通过多种类型的传感器对电力、给水、通信、能源等领域的数据进行高效采集，实现对管廊集中管理的有效数字化支撑。

大数据分析：在传输层综合利用有线、无线技术，采取"物联网+"管廊运行模式，通过对管廊海量监测数据的集中统计分析以实现管廊的最优化管理。

高度智能:在平台层搭建一套综合管廊业务平台集成环境与设备监控系统、安全防范系统、通信系统、预警和报警系统、地理信息系统等五大中心模块,将监测数据与控制系统高度联动,通过本地自动控制及远程人工干预等多种方式实现管廊管理的高度智能化。

安全可控:在应用层构建集成多种监测预警及联动控制等技术手段的互联网门户服务系统,实现管廊主体、管廊附属设施和入廊管线高效管理、保障管廊的安全运行。

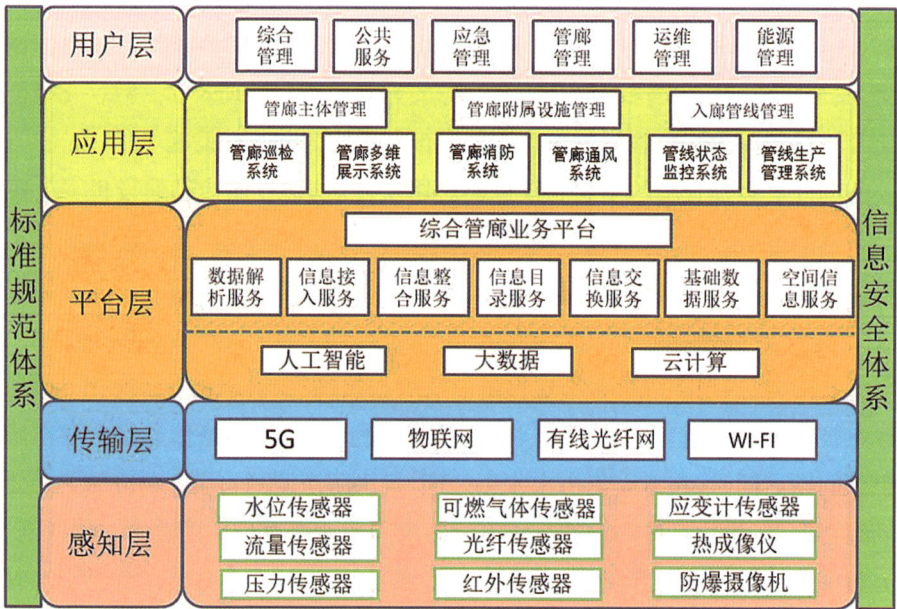

图 3-9-10 综合管廊体系数字化智能化升级架构图

参考资料

[1][美]杰瑞·卡普兰:《人工智能时代》,李盼译,浙江人民出版社 2016 年版。

[2]李彦宏:《智能革命》,中信出版社 2017 年版。

[3]李开复、王咏刚:《人工智能》,文化发展出版社 2017 年版。

[4]《人工智能的未来之路》,上海交通大学出版社 2017 年版。

[5]本书编写组:《人工智能读本》,人民出版社 2019 年版。

[6][美]约翰·马尔科夫:《与机器人共舞》,浙江人民出版社 2015 年版。

［7］波士顿咨询公司(BCG):《产业智能化:中国特色 AI 平台模式》,2019 年。

［8］What's the Real Value of AI for Your Business and How Can You Capitalise? 2017.

［9］麦肯锡:《人工智能:下一个数字前沿》,2017 年。

［10］Rise of the Machines:Subcommittee on Information Technology Committee on Oversight and Government Reform U.S.House of Representatives,2018.

［11］高盛研究报告:《中国人工智能崛起》,2016 年。

［12］埃森哲:Why AI is the Future of Growth,2017.

［13］The National Artificial Intelligence Research And Development Strategic Plan,National Science and Technology Council,2016.

［14］Committee on Technology Preparing For The Future Of Artificial Intelligence,Executive Office of the President National Science and Technology Council,2016.

［15］沙利文:《中美人工智能产业及厂商评估》,2020 年。

［16］百度、清华大学:《产业智能化白皮书》,2019 年。

［17］欧盟委员会:High-level Expert Group on Artificial Intelligence,2019.

［18］清华大学:《中国人工智能发展报告 2018》,2018 年。

［19］中国信息通信研究院:《全球人工智能战略与政策观察(2019)》。

［20］中国信息通信研究院:《中国云计算产业发展白皮书(2019 年)》。

［21］工业互联网产业联盟:《工业互联网平台白皮书》,2017/2019 年。

［22］工业互联网产业联盟:《无线应用场景白皮书——汽车制造领域(2018 年)》。

［23］工业互联网产业联盟:《工业互联网园区网络白皮书》,2019 年。

［24］工业互联网产业联盟:《工业互联网标识解析——主动标识载体技术白皮书》,2019 年。

［25］工业互联网产业联盟:《工业互联网标识解析——产品追溯白皮书》,2017 年。

［26］工业互联网产业联盟:《工业智能白皮书》,2020 年。

［27］工业互联网产业联盟:《工业互联网体系架构(版本 1.0)》,2016 年。

［28］工业互联网产业联盟:《工业互联网体系架构(版本 2.0)》,2020 年。

［29］工业互联网产业联盟:《工业互联网园区指南》,2020 年。

［30］Changing the resilience paradigm.Nat Clim Chang.

［31］谢丽芳、邵煜、马琦、张金松、张土乔:《国内外智慧水务信息化建设与发展》,《给水排水》2018 年第 11 期。

［32］Delivering TEN-T：Facts and Figures September 2017.

［33］The 2030 Federal Transport Infrastructure Plan.

［34］《数字交通发展规划纲要》，交规划发［2019］89 号。

［35］Grid 2030：A National Vision for Electricity's Second 100 years.

［36］Energy Independence and Security Act of 2007，TITLE XIII—SMART GRID.

［37］American Recovery and Reinvestment Act of 2009.

［38］AN EU Energy Security and Solidarity Action Plan.

［39］Expanding Technology Frontiers in the Oil & Gas Industry.

［40］中国通信学会：《中国智慧杆塔白皮书》，2019 年。

［41］Synergy Research Group，Hyperscale Data Center Operators，2019.

［42］工业和信息化部：《全国数据中心应用发展指引》，2018 年。

［43］工业和信息化部：《大数据产业发展规划(2016—2020 年)》。

［44］中国信息通信研究院：《全球数字经济新图景(2019 年)》。

［45］Worldwide and Regional data center Monitor，451Research，2018.

［46］前瞻产业研究院：《IDC 行业市场前瞻与投资战略规划分析报告》，2018 年。

［47］前瞻产业研究院：《全球大数据产业发展现状及相关政策》，2019 年。

［48］赛迪顾问：《2019 中国大数据产业发展白皮书》。

［49］中国信息通信研究院、华为：《2019 数据基础设施白皮书》。

［50］王晓云、刘光毅、丁海煜、黄宇红：《5G 技术与标准》，电子工业出版社 2019 年版。

［51］李正茂、王晓云、张同须等：《5G＋:5G 如何改变社会》，中信出版社 2019 年版。

应用篇

价值赋能增效

应用篇描绘新基建的主要应用场景,力图说明新基建在做什么、怎么用的问题。新基建是对人类社会的全方位升级,将从根本上改变经济社会的运行方式,这种改变波澜壮阔,深度和广度都是历史上未有的,其起点可以勾画,终点不可预期。这里选择了最具典型性的十大应用场景做了简要分析,涵盖了新基建带来的一产、二产、三产等经济领域和对社会服务社会治理的全新业态和模式的运行方式,展现了在新基建基础上对经济社会巨大的效率提升和价值创造。新基建带来的应用而不是新基建投资,才是新基建对社会发展展现价值的最大舞台。

一、智 能 制 造

（一）内涵特征

1. 内涵

智能制造是一个柔性系统，能够自主学习适应新环境，自动运行整个生产流程，强化制造企业的数据洞察能力，实现智能化控制和管理，是现代工业制造信息化发展的新阶段。

智能制造指基于泛在感知技术，实现面向产品生产全生命周期的信息化和智能化的生产制造，是在传感技术、通信技术、自动控制、人工智能等创新技术基础上，通过智能化的感知、交互、决策和执行技术，实现设计、制造以及服务的智能化，是通信技术、信息技术与制造技术的深度融合和创新集成。

2. 特征

（1）智能化

生产智能化，指基于信息技术、人工智能与工业制造的深度融合，形成具有自主感知、分析、推理、决策、执行及维护等能力的智能生产系统，并贯穿包括决策、采购、设计、计划、制造、销售等在内的整个生产制造流程。

产品智能化，指把传感器、存储器和通信模块融入生产产品，使产品具备感知、存储和通信能力，从而实现产品的可追溯、可维护、可服务等功能。

（2）网络化

通过传感技术，实现工业生产中，人、机、料、法、环全生产要素的实时感知。基于工业互联网,完成各生产要素的全方位连接,实现从工业研发、设计、生产、销售到服务等全生产流程的泛在互联,从而提升工业制造数字化、网络化、智能化水平,形成工业协同制造与产业协作的新模式。

(3)柔性化

柔性制造,是在自动化技术、信息技术和制造技术的基础上,将传统相互独立的工程设计、生产制造及经营管理等流程,以计算机技术为支撑,构成覆盖整个生产的完整且有机的系统,从而增强生产制造的灵活性和应变能力,缩短产品生产周期,提高设备利用率和员工劳动生产率。

(二) 发展现状

1. 国外现状

20 世纪 80 年代,工业发达国家启动智能制造的研究,提出智能制造系统和相关生产技术。进入 21 世纪,随着通信、互联网和数字信息等技术的迅速发展,智能化制造的条件逐渐成熟,开始在全球范围内快速崛起,工业发达国家不断推出新举措,通过政府、行业组织、企业等协同推进智能制造发展,以提升工业的制造实力,提高企业的竞争优势。

美国于 2011 年实施"先进制造伙伴计划"战略,重新规划了美国制造业发展战略,大力推动先进工业材料、创新制造工艺和基于移动互联技术工业机器人的研发工作,通过发展先进制造技术,实现制造业的智能化升级,保持美国在制造业价值链中的高端位置和制造技术的全球领先地位。

德国于 2013 年提出"工业 4.0"计划,并将其上升为国家级战略。该计划首先通过多功能传感器、工业网络以及信息集成技术,将工业制造单元构建成多功能、智能化的高柔性制造系统。其次,将智能终端部署在生产设备、零部件、原材料上,使生产具备智能化决策和控制能力。再次,利用互联网技术,整合企业资源、采购和物流信息,打通全产业链上下游,实现全产业链的协同与融合。

欧盟于 2016 年颁布"数字化欧洲工业计划",用于推进欧洲工业的数字化进程。该计划旨在基于 5G、物联网、云计算、大数据和网络安全等标准化工作,增强各国战略计划之间的协同性。同时,打造数字化区域网络,大力发展区域性的数字创新中心,实施大型先进制造试点项目,利用云计算和大数据技术,提升大数据在工业智能化方面的竞争力。

日本政府则提出创新工业计划,大力发展网络信息技术,以推动制造业发展。通过信息技术与工业设备的结合、工业设备之间的信息交互,形成新型智能控制系统,提高生产效率和稳定性。同时,加快发展协同机器人、智能工业设备、智能机床和物联网等技术,打造先进的无人化智能工厂,提升国际竞争力。2016 年,日本发布工业价值链计划,提出"互联工厂"的概念,联合 100 多家企业共同建设日本智能制造联合体,探索企业合作模式。

2. 国内现状

2018 年,我国工业经济产值连创新高,工业增长规模达 30 万亿元,约占中国整体经济的 30%①,位列全球第一。为了进一步推动我国工业经济发展,政府下发了《国务院关于深化"互联网+先进制造业"发展工业互联网的指导意见》《增强制造业核心竞争力三年行动计划》等多个政策文件,强调推动智能化工业制造的重要意义,也将智能制造工程作为政府引导的五大工程之一。

在国家和各省区市相关政策、资金的支持下,我国制造业的智能化水平实现了快速发展。据统计,目前 85%②的企业正在践行智能制造,对智能化改造有了初步规划和实践,能够对设计、生产、物流、销售、服务等核心业务进行流程化管理;12%③的企业已处于工业成熟度二级水平,应用自动化和信息技术,对核心设备和生产活动进行改造,实现单一业务的数据共享,自动化特征显著。在智能化生产改造中,企业作为智能生产的主体,一方面享受提升劳动生产率、降低生产成本等智能制造带来的巨大经济效益,另一方面,企业也要面对实施难度大、投资高、预期收益不确定等挑战。

---

① 数据来源:工业和信息化部。
② 数据来源:《智能制造发展指数报告(2019 年版)》。
③ 数据来源:《智能制造发展指数报告(2019 年版)》。

（三）产业生态

智能制造,基于感知技术,实时采集工业现场数据,通过工业网络,完成生产中人、机、料、法、环全要素的全连接。通过工业大数据和人工智能技术,实现产品的智能研发,生产的智能管理和决策,甚至智能服务;通过全方位覆盖的工业网络,以及完善的物流、供应链和服务管理平台,在大数据平台基础上,实现产品的全生命周期管理和全产业链上下游的协同互动;通过工业安全管理,保证工业生产的安全、可靠与可控,形成具有自感知、自调节、自执行、自保护的智能化生产体系。（如图4-1-1）

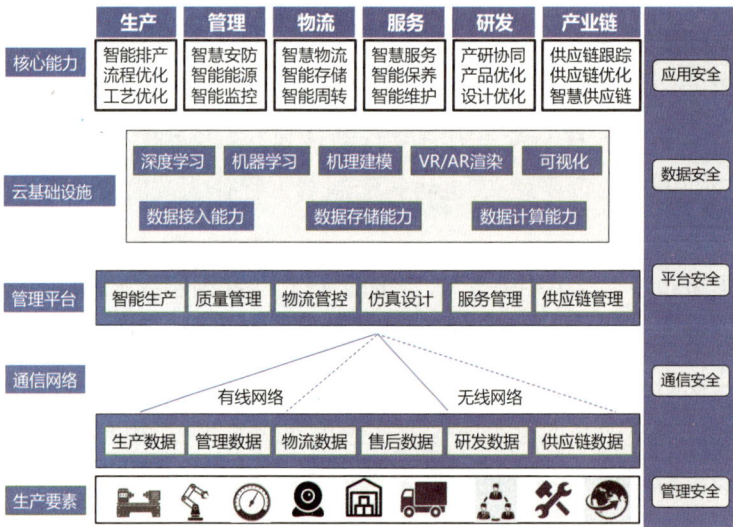

图 4-1-1　智能制造实施架构图

从技术层面来看,智能制造融合制造技术、信息技术和通信技术,实现生产设备和流程的智能化工作;从实施层面来看,智能制造覆盖设备、产线、车间、工厂、供应链、产品以及服务等各个领域,保证产品全生命周期的智能化管理,包含管理、物流、服务等必要流程;从创新层面来看,智能制造基于全新技术,以技术融合为出发点,以产研协同、产业链协同为支撑,对传统管理、生产

和商业模式产生革命性变革。其核心能力如下:

1. 智能生产

智能监控。车间部署感知传感器和摄像头,结合定位等技术,实时将环境、设备、人员等数据回传至管理中心,实现厂区环境、人员操作、设备运行的实时分析、报警与优化,在保证数据的可溯源及数据安全的基础上,大幅降低有线部署和人工值守的成本,实现低成本、高可靠的智能化监控。特别在疫情暴发等特殊时期,智能监控可以在车间无人值守前提下,保证车间生产的正常运行。

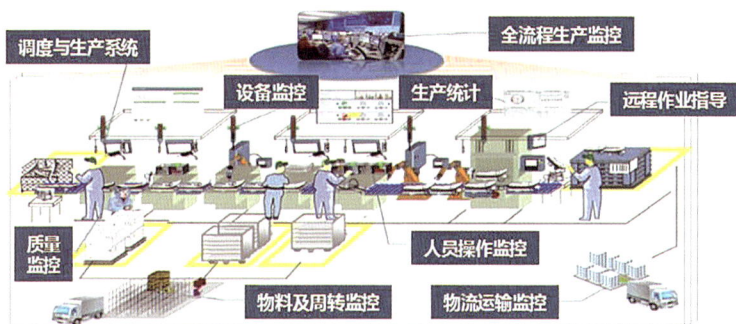

图 4-1-2　智能监控示意图

资料来源:北京现代。

自动化生产。通过搭建智能工厂神经中枢,结合 DCS 智能化控制系统,建立生产调度中心。实现由单装置操作向系统化操作、管控分离向管控一体、单工厂向所有分子工厂的转变,实现生产 DCS 装置工艺数据的远程在线取数,实现对"生产四率"指标的系统计算,实现报警数据的移动端推送等。最终实现数字化远程对工厂 DCS 系统的集中控制。

远程操作。工业现场部署高清摄像头和感知传感器,将机器人或者重型机械的现场视频和数据,实时回传远程操控中心,借助 5G 工业网络的低延时、高可靠特性,解决以往传输延时大、画面不清晰导致的操控不顺畅、操控精度低、可靠性差等问题,实现操作人员无差别的感知操控,降低高风险和高危工作环境的风险系数,实现安全、可靠的工业生产。

智能检测。在质量检测中,通过工业相机实时采集产品图像信息,基于机器视觉技术,完成产品的智能化检测,有效克服人工质检存在的效率低、成本高、

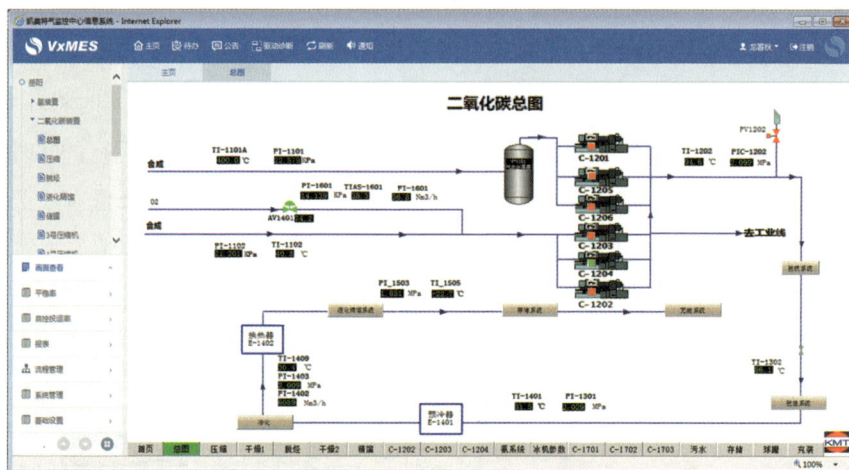

图 4-1-3　智能工厂神经中枢示意图

资料来源:凯美特气。

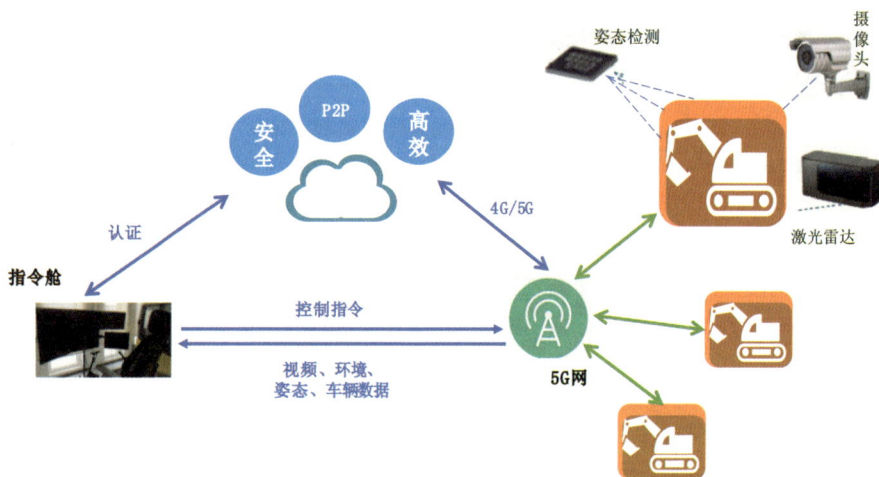

图 4-1-4　远程操作系统架构图

资料来源:中国移动。

误差大等问题,提高质量检测的准确率、检测效率和检测范围,有效提高产品质量,并为设备和产线的优化配置,提供有效的数据基础,不断提高产品质量。同时,通过部署无线网络,解决有线网络部署周期长、产线改造大等问题,为柔性化生产制造提供可能。智能检测广泛应用于汽车零部件、电子产品、家电产品、消费品等各个领域,可以完成产品的缺件、错装、安装不当、外观瑕疵、外形尺寸等检测。

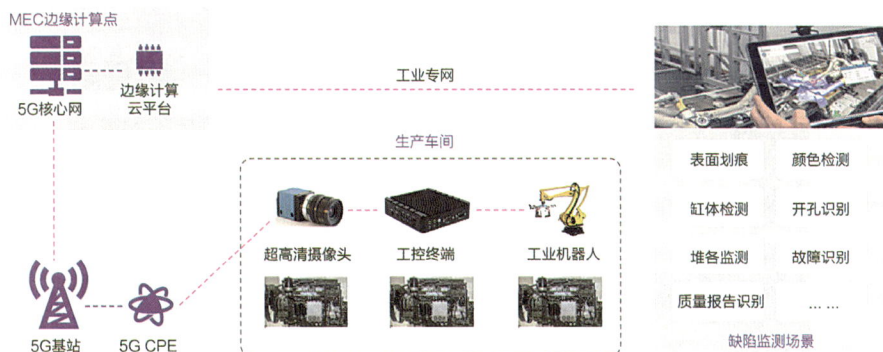

图 4-1-5　智能检测系统架构图

资料来源:中国移动。

2. 智慧物流

智慧物流基于新一代通信技术和信息技术,完成物流信息化、网络化改造,实现自动化、可视化、可控化、智能化的物流传输,从而有效提高物流的运输、周转和存储效率(详见智慧物流章节)。

3. 智慧管理

智能安防。由于技术受限,传统安防管理的效率和精细化水平有待提高,因人员疏忽导致的安全事故时有发生。通过摄像头采集现场图像,基于视觉识别技术,可实现员工行为和生产环境的实时智能监控,提高安全管理效率。在安全着装方面,实时检测员工安全帽、工作服、手套、口罩、绝缘靴等佩戴情况。在机械安全方面,实时监控机械设备工作状态、机动车辆运行轨迹、危险区域内人员逗留等情况。在仪表监控方面,实时监测液化气罐指标、粉尘浓度、水压表读数等指标。所有的监测均自动完成,无需人工干预,可以在减少人工成本前提下,提高企业的安全防护能力,保证安全可靠生产。

能耗管理。当前,生产能耗统计主要依赖人工抄表,相对而言效率低、时效差、准确性差,企业无法精细核算能源成本,无法实现能源精细化管理。通过在计量仪表上,安装前端传感器,搭建能耗管理的感知层,实现电、气等能耗数据的实时采集,并由工业网络上传云平台,完成能耗数据的实时监控和预

图 4-1-6 生产监控示意图

资料来源:百度。

警,基于大数据分析,构建企业的能耗模型,对比企业的产能数据,实现能耗成本的分析管理和最优配置。同时,可实现工厂用能预警和能耗预警,在提高车间运行可靠性的前提下,降低企业的能耗成本。

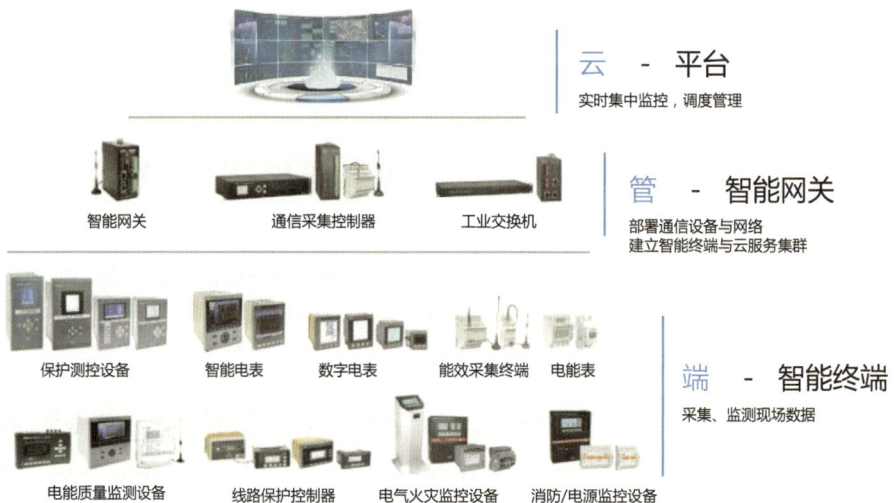

图 4-1-7 企业能源管理架构示意图

资料来源:深圳中电科技。

4. 智慧服务

在传统工业生产中,设备的非计划停机、故障、维修慢、运维成本高等问题,严重阻碍企业的正常运转。智慧服务,可以帮助设备制造企业提升设备售后能力、优化设备设计,帮助设备使用企业减少或者避免设备故障,降低运维成本,提高设备利用率。同时基于智能服务,开展更专业的预测性维护和维修服务。

以大数据、云计算为依托,建设智能云服务平台,基于海量设备的运维数据,结合有监督和无监督的机器学习,构建包括设备故障模型、质量数据模型、设备工作模型的全立体设备模型,从而实现设备预告警、预测性维护以及智能运维管理(升级、更换等)等功能。在业务开展方面,线上提供设备咨询服务,线下提供设备诊断和维修服务,线上线下相结合,针对不同行业和不同设备提供综合解决方案。

图 4-1-8 智能服务示意图

资料来源:中兴通讯。

5. 产业链协同

产业链协同是依托工业互联网平台,实现企业生产上下游各环节的全覆盖,基于云计算和大数据,建立产业链信息模型,实现产业链全方位、智能化协同。产业链协同,完成从原料采购、产品加工、销售直到最终消费者整个过程中的物流、资金流、信息流、事务流的高效协同,贯通生产、流通、销售等各个环节,根据市场和企业需求,动态调节企业需求、采购、生产、库存以及物流之间的协同一致。产业链协同可以完善供应商生命周期管理,包括:价格管理、质量管理、合同管理以及健全有效的供应商评估方案,提供有效的采购机制,保证采购与生产需求的最佳匹配,实现企业内部生产与外部供应的统一协同。

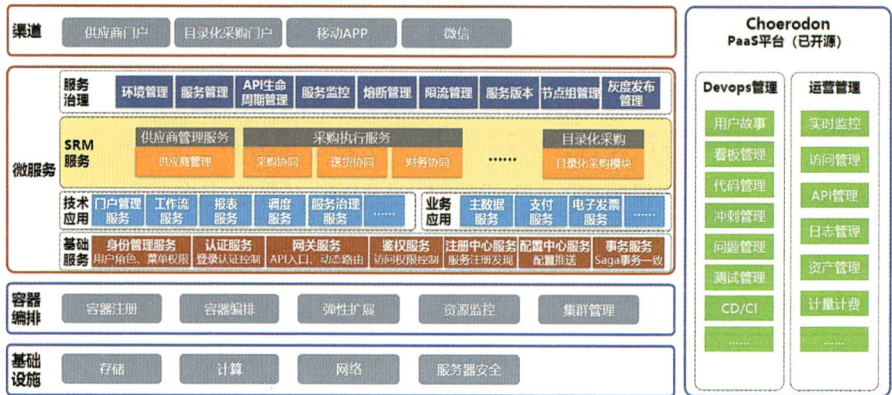

图 4-1-9　产业链协同逻辑架构图

资料来源:华为。

6. 产研协同

当前,计算机仿真设计成为工业企业、科研机构的重要研发工具,帮助研发团队缩短研发周期,优化产品设计,积累研发经验,节约研发成本,提升企业核心竞争力。基于计算机仿真设计,"专家"根据业务需求,制定产品机理模型、研发设计数据、研发设计 App、产品能力云化。"开发者"基于该平台提供的开发工具及基础组件,在框架规划下完成产品机理模型、研发设计数据、研发设计 App 的具体开发。来自多个企业或部门的"设计工程师"基于 1 个或多个工业 App 在统一的项目空间、数据空间内协同设计,通过工业 App 驱动数字孪生模型[①],与相应的机理模型、工业数据进行交互,完成产品最终的设计。最后,"平台运营商"面向需求侧"工业用户"、供给侧"专家""开发者",构建工业能力共享共建的商业化运营体系,推动产研协同的可持续发展。

7. 网络部署

智能制造工厂网络主要由工业生产网、企业信息网、公共服务网以及云基

[①] 数字孪生模型是充分利用物理模型、传感器更新、运行历史等数据,集成多学科、多物理量、多尺度、多概率的仿真过程,在虚拟空间中完成映射,从而反映相对应的实体装备的全生命周期过程(引自百度百科)。

| 工业企业用户 | 专家 | 开发者 | 平台运营商 |

门户层 B/S C/S 移动客户端

应用层

云设计云仿真应用：项目管理 | 计划协同管理 | 应用协同空间 | 数据协同管理

工业能力建设与应用服务：应用对接与服务能力评价 | 工业能力库规划（框架规划 | 需求制定 | 内容维护） | 工业能力库开发管理（机理模型 | 工业数据 | 设备上云 | 工业APP） | 产/学/研/用/金/政融合服务生态

工业能力共建共享商业化运营服务

平台层

工具服务：工业数据工具服务 | 机理模型工具服务 | 设备云化工具服务 | 数字孪生工具服务 | 工业APP工具服务 | CAX云化工具服务 | ……

业务数据：研发设计业务数据 | 生产制造业务数据 | 运行维护业务数据 | 经营管理业务数据 | ……

主数据：工业行业 | 工业产品 | 工业企业 | 平台用户 | 用户角色 | 机理模型 | 云化设备 | 工业APP | 设备标识

基础PaaS

IaaS层 云基础设施（服务器、存储、网络、虚拟化）

接入层 配套产品能力接入 | 协议解析 | 边缘数据处理

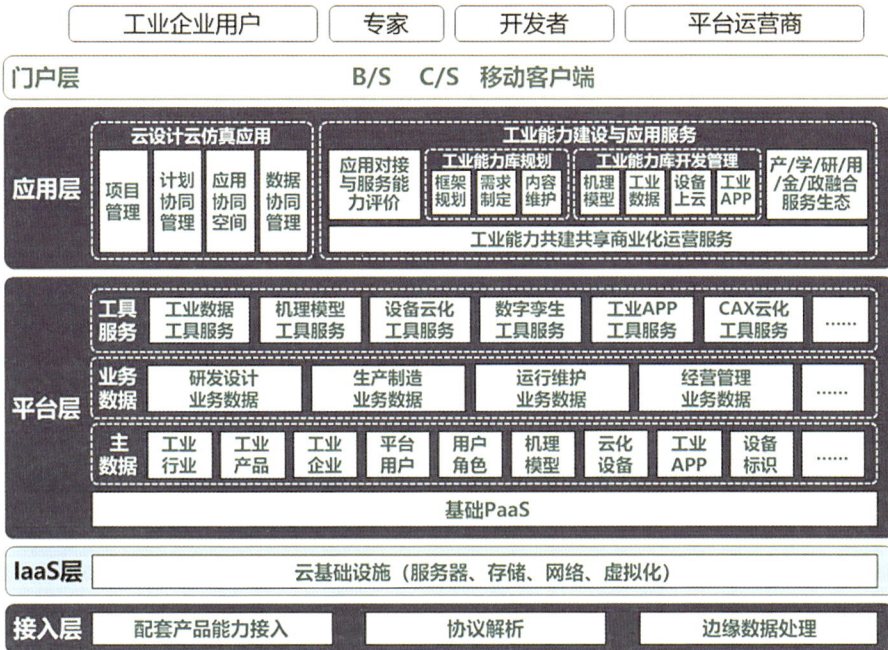

图 4-1-10　设计仿真逻辑架构图

资料来源:华为。

础设施组成。工业生产网是指部署在工厂内部,完成工业现场各类生产设备、传感器、人员、物料等互联,用以实现工业监控、工业管理与维护的网络。企业信息网是指部署在企业办公区域内,用以实现企业各部门互联互通的网络。公共服务网是向企业提供基础公共服务的网络,如供电管理、安全管理、能耗管理等。云基础设施作为工厂信息汇聚的重要基础设施,实现企业私有云和公有云的承载。

8. 工业生产网络

工业生产网络主要连接工厂内各生产要素,包括:人员、机器、材料、环境等。工业生产网络通常采用现场总线、工业以太网、工业无线等通信方式,通过 PLC 、RTU 、DCS、工业边缘网关等设备,基于 HMI、SCADA 等应用,完成生产全过程的数据采集、监测、控制和管理。厂区之间通过隔离网闸,实现区域隔离保护。

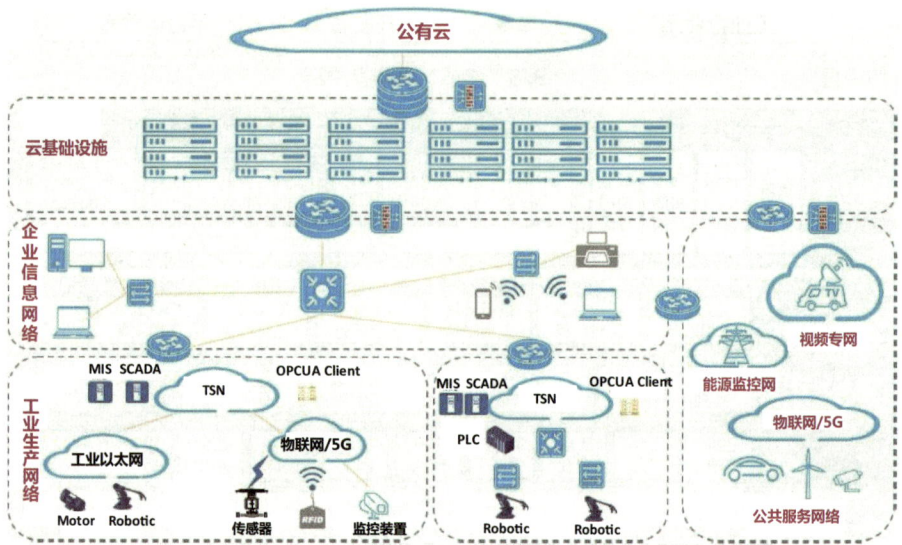

图 4-1-11 智能制造工厂网络部署示意图

资料来源：工业互联网园区网络白皮书。

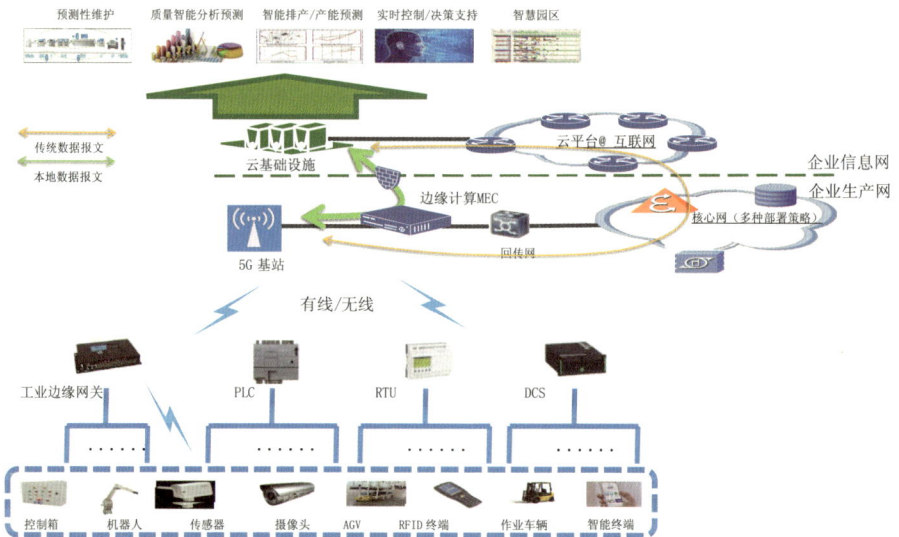

图 4-1-12 工业生产网络示意图

资料来源：中兴通讯。

（四） 典型案例

1. 智慧工厂

2019 年,上海商飞利用 5G 技术在工业制造领域的深度应用打造智能制造十大工业场景(十大应用场景见图 4-1-13)。

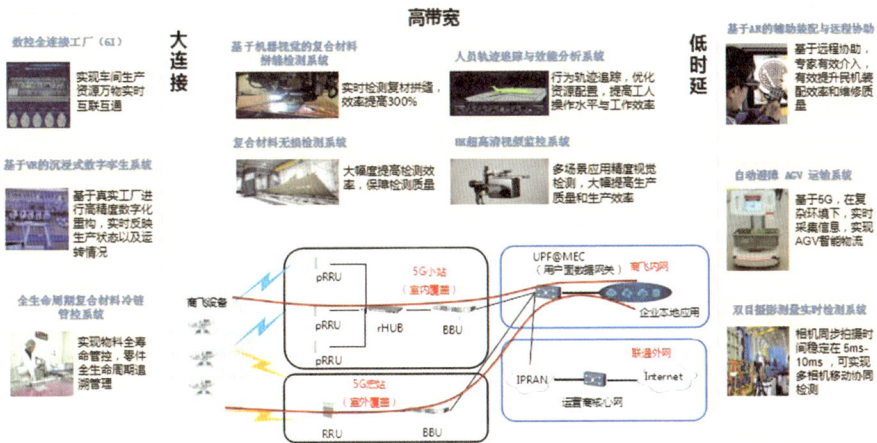

图 4-1-13　智能制造十大应用场景

资料来源:中国联通。

数控全连接工厂(6I):实现生产车间中,人、机、料、法、环全生产要素的实时互联互通,实现 IT 与 OT 系统的全面贯通。

基于 VR 沉浸式数字孪生系统:基于真实工厂实现高精度数字化重构,实时反映生产现场的工作状态以及运转情况。

全生命周期物料管控系统:实现物料全寿命管控和物料全生命周期可追溯性管理。

材料拼缝检测系统:基于机器视觉,实时检测机身复合材料的拼缝质量。

复合材料无损检测系统:实时检测飞机复合材料质量,大幅度提高检测效率。

多目实时检测系统:基于双目摄像机,同步拍摄时延差满足 5—10ms,实现多相机协同移动检测。

辅助装配与远程协助系统：基于5G和AR技术，实现技术专家远程协助，提升民机装配质量和维修效率。

AGV运输系统：实时采集AGV信息，并根据生产流程动态调配，实现车间AGV自动物流周转。

8K超高清视频监控系统：基于高精度视觉检测，实现生产现场的实时监控，大幅提高生产质量和生产效率。

人员监控系统：实现共组人员行为识别与轨迹追踪，优化资源配置，提高员工的操作水平与工作效率。

2. 智能化离散制造

目前制造企业普遍面临几个关键问题，首先，监控系统由有线网络传输，需要在工业现场部署大量走线，工作量大、成本高，不具备柔性化生产能力，且缺乏监控数据的实时分析和处理能力，影响监控的及时性和有效性。其次，日常巡检采用人工完成，缺少后台处理和分析能力，导致效率低下。此外，质量检测由人工完成，失误率高、效率低、难以形成可追溯性数据记录，也无法对生产改进提供有效数据支撑。再次，员工培训、生产运输也存在培训效果差，运输效率低等问题。

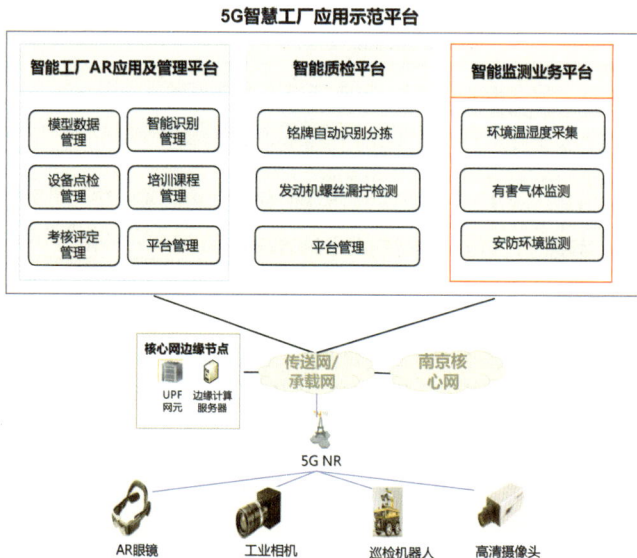

图 4-1-14　玉柴集团智能制造管理平台

资料来源：中国移动。

针对制造企业存在的问题，玉柴集团基于 5G 网络技术，完成工业设备和大量传感器等接入，结合大数据和人工智能，实现工业数据的智能化处理，提高企业制造的智能化生产能力。

质量检测：通过工业相机，对半成品、成品进行图像摄取，由 5G 网络上传云平台，完成图像分析、比对，输出检测结果，从而大大降低人力成本，提高质检效率。

设备检修：通过 AR 技术，完成工业设备及精密仪器的远程检修。

生产监测：结合 5G 网络和高清摄像头，实现车间现场的远程监控，对违规操作进行及时处理，并实现生产的可追溯管理。

物流配送：借助 5G 网络，AGV 小车可实现 3 公里外的自动移动、操纵、投料、关闭等操作，提高生产物料周转效率。

安全巡视：搭配各类传感器，巡检机器人将现场画面、设备信息、环境信息等上传云平台，实现远程智能化巡检。

员工培训：使用 3D 可视化模型，采用 AR 设备，完成精密产品、器械拆装、功能演示、设备维修等培训。

3. 智能化流程制造

A 企业是传统化工企业，在核心工艺磷酸萃取环节的萃取效率提升上遭遇瓶颈，主要有以下痛点：

工艺突破难。磷酸提取流程涉及环节众多，各种因素都会影响到最终磷提取的效果，单凭人工经验，磷酸的萃取率难以得到有效突破。

稳定控制难。生产过程难以控制，而控制的不稳定将带来生产波动，造成经济损失。

环境保护难。磷矿石资源是不可再生资源，需对其利用率最大化，减少浪费，同时降低辐射性磷石膏废渣的产生量。

针对上述问题，A 企业开展磷化工行业"工业 - 环境大脑"项目，以生产数据为核心，将数理能力与行业机理深度结合，在数据中找到突破效率瓶颈的钥匙。

同时，A 企业构建基于 5G 网络的工业物联网，实现 5G 网络与流程制造业的深度融合，建立流程制造智能工厂的应用示范。在示范区，通过 5G 网络，实时采集车间现场环境、设备、原材料、生产过程以及仪表等各种数据，为磷酸提取

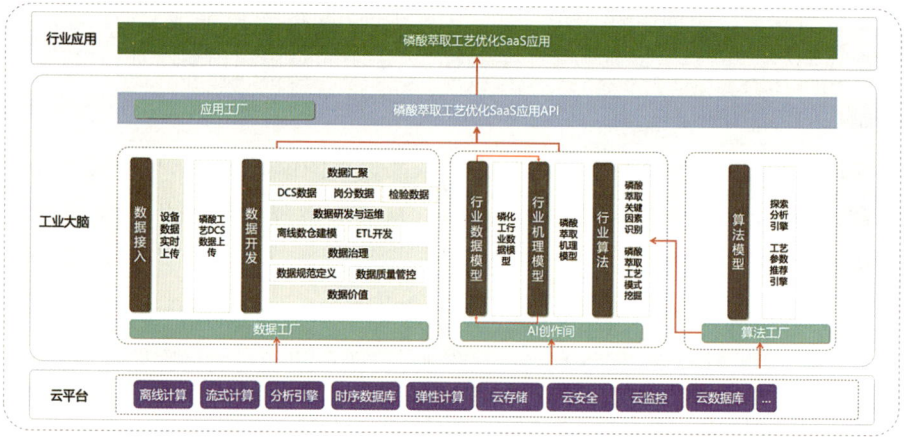

图 4-1-15 "工业-环境大脑"项目技术架构图

资料来源:阿里巴巴。

关联建模,提供大量的工业数据,是智能化改造的基础。

项目实施过程,具体拆分为利用磷酸萃取生产过程数据、原材料数据等,建立磷转化率预测模型;通过数据关联建模分析,分析定位出不同环节影响磷提取率的关键因素;通过历史和实时数据进行模型准确性验证;基于模型反向输出协调控制和优化执行动作,在提升磷酸萃取效率的同时,提高生产稳定性;业务人员结合实际生产经验进行生产调整,最终实现提高磷提取率的目标。在人工智能与大数据技术的支持下,A 企业的磷酸萃取率平均提升 0.79%(最高提升 1.2%),每年可带来直接经济效益 600 万元,节约磷矿石资源 6000 吨,减少磷石膏固废排放 10000 吨。①

---

① 本段数据来源:阿里巴巴。

二、智 慧 农 业

（一）内涵特征

1. 内涵

智慧农业是农业信息化发展到智能化的高级阶段，是以信息和知识为核心要素，通过将互联网、物联网、大数据、云计算、人工智能等现代信息技术与农业深度融合，实现农业信息感知、定量决策、智能控制、精准投入、个性化服务的全新的农业生产方式。智慧农业的生态场景围绕生产、服务和生活展开，涉及从投入到产出全产业链的各个领域、各个环节。智慧农业利用先进的数字化、信息化手段，达到科学化、精准化、精细化、生态化、灵活化的效果和目标，囊括了通过智能智慧技术实现高附加值农产品价值创造、价值实现和价值服务的全过程。

2. 特征

相较于传统农业，智慧农业利用高新技术和科学管理来达到对资源最大化节约利用，依靠信息技术的支撑，强调时间、空间的差异，以定时、定位、定额为手段推出一整套现代化农业操作与管理的综合体系。智慧农业有如下典型特征：

一是高精确性。与传统粗放型的农业生产不同，智慧农业具有极高的精确性，集合了地面传感器、遥感图像和天气预报等多个渠道的信息，对土壤、空气等环境参数和作物生长状况有了更为全面、准确和及时的掌握，从而科学制定生产管理计划，合理配置农业资源，最终达到资源节约、产出增加和环境友好的效果。

二是高效率性。智慧农业运用现代化智能控制技术实现远程的自动化农事操作,更容易实现集约化和规模化,极大地提升了生产效率。同时,人力成本投入和农业资源消耗也大为减少。

三是可追溯性。基于信息技术的应用,一件农产品从种子到产品再到餐桌的整个过程都是被记录和被跟踪的。这些信息通常存储在云端,可以被用来分析产业发展规律和食品安全溯源。

四是可复用性。传统农业增效主要依靠经验,而智慧农业则依靠知识与技术,经验很难复制,但知识和技术却可以复用、组合、优化与推广。智慧农业中,成功的生产经验可以使用知识与技术去复用与推广,使用标准化的方案生产,不仅可以彻底地改变传统农业的操作模式,而且也让农业生产效率实现了质的飞跃,智能化程度大大提升,经营模式越来越高效。

（二）国内外发展现状

1. 国外发展现状

据国际咨询机构研究与市场(Research and Market)预测,到2025年,全球智慧农业市值将达到300.1亿美元,发展最快的是亚太地区(中国和印度),2017—2025年复合增长率(Compound Annual Growth Rate,CAGR)达到11.5%①。

欧、美、日等国家智慧农业方面起步较早,在政策支持、科技研发、创新应用等方面都已布局且快速发展。这些农业发达国家的智慧农业发展模式已基本形成并在日益完善,精准生产管理、节约人力物力资本、提高产能和质量等方面都在逐渐趋于成熟。

政策层面,美国率先提出"精准农业"构想,先后出台了6项与农业信息化相关的法律法规和发展计划,在信息、科研、教育、基础设施、投资等方面都

---

① 本段数据来源:赵春江院士2019年资料以及国际咨询机构研究与市场(Research and Market)预测情况。

以法律法规形式明确推进智慧农业发展,为"智慧农业"及其产业链条的发展提供了良好的政策环境和财政支持。研发制度方面,美国创建了适应本国国情的农业科技研发系统,该系统以国家级、州级和私立为主体模式,政府为主要管理者、研发推动者,其他农业相关方紧密配合主要研发机构。产学研结合方面,美国应用"5S 技术"(即遥感技术、地理信息系统、全球定位系统、数字摄影测量系统、专家系统五种技术简称)、智能化农机技术等形成了农业精细化、规模化发展的智慧农业生产线系统,帮助农场主精细化耕作并提质增效。

欧盟通过扶持小微企业推动智慧农业科技创新应用和产业发展。由荷兰(总协调)、比利时、丹麦、西班牙、法国、爱尔兰和波兰等 6 国合作开展的"SmartAgriFood2"项目是欧盟智慧农业发展项目的代表。SmartAgriFood2 作为欧盟"FIWARE 加速器计划"(FIWARE Accelerator Programme)的代表性项目,主要是在欧盟智慧农业发展总目标的指导下,通过在欧盟 FIWARE 开源平台下设计和研发规模化智能农业应用(Smart Apps),提高欧盟农业生产质量和效率,使农民生活更加便捷高效。欧盟针对该项目出资 500 万欧元,其中约 400 万欧元直接用于支持创新型中小企业、初创企业和互联网企业设计和开发智能农业应用。自 2014 年 9 月至 2015 年 9 月,SmartAgriFood2 项目共收到 128 份有关智能化、规模化耕种、园艺、畜牧等方面的建议书,共涉及 22 个国家的 158 家企业①。

日本启动实施"战略性创新/创造计划(SIP)",并于 2015 年启动了基于"智能机械+现代信息"技术的"下一代农林水产业创造技术"。研发制度方面,日本政府则以国立和公立、大学、民间为主体模式研发机制,促进本国智慧农业发展。技术应用方面,日本利用数字技术、传感技术和远程控制等技术建立了个性化"网上农场"式农业运营新模式,使消费者可实时自主远程精准控制自有农产品生产,并获得理想的农产品。

2. 国内发展现状

政策层面,我国政府部门高度重视现代农业的发展,先后出台了《农业科技发展"十三五"规划》《关于加快推进农业科技创新持续增强农产品供给保

---

① 本段数据来源:中国驻欧盟使团科技合作咨询报告:《欧盟智慧农业发展动向》。

障能力的若干意见》《全国农垦农产品质量追溯体系建设发展规划（2011—2015）》《全国农业农村信息化发展"十三五"规划》《数字农业农村发展规划（2019—2025年）》等政策文件。国家发展改革委、农业部从2011年起，安排中央预算内资金支持地方实施国家物联网应用示范工程智能农业项目。农业部发挥政策引导作用，积极推动物联网技术在农业机械领域推广应用，将农业用北斗终端（含渔船用）等品目列入补贴范围，且补助支持天津、吉林、上海、江苏、安徽等省市实施农业物联网区域试验工程，安排资金支持条件好、有积极性的地方开展农业信息服务、农业电子商务、农业物联网应用模式示范推广等试点。

科技研发方面，相较于发达农业国家，我国技术研究和产业实践起步稍晚，但基于国内政策支持、基础条件良好等优势，近年来，我国的智慧农业发展取得了长足进步。当前，我国"3S"技术（是遥感技术、地理信息系统和全球定位系统的统称）、物联网技术、远程监控系统、RFID电子标签技术、水肥药一体化和饵料自动投喂等一些高科技智能化运作技术都已研发成功，并日趋成熟，加快了农业现代化步伐。随着农业物联网示范实验深入推进，全国范围内总结推广了426①项节本增效物联网成果，遥感监测、温室环境自动控制、水肥药智能管理等技术在农业生产中逐渐集成应用。

（三）产业生态

1. 智慧农业生态体系

智慧农业生态体系以智慧农业装备和智慧农业技术为核心，包括大田智慧农业、设施智慧农业等以下8个方面。

（1）大田智慧农业

大田智慧农业的突出特征是面临的生产环境是不可控，其外部生产条件

---

① 本段数据来源：赵春江：《智慧农业发展战略及战略目标研究》，《中国农业文摘·农业工程》2019年第3期。

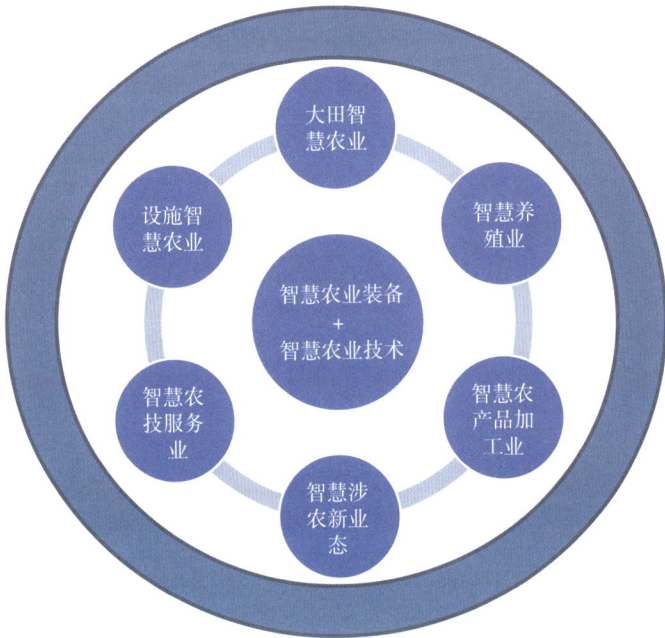

图 4-2-1　智慧农业生态体系图

是由自然地理气候大环境决定的,可操控型和可塑性有限,只能借助智慧技术、装备进行趋利避害。

　　大田智慧农业主要适用于大面积、大规模的粮食、果树、蔬菜等种植业。大田智慧农业主要借助小微农业气象站、卫星遥感、无人机近距离拍摄、田间物联网等设备设施的联动支撑,运用大田种植智慧管理系统和农业病虫害专家诊断系统,准确掌握大田作物生长过程相关数据信息,对大田作物苗情、墒情、病虫情、灾情以及大田作物的长势长相进行动态监测和趋势分析,并且对大田作物生产、田间管理和抗病救灾进行快捷高效的调度指挥,提高精细生产和田间管理的能力,更好地开展精准干预,实现整地、播种、浇水、除草、施肥、喷药、采收、清茬等农业生产作业全过程的标准化、智能化,促进农业增产增收。

　　(2)设施智慧农业

　　设施智慧农业是生产条件和生产环境可控的智慧农业形态,由于作业环境可控性好、可塑性强,设施智慧农业可以有更高的智能水平。常见的设施智慧农业如智慧温室大棚等。智慧大棚通过智能装备、物联网、大数据等技术对传统的农业大棚进行升级和智慧化改造,实时监控并调节大棚内的环境指数,实行水肥生产一体化,提供给大棚内植物精准化的培育和生长环境,构建作物全生命周期智能化的高效监测控制管理体系,实现科学指导生态轮作,保证作物的高产、优质、生态、安全,有效提高生长速度和生长质量,增加作物产值。

（3）智慧养殖业

智慧养殖业包括了智慧畜牧养殖业和智慧水产养殖业。主要借助智能科技实时监控动物健康环境,精准全面收集详细的管理信息,使用传感器来确定什么时候进行人工授精,以最经济有效的方式精确喂养动物,实现综合养殖效益的最优化。

智慧养殖场一方面主要借助养殖环境智能监控系统,智能化营造适宜畜禽成长的环境;另一方面,借助畜禽个体行为智能监测系统,精准跟踪畜禽个体状况,以精准提高畜禽生长效率。养殖环境智能监控系统,主要是在线监测畜禽生长的环境信息,包括空气温度、湿度、成分、照度等,通过智能无线控制设备自动调控养殖场的环境条件,以适宜于畜禽的生长阶段,促进畜禽健康生长和繁殖。畜禽个体行为监测系统,主要借助计算机视觉、图像识别以及个体动态检测跟踪技术和设备,实现畜禽个体全生命周期精准智能跟踪监测。比如,通过场内巡检机器人拍照或者自动精准识别畜禽个体,快速准确获取畜禽采食、体重、体温等个体信息数据,并实现畜禽群体行动特征分析、疾病识别和预警、无人过磅等多项功能,为每只畜禽建立一套包括品种、日龄、体重、进食情况、运动强度、频次、轨迹等内容的健康档案,从而提高养殖场精准管理的效率和效益。

（4）智慧农产品加工业

农产品从初级品转化加工为可供直接消费的高级农产品,目前已经出现了智慧化的农产品加工形态,比如农产品智能加工车间。随着人们生活水平的提升,对农产品加工过程的精准化、精细化、个性化的要求也越来越高,这就离不开智慧农产品加工业的支撑和发展。智慧农产品加工涵盖了从设计到成品到物流的全链条的智能化、智慧化,是智慧农业创造附加值最多的领域。

智慧农产品加工就是农产品加工机械或装置具有一定的能动性或更高程度的智能化,而不是机械式的统一化的"一刀切",其操作过程或工作状态不依靠人的感官和手工而自动实现。传统农产品加工机械的自动控制装置大部分是单一输入、单一输出式的,但随着传感器和微处理机的迅速发展,目前已经研制出多输入、多输出的自动控制装置并投入产业应用,实现了农产品加工生产的优质、高产、高效、精细、柔性。比如,在农产品加工生产中,如包装机器人、分拣机器人、肉品加工机器人等类型的机器人已经投入生产线,避免了人工作业可能带来的二次污染,达到了降低生产成本和提高产品质量的效果。

(5)智慧涉农新业态

智慧涉农新业态就是智能科技融入农业、适应人们对美好生活的向往从而产生的方兴未艾的智慧业态形式。随着智慧科技的创新应用,定制农业、创意农业、认养农业、云农场等农业新业态新模式将实现智慧化的蓬勃发展。比如,基于虚拟现实技术的智慧休闲农业、沉浸式体验的智慧旅游农业、数字会展农业、智慧创意构思农业等。

(6)智慧农技服务业

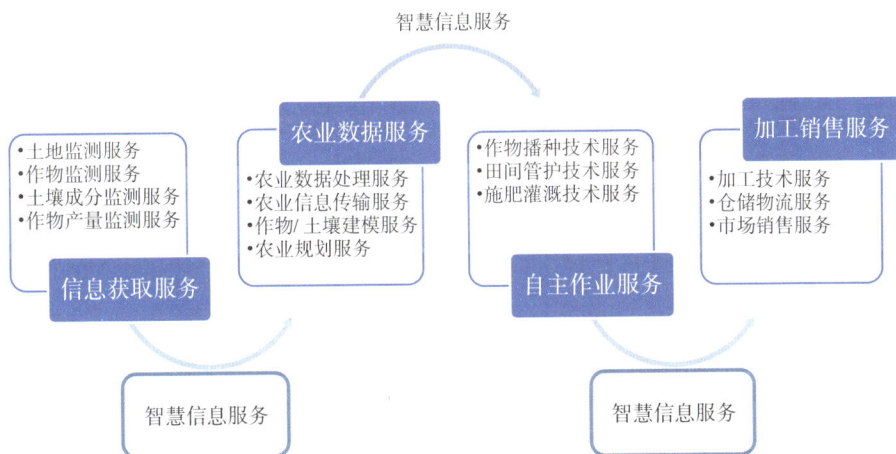

智慧信息服务

信息获取服务	农业数据服务	自主作业服务	加工销售服务
• 土地监测服务 • 作物监测服务 • 土壤成分监测服务 • 作物产量监测服务	• 农业数据处理服务 • 农业信息传输服务 • 作物/土壤建模服务 • 农业规划服务	• 作物播种技术服务 • 田间管护技术服务 • 施肥灌溉技术服务	• 加工技术服务 • 仓储物流服务 • 市场销售服务

智慧信息服务　　　　　　　　　　　智慧信息服务

图4-2-2　智慧农技服务的重点环节和主要内容

智慧农业是智慧智能科技在农业中的集成应用,前沿性、交叉性、专业性、复杂性强,分工精细化,无论是传统农业生产者还是现代农业生产者,都需要借助智慧农技服务业来为智慧农业的发展应用保驾护航。信息是智慧农业的血液,是智慧科技与农业生产深度融合、促进智慧农业发展的关键路径。当前及今后,必须高度重视智慧信息服务在智慧农技服务中的关键性作用。

农业模型、农业知识系统等是智慧信息服务的基础和重要内容。农业模型是为研究农业问题的定量规律所建立的数学模型的总称。广义上，农业模型可分为农业生物模型、农业环境模型、农业技术模型及农业经济管理模型等。农业知识系统包括农业数字化指标体系、生物本体参数、农业数据库等，在农业水平评价、灾害监测、作物长势监测等方面应用广泛。

智慧信息服务就是在农业模型和农业知识系统的基础上，从学科交叉、集成创新等角度，针对农业知识获取、知识归纳、数据建模、数据共享等关键环节，从数据、界面和服务等层面上解决不同层次的农业知识表示、结构化处理、系统化归纳、人工模拟等问题，集成多语言的机器翻译技术及人机互动技术，提供智能化、平民化、个性化、低成本的农业信息和技术服务，辅助解决智慧农业实践过程中遇到的各种问题，以提高智慧农业生产效率。

（7）智慧农业技术及装备

智慧农业技术和智慧农业装备是智慧农业的坚实支撑。智慧农业技术主要包括：以物联网、传感器、处理器、图像识别、定位等为基础的农业感知技术，以大数据为基础的农业大数据分析技术，以边缘计算、云计算为基础的农业数据处理技术，以机械手、机器人、无人机为重点的智慧农业装备工程技术等。这一系列智慧农业技术可以划分为农业数据的智慧化获取、智能化处理和能动化应用三个层面。在数据的智慧化获取方面，主要是以农业传感器为核心，通过卫星、无人机和地面监测为手段，天空地一体化多尺度、多维度、立体化地采集获取农业数据。在智能化数据处理方面，主要是综合采用适合农业数据的数据挖掘算法技术、智能飞行等创新技术，建立农业大脑，通过大数据技术不断更新迭代，创新利用日益丰富的农业大数据，让数据的处理越发像人脑一样，具备思考能力。在能动化数据应用方面，依靠农业大脑来控制农业装备，提高农业装备的智慧化和能动性水平，使农业装备从完全依赖人的指挥操作，过渡到人机交互挥动，再过渡到不需要人操控、实现自动和自由的业务操作，如农业机器人等实现大田、设施农业方面的控制。

智慧农业装备是智慧农业的重要载体，包括了农业产前、产中、产后，生产、加工、储运、流通等各个环节的智慧装备。当前，典型的智慧农业装备有：先进农业传感器、精准作业装备、农业机器人、农业物联网设备、农业无人机、农业遥感卫星等。

(8)智慧农业监管服务

智慧农业监管服务是农业监管服务的一体化、耦合化、智能化整合升级,是农业支持保护制度体系的系统化立体化、智慧化、便捷化实现。它借助现代智能信息科技手段,有效衔接整合各类涉农监管、服务主体和政策,实现对农业全部产业形态、投入产出要素和产业链供应链的所有环节,即从人、地、钱、技术、数据、装备等要素投入,农用生产资料的制造和供应、农产品的生产、收购、储藏、运输、加工、包装一直到最终产品的销售等全过程各环节的智慧化监管服务,全面涵盖了农业资源、价格、流通、贸易、生产、经营、组织、结构、环境、规划、福利、财政、金融等方面的涉农监管和服务,致力于系统提升农业监管服务的效能。

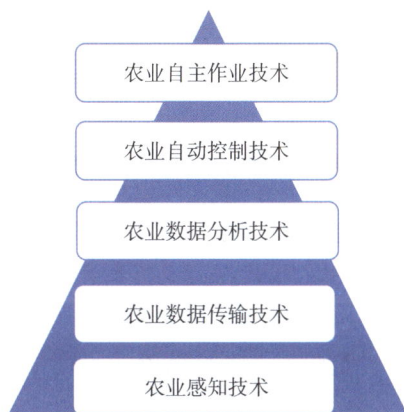

图 4-2-3　智慧农业的技术架构

2.智慧农业技术架构

(1)农业感知技术

感知技术是基础。农业感知是利用各类传感器技术、遥感技术、GPS 和 RFID 技术采集获取各类农业信息和数据的过程。物理传感器可实时采集大田种植、设施园艺以及水产养殖中的环境参数;遥感技术利用高分辨率传感器,采集地面空间分布的地物光谱信息,在不同的作物生长期,根据光谱信息,进行空间定性、定位分析,提供大量的田间时空变化信息;GPS 可测量农田采样点、传感器的经纬度和高程信息,确定其精确位置,主要运用于土地更新调查和监测作物产量;RFID 技术可构建农产品安全质量溯源系统,查询农产品所有环节的详细信息,实现全过程的数据共享、安全溯源及透明化管理。

(2)农业数据传输技术

传输技术是关键。农业数据传输是将经感知采集到的农业信息和数据通过有线通信技术、无线通信技术进行传输存储的过程。有线通信传输通过光波、电信号等传输介质实现信息传递,具有信号稳定、快速、安全、抗干扰、传输信息量大等优点;无线通信传输包括无线局域网通信和无线移动通信,目前蓝牙(Bluetooth)、红外通信技术(IrDA)、Wi-Fi、紫峰(ZigBee)、超宽带(UWB)以及移动网络4G/5G等应用较为广泛。

(3)农业数据分析技术

分析技术是核心。农业数据分析是利用感知传输的农业数据进行挖掘分析,支撑农业预警、控制和决策的过程。地理信息系统(GIS)具有可视化和制图功能,便于用户直观的查询、分析统计可视化数据,与遥感技术结合可形成各种农业专题图。计算机模拟模型将采集获得的农业信息进行模拟分析,构造出环境参数与目标参数之间的定量关系,支撑农业预测、农业预警、农业决策。计算机视觉与图像识别技术把视频非结构化数据与物联网结构化数据进行整合利用,可提高分析精度和准确度。大数据核心技术是数据挖掘,利用各种分析工具对海量数据作比较、聚类和分类归纳分析,建立模型和数据间的关系,对已有数据集剖析,对未知数据进行预测。云计算具有动态可扩展性、高可靠性、低成本和绿色节能等优点,可实现按需使用,降低了用户终端硬件投入,提高了使用效率。

(4)农业自动控制技术

控制技术是保障。农业自动控制强调结构化和标准化,是将针对决策系统的控制命令传输到数据感知层、进行远程自动控制装备和设施的过程。自动控制通过自动化控制系统,自动发出指令,控制水泵、阀门、电动卷帘、通风窗等继电器设备,将温、光、水、肥、气等因素调控到适于农业生物生长发育的最佳环境条件。

(5)农业自主作业技术

自主作业是目标。农业自主作业强调非结构化和柔性化,是根据传感器对新的作业环境进行观测,建立作业环境地图后,农业机器人依据自主作业系统的指令进行具体农事活动的行为。目前,自动巡检、靶向施药、精密定植、选择剪枝、识别采集、柔性搬运、智能分拣、智慧问答等不同形式和用途的农业机器人与自动驾驶拖拉机等自主作业系统相继出现,以农业机器人为代表的自主作业技术成为发展趋势。

（四）智慧农业典型案例

1. 柑橘智慧品控及农商事管理①

某省级农业示范基地与农科院校合作引进经济树种、花卉全套种植技术,为保证分散在全省不同区域的种植基地实现"同品种、同标准、同进度"的品质控制和产业链智慧管理功能,建立了"远程品控智慧管理系统"。

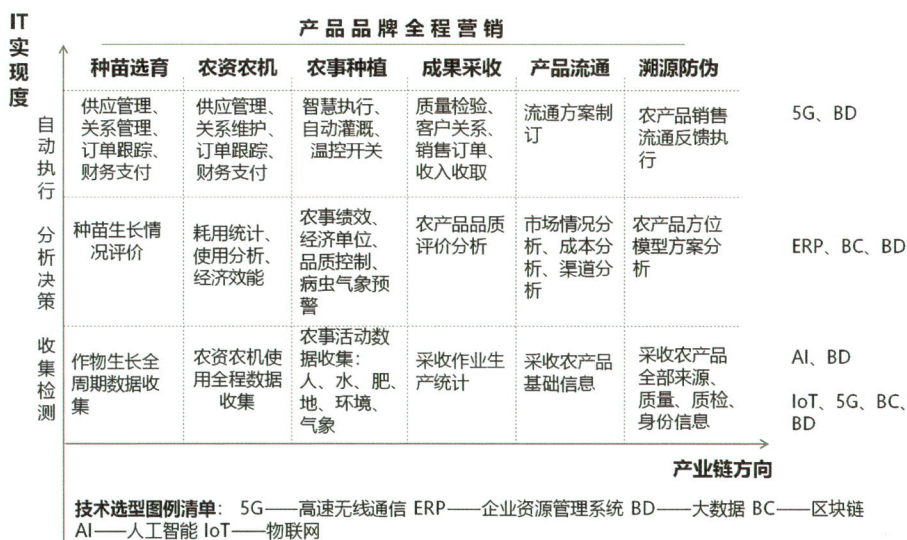

IT实现度	产品品牌 全程营销						
	种苗选育	农资农机	农事种植	成果采收	产品流通	溯源防伪	
自动执行	供应管理、关系管理、订单跟踪、财务支付	供应管理、关系维护、订单跟踪、财务支付	智慧执行、自动灌溉、温控开关	质量检验、客户关系、销售订单、收入收取	流通方案制订	农产品销售流通反馈执行	5G、BD
分析决策	种苗生长情况评价	耗用统计、使用分析、经济效能	农事绩效、经济单位、品质控制、病虫气象预警	农产品品质评价分析	市场情况分析、成本分析、渠道分析	农产品方位模型方案分析	ERP、BC、BD
收集检测	作物生长全周期数据收集	农资农机使用全程数据收集	农事活动数据收集:人、水、肥、地、环境、气象	采收作业生产统计	采收农产品基础信息	采收农产品全部来源、质量、质检、身份信息	AI、BD IoT、5G、BC、BD

产业链方向

技术选型图例清单: 5G——高速无线通信 ERP——企业资源管理系统 BD——大数据 BC——区块链 AI——人工智能 IoT——物联网

图 4-2-4 柑橘远程品控智慧管理系统

资料来源:青岛浩丰食品集团有限公司。

---

① 本部分案例来源:青岛浩丰食品集团有限公司。

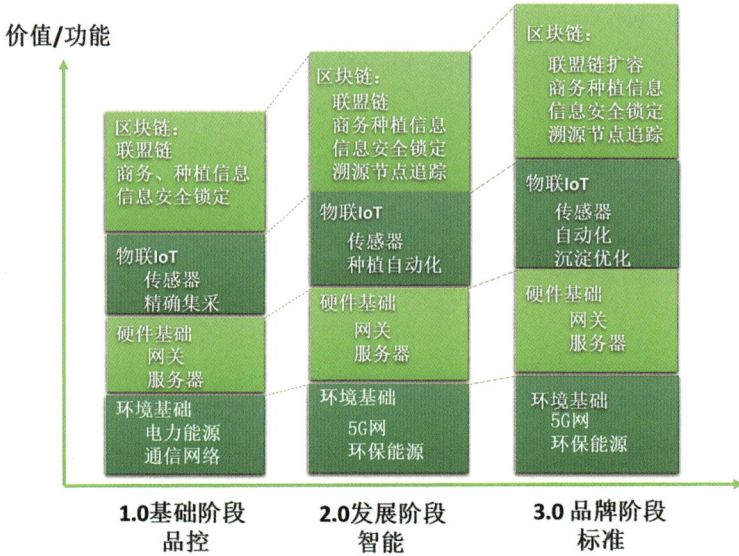

图 4-2-5　柑橘远程品控智慧管理系统的功能和发展阶段

资料来源:青岛浩丰食品集团有限公司。

　　该系统具有如下功能:一是使用物联网传感器、视频、空地一体信息采集设备,实现了对各个基地"异地、同频、全域"的 24 小时不间断有人/无人自动监控功能。二是将环境监控数据输入 AI 防灾判断模型,对比历史气象、水文与灾病信息,针对异常进行预警。三是将作物成长监控结果数据输入 AI 农业判断模型,比对农业院校种苗各阶段生长情况,及时发现问题,进行干预。四是对农作物生长信息进行自动反馈和人工反馈作业,收集反馈结果,自动生成农事管理经济评估结果。五是利用 ERP 将农事管理、农资采购订单及库存管理结合,提高农业资金效率,根据效果筛选农资供应商。六是利用区块链—联盟链技术统一供应商、农业生产、农科院校的信息保护与可信交换沟通,沉淀数据资产,为种苗培育和农资配方的持续优化,提供真实反馈依据。七是把农作物到农产品全程生长信息记录,作为绿色食品质量检测的依据,打造品质控制品牌,并据以生成农产品可信数据身份,向终端消费者实现产品溯源和品牌宣传的双重效能。下一步,该基地将应用农业融资滴灌及农机管理信息系统,进一步提高智慧化水平。

　　2.5G+AI 智慧养猪

　　国内某猪场为解决饲养人力成本高、非洲猪瘟导致产能低下等问题,利用

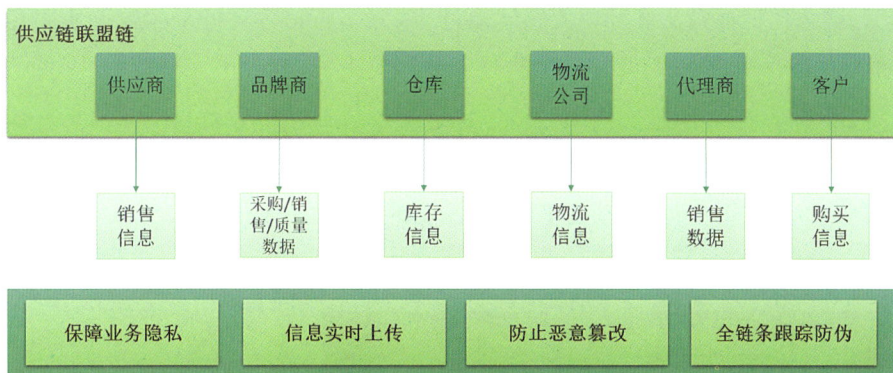

图 4-2-6　柑橘远程品控智慧管理系统的供应链实现

资料来源：青岛浩丰食品集团有限公司。

5G、物联网、AI 视频图像分析等技术，打造"5G+AICDE"智慧养猪解决方案，实现了智能环控、疾病防控、精准饲喂和繁殖优化。本系统通过智能化、信息化手段全维度监测猪只生长环境，降低了 15% 的人工成本，减少了种猪配种、妊娠、分娩期间人猪接触，从而增强了抵御非洲猪瘟的能力，提高了生产效率。

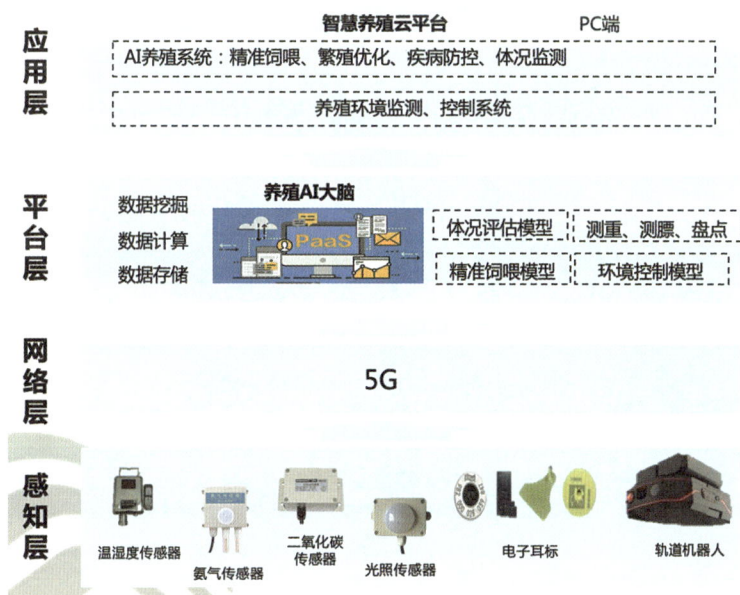

图 4-2-7　智慧养猪解决方案架构

资料来源：中国移动。

猪舍监控摄像头和环境传感器通过 5G 网络将猪舍环境视频数据实时传输至管理平台,管理人员可远程掌握猪场环境指标,减少了人猪接触,降低了疾病发生概率、阻断疫病传播。猪舍轨道巡视机器人采集猪只图像信息并进行 AI 视频图像分析,智能测量猪只的体重和背膘数据,为猪只繁殖优化和精准饲喂提供决策依据,目前智能测重、测膘准确率已达到 97%。

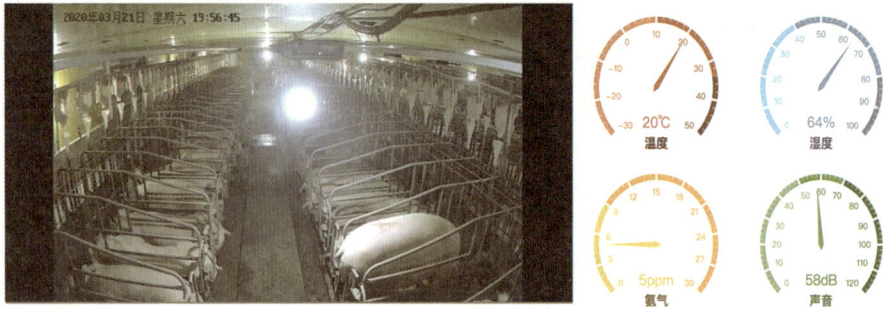

图 4-2-8 猪场智能监控

资料来源:中国移动。

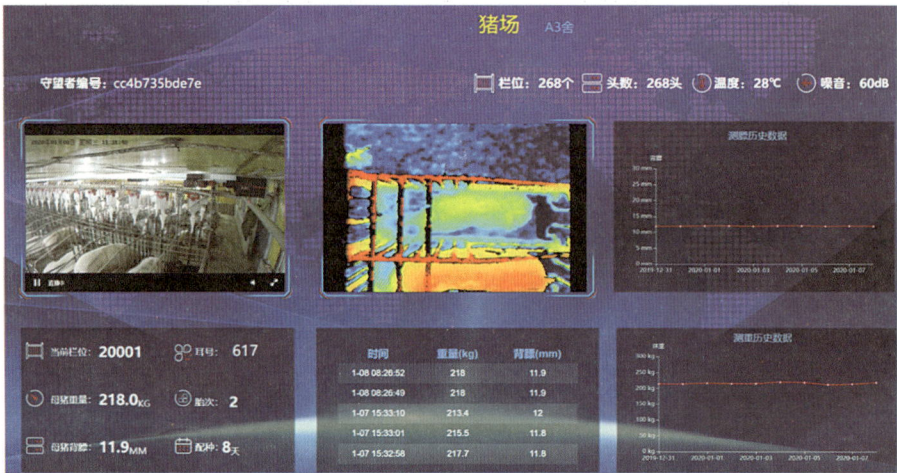

图 4-2-9 猪场管理数据可视化界面

资料来源:中国移动。

3.5G+AI 无人农机智慧作业

国内某农垦局为解决农机装备未集中联网监管、农机作业较多依赖人力、作业效率低等问题,创新开展了 5G+AI 无人农机作业项目探索,构建了 5G 云网融合能力平台,提供了大带宽低时延网络以及边缘计算能力。5G 农机无人作业系统部署在 5G 云网融合平台之上,并与智能农机装备对接,实现了农机从机库、机耕道到作业地块的全流程无人作业,覆盖了水稻种植耕、种、管、收全部生产环节。

图 4-2-10　无人农机智慧作业基础 5G 网络建设

资料来源:中国移动。

在机库和道路上,首先进行位置地图建模,基于 RTK 差分 GNSS 定位技术、IMU 数据与 UWB 精准定位技术的应用设备部署,实现室内外厘米级定位精度;其次结合部署在边缘云的核心控制系统及安装在农机上的视觉、雷达终端,智能感知周围环境;最后采用 AI 深度学习算法,完成农机前进和倒车时的标志线识别和障碍物检测,从而实现农机无人驾驶、泊车、障碍物识别和自动避障。

在作业地块内,基于提前测绘的高精地图、RTK 差分 GNSS 室外高精度定位,结合路径规划及路径跟踪控制技术,实现农机路径跟踪与运动控制。在核心控制系统的调度下,农机可实现全流程的无人作业。

该系统已在 80 余亩的试验田部署实施,充分利用了 5G"云—网—边—端"融合优势,实现了地块、农事、农机信息一体化资源管理。平均每台农机降低 1 人/次作业人力成本,实现了降本增效;通过夜间无人作业,平均延长 1

倍农机作业时间,全力为农忙保驾护航。

非作业区(机库、道路、加油站)无人化
- ✓ 车库内无人驾驶与泊车
- ✓ 车库到田间的无人驾驶
- ✓ 加油过程的无人驾驶
- ✓ 远程调度与监控
- ✓ 远程驾驶体验

作业区(田间)无人化
- ✓ 田间作业路径规划
- ✓ 作业路径跟踪控制
- ✓ 机具自动控制
- ✓ 远程调度与监控
- ✓ 远程作业体验

田间智慧管理
- ✓ 智能农事规划
- ✓ 农田数字化管理
- ✓ 农田环境智能监测
- ✓ 水稻生长智能监测
- ✓ 农田智能灌溉
- ✓ 智慧养分管理
- ✓ 智慧病虫草害管理
- ✓ 农业气象灾害预测
- ✓ 农事记录与质量溯源

无人机
- ✓ 植保 ✓ 遥感
- ✓ 巡检 ✓ VR全景

图 4-2-11 无人农机智慧作业系统功能概述

资料来源:中国移动。

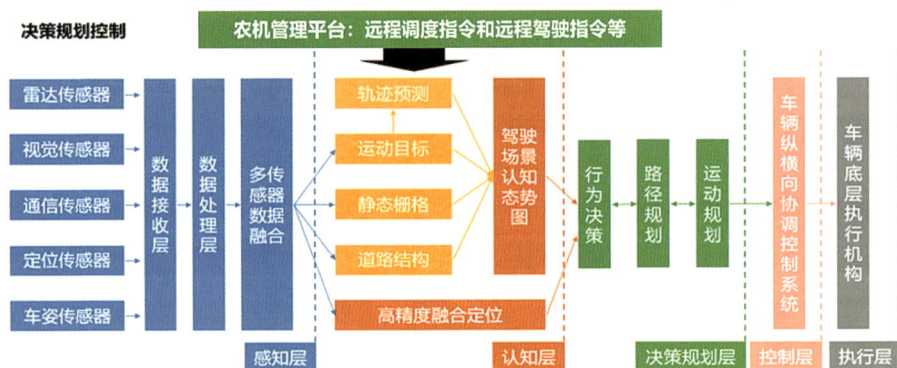

图 4-2-12 无人农机智慧作业系统架构

资料来源:中国移动。

三、智慧城市

（一）内涵特征

1. 内涵

智慧城市是新一代信息通信技术与城市经济社会发展深度融合，促进城市规划、建设、管理和服务智慧化的新理念和新模式，也是物理世界与数字世界相互映射、协同交互的城市新形态。智慧城市由物理设施（建筑、市政工程、公用设施等）、数字空间（通信、算力、数据、算法等）和社会人文生态组成，运用通信、连接、数据、智能等技术手段，实现对城市实时动态的感知、分析、协调，并能对城市治理和公共服务等作出智能响应，实现城市健康运行和可持续发展。

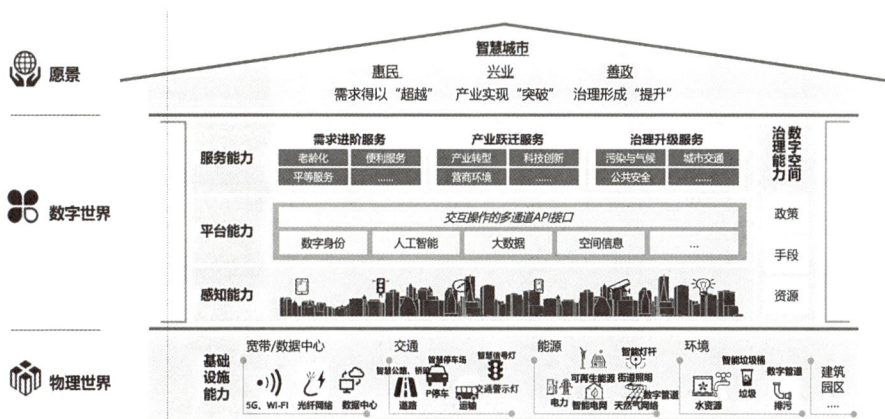

图 4-3-1 智慧城市概念图

2.特征

智慧城市的发展具有数字化、网络化和智能化的特点,具体体现为数字化支撑运营效率提升、网络化支撑领域应用流程优化、智能化支撑跨域业务流程重构,具有以下三个方面驱动因素。

一是城市应用驱动。智慧城市通过数字化支撑城市功能各板块单领域、基础性、事务性的应用融合,以应用为基础,大幅提高了城市治理与服务的效率,同时为城市各领域的服务和管理标准化奠定了基础。

二是互联网体验驱动。随着互联网特别是移动互联网的发展,智慧城市通过新兴技术实现了对政务业务流程优化、对外服务层面跨领域的应用集成,并得到有效推广,基于互联网的用户体验需求进一步被重视,推动公共服务水平进一步提高。

三是数据驱动。随着智慧城市的推进,数字化、智能化建设模式逐步向跨部门横向系统的数据融合和业务融合转型,融合后的数据促使城市物理世界与数字世界相互交叉映射,两者逐步交融,支撑实现城市治理、公共服务供给体系和产业发展三个方面的重构。

(二) 发展现状

1.国外现状

国外智慧城市经过不断演变和发展,经历了技术驱动、城市主导、创新共享三个阶段。美国、欧盟、日本、新加坡等国家和地区进行了有益的探索与尝试。

美国高度重视智慧城市建设,先后发布了《白宫智慧城市行动倡议》《美国创新战略》等指导政策,将智慧城市作为美国所需重点发展的九个创新方向之一,规划描绘了智慧城市发展的愿景、面临的挑战以及重点措施。其中,纽约重点建设智慧物联、智能扩展的"无线城市";旧金山、波士顿等城市大力发展充电设施,推广电动汽车的使用,提供大数据能源实时数据和节能建议。

欧盟推出"智慧城市和社区开拓计划""智慧城市和社区欧洲创新伙伴行

国外智慧城市理念发展历程与典型城市

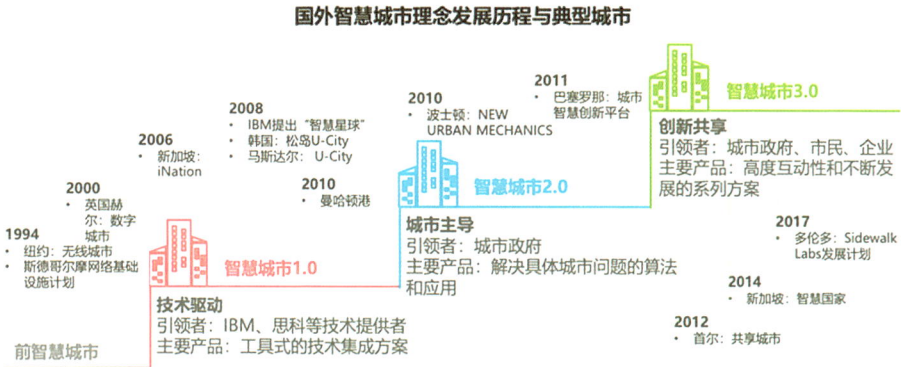

图 4-3-2　国外智慧城市发展阶段

动"等多项计划,旨在推进能源、交通、综合基础设施等建设,重点关注信息技术在构建绿色低碳的城市环境以及交通、医疗等民生服务领域中的作用。伦敦推出以市民为中心等七大发展方向,以扩大信息技术就业岗位数量、缓解就业压力等方式,带动企业与市民参与到智慧城市建设中来。阿姆斯特丹智能城市建设以可持续化发展为主,包括可持续性生活、可持续工作、可持续性交通、可持续性公共空间等四个方面。

日本政府在推动智慧城市建设过程中,从顶层设计、政策支持、法律保障等方面,对建设智慧城市起到了重要的推动作用,政府各部门在智慧城市各个领域有着明确的分工,注重于实现节省能源的"3E"(Energy Security, Environment, Efficiency)标准和"低碳可持续"发展的智慧化,重点以基础设施建设为核心,对交通、农业、公共健康、能源等领域通过新型技术进行整合,其"i-Japan"战略启动了横滨市、丰田市、京都市和北九州市等四个试点。

新加坡推出"信息通信 2025 计划""人工智能计划"等数十项举措,围绕智慧国家战略,成立了智慧国家及数字政府工作小组,对数字经济、智慧政府、基础设施等多个领域进行了详细部署,旨在通过信息通信技术促进经济增长与社会进步。

2. 国内现状

我国积极推进智慧城市建设,不断吸收运用新理念新技术新模式,完善有关政策体系,深化创新实践。

政策方面,我国近年来出台了《关于促进智慧城市健康发展的指导意见》《关于进一步加强城市规划建设管理工作的若干意见》《推进智慧交通发展行动计划(2017—2020年)》《教育信息化2.0行动计划》等一系列相关政策,强调建设新型示范型智慧城市,聚焦示范区辐射带动作用,推动相关技术、产业绿色协调发展,完善智慧城市发展顶层设计。

建设方面,截至目前,所有副省级以上城市、超过89%的地级及以上城市均提出建设智慧城市。如北京发布了《智慧北京行动纲要》,旨在通过城市智能运行、市民数字生活、企业网络运营、政府整合服务等四个方面提升智慧城市建设水平;上海出台了《关于进一步加快智慧城市建设的若干意见》,聚焦政务服务"一网通办"、城市运行"一网统管"、全面赋能数字经济三大建设重点,加快推进新一轮智慧城市示范引领、全面建设,不断增强城市吸引力、创造力、竞争力。

成效方面,近年来,我国智慧城市建设取得了显著成效。城市服务质量、治理水平和运行效率得到比较大的提升,人民群众的获得感、幸福感、安全感不断增强。智慧城市建设在2020年1月暴发的新冠肺炎疫情防控方面发挥了积极作用,多地通过网格化管理精密管控、大数据分析精准研判、移动终端联通民心、城市大脑综合指挥构筑起全方位、立体化的疫情防控和为民服务体系,显著提高了应对疫情的敏捷性和精准度。

总体来看,我国智慧城市发展大体上经历了四个阶段。第一阶段为探索实践期,从2008年底智慧城市概念提出到2014年8月,主要特征是各部门、各地方按照自己的理解来推动智慧城市建设,相对分散和无序。第二阶段为规范调整期,从2014年8月至2015年12月,主要特征是国家层面成立了"促进智慧城市健康发展部际协调工作组",各部门不再单打独斗,开始协同指导地方智慧城市建设。第三个阶段为战略攻坚期,从2015年12月到2017年12月,主要特征是提出了"新型智慧城市"理念并上升为国家战略,智慧城市成为国家新型城镇化的重要抓手,重点以政务信息系统整合共享推动打破信息孤岛和数据分割。第四个阶段为全面发展期,从党的十九大召开到现在,主要特征是各地新型智慧城市建设加速落地,建设成果逐步向区县和农村延伸。

党的十九大提出建设智慧社会,智慧社会是智慧城市概念的中国化和时代化,更加突出城乡统筹、城乡融合发展,为深入推进新型智慧城市建设指明了发展方向。

(三)产业生态

1.产业架构

新一代信息技术正被广泛应用于智慧城市,智慧城市生态体系在分层解耦、能力开放、新技术应用的背景下不断完善、演进,可分为终端感知层、传输网络层、平台层、应用生态层以及保障体系五个部分。

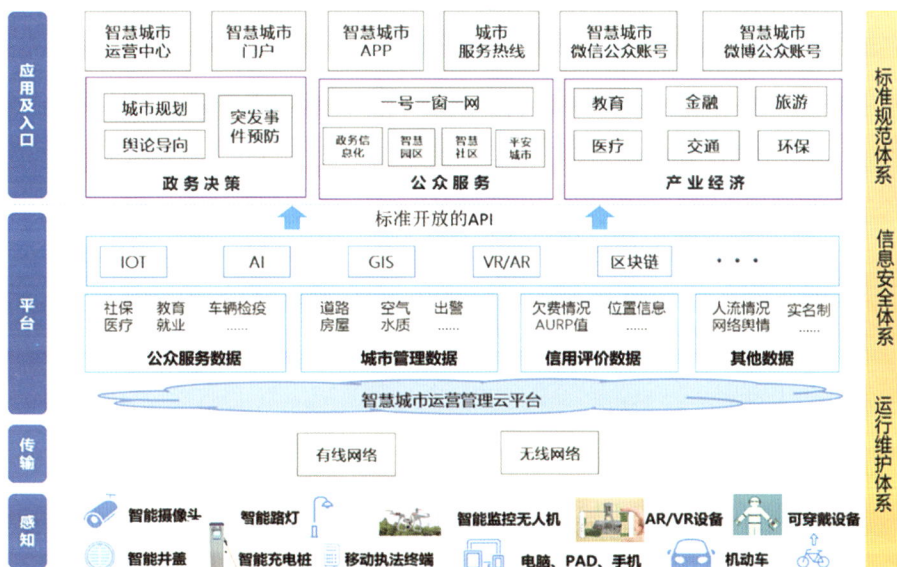

图4-3-3　智慧城市生态体系图

(1)终端感知层通过对终端内嵌通信模块,以有线或无线的方式接入网络,为人与物、物与物之间的连接提供终端感知,包括移动数据传感载体、智能终端和传感器件等,构成动静结合、地上地下空间一体的统一信息采集、传输和管理体系。

统一感知体系包括移动数据传感载体、各类智慧终端以及传感器件等。移动数据传感载体包含无人机、无人车、无人船等,智慧终端包含手机、智能摄像头、智能井盖、智能路灯等,传感器则包含各类传感器件(如热敏元件、光敏元件、磁敏元件等)、RFID 标签、二维码标签等。智能充电设备作为城市交通能源的供给网络,也是智慧城市终端层的重要组成部分,合理高效的充电基础设施建设运营有助于提升整体城市运行效率,为绿色、环保的智慧城市建设助力。

(2)传输网络层致力于构建超宽、安全、可靠、高效、低时延的高速信息网,分为有线网络与无线网络,主要包括5G、固定宽带、第五代全光网等,是千行百业联结的基石。

智慧城市大量的个人、办公、市政、工业生产、交通物流等数据一般存储在云数据中心或者边缘节点,海量实时的数据交互需要极高的传输速率和极低的时延。对于智能家居、智能电网、环境监测、智能农业和智能抄表等业务,需要网络支持海量设备连接和大量小数据包频发;超高清赛事直播、3D 观影、视频监控和移动医疗等业务需要超大的传输带宽;车联网和工业控制等业务则要求毫秒级的时延和接近 100% 的可靠性。

(3)平台层连接应用场景与技术底座,为上层应用系统提供共性技术和业务协同能力支撑,可以实现对计算、网络、存储、数据、安全、灾备的统一管理和统一服务,支撑智慧城市集约化建设,涵盖政务云平台、数据平台、应用支撑平台等几个方面。

政务云平台依托智慧城市云数据中心建设,基于云计算技术和理念,实现对计算资源、存储资源、网络资源、安全资源、灾备资源的统一管理和统一服务,支撑政务信息系统集约化建设,赋能各领域业务应用,为政府打造智能高效的运行管理平台,为市民提供便捷统一的生活服务门户。

数据平台是新型智慧城市的核心,一般指城市大数据平台,基于非关系型数据库、分布式并行计算以及机器学习、深度挖掘等大数据存储、计算和分析等关键技术,汇聚处理来自政府部门、城市物联网、互联网、企业和市民等数据,包含数据平台层、数据资源层、数据服务层。其中,数据平台层提供分布式计算与存储、分布式并行数据库等大数据基础能力,并提供网络爬虫、大数共享交换等工具;数据资源层提供资源编目、大数据治理与管控等能力;数据服务层将数据可视化,提供 API(应用程序接口)服务能力。

应用支撑平台是为建设统一应用的支撑服务平台,为智慧城市建设和运行提供重要的能力支撑。建设人工智能平台、虚拟现实平台、地理信息平台、区块链平台、物联网平台等为主的应用支撑服务平台,为上层应用系统提供共性技术支撑和业务协同支撑。

(4)应用生态层涉及实际应用场景的使用,是智慧城市最终应用成效展示的窗口,分为政务决策、公共服务、产业经济等多个方面,核心场景包括:

智慧政务以"互联网+政务服务"为抓手,建成多方参与、网上联动、对象申报、政府联审、监察监督、公众评价的线上线下一体化政务服务体系。实现智慧化的 OA 系统、"一网通办"系统、机关事务智慧管理平台的建设,同时推动政府工作科学化、标准化、智能化,进一步提高政府工作的透明度和公信力。

智慧城管包括建设数字化城市管理平台,实现城市各类资源的高度共享、各业务单元的协同联动、快速反应和精确管理,全局统筹指挥、独立全面过程监督考核,面向行动、支撑一线,以人为本、强化服务的智能化城市管理模式,使城市管理更加高效。

智慧综治指城市综合治理水平,通过建立网格化服务管理平台,以推进信息化建设为前提,加强组织保障建设为关键,实现城乡社区网格化服务管理体系全覆盖,加强和创新城乡社区网格化服务管理。

智慧社区是智慧城市的基本组成单元,对外承载着与城市的信息互联功能,满足政府、企业和个人对社区内部信息的需求,对内承担着社区信息采集、转换、处理的功能,并与社区基础设施实现连接,满足各环节在高效、节能和环保运行过程中对信息的需求。

智慧环保以完善环境感知监控网络建设为目标,实现对环境要素监测监控全覆盖及预警体系建设。建设污染源信息化管控系统,通过模型分析和预测,量化污染源对周边生态环境的影响程度,提出合理的管控方案,为污染事故的处置提供可靠资料。建设环保民生服务提供面向公众、企业等不同对象的便捷化环保信息服务。

（5）保障体系

为保证智慧城市运行的互联互通、信息安全和便捷运维，需要建立标准规范、信息安全及运行维护三大保障体系。其中信息安全在城市高度数字化的发展进程中尤为重要，通过采取必要的措施，识别、监测、防御、处置对城市关键信息基础设施系统、网络和数据的攻击、入侵、干扰、破坏和非法使用以及意外安全事故，使城市重要的信息系统和网络处于稳定运行状态，使城市重要数据资产具有完整性、保密性、可用性。

2. 生态特点

（1）单领域融合：打破物理空间界限

智慧城市助力单领域信息流通，将打破物理空间束缚、延伸城市服务边界。如同空气、阳光、水是人类生命三要素一样，5G、云、AI等作为新技术、新模式彼此之间交叉互融，逐步夯实智能城市的技术底座。通过万物互联、数据流通、全栈智能加速城市要素的数字化和城市业务的智能化，实现城市无形资源跨城市高速流通，例如远程医疗（医生经验）、在线教育（知识传播）、软件在线开发（智力资源）等。

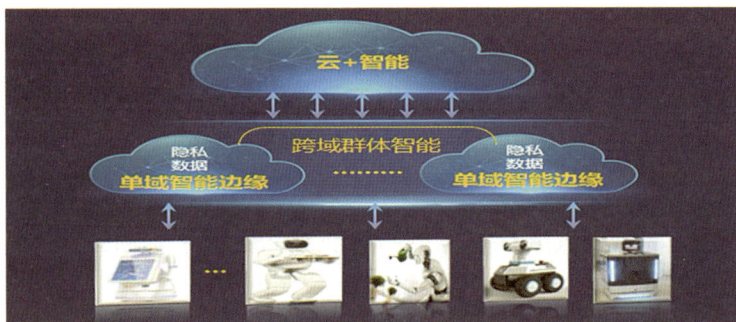

图 4-3-4 从单域智能到城市级跨域群智

（2）虚拟现实结合：数字孪生技术

物理城市和虚拟数字城市的相互映射和协同交互，形成真正意义上的"数字孪生体"。以往智慧城市的建设过程中往往存在"头痛医头，脚痛医脚"的现象，容易形成以技术方案解决眼前问题的路径依赖。当前，多行业积极探索的数字孪生理念也逐步引入智慧城市,三维 BIM、高精地图、仿真建模、CIM等技术的应用将在城市物理空间和数字空间之间构建起更为畅通的"数据、服务、价值"互动通道。基于数字模型的仿真与模拟将常态化,只要物理实体存在,模型就会在全生命周期中处于活跃态,通过虚拟"数字桥"与现实"真实桥"结合,二者可通过无线传感网、物联网连起来,形成"数物融合"的互动。比如,重载车通过物理桥之前,先通过计算仿真手段在数字桥上走一遍,若测算出危险,即可预先知晓,寻求预案。

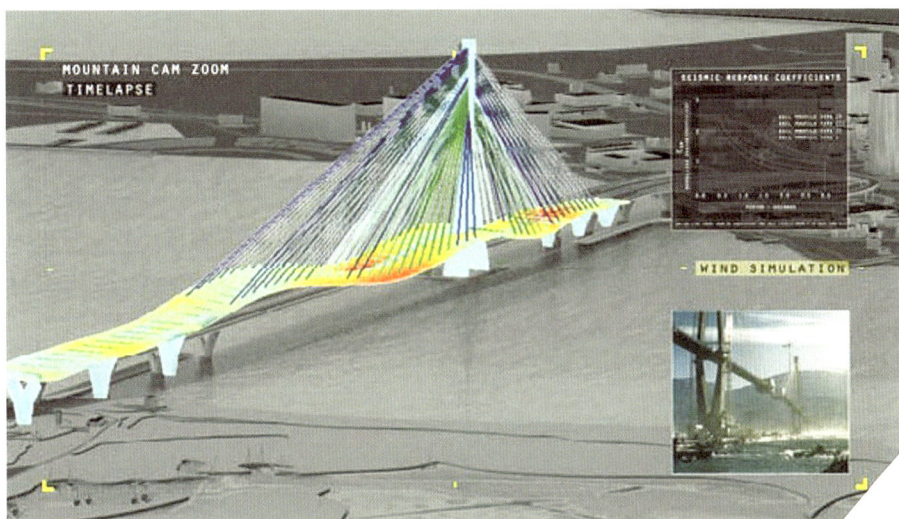

图 4-3-5　数字桥梁孪生体

资料来源:王飞跃《智慧社会与平行智能体系》。

(3)多领域融合:智慧城市建设迈向跨域群智

智慧城市建设通过业务融合、技术融合和数据融合,支撑城市从单域智能到城市群智的升级,实现跨层级、跨地域、跨系统、跨部门、跨业务的协同管理和服务。智慧城市的建设发展根据城市功能和地理区位、经济和生活水平,按照智慧城市发展的成熟度、智慧度不同,让每个城市的智慧程度逐级跃迁、有序推进,渐进达到更高的智慧化水平。

（四）典型应用案例

1."粤省事"实现民生服务指尖办理

从出生证、驾驶证到护照和港澳通行证等电子证明开通,缴纳交通罚款到领取公积金,开具电子税票到办理残疾人证等各项证明,查询公务员招考信息到举报身边的消防隐患这些与群众日常生活息息相关的民生政务服务,都可以在广东省推出的"粤省事"移动政务服务平台上指尖办理。

"粤省事"自 2018 年 5 月上线以来,迅速成为广东人最喜欢的小程序之一。截至 2020 年 4 月 12 日,"粤省事"累计实名 4115 万,公众号粉丝 845 万,累计业务量 66863 万。上线事项 1171 项,零跑动 958 项,上线电子证照 71 个,每三个广东人就有一个在用"粤省事"①。目前,"粤省事"已成为国内用户群体规模大、业务集成度高、应用便利、用户活跃度高的移动政务服务应用。

"粤省事"从用户思维出发,汇聚了包含户政、公积金、社保、医保等领域高频服务事项,先后推出了公安、人社、教育、法律、粤港澳大湾区、智慧出行、少数民族等服务专区,将群众"点餐"与政府"上菜"相结合,实现政务服务精准供给。与此同时,在充分发挥"数字政府"一体化平台优势和数据基础上,各地也结合实际对"粤省事"服务开展创新,上线了更多与群众日常生活密切相关的服务,有效提升了平台在地市服务群众的广度和深度。

2.数字平台赋能深圳城市智慧

深圳市智慧城市发展水平位于全国前列,智慧城市建设为深圳的发展带来强劲增长动力。深圳市政府的目标是 2020 年将深圳市建成世界一流智慧城市,实现"一图全面感知、一号走遍深圳、一键可知全局、一体运行联动、一站创新创业、一屏智享生活",全面推进城市治理、居民生活、产业发展等全方位数字化转型。

---

① 数据来源:腾讯。

图 4-3-6　居民体验使用"粤省事"App

资料来源:腾讯。

图 4-3-7　深圳城市数字平台

资料来源:华为。

深圳市通过数字技术激活城市智慧,实现人便于行、物畅其流,搭载大数据、人工智能等技术,逐步帮助城市构建云、物联网、数据湖、人工智能、视频云等五大智慧城市关键部分,带动实体经济向好发展,全产业生态向数字化、智能化演进。

深圳市政府管理服务指挥中心是智慧深圳和深圳数字政府的大脑,是智慧城市构建的核心,它收集来自不同智慧系统的数据和信息,实现跨政府部门和行业的事件处理和工作协同,对城市运行状态实行监测预警,并在重大隐患显现或者重大事件发生时,进行协同指挥。通过自有的物联网、大数据、人工智能和云计算等技术,从前端感知、数据传输、大脑决策,再到行动指挥实现闭环,让整个城市有机地运行起来。

3.上海:社会治理精细化

上海市政府落实政务服务"一网通办"、城市运行"一网统管",夯实城市大脑、信息设施、网络安全三大基础保障,结合长三角一体化战略,切实提升城市精准治理水平。

推进政务服务"一网通办"。一是政务流程再造,从以政府部门管理为中心向以用户服务为中心转变,梳理优化部门内部操作、办事及处置流程。二是"互联网+政务服务",开发了"一网通办"总门户功能,推出移动端随申办市民云,已上线 8 个常用服务场景,连接 19 个部门、16 个区,提供 200 多项服务。三是便捷的公共服务,推动医疗、教育、养老、文化、旅游、体育等重点领域的智能服务普惠应用,推进卫生信息互联互通互认,促进医疗服务精准化,探索医保支付方式创新,提升养老助残托幼等信息化服务能力。

城市运行"一网统管"。一是一体化城市运行体系,依托电子政务云,形成跨部门、跨层级、跨区域的协同运行体系。二是快速响应和高效联动处置,开展城市运行数据分析,综合研判,增强城市综合管理的监控预警、应急响应和跨领域协同能力。三是"智慧公安+精准警务"。实施科技强警,再造现代警务流程,切实提高数据利用能力,推动信息新技术在大人流监测预警、城市安防、打击犯罪上,构筑全天候全方位安全态势。四是城市运行与应急保障,在给排水、燃气、电力、城市建设领域推动物联传感、智能预测应用;建设食品药品信息追溯体系和公共卫生预警体系;推动实时数据分析、计算机视觉等在智能交通领域的应用,实现消防、防灾减灾、安全生产、危险化学品管理等城市安全重点领域全环节全过程预警监管处置;实时获取、分析和研判城市生态环境保护数据;运用"社区云"建设数字化社区便民服务中心。

图 4-3-8　上海社会治理精细化

资料来源:万达信息。

4.数据智能赋能浙江政府数字化转型

浙江省政府打造高效数字化政府,是利用大数据、人工智能等技术驱动政府理念、业务流程和治理方式的全方位、系统性创新。其中推行"互联网+政务服务"和"新型智慧城市"建设是政府数字化转型的两个重要方向。

浙江数字政府"办事端"以"政务服务 App+支付宝小程序+移动办公"作为载体,运用移动技术、人工智能、风险管控、区块链等技术,结合城市服务平台,形成一体化政务服务"办事端"平台。在新冠疫情防控期间,浙江"网上

图 4-3-9　数据智能驱动数字政府建设

资料来源:阿里巴巴。

办""掌上办"人数明显增加①,从 2020 年 1 月 31 日到 2 月 9 日,短短 10 天时间,金华全市线上通过各类 App 办理的交管业务超过 32.4 万笔,业务办理量同比增长 22 倍。

截至 2020 年 3 月底,浙政钉(浙江省公务员办公端 App)已覆盖 133 万激活用户、93 万日活跃用户、26 万组织、32 万工作群,汇聚 1000 多个移动应用,已成为全国最大的政务移动办公平台。浙政钉的层级扁平化、沟通多点化,大大提升了浙江省重点工作落实效率,省级的任务下发和反馈由以往的几天级迅速压缩为分钟级,效率提高近百倍。近一年的运营数据显示:使用浙政钉消息到达率 100%,确认率 96.78%,工作效能提升了 50%;利用浙政钉召开电话会议 3875 次、视频会议 7676 次,节约会议准备时间近 2 万小时②。

在智能交通方面,杭州城市大脑立足本地实际需求,利用数据和算法优化信号灯路口 1300 个,覆盖杭州大约四分之一路口,创新了不同的交通智能用途,极大推进了交通治理体系智慧化和治理能力现代化建设。

5. 重庆:智慧社区综合应用

作为智慧社区的管理者和服务者,某物业公司较早运用技术集成线上平台和 App 应用端,通过充分理解客户痛点、洞察需求,打通社区用户"最后一公里",创造新应用新场景,已经运用于全国 73 个城市近 1000 个项目的智慧

① 本段数据来源:浙江省大数据局。
② 本段数据来源:浙江省大数据局。

社区运营服务。

电梯、消防等社区设施的健康维护对客户有至关重要的影响，管理者通过自主研发的一套物联网应用系统（FM&RBA）来进行智能化管理。FM（Facility Management）设施设备管理系统是将每台设施设备赋予唯一 ID 号码，从入库一刻就将设备"生老病死"过程中所产生的基础数据、维修保养等，纳入全生命周期管理系统中。RBA（Remote Building Automation）即远程楼宇设备自控系统，为设备提供"贴身管家"服务，实时读取数据、自动生成运行记录，同步通过云平台自动生成工单推送至员工 App 进行实时维护。

通过业主 App-U 享家、员工 App-小当家，依托科技化智能硬件及物联网技术，建立端端联通的管理和服务手段。业主通过 U 享家可实时查看社区公告，缴纳物业费、水费、电费，24 小时即时维修报事，所有服务过程都可以在线跟踪、浏览服务进程并对服务结果进行评价。员工通过小当家，除工作任务正常派单外，引入抢单模式，在提升效率的同时，实现了基于工单的多劳多得模式，以及服务满意度 90% 以上的高位逐年增长。

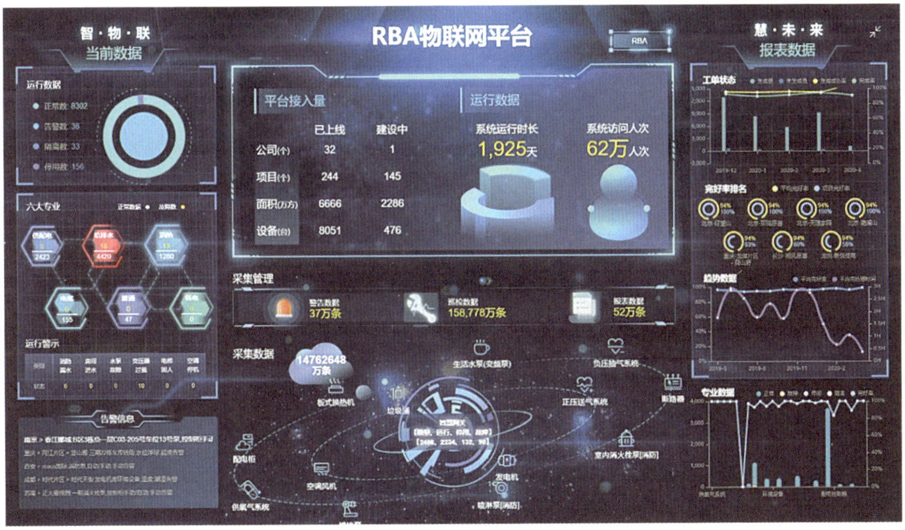

图 4-3-10　智慧社区物联网展示平台

资料来源：龙湖智慧服务。

四、智 能 交 通

智能交通涉及汽车、电子、信息通信、交通运输和交通管理等多个行业，借助于"人—车—路—云"交通参与要素之间的有效连接和信息交互，不仅可以促进信息通信技术在跨行业领域的应用推广，还有助于加强汽车、交通等传统产业的智能化网联化转型，并逐步培育出新的产业生态。

（一）内涵特征

智能交通是基于现代电子通信、传感、安全、大数据与人工智能等技术的新型交通运输系统。它以交通信息的收集、处理、发布、交换、分析、利用为主线，为人—车—路等交通参与者提供多样性的交通运输服务。一方面实现交通信息的广泛感知、应用与服务；另一方面提高既有交通设施的运行效率。随着 5G/C-V2X、人工智能与大数据、边缘计算、高精度定位等新技术的发展与成熟，基于车路协同的智能交通系统逐步走向成熟。

如图 4-4-1 所示，智能交通系统能够提供车辆安全与控制、行人与非机动车安全、车辆道路运营服务、及时交通信息服务、实时交通管理服务、应急救援服务六大服务。基于车联网等关键技术的车路协同将智能交通系统的各种服务功能有机地联系起来，而车联网则将"车—人—路（RSU）—云"协同所需的各种驾驶和交通参与要素有机地连接在一起，多接入边缘计算平台提供多层次交通大数据协同计算服务。

智能交通系统的核心基础是交通参与者的广泛连接以及交通信息的感

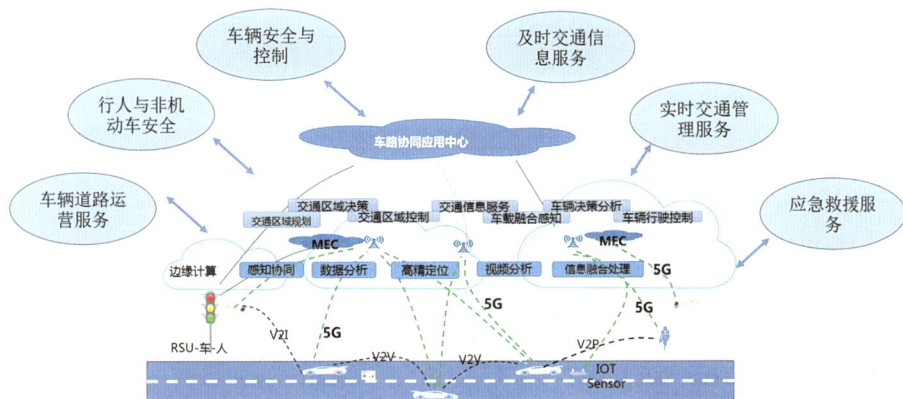

图 4-4-1　车路协同是构建智能交通系统的基础

知、共享与应用。随着各种车路协同和新技术的发展，智能交通业务呈现阶梯式发展。

（二）发展现状

1. 国际发展现状

美国、欧洲、日本、韩国等发达国家积极推动基于车路协同的智能交通发展。（如图 4-4-2 所示）

国家/地区	车联网发展状况简介
美国	DSRC标准体系，美国政府在2015年推出了IT的五年规划，定义了六个项目大类，包括加速部署、网联汽车、自动驾驶、新兴能力、互操作和企业数据。美国车路协同推动迅速，在多个州开展DSRC试点验证；2019年12月美国FCC给C-V2X划定了5.905-5.925GHz频段的20MHz专用频谱，并将对"把5.895-5.905GHz频段的10MHz给C-V2X还是给DSRC"征求意见
欧洲	ITS-G5标准体系，欧盟委员会建立C-ITS平台，目标是促进整个欧盟范围内的投资和监管框架的融合，以达到从2019年开始部署C-ITS业务的目的。欧盟委员会2019年3月提案C-ITS仅采用ITS-G5，即DSRC标准体系，但这一提案于2019年7月在欧洲议会上被否决
日本	日本政府重视自动驾驶汽车和车联网的发展，在政策、标准等方面为其发展提供了良好的平台，于2016年发布高速公路自动驾驶和无人驾驶的实施路线报告书，明确期望于2020年在部分地区实现自动驾驶功能
韩国	韩国的终极发展目标是在全国范围内实现智能道路交通系统，在2040年之前实现基于连接器与一切交通功能实体的智能交通系统，其中短期计划是截至2020年，重点实现交通事故多发路段的智能交通功能，实现交通事故100%现场处理，将交通事故伤亡降低50%。SKT推动5G&C-V2X验证，DSRC也同步测试

图 4-4-2　国际主要国家车联网发展状况

目前,国际车联网技术路线逐渐从以欧美为主导的 DSRC(基于 IEEE802.11 的专用短距离通信)技术向以 C-V2X+5G 蜂窝无线通信技术发展。(如图 4-4-3 所示)

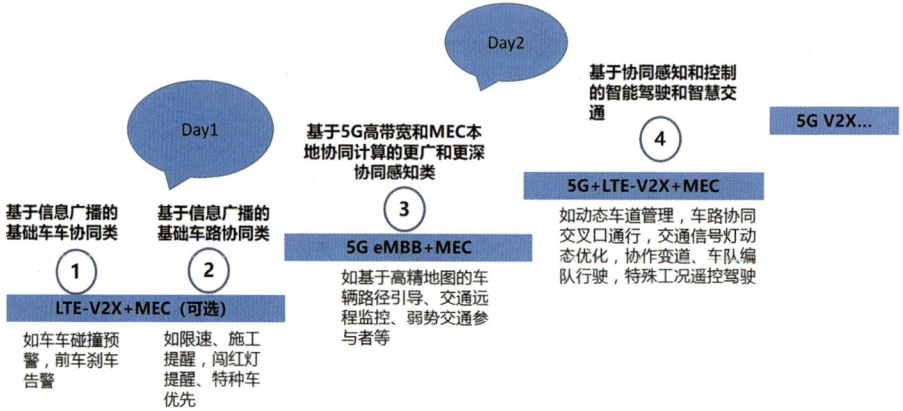

图 4-4-3 智能交通业务阶梯式发展

资料来源:C-V2X 业务演进白皮书。

国际基于车路协同的智能交通发展呈现以下特点:一是将智能交通、车联网及相关产业视为战略性新兴产业,在国家层面开展顶层设计,但是缺乏跨部门之间的协同,车联网规模示范落地缓慢;二是注重理论研究,在人工智能、物联网、基于单车智能的高级自动驾驶等领域技术积累雄厚;三是强调立法与监管是新兴高科技领域发展的基础。可以预见,随着 5G 的发展和 LTE-V2X 持续演进到 5G V2X,更大数据吞吐量、更低时延、更高安全性和更海量连接等特性将极大地促进车路协同扩展到"人—车—路—云"协同,一方面赋能智能网联汽车向更高等级自动驾驶快速发展,提供更安全、更智能的出行方式;另一方面赋能智慧道路,通过提供路况综合感知、动态协同交通控制等功能,协助智慧道路实现更加高效、绿色、协同、智能的交通运输与管理能力。

2. 国内发展现状

我国政府非常重视车路协同智能交通的顶层设计与跨部委协同。2017年国务院印发《"十三五"现代综合交通运输体系发展规划》,明确指出要"开展新一代国家交通控制网、智慧公路建设试点,推动路网管理、车路协同和出行信息服务的智能化"。2018 年交通运输部发布《关于加快推进新一代国家交通控制网和智慧公路试点的通知》,在北京、河北、吉林、江苏、浙江、福建、江西、河南、广东九省市开展车路协同、高精度定位、交通控制网建设等一系列智能交通试点工作。2018 年工信部印发《车联网(智能网联汽车)直连通信使用 5905~5925MHz 频段管理规定》,指明"规划 5905~5925MHz 频段作为基于 LTE-V2X 技术的车联网(智能网联汽车)直连通信的工作频段"。2020 年 2 月 24 日,11 部委联合发布《智能汽车创新发展战略》,明确跨部门协同推动车联网,加大智能交通和智能网联汽车建设的决心。

国内各示范区建设始于 2016 年,随着小规模先导区测试区建设逐步推进,已经覆盖了全部的一线和中东部二线城市(11 个国家级车联网示范区分别位于长春、京冀、天津、无锡、上海、浙江、武汉、长沙、广州、重庆、成都),辐射效应已经形成。2020 年大规模测试及示范区建设将是国内车路协同产业的重点任务。

综上所述,基于车路协同的智能交通产业政策持续明朗、生态圈逐步构建。国内、国际发展路径和发展阶段并不同步:国内重视"人—车—路—云"协同发展,明确 5G+C-V2X 的通信技术路线,政策牵引市场,产业生态圈随着示范区建设逐步完善;国际在单车智能方面启动较早,积累深厚,但技术路线分割,车路协同政策指导作用不明显,建设缓慢。

(三) 框架体系

智能交通具有鲜明的跨行业多技术协同特色:一方面需要信息通信将"人—车—路—云"等交通要素连接起来,提供网联通信以及网联协同智能的支撑;另一方面需要信息服务、交通运输与管理、汽车、自动驾驶平台与应用软件企业等各种数据提供方,共同保证感知数据(例如车辆自身驾驶信息、驾驶环境信息、道路交通静态、动态状态感知信息等)的实时动态共享和分析,控制数据(例如车辆行驶意图、交通策略实时控制信息等)的及时产生和下达,并支持相关业务流互联互通以及业务数据安全共享,进而保证作业的安全和高效。

在这个过程中,5G 高速率、低时延、海量连接的特性,以及 MEC、网络切片等关键技术能有效支撑多源感知信息融合、复杂分析计算、多交通参与者之间的数据实时交互与协作;融合高精度定位、高清地图、人工智能、物联网、大数据等技术,将充分发挥乘法效应,实现车路协同感知、道路设施智能监管、边云协同控制和大数据交通规划等,进一步促进"人—车—路—云"的全域连接、数据交互和协同计算,实现交通基础设施智能化升级,推动智能交通真正落地。各行业、多种关键技术有机地整合起来,共同为智能交通服务,是车路协同架构面对的首要目标。

1. 车路协同应用架构

感知、连接与计算是车路协同的基本要素。如图 4-4-4 所示,车路协同应用架构由"端—管—边—云"组成。其中"端"即终端层、"管"即网络层、"云"即平台管理和应用层,而"边"即多接入边缘计算。MEC 根据业务需要,既可以与"管"结合,也可以与"云"结合。

终端层,是神经末梢,负责对车辆和道路的全面感知。终端层通过传感器、5G、C-V2X 等实现车端、路端数据的感知收集及交互。

网络层,是连接应用架构各层各模块之间的"管道",由通信网络基础设施组成。其重要目标是负责实现道路交通信息、车辆驾驶信息以及控制信息的实时安全传递,同时也要根据不同的业务需求保证信息传输质量和业务数据的安全隔离。MEC 可以根据业务需要,部署在网络层以支持交通数据的本地低时延分发;根据业务部署,承担本地的业务管控和应用服务。

平台管理和应用层是车路协同应用的大脑,实现连接管控、业务管控以及应用服务。

管理平台,在终端采集数据上报的基础上,运用人工智能、大数据、MEC等技术,实现全局信息管理与模型构建,并在全局整体调度、各区域交通管理、车辆调度等整体策略层面提供决策,将决策通过网络层下发至各系统。

应用平台,承载具体应用,为政府、车企、车辆、大众等客户提供满足个性化需求的平台接入能力和应用服务,如为监管单位提供交通系统的主动调度;为车辆运营单位提供辅助驾驶、自动驾驶应用、车辆远程诊断、车队管理等服务;为车企提供车辆运行数据采集服务、车载娱乐内容服务。

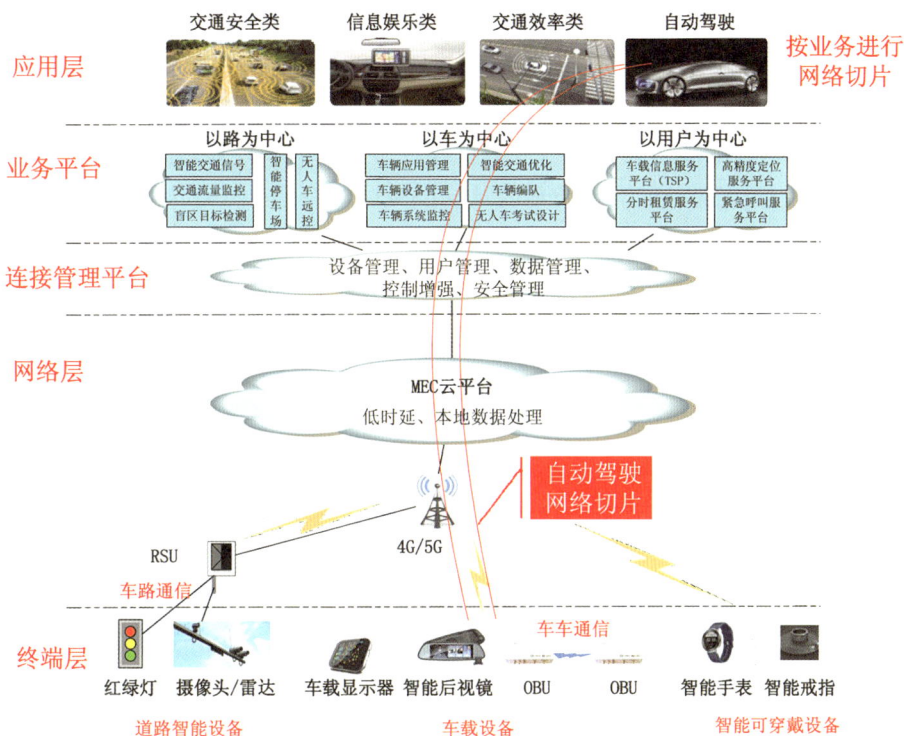

图 4-4-4　车路协同应用架构图

2. 智能交通关键技术

基于上述车路协同应用架构,智能 RSU、多接入边缘计算及分级架构、5G 网络切片、人工智能及大数据、高精度定位以及高精地图等关键技术有效协同,支持智能交通系统持续发展和演进。

(1) 智能 RSU

路侧单元 RSU 负责采集周围车辆和道路交通实时信息,并向周围车辆广播车联网应用所需的消息。进一步的,RSU 可以搭载多种功能,例如 C-V2X 通信、5G 通信和感知数据处理功能。RSU 集成 5G 通信模块,可实现与蜂窝通信网络的实时互动,为车联网应用提供更丰富的感知数据;同时 5G 与 C-V2X 联合组网可构建广覆盖与直连通信协同的融合网络,保障车联网业务连续性。搭载感知数据处理功能,RSU 可实现对路边感知设备(摄像头、雷达等)信息的格式转换和结构化处理,支持部分的本地业务处理。

（2）多接入边缘计算及分级架构

根据智能交通各种业务特性,部署全局—边缘—路侧的多级业务平台,同时模块化功能也有助于灵活组合所需能力。如图4-4-5所示,全局云平台实现海量的数据处理,负责全局的交通管控,例如,车辆远程监控、地图服务等;边缘云平台实现业务的实时处理以及局部交通管控,例如,红绿灯智能控制、交通拥堵等;路侧云平台实现一些即时的业务处理以及路口的交通管控,例如,感知数据的处理、滤波通行、十字路口防碰撞等。在实现业务和管理分层的同时,各级平台的互联互通也是建设车联网应用架构的关键。下层平台对上级平台及时报告、上级平台对下层平台动态配置。

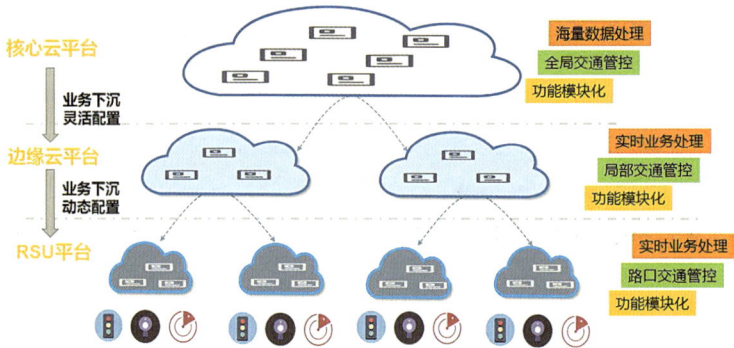

图4-4-5 车联网分层式平台部署

（3）网络切片

如图4-4-6所示,利用5G网络切片技术,根据不同的智能交通业务需求,对所需虚拟网络能力和QoS动态灵活配置,以按需提供安全独立的网络连接服务。

（4）人工智能与大数据

人工智能技术可以应用在车路协同应用架构的各个层面。例如在平台应用层,基于海量交通数据,利用人工智能进行实时决策和控制;在终端层,人工智能技术帮助实现融合感知;在网络层通过人工智能实现信息的智能有效传递。在以大数据和人工智能为核心的车联网平台上,应充分推动网络平台的开放,吸引各方参与者共同参与车联网大数据的收集、分析与服务。

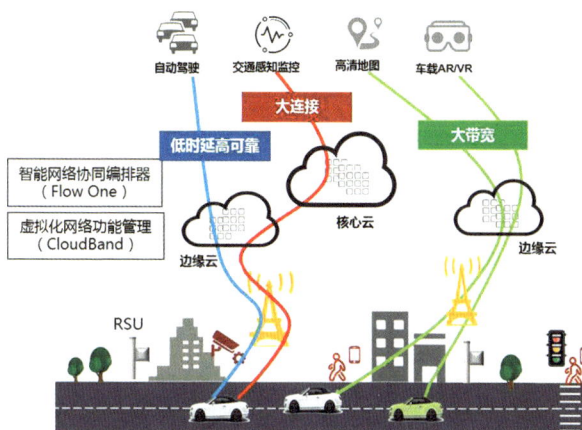

图 4-4-6　基于业务应有的网络切片

（5）高精度融合定位

车辆高精度定位是实现智能交通、安全自动驾驶的必要条件。其中,全球卫星定位系统 GNSS 或其差分补偿 RTK 方案是最基本的定位方法,但 GNSS 在隧道或密集城市等场景中性能较差。基于传感器的定位也是另一种常见的车辆定位方法,但高成本、对环境的敏感性以及地图的绘制和更新复杂度,限制了传感器定位的快速普及和推广。因此需要结合多种辅助定位方法例如惯性导航、高清地图、蜂窝网定位等技术,通过融合定位技术来提高定位精度和稳定性。高精度融合定位技术在多种定位技术各自作用后,通过融合滤波算法融合后,输出最终的定位结果,如图 4-4-7 所示。

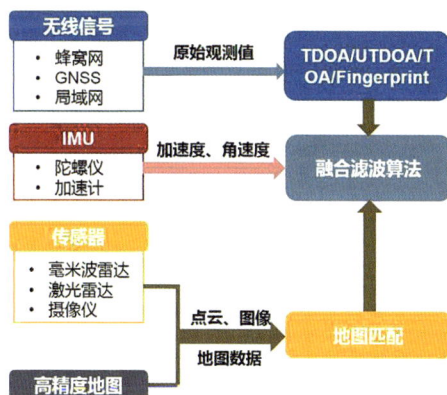

图 4-4-7　车辆高精度融合定位

（6）高精度地图

高精度地图是自动驾驶（L3级以上）实施的必要支撑技术,用于解决"我要去哪里? 我现在哪里? 我怎么行驶过去?"的问题。传统导航地图服务于驾驶员,道路级的精度和亚米级定位精度即可满足要求;高精地图用于车辆的自动驾驶决策控制系统,需要车道级精度和至少分米级（10—20厘米）定位精度。此外,用于高等级自动驾驶的高精度地图信息内容更加丰富,不仅包含道路上的静态信息,还包含道路上不断变化的动态信息。更新频率和分发方式均发生重大变化,由月度更新变更为秒级或毫秒级实时更新,这也导致高精地图采集和制作成本相对于传统导航地图提升数倍之多。面对高精地图需要的实时更新和数据可靠性的问题,需要基于低时延高可靠的车联网通信网络提供相应的支持。

（四）典型案例

智能交通系统基于车路协同应用架构,实时构建道路的交通流模型;分析全量交通数据,不仅能预判拥堵趋势,提前采取预防性措施,而且能发现并自动处置或者及时联动相关部门处理突发事件,实现交通管理从"被动应对"到"主动管理"的转变。智能交通系统在精准公交、公交乘客数字化管理、融合感知、远程遥控驾驶、货车编队行驶、自动泊车、高等级自动驾驶以及更丰富的车载信息服务等方面落地了大量的应用实践。车路协同为智能交通应用发展奠定坚实的基础。

1. 公交乘客数字化管理

"乘车登记码"作为公交乘客数字化的载体一经推出,即快速落地,用户数已达到1.3亿。2020年2月,根据新冠疫情管理需要,进一步地推出了公共交通乘车信息登记系统。乘客乘坐公共交通工具时,用微信扫一扫车内张贴的乘车登记码,填写信息,系统会自动同步所乘车辆车牌号、线路、上车时间等,完成乘车登记。如果有关部门发现有病例乘坐交通工具,"乘车登记码"将根据乘客的登记信息,第一时间通知同乘乘客进行隔离。2020年2—3月新冠肺炎病毒疫情期间，"乘车登记码"协助深圳相关部门排查出数位与确诊病例有亲密接触的人员，遏制了疫情的进一步传播。目前"乘车登记码"也已在北京、上海、兰州、乌鲁木齐等20个城市投入使用，累计刷码次数已超千万次，为全国的疫情排查及隔离工作提供了有效助力。同时，沿着"乘车登记码"的数字化进程，进一步研制了"防疫健康码"并在全国推出，乘车码上还推出了"地铁车厢拥挤度显示"功能等多项数字防疫举措，不断用数字化能力降低疫情扩散的风险，保障出行安全。

2. 融合感知

全面精准地感知交通参与者以及路况信息是智能交通系统的构建基础。基于车路协同的多传感器融合感知有助于提升交通感知信息的准确性和全面性。目前业界已经可以做到仅用一个单目摄像头就可以同时精准识别车道线、路边沿、可行驶区域、车辆、行人、交通标志及交通灯，准确判断车道偏离、前车追尾、前车加塞、行人碰撞等行车危险，并且适用于轿车、客车、货车等各种车型。同时，结合高清摄像头及激光雷达等传感器的感知特点，还能够精准识别障碍物及其类别、动态物体跟踪、可行驶区域检测、高精度定位、车道标识线等，进一步提升智能交通系统的交通信息感知能力。如图4-4-8所示，为不同传感器融合感知结果案例。

图4-4-8　不同传感器融合感知案例

资料来源：商汤科技。

3. 远程遥控驾驶

远程遥控驾驶主要用于危险、恶劣、紧急突发的特殊工况，通过4G/5G移动通信网络，由远端操作员对车辆进行遥控，以达到远程作业的目的。以矿山场景为例，如图4-4-9，远程遥控驾驶车辆需配备5G终端、高清摄像头、车载控制器,一般来说车辆至少上传4路视频,分别为车端前方、后方、左方、右方,通过4G/5G网络、RSU、MEC等设备回传各路视频到远端驾驶舱屏幕上,供远端驾驶员及时判断车况、路况等。

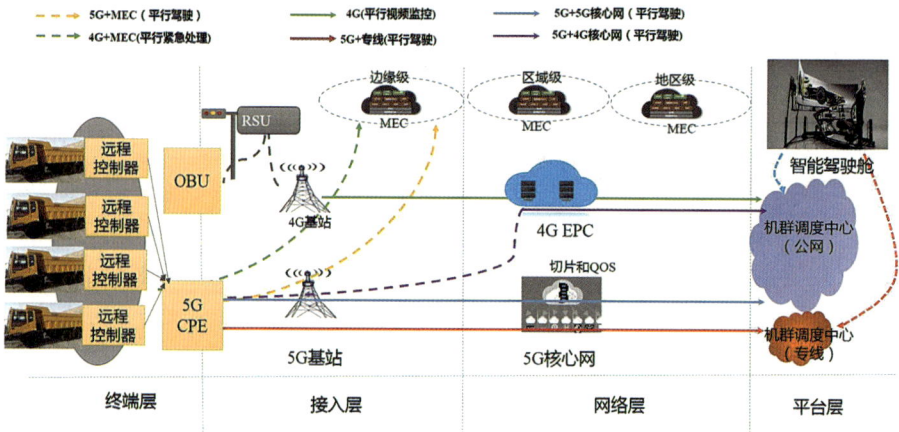

图4-4-9　矿山远程遥控驾驶部署示意图

资料来源:中国联通。

4. 自动泊车AVP

AVP(Auto Valet Parking,自动泊车)能够为停车场业主及运营方提升运营管理效率、提升车主停车效率和体验、改善城市静态交通体验并创造更多盈利模式。无人代客泊车AVP需要车辆自身配置APA功能,同时需要停车场侧加装感知、计算和通信设备,包括场侧摄像头、毫米波雷达等感知设备、边缘计算服务器(含感知算法)、AVP云服务平台(用于用户手机停车服务的联接、停车场设备管理、连接管理、升级维护管理等)、C-V2X通信(提供安全可靠通信联接服务)、停车场地图等。

5. 自动驾驶

自动驾驶是汽车智能化、网联化发展的高级形态,是智能交通的重要组成部分。环境感知、多源信息融合、路径规划与决策、车辆协同控制、高精度定位与地图、人机交互共驾等共性技术是自动驾驶发展的基础。

基于智能交通系统的车路协同"端—管—边—云"应用架构,将有效加速高等级自动驾驶成熟落地,打造安全、高效的城市交通出行体验。基于道路交通设施智能化改造,路端感知数据可在边缘计算节点完成部分的计算,并通过V2X路侧单元(RSU),实时将结果发送给附近的装有车载单元(OBU)的车辆,对智能网联汽车的定位、感知、预测等任务的完成加以优化和辅助。智能网联车辆将这些信息与车辆通过车载传感器采集的信息互补,保证车辆行驶安全,提高通行效率。

目前业界已有公司发布自动驾驶开放平台,如图4-4-10所示,对外提供开放、完整、安全的软硬件和云端服务平台,帮助开发者快速搭建完整的自动驾驶系统。此外,平台还面向可量产落地的自动驾驶场景,提供Robotaxi(自动驾驶出租车)、Minibus、自主泊车等多种自动驾驶解决方案。

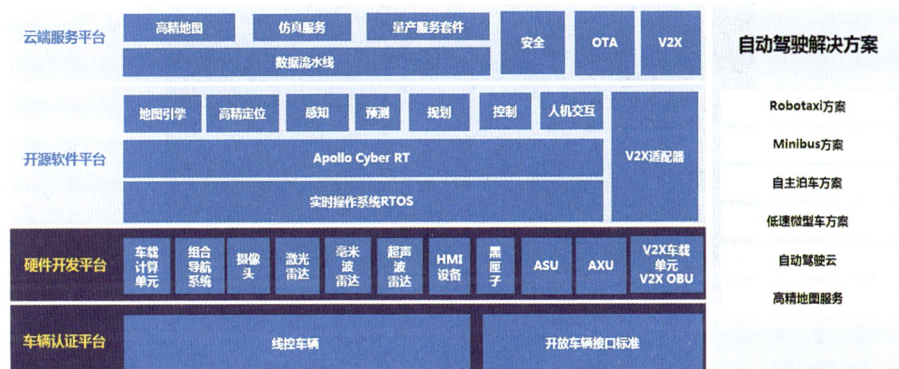

图4-4-10　自动驾驶平台举例

资料来源:百度。

6.车载信息服务

车载OS是支撑语音、语义、多模交互、驾驶员监测、车载信息安全等功能的关键平台。例如业界已开发的车载OS,可提供全语音车载智能小程序、车载真人语音定制、一次唤醒多次交互、车道级AR导航等功能,帮助车企加速从传统汽车到智能汽车的升级。

还有的车载信息服务平台则考虑到驾驶安全,尽可能避免对用户的视觉和手触中控屏的精力占用,通过提供全语音交互、结合方向盘上专属物理按键的方式提供服务。根据中汽中心汽车技术情报研究所发布的《智能汽车车载通信软件测评报告》,使用该车载版的用户,视线聚焦前方道路的比例高达

94.7%,远超过在车上使用手机进行通信。

通过智能交通系统,还可以将家、车、办公室无缝连接到一起。例如通过某超级 ID 和汽车账号的关联,连通车联网终端和移动互联网终端的数据与服务,使驾车出行与用户的日常生活、工作关联在一起,汽车成为该用户多个智能终端中的一个。如图 4-4-11 所示,智能交通系统促进人、车、路三位一体的深度需求感知,主动发现用户需求并推送相应服务,从以前的"人找服务"升级为"服务找人"。

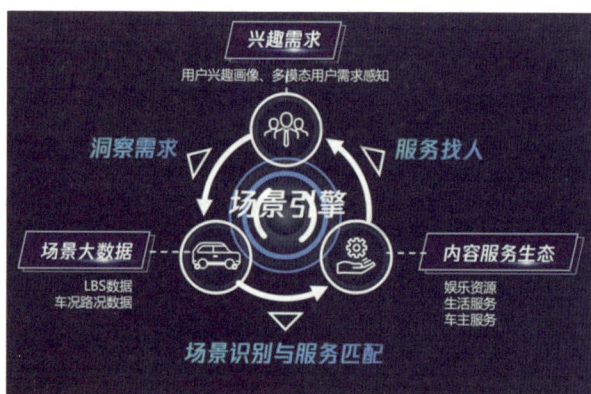

图 4-4-11　智能交通应用平台实现"服务找人"模型

资料来源:腾讯。

五、智 能 电 网

（一）内涵特征

我国一次能源分布及区域经济发展的不均衡性,决定了资源大规模跨区域调配、全国范围优化配置的必然性。近年来,供给侧出力波动性较强的可再生能源大规模发展,我国已成为风电、光伏世界第一大国;需求侧工业用电增速放缓,负荷难以精确调控和预测的居民用电占比不断提升,电力系统承受的调控压力越来越大,需要进一步提升电网在线分析、预警、决策、控制等方面的智能化水平,满足各级电网协同控制要求。随着下一步分布式电源、储能、电动汽车、新型交互式用能等设备大规模接入以及用户深度参与互动,建设一体化运行的智能电网需求更加迫切。

智能电网是在传统电力系统基础上,通过集成先进信息技术、控制技术、储能技术等,以坚强网络架构为基础、以信息通信平台为支撑、以智能控制为手段,包括电力系统的发电、输电、变电、配电、用电和调度各个环节,覆盖所有电压等级,实现电力流、信息流、业务流高度一体化融合,具有坚强可靠、经济高效、清洁环保、透明开放、友好互动的特征。

智能电网是一个完全自动化的供电网络,其中的每一个用户和节点都得到实时监控,并保证从发电厂到用户端之间整个输配电过程中所有节点之间的电流和信息双向流动。智能电网通过广泛应用的分布式智能和宽带通信,以及自动控制系统、智能化决策系统的集成,提高供电可靠水平,实现"源—网—荷—储"一体化,支撑能源清洁化转型和电力市场化改革。

5G、人工智能、云计算、大数据、物联网等新型基础设施都深度应用于智能电网各个领域,形成智能输变电、智能配电、智能充电设施和智能电力服务等智能电网应用。其中,智能输变电是在输变电领域运用新型技术,实现线路状态实时感知与智能诊断、自然灾害全景感知与预警决策、空天地多维融合与协同自主巡检、线路检修智能辅助与动态防护和高压电缆全息感知与智能管控等。智能配电网是实时采集35千伏及其以下电压等级的配电网状态数据,并将在线数据和离线数据、用户数据、电网结构和地理图形进行信息集成,具备可靠、自愈、经济、精益、集成和安全等特点。智能充电设施重点是构造"云边协同"的充电系统,实现充电设施的通信稳定、高效运维、有序充电,保障充电设施的智能化管理和与电网的协同运行。智能电力服务旨在适应风电、光伏等可再生能源大规模接入和需求侧用电负荷波动性增加,更好优化电网供需管理,促进用户参与电力系统的运行和管理,与电网形成响应互动,是智能电网的重要特征之一。

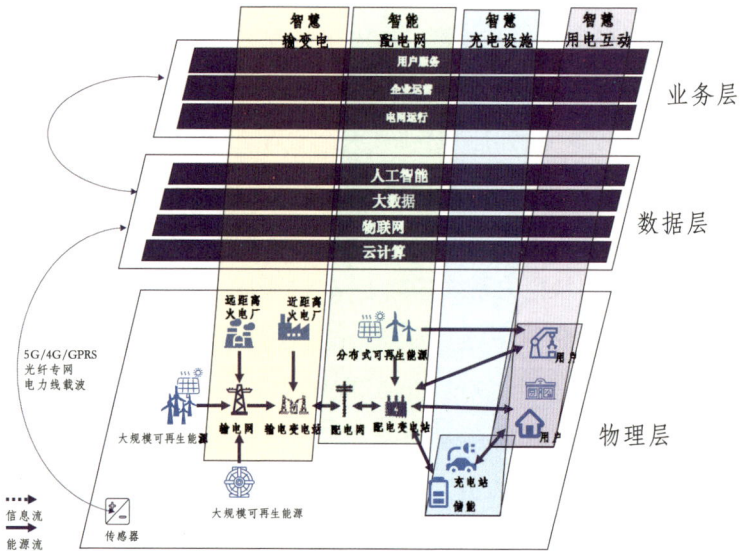

图 4-5-1　智能电网主要场景

智能电网的建设一方面带来了对 5G、大数据、云计算、人工智能等新型基础设施的旺盛需求,其本身也将为新型基础设施提供更经济、更安全、更清洁的电力供应。

（二）发展现状

20世纪90年代开始，各国开始对输电线路的在线监测和智能诊断开展系统研究，并于2000年左右得到初步应用，成为智能电网的发展基础。2008年南方冰冻雨雪灾害暴露出我国输电线路在线监测和运维能力方面存在突出短板，随着特高压输电线路快速兴建和配电网络的进一步完善，我国投入大量资源进行相关技术研究，通信、传感器、人工智能等数字技术的发展也为智能电网建设提供了条件。国内在智能电网相关技术领域已经开展了大量的研究和实践，其中输电技术尤其是特高压输电技术已经达到国际先进水平。配用电领域的智能化应用研究也在积极探索之中，但我国配电网关键设备的自动化程度、通信与数据监测水平和配调数据集成融合程度不高，尚未全面建设低压GIS和"配电变压器—用户"拓扑关系的自动识别，智能配电网技术应用范围较小，配电网在用户年均停电时间、综合电压合格率、线损率等方面与世界发达国家水平还有一定距离。电力服务方面，我国智能电表及用电信息采集覆盖率均超过99%，居民用电普遍实现智能化系统记录和远程购买，不再需要人工抄表，充电设施方面也建成了全球最大的智慧车联网平台。

（三）产业生态

1. 智慧输变电的场景生态

智慧输变电的主要架构如图4-5-2所示，包括：

一是基于云计算和边缘计算平台搭建总部—换流站/变电站两级的输变电设备状态集中监测中心，实现输电线路状态检修和全寿命周期管理，对重要输电走廊、大跨越、灾害多发区的环境参数和运行状态参数的集中实时监测和灾害预警。

二是通过在变电站、环流站、铁塔安装固定摄像头，使用无人机、直升机、

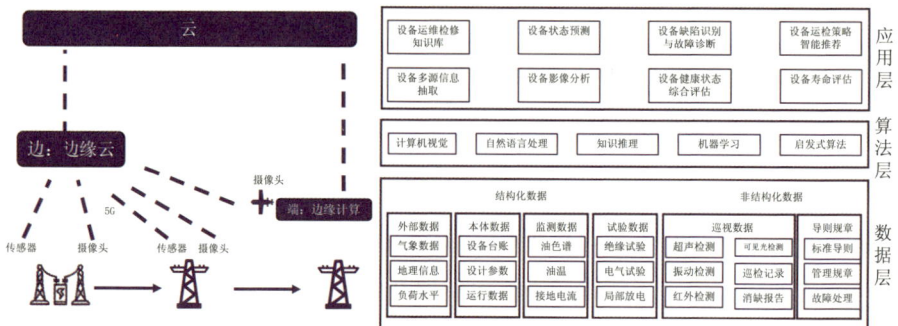

图 4-5-2　智慧输变电的场景

机器人等,在全线路范围、空天地三维度内巡回,通过 5G 接入网络,回传高清视频、图片,实现了作业现场超高清视频监控和电力设备影像,并基于 5G 切片技术保证无线通信安全。部分摄像头内置边缘计算能力,能够在本地实时处理视频数据,并将结果上传,实现端侧的边缘计算能力。

三是通过传感器监测数据、摄像头传回的影像数据,结合巡检记录、消缺报告等文本数据,运用人工智能和大数据,对输变电设备进行健康状态评估和预测、缺陷识别与故障诊断以及最佳运检策略的推荐。

2. 智能配电网的场景生态

智能配电网的架构如图 4-5-3 所示,具体包括:

一是通过智能配变终端和智能断路器等智能设备、高速电力线载波通信等通信技术和配网自动化系统,对环境状态信息、运行状态信息、电能质量和低压拓扑进行实时监测和分析,实现台区低压拓扑自动识别、精准故障定位、线损管理、电能质量分析及治理、故障精准主动抢修、最佳设备检修策略等工作,从而提高配网运行效率。

二是通过物联网技术的应用,实现分布式能源、储能、充电设施的接入和双向交互,提高供电可靠性与用电效率以及为节能减排提供技术保障。

三是通过智能传感和标识管理,对电力设备进行资产身份管理、设备全寿命管理和备品备件采购规划,提高资产管理水平。

3. 智慧充电设施场景生态

近年来,新能源汽车发展迅速,所带来大量的充电需求一方面对配变电容

提高配网运行效率	促使营销业务升级	提升资产管理水平	支持分布式接入
配网故障自愈	反窃电管理	设备全寿命管控	新能源灵活消纳与运行智能控制
状态在线评价	线损精益管理	资产身份管理	储能接入
故障风险预警	停电准确定位	设备质量评价	有序充电与充电桩布点优化
精准主动抢修	台区负荷预测	备品备件规划	区域灵活组网与时空协调互补
电能质量优化	业扩报装方案快速生成	高效精准投资	用电侧服务
低压拓扑识别			
配电规划			

应用层

电网资源业务中心

电网资产中心	电网资源中心	电网拓扑中心	GIS图形中心	模型管理中心	测点管理中心	电网分析中心	设备状态中心	作业资源中心	作业管理中心

数据中台

分析层	数据管理
共享层	
贴源层	数据运营

物联管理平台

设备管理	连接管理	模型管理	标识管理	……

平台层

GPRS/4G/5G	电力线载波	电力光纤网	卫星通信

网络层

配电终端

通信功能	交采功能	边缘计算	区域自治

数据库、网络操作系统和容器

Linux内核

统一的硬件平台及物理接口

汇聚层

感知层

配电网智能设备

低压智能断路器	智能电表	电器火灾监控装置	智能融合终端
拓扑识别装置	传感器	一二次融合智能设备	……

监控层

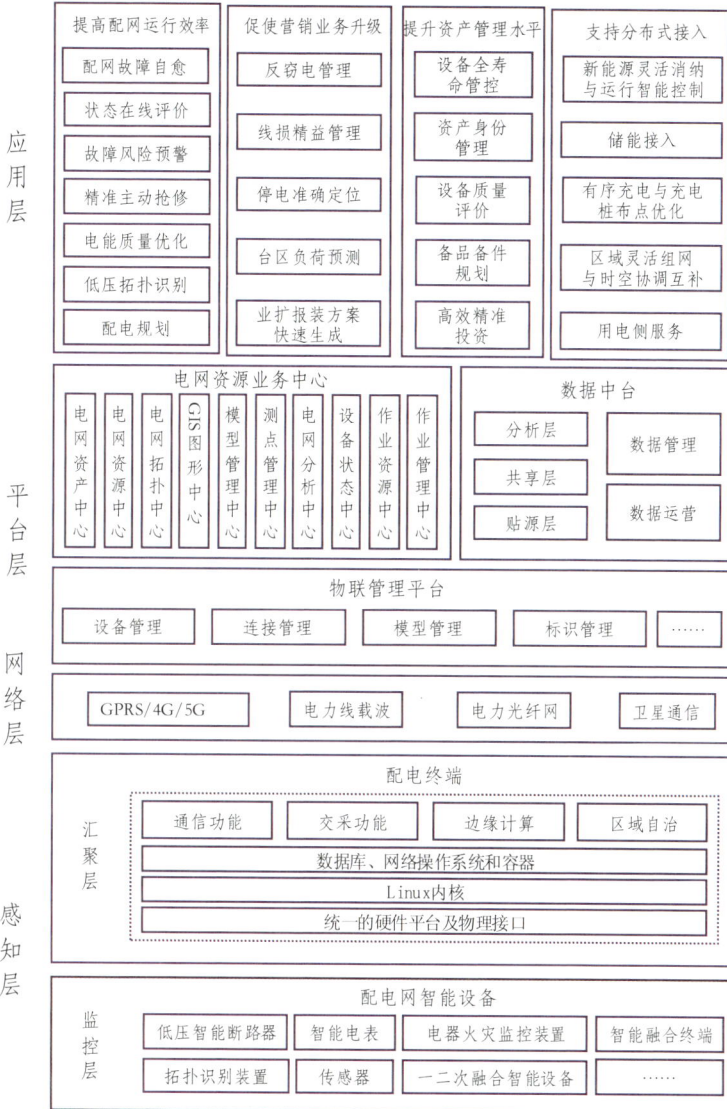

图 4-5-3　智能配电网架构全景

量提出了挑战,另一方面也对充电设施运行维护和服务可靠性提出更高要求。智慧充电设施的主要架构如图 4-5-4 所示,具体包括:

一是基于 5G 和边缘计算避免"死桩"。一些充电桩位于地下等通信不稳定的地方,给用户启停充电、支付缴费以及运营商对充电桩的监测运维带来了困难。5G 通信有助于提高充电站的网络稳定性和响应速度,而且可结合物联

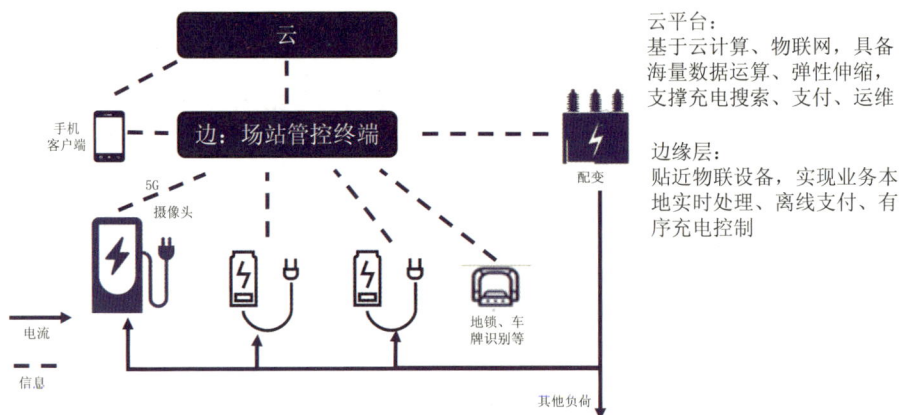

图 4-5-4 新型基础设施在新能源汽车充电设施中的应用场景

网技术为充电场站配套的各类安防、环境监测等设备提供更加快速、可靠的信息上传通道。通过智能边缘计算技术,可有效避免因网络抖动、带宽不足、云端服务中断等因素导致的充电桩上传数据丢失、服务中断等情况,实现稳定流畅的终端充电及可靠数据收集。

二是通过有序充电降低峰荷。传统充电桩由各用户决定何时启动,并且总是以最大功率充电,容易造成配电负荷跃升,因此配电变电容量需要留有较大的裕度。通过在区域内设置柔性充电管控终端,用户设定好充电量和取车时间,管控终端便可协调该区域内的充电桩按照最优最平稳的输出功率进行充电。

三是根据供需双向送电。根据电网中电力的供需潮流和成本,通过自动控制引导向电网或家庭、建筑反向送电(V2GB: Vehicle-to-Grid, Vehicle-to-Building)。

4. 智能电力服务的场景生态

智能电力服务的主要架构如图 4-5-5 所示,包括:

一是通过人工智能、地理位置服务和移动应用技术,实现办电用户身份验证、面对面办电指导、安全缴费、线上智能客服等功能,提高线上办电效率及安全性,进一步提高用户用电体验。

二是通过物联网和人工智能技术,将用户侧的发、用能设备连接到能源管

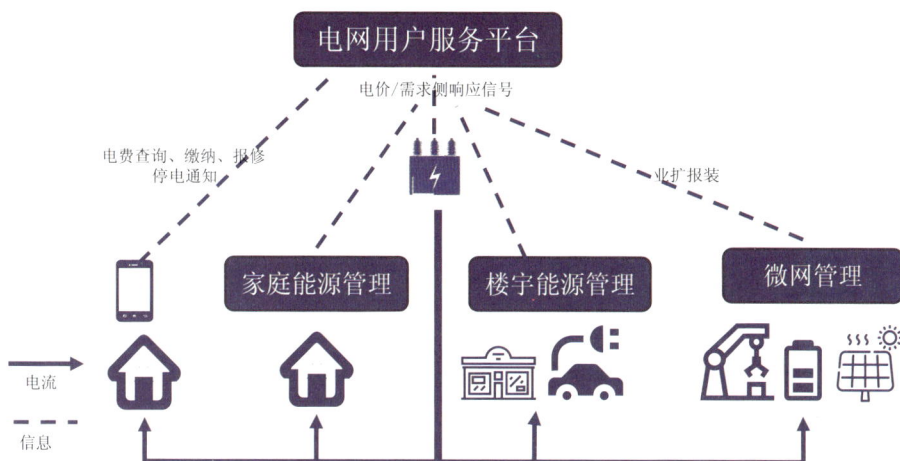

图 4-5-5　智慧用电互动场景

理系统中,根据发、用能的预测来协调用户侧能源设备的启停,并通过监测设备运行信号对设备进行预测性维护。

三是通过智能化的配用电设备,电网侧技术平台和用户侧能源管理系统,针对电网需求或电价信号,对用电功率进行控制,实现需求侧响应和降低用户用能成本。

(四) 应用场景案例

1.数字南网行动

南方电网 2019 年发布数字南网行动方案,旨在全面推行智能电网建设,整合覆盖电网生产、管理、运营的业务应用体系,建设基于云计算、数据中心、物联网、人工智能的数字电网、数字运营和数字能源生态,如图 4-5-6 所示,使得"电网状态全感知、企业管理全在线、运营数据全管控、客户服务全新体验、能源发展合作共赢"。

广州供电局以数字南网为基础,积极探索智能电网建设新方式,通过综合利用人工智能、大数据、云计算以及时空地理信息等技术,发布时空大数据云

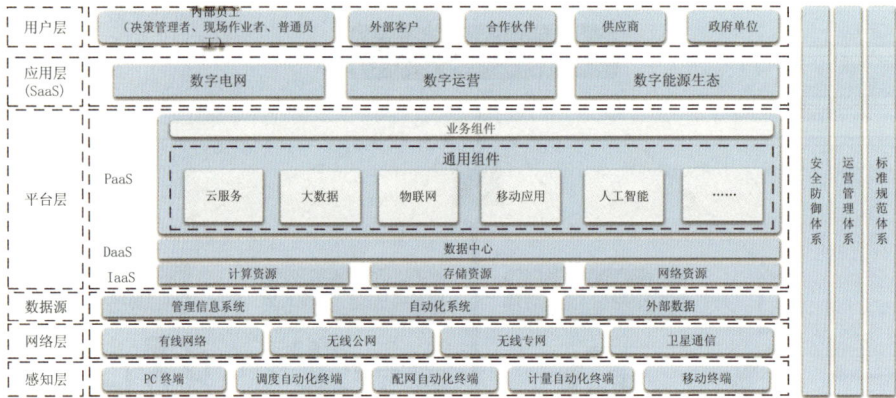

图 4-5-6 数字南网技术架构

资料来源:中国南方电网数字部。

平台。该平台时空可实现电网内外部资源云化、数据共享和业务融合,是面向电网、公众和企业的统一服务门户系统,以自服务的方式提供开放、多层次、按需调整的资源云服务和信息服务,目前已可提供基础地形图、电网资源专题图、业务应用专题图、时空数据分析四大类共 120 余个服务,为各业务系统的开发提供了快速通道,开发效率相比传统平台提升近 3 倍。

2. 上海进博会供电智能化保障

2018 年及 2019 年两届中国国际进口博览会在上海举行,国家电网基于物联网、大数据和人工智能等新型基础设施搭建"智慧保电系统"为进博会提供"世界会客厅"级电力保障,实现 99.9999% 以上的超高供电可靠性,这一指标已经比肩甚至超过东京、巴黎、新加坡等国际先进城市,达到世界一流水准。

进博会保电区域电网内分布的数量庞大的智能感知传感器等"神经末梢",通过物联网平台将数据在分发、共享和分析利用中进一步产生效益,保电核心区内主要电站、线路、保电对象、保电资源等关键信息和数据的采集全面覆盖,并且以可视化的方式呈现给保电指挥系统,实现对电网设备状态的"全景看"。具体来看:

第一,针对保电期间重要输电通道上的安全问题,可视化监拍装置所对输电通道进行 24 小时不间断智能监控,利用人工智能技术,能够自动甄别吊车、推土机、挖掘机等外破隐患并及时发出预警。

第二,通过无人机,对进博会67条保电线路进行全线检查,完成3轮特巡工作,确保各类销钉级缺陷无遗漏,准确掌握保电线路运行状态,保障线路健康状况能控、可控、在控。

第三,进博会核心区内大量使用的智能巡检机器人,除了通过图像识别记录各类仪表显示信息、设备铭牌信息外,它还能直接"看"到设备内部情况。例如设备内部温度如果偏高,智能巡检机器人携带的红外检测设备会拍摄并识别红外缺陷,实现红外缺陷诊断耗时减少约80%,整体工作效率提高3倍以上。

在数据全面采集的基础上,利用多维统计分析、机器学习、多层神经网络深度学习等人工智能算法,建立基于数据驱动的状态评价模型、故障诊断和预测模型,实现对电网态势的"全息判"。

在大数据、物联网、人工智能等技术的运用下,国家电网上海电力公司成功实现"电网设备零缺陷、重要负荷零闪动、供电服务零投诉、安保反恐零事件、人员工作零差错、网络信息安全零漏洞"和"确保场馆供电万无一失、确保城市基础设施供电万无一失、确保全市生产生活用电万无一失"的"六零三确保"保电目标。同时,保电期间巡检工作将由原来的"现场值守,动态巡视"向"智慧看护,主动干预"转变。2018年,首届进博会期间,上海电力共投入一线保障人员5000余名。2019年进博会保电对象增加近四成,全部巡检蹲守人员仅增加约16%,主要场馆保电路径巡检人员减少一半。

3. 中新天津生态城智能电网综合示范工程

2011年中新天津生态城智能电网综合示范工程竣工投运,一举成为国际上覆盖面积最广、功能最齐全的智能电网项目,标志着国家电网公司坚强智能电网建设取得了具有划时代意义的成果。通过将人工智能、物联网、云计算和大数据技术融入电网中,在不断的研究、试点和实践下,于2016年实现三个突破:突破分布式电源"即插即用"、微电网灵活控制关键技术,使生态城年清洁能源发电量达1300万千瓦时;突破智能配电网运行控制、配用电集成关键技术,实现供电可靠率达到99.999%;突破大数据、移动互联应用技术,建成智慧城市综合能源信息服务平台,支撑起智慧城市建设。

— 239 —

4. 5G 技术承载智能电网功能

2020 年 1 月,中国移动联合南方电网和华为在深圳完成 5G 技术承载智能电网业务应用测试,覆盖输变电、配电和用电等领域,取得七项全球第一,其中完成全球首条 5G SA 网络承载差动保护配网线路测试,业务指标验证 5G 技术在保证智能电网业务安全隔离的同时,满足控制类业务毫秒级低时延和微秒级高精度网络授时需求。未来随着 5G 技术在智能电网特别是配电网的大规模应用,可实现配网线路区段或设备的故障判断及精准定位,快速隔离故障区段或设备,故障隔离时间由分钟缩短到百毫秒级,全面提升智能电网整体运行水平。

5. 长沙市智能配电服务

2019 年 12 月,长沙市政府与国网湖南公司发布"长沙智慧电网三年行动计划",推进 12 项电力工程,建设 5 个用电示范区,使长沙电网安全可靠、优质高效、绿色低碳、智能互动。着力于深化"互联网+供电服务",届时长沙用户平均办电时间将压缩 25%,核心城区户均年停电时间不超过 5 分钟,全市

图 4-5-7　点亮湘江提供停电通告、用能数据和分析等服务图

资料来源:国网湖南电力公司。

"获得电力"指数达到国内一流水平。当前已上线的"点亮湘江"平台,面向用电用户实现了电费缴纳、用能分析、业扩报装、报修检修停电公告、电雷锋等服务的一码通办,面向电网员工实现掌上客户信息查询和报修接单,实现及时处理用户业务,让电力服务触手可及。

六、智慧金融

金融是现代经济的核心,金融服务行业一直是创新的积极实践者和受益者,我国金融服务行业在全面信息化建设浪潮中处于前列,在 5G 网络、数据中心、云计算、人工智能等新型基础设施日趋成熟、高度融合之下,"智慧金融"成为金融服务演进的方向,以更加高效、安全、定制化的服务,体现在金融全链条运行当中。与此同时,"智慧金融"与智慧城市、智慧农业、智慧交通等业态日益交融,形成智慧金融生态圈,为金融行业自身提供转型驱动力,进一步实现"以智促惠",更加精准、灵活、广泛地实现资源配置,让资金融通这一基础性功能更"聪明"地作用于传统产业转型升级,服务于实体经济高质量发展,普惠于社会民生各领域。

(一) 智慧金融的概念及特征

1. 什么是智慧金融

智慧金融是指依托于互联网技术,在各类金融业务流程中,综合运用云计算、大数据、人工智能、物联网、5G 通信等技术手段,促使金融产品及服务供给的智慧化提升,提高金融各业态的智能化、数字化水平,同时通过金融与实体经济相结合,进一步增强与金融相关的生态体系的智慧化程度。

智慧金融通过优化金融供给侧效率,促进金融服务更加安全、智能、个性化,引导用户从大众消费到个性消费、从单一消费到多元消费、从被动满足到主动寻求转变,推动金融企业服务从企业申请转向全面赋能,还能将投

生态层	•智慧零售 智慧交通 智慧城市 智慧农业 精准扶贫 智慧医疗 个人/企业智能综合决策
应用层	•智能支付 银行数字化 保险智能化 资本市场及资产管理数字化 智能风控
技术层	•云计算 大数据 人工智能 区块链与分布式计算 物联网 5G Wi-Fi6 AR/VR OPENAPI

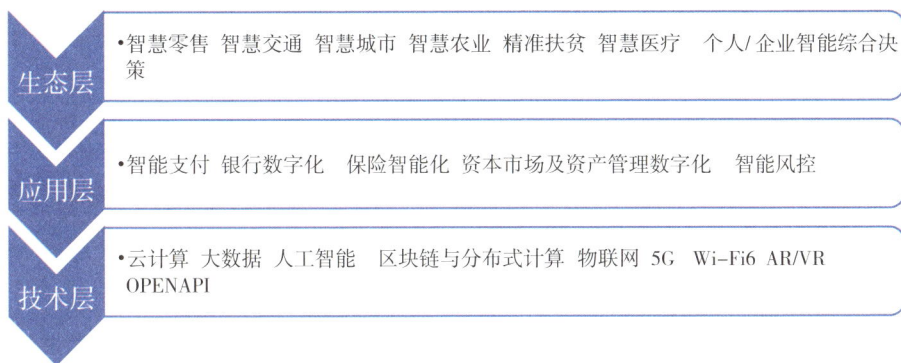

图 4-6-1　智慧金融图谱

资带入新场景、新生态,成为未来投资领域新风向标。金融机构完成智慧数字化转型,将会成为一个连接客户和财富、资产的平台。智慧金融是金融业演进发展的未来方向,相比传统金融,有望实现效率更高、成本更低、体验更好。

2. 智慧金融的特征

综合而言,智慧金融最为显著的特征为智能化、场景化和开放化。

（1）智能化

智能化是传统行业数字化转型所追求的目标,随着新型基础设施的完善,更多理论和技术落地,智能化将会在前中后全业务链条中得到更加深入的体现,包括营销获客、产品创新、交易服务、风险管理和运营等。例如,依托于海量数据的智能营销,帮助金融机构更深地洞察客户需求并预测其行为,进而将最适合的金融服务在最适当的时间推送给他们,提升用户体验值和转化率;通过音视频技术、VR/AR、生物识别等技术,金融机构将可以创新出更多优质和个性化体验的产品和服务,并以更智能化的方式提供给客户;将机器学习、知识图谱、自然语言处理等人工智能技术应用于风控中,由过去以满足合规监管要求的被动式管理模式,变成主动监测预警方式,进一步强化金融机构实时风险监测能力;基于自然语言处理、语音识别等技术的智能客服,在与客户不断的问答交互中,通过"应用—数据—训练—学习"的不断循环,更加高效、准确地理解客户需求,优化各类服务和产品的客户体验。

（2）场景化

个人和企业的金融需求,越来越需要在需求产生之时便获得对应的金融服务。在智慧金融模式下,金融服务与新技术、新应用密切结合,持续渗透至各类场景,形成广泛的金融服务生态圈,促进各行各业数字化转型,为数字经济发展提供支撑。例如,在零售场景中,客户可以通过消费贷的方式购买商品,享受账期内延后付款;在工作场景中,客户在随时可以查看个人工资的同时,还可以享受薪酬预支、个人理财等金融服务;在医疗场景中,从挂号、候诊、就诊等环节全流程跟踪,自动发起支付,并将所需的信息自动收集发送给保险公司进行理赔。在供应链金融场景中,借助区块链技术手段,可以实现供应链上下游信息流、资金流、物流等数据的互联互通和实时共享,有助于更加快速、精准地评估企业资金需求,优化资金配置流程。

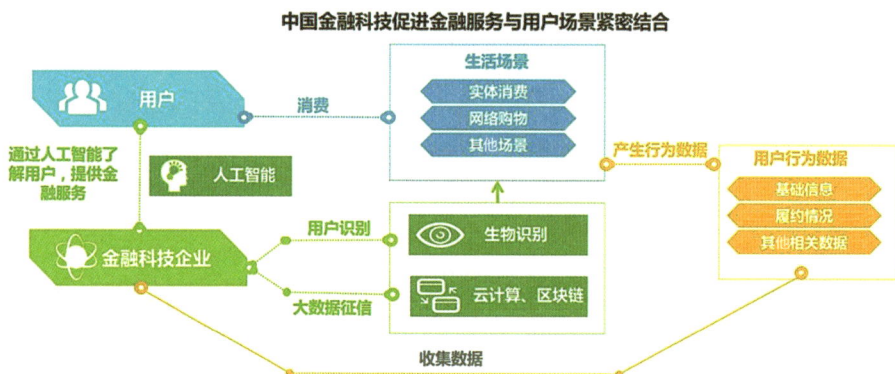

图 4-6-2 智慧金融与用户场景

资料来源:腾讯。

（3）开放化

在开放的生态下给客户提供更好的金融服务,必然是智慧金融的重要特征。在全球金融行业开放和共享的趋势下,开源开放平台、区块链等将帮助金融机构通过 OpenAPI(开放平台)的形式,把自身的数据、算法、产品和服务等,开放给第三方公司,间接服务金融客户,极大拓展了金融服务生态。例如,在云计算的架构支撑下,银行通过微服务将各个业务服务模块化,可以和基金公司的产品和服务进行灵活配置,使金融产品和服务更加丰富,拓宽客户的选择范围。

（二）智慧金融发展的国际比较

1. 全球智慧金融发展历程

智慧金融的演进,可以分为四个阶段:(1)金融信息化阶段,搭建金融基础设施,提供底层支持;(2)互联网金融阶段,培养用户使用习惯,优化用户体验;(3)金融科技阶段,金融服务加载云计算、大数据、人工智能等前沿技术;(4)智慧金融阶段,各类技术手段与金融业务无缝化衔接,促进形成金融生态体系。

图4-6-3　智慧金融发展历程

资料来源:腾讯。

金融行业是一个高速变化的行业,云计算、大数据、区块链等技术正推动着金融服务开启新一轮的变革。随着科技发展,金融服务正在向"智慧化"方向演进。

表4-6-1　智慧金融依托的基础技术服务

智慧金融依托的市场支持服务	门户和数据集成
	生态系统(基础设施、开源、OpenAPI 等)
	大数据应用
	分布式账本技术(区块链、智能合约)
	安全(客户身份识别和验证)
	云计算 5G Wi-Fi6
	物联网移动技术
	人工智能(机器人流程自动化、算法、生物识别技术等)

资料来源:巴塞尔银行监管委员会(BCBS)。

我们认为,智慧金融是建立在金融服务渠道变革基础上的立体化场景及模式创新,依托于互联网、移动通信等信息技术,金融业务实现全面网络化、移动化,由金融机构搭建业务平台,通过远程渠道汇聚用户,而通过云计算、区块链和 API(Application Programming Interface)等技术,实现各类业务信息和数据共享,再结合各类生产生活场景,可以进一步为客户提供顺畅、无缝化的金融服务体验。同时,机器人流程自动化(RPA,Robotic Process Automation)、生物识别、机器学习等也可以为金融机构运营和风控提供技术支撑,实现精细化、智能化、场景化金融服务模式。

2. 国外发展情况

(1)美国

美国智慧金融的发展处于一个相对成熟稳健的阶段,且相比于其他国家,有着创新、多元、核心科技领先等诸多优势。如区块链的核心技术哈希加密算法就是来源于美国国家安全局(NSA)。零壹智库数据显示,2019 年在全球公开披露的金融科技融资中,美国融资总额 744 亿元,占全球的 28.4%,仍排名第一,而中国融资总额为 656 亿元,位列第二。

美国的金融体系建立较早,经过长期发展已形成了发达的金融市场,金融产品和服务较为完善。美国传统支付工具如信用卡、支票普及率高,客观上抑制了新兴支付工具的发展。而传统金融机构在科技创新领域研发领域保持较大投入力度,用新兴技术优化传统业务流程。比如,花旗银行通过组织架构调整,创立风险投资、创新孵化器及实验室,全方位打造了适应金融科技时代的创新生态系统,有助于激活组织创新力。摩根大通的金融科技战略包括大数据、网络安全、电子交易、机器学习、支付系统五大重点,在其 2016 年员工构成中,有 17.5% 为 IT 相关工作人员,在科技研发投入达 95 亿美金。金融机构自大数据、人工智能以及区块链等科技诞生之初就开始自发进行技术与配套组织架构升级,因此,新兴金融科技业务没有大幅削弱传统金融机构地位,反而使其转变为金融科技领域"领跑者"。总体上,美国智慧金融更多表现为以传统金融基础设施升级完善、金融服务和产品更智慧化为主。

(2)日本

日本智慧金融的发展正处于一个相对初级的阶段,且面临着严监管、民众习惯、个人隐私保护等问题的影响,使之不能快速发展。

在监管方面,日本拥有着较为完善的法律法规,对金融领域实施严格的监管,虽然近年来陆续出台了相关法规以支持初创型金融科技企业发展,但是严监管仍然在一定程度上使得日本错过了智慧金融的黄金发展期。

在民众习惯方面,由于日本长时间处于低利率甚至负利率时代,日本民众更倾向于持有现金作为保值和增值的手段,根据国际货币基金组织的调查结果,在日本的家庭资产中,现金占比高达 52%。所以,民众储藏现金以及使用现金进行支付的习惯不利于日本的智慧金融的发展。

在隐私保护方面,日本对个人的隐私保护和数据安全十分看重,目前日本只有不到 20%的人使用网上银行服务,会使得日本群众对于智慧金融的需求严重不足,使得智慧金融在日本的受众范围很窄,缩小了其发展空间和潜力。

总体而言,日本的智慧金融发展受到本国国情及民众多重因素的制约,相较其他国家而言,仍处于初级阶段。

(3)欧洲

欧洲智慧金融的发展尚处于一个快速发展期,欧洲的国家和民众正在享受其发展所带来的红利和便捷。在英国智慧金融细分领域,P2P 借贷和众筹融资发展较早、发展迅猛,为解决小微融资问题提供了参考,英国 P2P 行业及监管一度成为世界各国研究借鉴的模式。此外,英国是世界上最早开始提出开放银行概念的国家,率先开始开放银行的探索与实践。德国的智慧金融目前以自动咨询和移动支付为主,可以将社交平台和传统保险公司联系起来,用户通过此方式投保可以节省近一半的保费。

3. 国内发展情况

相较于其他国家的发展,我国的智慧金融发展处于萌芽但快速发展阶段,部分业态应用早、用户多、普及率高,如移动支付业务在市场份额和交易规模上都处于世界领先水平。国际清算银行研究显示,早在 2017 年,中国的消费类移动支付总体规模与 GDP 的比例已超过 16%,而美国约为 0.6%,印度约为 0.55%,英国不到 0.01%。

在核心竞争力方面,我国智慧金融产业发展优势在于市场需求庞大且互联网/移动通信应用普及率高,在应用层面的创新能力强,容易形成规模化应用,但相对劣势在于基础技术创新上存在短板,比如,在云计算、人工智能、芯片技术等金融行业赖以生存的重要领域,发达经济体掌握较多的核心技术。此外,金融服务与智能化发展水平仍不够均衡、不够充分,智慧金融发力点集中于零售支付、信贷、获客等个人金融服务领域,而国外发达经济体智慧金融在资本市场的应用先行一步。

(三) 智慧金融应用场景

智慧金融是对金融业务、技术手段、应用场景等要素的融合与创新,对未来的金融服务中的供需关系将产生变革性影响。在金融产业演进发展过程中,金融机构、金融科技企业等市场主体应充分立足于客户需求,发挥各自优势,开展协同创新,实现多方共赢。

1. 智慧金融应用场景图谱

各类前沿信息技术与传统金融服务的融合创新,智能支付、银行服务的数字化、保险业智能化、资本市场数字化、智能风控等智慧金融应用场景应运而生,在引领传统金融转型升级的同时,对实体经济高质量发展和改善民生福祉也作出了积极贡献。

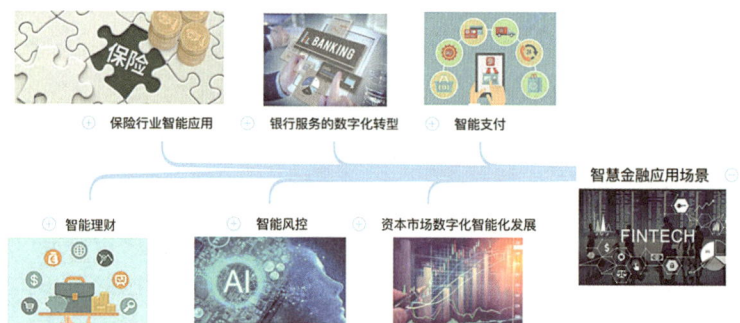

图 4-6-4　智慧金融应用场景图谱

2. 智能支付快速发展

移动支付是支付体系的重要蜕变,使用户能够随时随地获取所需服务并完成支付过程,但是传统的移动支付只是作为一个中介,连接客户和银行,使之可以在移动设备上使用银行的支付服务。而智能支付则是移动支付的进一步升级,应用更多新技术为支付业务赋能,加快智能支付发展,实现支付流程的智能化。

借助大数据分析,移动支付平台能够综合有效的数据,快速识别并评估交易活动中的风险,对风险较高的交易进行拦截并同步反馈给用户,经客户再次验证后完成相应操作。而依托基于位置的服务(LBS)技术,支付服务运营机构通过用户地理位置数据比对,拦截可疑交易,有效防范盗刷等不法活动带来的资金安全风险。越来越多的移动支付平台在向智能化转型,搭建了以场景为核心要素的创新支付模式,从电子商务、社交娱乐延伸至零售、餐饮、缴费、医疗、交通、教育等各个行业,用户规模和交易金额的攀升,为商业银行、清算组织、服务商等上下游参与者带来了手续费等收入贡献。移动支付方式的普及,催生了线上保险、线上理财、线上证券交易等业务,保险、基金、证券公司等传统金融机构也扩充了用户基础,活跃了交易频率,增加了佣金等收入来源,创造了合作共赢、良性发展的市场空间。

3. 银行服务数字化转型

"适时而在,因需而现"。随着用户需求的变化、金融科技的发展和智能设备的升级,金融服务的移动化、场景化将成为未来智慧银行的重要趋势和形态。数字化转型是银行未来发展的必然选择,而新型基础设施建设将进一步加速这一过程。"智能银行"和"开放银行"都是银行服务数字化转型的重要方向。其中,智能银行通过新型基础设施相关技术的创新和应用,将银行服务从固定网点、自助机具上,通过互联网络、移动通信网络延伸到日常场景中,突破空间和时间的制约,以更高效率、更低成本、更优体验满足更多元化、更个性化的客户需求。

"开放银行"则是以开放 API 为基础,以数据共享为本质,以平台合作为模式。开放银行的建设必然以数字化新型基础设施为基础支撑。云计算和大数据为银行的平台能力开放和数据价值发现提供了基础,而区块链技术则使得银行内外部数据的合规共享和有效利用成为可能。

图 4-6-5　智能银行发展阶段

资料来源:腾讯。

4.保险行业智能应用

保险行业在新型基础设施的助力下形成无边界、高融合的开放生态新业态和新生态,充分发挥其风险保障属性,为经济社会的发展提供更多的风险保障和服务作用。当前保险行业正在通过以下几大领域的探索和实践,逐步完成数字化、智慧化、生态化的新一代产业生态的构建,这一切,都离不开互联网基础架构以及数据智能等数字经济新基建的广泛应用。

产品研发。以人工智能和大数据技术为支撑,保险产品的迭代和创新步伐将进一步提速,险种设计、责任判定、保险定价等都将借助技术手段得以优化,有望实现保险产品和服务的"千人千面"。

营销模式。以社媒营销为切入点,建设多触点全渠道的营销能力,积极拓展生态合作,进行客户引流。

展业模式。移动互联对传统展业模式也进行了颠覆性创新,极大减少了险企的运营成本并提升运营效率。

风险管控。5G和物联网技术对于个人健康的实时采集、动态更新,充分体现预防重于赔付的健康管理理念。

客户服务。数据智能的应用使得理赔流程越发透明和简化,意味着客服体验和品质的进一步提升。

运营管理。内部高效协同,各个渠道、各个部门、各个流程无缝衔接,高效运转,实现运营管理一体化。

5.资本市场智能化发展

伴随着新型基础设施领域不断建设与战略投入,未来云计算领域会形成更加完备、垂直、精细化的运营服务格局。金融行业云的建设可以提升全行业特别是中小机构的数字化智能化水平,实现技术的行业普惠性输出,并且对于未来资本市场相关金融行业的信息系统自主可控建设也具有重要意义,通过整体促进行业业务场景与云计算技术的结合创新,进而推动全行业的效能提升。

在智能投顾方面,财富管理与新兴金融科技融合,使得财富管理行业正在进入新的阶段——智能财富管理。相较于传统投顾服务,智能投顾在获得门槛、收费水平、服务效率、产品丰富程度等方面具有优势。

6.智能风控

智能风控是在数据驱动下提升风控与运营水平,金融科技的普及为智能风控提供了扎实的技术支撑,广泛应用于支付清算、信贷融资、保险理赔等各个场景中。信息的产生及获取在互联网环境中发生了颠覆性变化,出现了大量非标准化、碎片化的数据,随着时间积累,数据的规模越来越大、来源越来越丰富。随着大数据计算分析水平的提升,金融服务机构通过不同维度形成的数据模型,可以从交易和账户数据、商户数据、用户行为习惯、异常网址和App库等角度综合评判风险,进一步搭建起"立体监控+生态联防"的智能风控体系,可以对风险进行及时感知、准确甄别、快速响应,筑牢金融安全防护网。

（四）智慧金融典型案例

1.物联网智能支付

在物联网设备上增添支付功能,这些设备就能自动地订购新项目、更新订阅,而无须任何额外的验证。比如,当家里鸡蛋将要吃完的时候,物联网冰箱可以自动从当地的超市购买新鲜鸡蛋并完成支付。这种"无缝对接"过程使用户无须再担心鸡蛋供给问题,也无须花费时间选择和购买鸡蛋,一切都由物联网自动完成。此外,物联网设备可以跟踪和分析用户的购买行为和个人偏好,直观地显示用户最想要的商品或服务。

2. 银行数字化转型

VTM(远程智能柜员机)是介于银行人工柜员和电子银行渠道之间的一种新兴电子渠道服务,具有功能全面、智能协同、分布广泛等特点,我国首台"远程智能柜员机 iTM"于 2012 年投放上市,银行网点服务智能化升级开始起步。借助多媒体通信技术,VTM 将网上银行、电话银行、ATM 和人工柜员等各种服务渠道进行了融合再造,90%的柜面业务都可以通过 VTM 机具进行。

在开放银行方面,国内部分商业银行已推出 API BANK,结合零售电商、跨境业务、线上贷款、对公账户体系等场景需求,推出适配的解决方案,并与多家合作方开展应用对接,实现以客户为中心、场景为切入,重塑银行业务和服务模式。如某行全面实施了智慧银行信息系统(ECOS)转型工程,依托于企业级业务架构,在智能化、标准化数据体系和分布式、松耦合 IT 架构的基础上,实现产品服务整合、业务流程联动、信息数据共享,建立智慧普惠、开放互联、共享联动、高效灵活、融合共建的金融服务体系。

在产业银行方面,金融通过深度与产业融合,将改变银行传统基于线下静态企业需求的"银企关系",通过线上的方式,全程介入企业与企业之间全生命周期的交易过程,依托物联网、云计算、边缘计算等技术手段,全面把控物流、资金流、信息流等关键信息和要素,基于对在线的、动态的"企企关系"(如在线交易)的实时掌控,主动识别关键交易节点,自动匹配产品方案,并可提供定制的解决方案,实现以核心企业为中心、覆盖大量中小微企业的产业银行服务模式。

3. 保险智能定价

虚拟现实(VR)、增强现实(AR)、传感器、可穿戴设备等技术的普及,有助于进一步提高保险定价的精准度。以 UBI 车险为例,除了投保人个人信息、车辆信息及使用情况、历史理赔记录等,某保险公司使用手机感应设备收集驾驶状态数据,可以根据刹车、拐弯、提速等行为数据,开发了相应风险预测模型,可进一步对潜在驾驶风险进行预测,从而制定差异化保费,不仅可以帮助改进驾驶习惯,同时也能为保险公司降低理赔成本。

4. 智能投顾

智能投顾的本质是投资顾问业务,属于证券投资咨询业务的一种形式,一般是由服务机构应用创新技术,根据投资者风险偏好和投资需求,在有限(或没有)人为参与之下,借助算法程序等提供资产管理服务。受益于技术算法的改进,智能投顾的服务费远低于传统投顾,典型收费范围在 0—0.5% 之间。如国内某银行推出智能化的投顾服务(AI投),通过对客户风险偏好和投资期望进行分析,制定智能投资模型,在相同风险水平下,为客户提供收益最优的

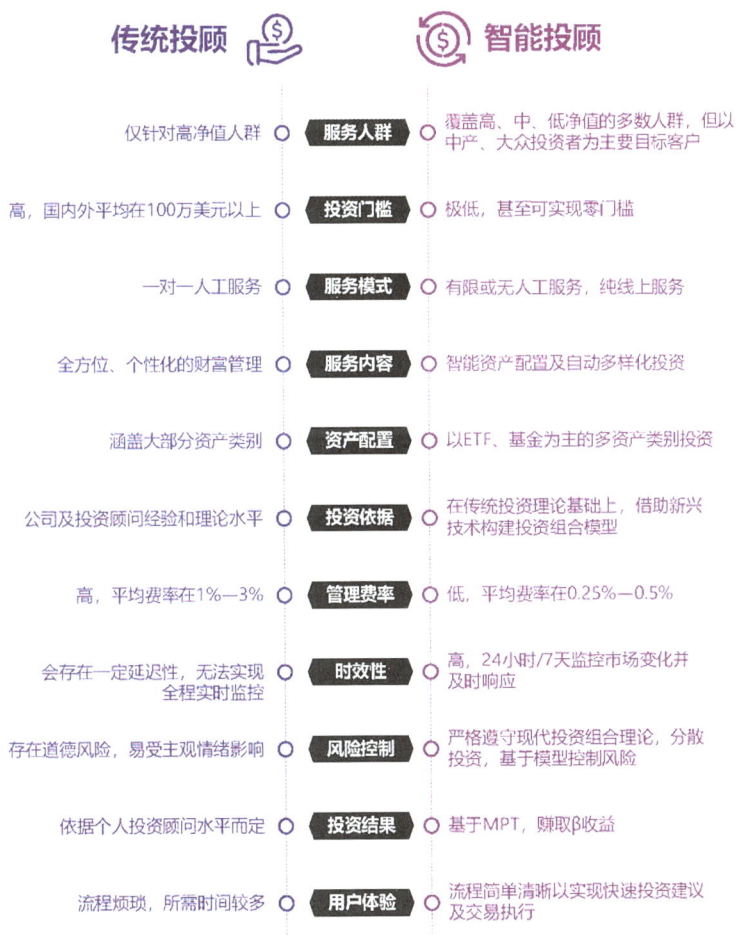

图 4-6-6　智能投顾与传统投顾的比较

资产配置计划。

5. 智能理财

过去理财产品通常只是简单进行问卷风险测评,测评结果受用户思维限制且客观性不足。智能理财运用用户的历史投资行为、理财产品浏览记录、持仓情况等大数据,对客户的财富实力、理财需求、理财偏好以及风险承受能力评估,生成精准用户画像,来针对性地匹配理财产品,提升用户的购买体验。如证券业"储宝宝"客户端,通过对不同风险偏好的客户精准定位,提供现金管理、公募基金和高端理财等不同风险偏好和期限的产品,同时,利用大数据采集功能,为客户提供资产全景视图,精准计算各项资产盈亏情况,为投资和财富管理决策提供数字化的依据。

6. 智能风控

智能风控参与交易全流程。如某商业银行充分利用智能大数据平台建设实施风控平台,对交易风险决策的响应速度达到了 30 毫秒以内,真正做到事中实时欺诈监测,在 6000+专家规则的基础上,配置千万维度的机器学习算法,风险案例数量下降 50%,为客户每年挽回超亿元的欺诈损失。

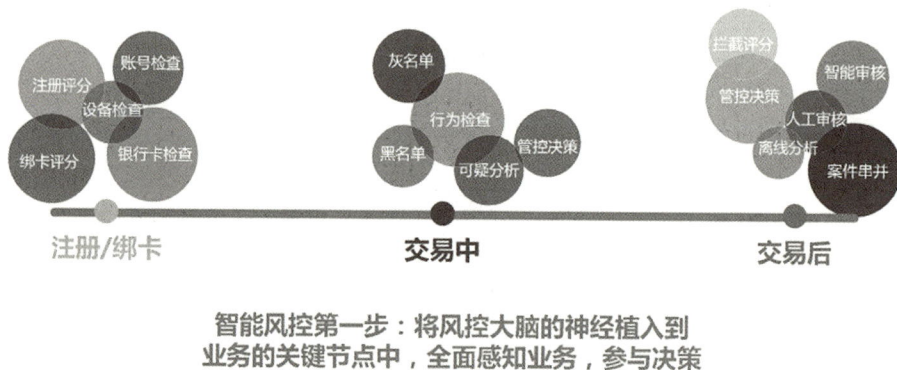

智能风控第一步:将风控大脑的神经植入到
业务的关键节点中,全面感知业务,参与决策

图 4-6-7　智能风控参与交易全流程

资料来源:腾讯。

如某商业银行建成功能完备、覆盖全面、风控智能、运营高效的企业级事中风控体系。该体系结合内外部数据,全面采集分析身份、交易、行为等多维度金融和非金融信息,对客户、账户、渠道进行综合分析,利用数百个规则因

子、风险特征模型和数十类机器学习算法,自动挖掘风险特征,实时评估监测并处置风险点,对高风险客户、高风险交易进行筛选、甄别、预警,根据监测结果选取适合的已有认证工具,对客户交易给予差异化认证。

7. 大数据反欺诈

以移动支付行业的反欺诈为例,移动支付具有全天候、超越空间地理限制和资金瞬时到账等特点,且不法分子盗刷手法的隐蔽性、欺骗性不断升级,越来越趋同于"真实用户",难以通过常规风控手段加以识别和打击。日益提升大数据分析能力为反欺诈工作提供了全新的路径。某支付平台面临资金盗刷、诈骗、洗钱、刷单等各类风险挑战,通过综合各类商户、用户、设备等有效数据,在实时、稳定、高效的系统能力保障下,利用贯穿交易流程的数据平台和可视化机器学习平台,将风控大脑神经植入支付业务全流程中的各关键节点,实现每一笔交易经过风控体系多重监测,从而全面感知业务、参与决策,形成严密完整的智能风控体系。

七、智慧物流

物流作为当代社会重要组成部分,在国民经济和社会发展中发挥着重要作用。智慧物流深嵌产业的制造与销售流程,有助于提升各产业的经济与社会效益,实现物流驱动产业升级,形成物流与产业互动的新局面,对优化资源配置、促进经济发展具有积极推动作用。

(一) 内涵特征

1. 内涵

智慧物流包含物联网、云计算、大数据等新型信息技术和智能设备设施等科技要素,通过高效的执行、运营与决策等领域智能化能力,实现物流作业自动化、物流管理与流程的可视化、物流规划与决策的智能化,最终达到提升物流运营效率、提高服务质量和降低用工成本的目的。

2. 特征

(1)数据驱动

仓储、运输、配送等物流各要素实现互联互通并实现所有业务场景数字化,全过程透明可追溯,自动判别客户需求并提供可靠的定制化服务,以"数据"驱动决策与操作执行。

(2)深度协同

跨组织之间深度协同,既包括企业内部生产过程中,也包括企业与企业、企业与个人之间的全部物流活动,基于全局优化算法协同起物流过程中诸环节,以最低的成本调度整个物流体系中各参与方高效分工协作。

(3)智能决策

通过大数据、云计算与人工智能等技术构建物流决策智能大脑,在感知中执行、在执行中学习、在学习中优化,不仅仅局限于库存水平的确定、运输道路的选择、自动跟踪的控制、自动分拣的运行等决策问题,随着技术的发展,将不断地赋予智慧物流新的内容。

(二) 国内外发展现状

1.国外发展现状

近年来,物流领域随着物联网、大数据和人工智能等信息技术水平的不断进化和创新,为智慧物流较快发展提供了强有力的技术保障。美国、日本和欧洲等发达国家现代物流朝着智能化、数字化不断发展。

美国是世界上最早发展物流产业的国家之一,拥有着宽松有序的物流发展环境、先进的智慧物流系统、较强的国际化物流公司。20世纪80年代,美国政府及相关行业协会开始推进物流的标准化与规范化管理,包括国内行业之间、国内行业与国际水平之间的标准化与规范化,形成了相对规范的智慧物流体系。此外,美国已经形成成熟的物流运营系统管理软件体系,使美国物流企业能够在相同管理平台上进行研发与协同,实现企业运营自动化、管理数字化与给客户的服务智能化。

日本基于完善的物流自动化硬件研发和制造体系,形成较为完善的智慧物流生态体系。2018年日本政府提出"SIP(战略创新计划)智慧物流服务"倡议计划,该计划旨在将物流作为一种社会基础设施,通过提高物流效率和增加附加值来可持续地支持产业经济增长,鼓励在物流大数据平台、可视化物流技术、精细化物流方面进行智能升级改造。

欧洲等发达国家拥有完善的国内物流监管和物流标准体系,为以物联网和人工智能等为核心的新一代技术在物流行业的广泛应用提供了基础,形成了标准统一的数据体系。然而,虽然包括德国政府"工业4.0"和欧盟"数字化欧洲工业计划"在内的一系列政策出台,支撑起欧洲智能制造与智慧工厂的运行并带动了智慧物流的发展,但由于欧洲各国市场相对分散和独立,加之欧盟出台的"通用数据保护条例"限制了互联网等技术的发展和数据应用场景的推广,致使在以消费体验、柔性化生产为核心的新型市场环境下,欧洲智慧物流停留在了物流自动化阶段,向数据驱动的智能化时代的迈进步伐较慢。

2. 国内发展现状

目前,我国拥有全球最大的物流市场,2019 年社会物流总额达到 298 万亿元①,社会物流总费用与国内生产总值(GDP)比率(以下简称"比率")总体呈现下降趋势,物流效率不断提升。但面对物流行业竞争日趋激烈、绿色环保压力以及土地资源紧张等现状,近年来比率递减速度放缓甚至出现回升趋势。

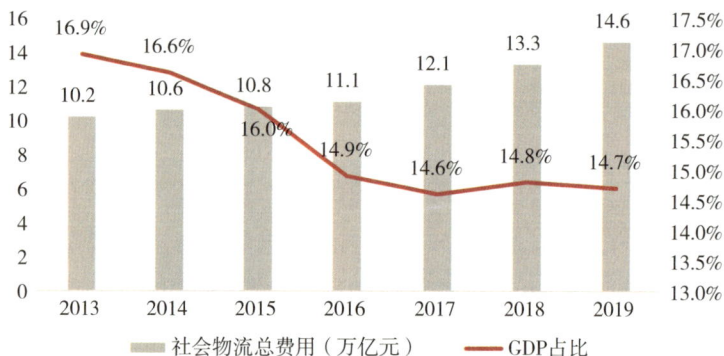

图 4-7-1　2013—2019 年国内物流行业发展现状

资料来源:中国物流与采购联合会。

我国政府先后发布《"互联网+"高效物流实施意见》《中国制造 2025》等一系列指导性文件,促使我国智能设备设施制造快速发展。上述条件为我国智慧物流发展提供了良好的软件与硬件环境,为推动我国智慧物流的快速发展奠定了基础。我国智慧物流发展现状有以下几个特点:

新兴信息技术得到广泛应用。近年来,大数据、物联网、云计算等新技术驱动物流在自动化、数字化和智能化等方向持续快速变化。新技术驱动物流逐步实现全链条场景数字化、全要素互联以及自动化决策。

---

　　①　数据来源:中国物流与采购联合会。

智能硬件在物流领域运用广泛。近年来,基于我国先进的智能设备制造技术,智能终端、智能设备(Automated Guided Vehicle,简称 AGV)、无人机、自动化设备(自动化立体库等)等硬件应用于物流作业过程,缓解了劳动力需求问题,为进一步降低物流成本提供了新的方案。

智慧物流创新市场朝气蓬勃。目前已有的智慧物流技术与模式被不断更新迭代,一批智慧物流行业的头部企业与一大批创新创业型物流企业,通过以政府政策与多方资金支持为依托,不断尝试新技术、新设备、新模式。创新的物流线上平台与线下运营相辅相成,正在成为我国智慧物流变革的重要推动力量。

总体而言,我国智慧物流在整合社会资源、集中分散市场、替代紧缺人工、满足个性需求、创造绿色生态等方面不断发挥作用。但前沿技术和高精制造在智慧物流领域的研发生产还处在探索发展阶段,需要将研发出的实际产品更加普及地应用于物流链条的各环节运营主体中。

(三) 产业生态

智慧物流核心能力是通过算法优化运输、入库、库存分布、分拣、配送等物流供应链全流程,将大数据分析系统与智能化设备有机结合,帮助商家提升供应链管理能力,提高核心竞争力(见图4-7-2)。

在相关技术快速发展和行业持续创新实践的过程中,物流行业在不同层次、各个环节已形成一套智慧物流生态体系。

智慧物流生态体系从架构上可分为智能规划、数字化管理以及自动化作业三个层次,是传统物流体系从规划到运营、再到执行的全流程智能升级。智能规划层是物流战略的关键承接与转化层,通过以大数据和智能算法为核心的规划中枢决定物流设施选择、网络布局、运输路由规划、仓网库存计划、资源调度计划等,形成物流的整体方案,承接物流服务需求;数字化管理层关注物流业务运营的有序开展和高效运转,智慧物流以数字化管理工具为核心有效支撑复杂运营体系的精益管理;自动化作业层则是物流执行层不断优化"体

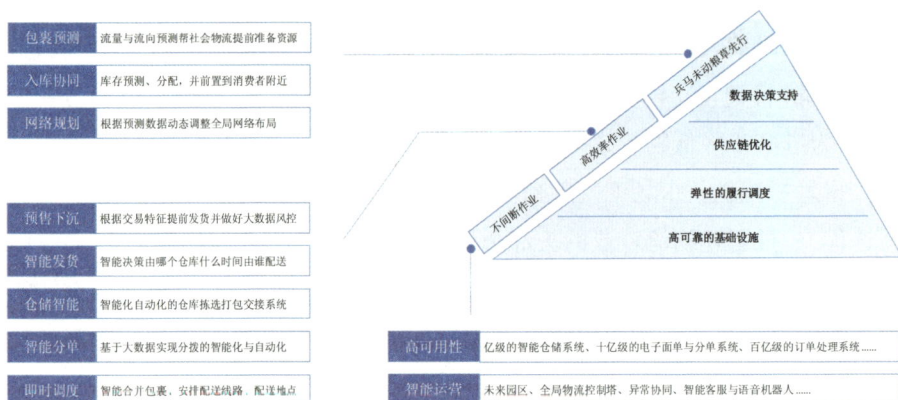

包裹预测	流量与流向预测帮助社会物流提前准备资源
入库协同	库存预测、分配,并前置到消费者附近
网络规划	根据预测数据动态调整全局网络布局

预售下沉	根据交易特征提前发货并做好大数据风控
智能发货	智能决策由哪个仓库什么时间由谁来配送
仓储智能	智能化自动化的仓库拣选打包交接系统
智能分单	基于大数据实现分拨的智能化与自动化
即时调度	智能合并包裹、安排配送线路、配送难点

高可用性	亿级的智能仓储系统、十亿级的电子面单与分单系统、百亿级的订单处理系统……
智能运营	未来园区、全局物流控制塔、异常协同、智能客服与语音机器人……

(金字塔图:兵马未动粮草先行 / 数据决策支持 / 供应链优化 / 弹性的履约调度 / 高可靠的基础设施;侧边:不间断作业、高效兼作业)

图 4-7-2 智慧物流核心功能示意图

资料来源:菜鸟。

验、效率、成本"目标的最直接表现,依托互联互通、自主控制的智能设施设备,实现物流作业强体验、高效率、低成本(见图4-7-3)。

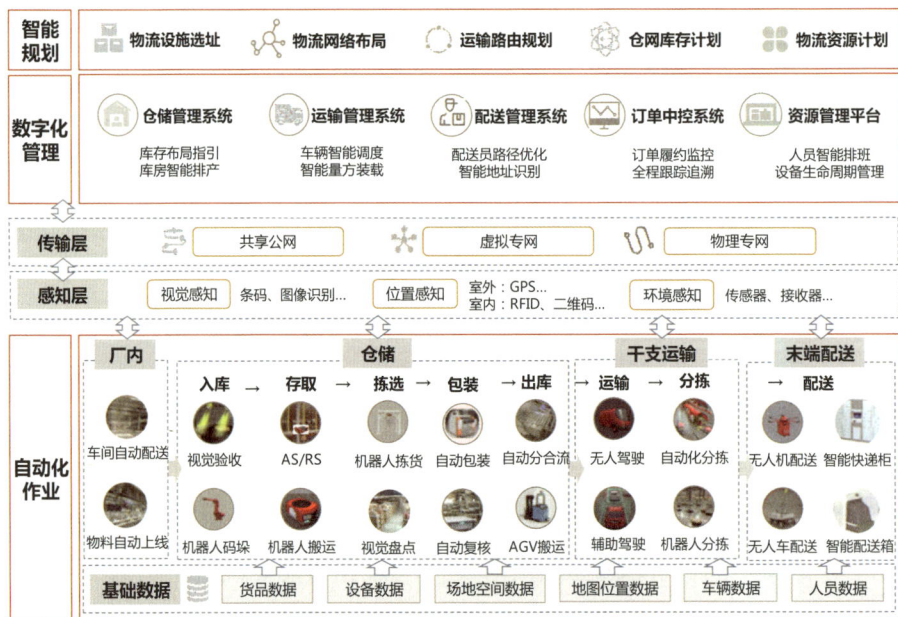

智能规划:物流设施选址 物流网络布局 运输路由规划 仓网库存计划 物流资源计划

数字化管理:
仓储管理系统(库存布局指引 库房智能排产) 运输管理系统(车辆智能调度 智能量方装载) 配送管理系统(配送员路径优化 智能地址识别) 订单中控系统(订单履约监控 全程跟踪追溯) 资源管理平台(人员智能排班 设备生命周期管理)

传输层:共享公网 虚拟专网 物理专网

感知层:视觉感知(条码、图像识别) 位置感知(室外:GPS…… 室内:RFID、二维码……) 环境感知(传感器、接收器……)

自动化作业:
厂内:车间自动配送 物料自动上线
仓储:入库→存取→拣选→包装→出库(视觉验收 AS/RS 机器人拣货 自动包装 自动分合流 机器人码垛 机器人搬运 视觉盘点 自动复核 AGV搬运)
干支运输:运输→分拣(无人驾驶 自动化分拣 辅助驾驶 机器人分拣)
末端配送:配送(无人机配送 智能快递柜 无人车配送 智能配送箱)

基础数据:货品数据 设备数据 场地空间数据 地图位置数据 车辆数据 人员数据

图 4-7-3 智慧物流生态体系

— 260 —

从物流过程和环节来看,智慧物流体系包含了生产物流和流通物流两大领域,涉及从厂内物流到仓储、干支运输、末端配送等多个环节,不同环节的场景有所差异,智能化的应用与体现也有所不同。

从技术应用上来看,智慧物流体系加载了如图像识别、5G 通信、AI 等各类感知、传输以及运算执行的技术,将各类业务基础数据实现线上化并结合不同场景需求达到有效利用,最终以自动化设备、数字化管理和决策支持系统的形式加以呈现,以数据和技术驱动业务;既充分将大数据、机器人等先进技术和智能硬件成果在物流场景予以应用,促进物流行业自身升级、为产业需求和社会化需求提供更好的服务,也以其巨大规模、丰富场景的独特优势为新兴技术的落地实践和持续迭代发展提供了充分的培育条件,将为带动新兴技术及相关产业发展贡献巨大价值。

1. 智能规划

物流行业具有强网络化效应和规模化效应,智能规划通过数据智能技术的引进,能够在规划层满足物流业务战略的同时,系统性降低物流网络的成本。物流网络规划是面向中长期的战略性规划,核心分为物流设施选址及网络布局、运输路由规划、仓网库存计划及相应的资源配置计划等几个方面。

物流设施选址及网络布局是面向仓储生产环节中的仓网规划、分拣运输环节中的分拣布局、终端配送环节中的点网布局。基于每类物流节点在选址时需要考虑的因素各有不同,仓库选址规划主要考虑仓源的租金成本、与商品关联性相关的拆单损失成本、仓库到最终站点之间的运输成本。分拣中心选址规划主要考虑整个运输环节的运输成本、分拣操作成本、枢纽租金成本。站点选址则更多考虑与客户需求之间的位置关系。智慧物流生态体系采用大数据及模拟仿真等技术确定如何实现最优仓储、运输、配送网络布局的能力,基于历史运营数据及预测数据的建模分析、求解与仿真运行,科学合理地确定各货类的网络模型、区域覆盖关系,以及大到全国性的分拣中心网络、小到城市配送站网络划片等一系列物流网络的相关联问题。以配送网络中的智能建站、拆站为例:通过构建综合评价模型、成本最优模型、站点数量最少模型等多维度模型,基于订单量、区域坐标等输入参数以及传站时间、配送半径等约束条件,采用遗传算法等智能算法进行求解,得出最优的站点数量、每个站点坐标、平均派送半径等规划决策。

运输路由规划是从干支运输到分拣、终端配送全链路多环节的路由规划。大型物流网络往往由上百个分拣中心、上万条运输线路组成,当网络中所有的分拣中心位置确定后,两两分拣中心之间的路由组织,直接决定了全网时效和网络成本,同时,也决定了一个物流体系能为用户提供的服务时效和价格。大规模运输路由网络规划可抽象为混合轴辐式网络设计问题,通过数学模型和智能算法综合考虑全网时效、流向、流量、车型、体积、成本、波次、物流服务商等资源限制条件,规划输出路由设计及网络时效方案。

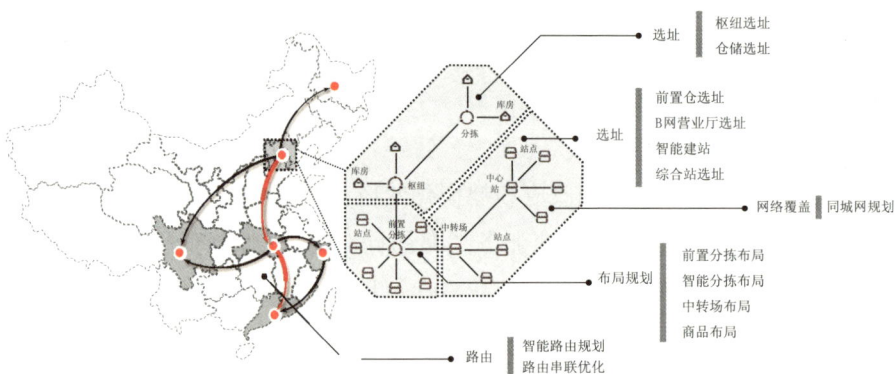

图 4-7-4 包含网络覆盖、选址、路由、布局等的综合智能规划示例
资料来源:京东物流。

仓网库存计划具体到业务场景上,是面向供应链管理中库存分布,包含供应链视角上的商品仓网规划以及库存整体布局。通过大数据进行商品关联度挖掘,并基于全网可选仓储地图和区域订单出库密度等数据,采用遗传算法和仿真模型等方法,迅速求出在拆单、成本、仓数量等目标下的帕累托解集供业务进行决策。支持在多级仓储网络中科学部署库存,智能安排补货调拨、实现库存协同、提高库存现货率,从而提升物流履约效率;并可结合历史出库量等大数据,分析订单特征,通过大数据预测分析模型,对大订单、促销、清仓等多种场景下的销量进行精准预测,为仓库商品备货计划安排提供依据。

物流资源计划是通过业务大数据积累、规划逻辑提炼,建立物流业务的资源配置模型,在业务规划和业务调整时,通过模型运算,系统性地进行车辆、设备、耗材等各类资源的配置安排。

2. 数字化管理

智慧物流在运营层面体现为数字化的管理方式,其核心承载是物流管理系统。通过信息系统,智慧物流生态体系进行各类型或各环节业务的线上化运营管理、全链条作业排产、可视化监控预警等,保障整个物流体系的有序运营;通过各管理系统中因场景制宜的智能逻辑策略,支撑起物流业务的高效运转和精益运营。其中关键的管理系统是仓、运、配三大核心物流环节的管理系统,以及订单中控系统和辅助运营的资源管理平台。

仓储管理系统。管理仓储的入库、出库、库内业务,通过智能库存管理,判断库存热力分布、提供库存布局指引,结合订单时效要求和库房作业资源自动分配订单任务,智能安排生产节奏,实现仓储空间、作业资源的最大化利用。

运输管理系统。管理物流运输业务,通过调度策略制定和算法判断,支持车辆智能调度,安排分段任务下发等;通过传感设备进行智能称重量方装载等;为运输业务提供全方位指引,最大化车辆资源效率。

配送管理系统。通过站长工作台、快递员工作台等支持和管理物流末端揽派业务,支持配送路径优化、智能地址识别等,优化快递员揽派作业。

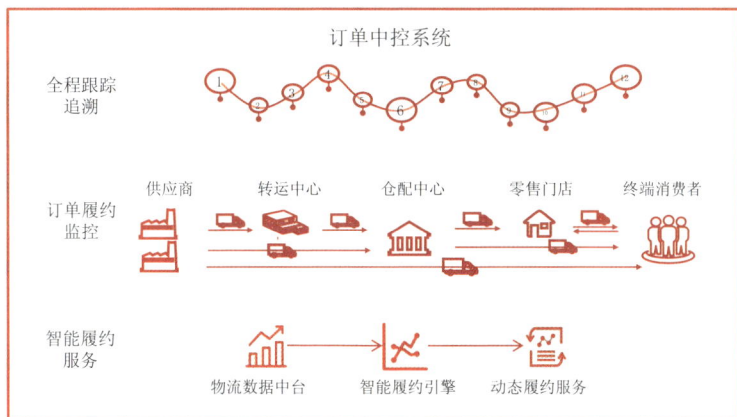

图 4-7-5　订单中控系统示例

资料来源:京东物流。

订单中控系统。通过统一的中控平台对物流订单进行全链条履约监控,通过履约服务引擎对异常情况进行判断,根据规则进行动态调整,并支持全过程的跟踪追溯等。

资源管理平台。对人、车、场、料等物流相关资源进行管理,例如人员智能排班、设备全生命周期管理等。

3. 自动化作业

降本增效是智慧物流的一大特征,在物流执行层面应用物流自动化及智能化技术和相关智能设备实现作业的强体验、高效率、低成本,是行业持续探索的方向。在智慧物流体系中,互联互通、自主控制的智能设施设备是自动化、智能化作业的关键。

从自动化、智能化工具来看,主要有三大类,可以根据场景需求嵌入相应的物流作业当中。

自动化设备。通过自动化立体库、自动分拣机、传输带等设备,实现存取、拣选、搬运、分拣等环节的机械化、自动化。

智能设备。通过自主控制技术,进行智能抓取、码放、搬运及自主导航等,使整个物流作业系统具有高度的柔性和扩展性,例如拣选机器人、码垛机器人、AGV、无人机、无人车等。

智能终端。使用高速联网的移动智能终端设备,物流人员操作将更加高效便捷,人机交互协同作业将更加人性化。

图 4-7-6　智能设备示例

资料来源:京东物流。

从生产到流通物流中的不同环节来看,厂内、仓储、干支运输、末端配送各个环节有不同程度的自动化和无人化作业方式,以支持物流业务的高效运转。

典型场景包括:

厂内物流场景中,采用自动输送设备及机械手臂,完成物料在车间的自动配送和物料的自动上线。

仓储入库场景中,采用视觉识别的自动验收设备与码垛机器人,可以自动识别待操作货品,并根据人工智能算法进行验收与否的判定以及码垛方案的计算,从而提高入库效率。

仓库存取场景中,AS/RS(Automated Storage and Retrieval System,自动存取系统)可以实现高密度立体库的自动存取作业,极大提高了仓库的空间利用率,AGV 可以根据指令,通过人工智能系统自动规划行进线路,并将托盘货物搬运到指定地点。

订单拣选场景中,货到人拣选设备会根据室内地图识别和智能算法等技术将所需要拣选的货物按顺序送达拣货员面前,并自主返回。避免了大量拣货人员在仓内的混乱现象,同时不需要预留人员拣货巷道,充分提高仓储空间利用率。

订单包装场景中,通过深度视觉扫描技术识别单个货物的尺寸与形状,根据尺寸大数据计算出货物集的最佳码放方式,再根据最优码放建议选择推荐的包装耗材,或者通过自动包装设备进行包装,减少资源浪费,提高包装效率。

物流搬运场景中,利用人工智能实现 AGV 之间的实时协作,支持优化导航路径规划、分区和速度,并能随时间的推移通过机器自我学习不断提高 AGV 能力。当收到要完成的命令时,AGV 和平台知晓正在运输的每一件物品,以及为检索和运送这些物品而采取的路线。同时,车载人工智能被要求不断感知和应对新情况,并在使用中变得更加智慧。

运输场景中,通过人工智能系统、路况识别,实现辅助驾驶或无人驾驶,帮助司机环节长途运输时的疲劳,降低运输风险。

揽派场景中,智能配送车可以通过搭载视觉识别系统、高精度地图以及导航系统,通过大数据计算和 5G 数据的实时传输,完成自动的线路规划与障碍物躲避等行为,实现末端场景的无接触配送。同时无人机还可以应对高山、跨岛等复杂地形的揽派需求,实现跨越山河的"直线"配送,极大提高物流末端的触达范围与触达效率。在校园、社区等客户所在的终端区域可部署智能快递柜、智能快递箱等设施设备,作为不方便配送到门时的末端触达方式补充。

(四) 典型案例

1.智能园区枢纽案例

2019—2020 年,京东物流利用 5G 在物流领域的深度应用打造 5 座 5G 智慧物流园区"亚洲一号",利用 5G 等通信技术以及位置、视觉等感知技术,实现了园区内部人、车、物的实时大数据融合,将传统的物流园区以数字孪生的形式,展现在了园区管理者面前。

这种数字孪生的形式一方面可以帮助管理者更加高效准确地了解园区内部各项要素运营现状;另一方面可以通过算法实现园区内部的各项资源的协同调动,并且可以根据突发情况适时调整,增加了园区的应急响应能力;同时,作为全社会物流网络中的重要枢纽,当大部分园区都实现了数字化、智能化后,将使得整个物流网络在运营效率、资源协同、应急响应等能力迈入一个新的阶段。

以北京亚一智慧物流园区为例,如图 4-7-7 所示,智慧物流园区主要通过利用室内和室外基站、BBU(Building Base band Unite,室内基带处理单元)、MEC(Mobile Edge Computing,移动边缘计算)、传输、核心网、运营运维平台等智能网络技术和资源,组成了端到端的 5G 物流无线网络。

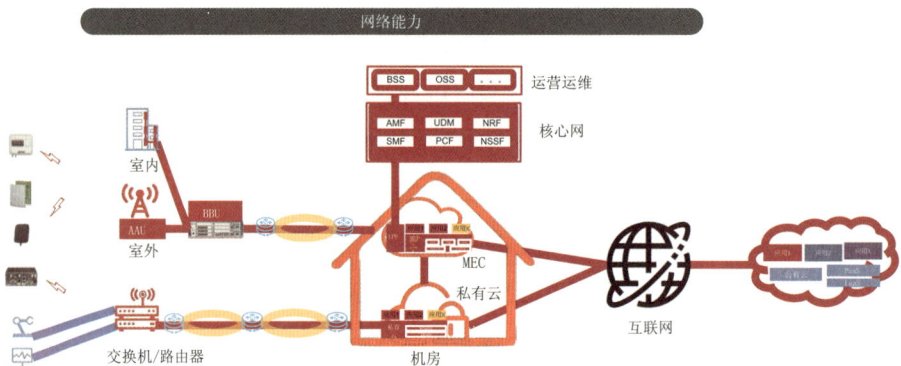

图 4-7-7　5G 智慧物流园区网络相关资源示意图

资料来源:京东物流。

5G 智慧物流园区通过 5G（5th generation mobile networks，第五代移动通信技术）+IoT（The Internet of Things，物联网）+AI（Artificial Intelligence，人工智能）技术融合应用，通过图 4-7-8 所示的六大系统，全面提升人员、车辆、安防、生产、物业五大领域的管理能力，迎来从"被动型传统管理"到"主动型智能管理"的巨大转型。

图 4-7-8　5G 智慧物流园区典型场景示意图

资料来源：京东物流。

园区车辆管理系统：利用北斗高精定位技术，通过园区与内部预约系统的打通，实现车辆从预约、签到、叫号、入园等环节的无感高效运营。通过高精定位与可视化大屏的结合，智能导引司机从入园到月台的精确高效作业。

园区人员管理系统：利用 AI 智能算法、IoT 结合多级权限控制实现园区人员出入管控、园区场地权限异常检测及预警，形成事件闭环管理。

智能安防系统：结合机器人硬件设备，通过高频巡逻、实时操控、智能识别等多方式的综合能力实现园区重点区域、车辆、人员、异常高温等情况的智能检测。

全域监控系统：利用 5G+IoT+AI 技术的结合，识别现场监控区域的异常，并通过与现场 IoT 设备的联动,快速根据异常情况进行应对处理。

数字化生产系统:利用 AR(Augmented Reality,增强现实)技术,PDA/AR 眼镜作为呈现端,应用于库内上架、拣货作业、库内规划等场景,辅助快速作业,丰富体验。

包裹跟踪系统:通过包裹订单检索实现包裹全流程视频回溯,随时查询包裹各流程环节的状态,提升查询效率。

2. 智能港口案例

天津港是中国北方最大的港口,"一带一路"建设的黄金支点。2017 年,天津港货物吞吐量达 5 亿吨,集装箱吞吐量突破 1500 万标箱,同世界 180 多个国家和地区有贸易往来。巨大的货物吞吐量,离不开港口的高效作业和安全调度等,从而对通信和信息技术提出了更高要求。2018 年,中兴通讯与天津港展开合作,基于 5G 和边缘计算通信技术,融合云计算、大数据等信息技术,打造全新的低成本、高效、安全、可靠的智慧港口。

天津港智慧港口方案,以 NFV(Network Functions Virtualization,网络功能虚拟化)电信云建设 5G 网络为基础,将计算、存储、转发、视频分析和 AI 加速能力,下沉到网络边缘侧,实现本地化的高性能实时处理,既满足了智慧港口对低时延车路协同、智能监控等业务的通信需求,又实现了港口业务的数据属地安全性要求。

智能集卡。通过 5G 通信技术和 MEC 边缘计算技术,将集卡自动驾驶过程中高清摄像头的高清视频,实时分流回传到本地 MEC,实现集卡汽车的自动驾驶,在保证本地业务数据安全处理的前提下,大大降低港口的网络运营成本,提高港口的工作效率。

智能巡检。通过远程监控移动巡检车,实现智慧港口的定时定点智能检测,即通过 5G 网络,完成移动巡检车的高清视频回传,采用视频智能分析平台,实现基于固定点位,结合移动巡检车的安防巡逻布控方案。

其他。基于 5G 通信技术,实现岸桥的远程操控、车吊位置自动引导、智能挪车等需求,确保港口车辆和岸桥的安全、可靠、智能工作,全面提升港口作业效率。同时,基于 MEC 分流策略,实现海关港口移动执法,既提高了执法效率,同时保障了港口本地数据的安全性能。

图 4-7-9　智能港口业务与技术示意图

资料来源:中兴通讯。

3.城市即时配送案例

城市即时配送是一种在短时间内(一般为 30 分钟)送达目的地的配送方式。目前,即时配送系统已经在外卖、闪送、跑腿、闪购、新零售等领域广泛使用。

图 4-7-10　城市智能即时配送系统

资料来源:美团点评。

即时配送系统主要涵盖调度、规划、定价、基于位置服务、感知、物联网、预计到达时间等系统,其核心功能包括:

精准感知。利用积累的送货人员轨迹数据将用户定位的平均误差降低10米左右;基于送货人员行走轨迹拟合的导航路径算法通过机器学习评价任意两点间路线,得到两点间最优备选路径。

智能决策。依托历史订单数据、送货人员轨迹数据和用户、商户数据,实现送货人员配送过程全链路的精准预估,完成线上多订单情况下送货人员配送路线的规划,实现超大规模订单秒级优化匹配。

高效实施。基于"零唤醒的智能语音助手+定制化的智能蓝牙耳机+场景识别算法、智能引导算法"等,实现复杂场景精准识别、服务智能推送,智能引导、全语音操作,显著提升送货人员的执行效率,并保障送货人员安全。

八、智慧教育

迈入数字时代,教育领域信息化的脚步不断加快,以智慧教育为核心的各类应用场景不断以新的模式出现,带来了教育形式和学习方式的重大改变。

(一)内涵特征

1. 内涵

智慧教育是运用 5G、物联网、人工智能、大数据、云计算、区块链等新技术新手段,形成智慧学习环境支撑,通过信息技术与教育主流业务的深度融合(智慧教学、智慧学习、智慧管理、智慧评价、智慧科研和智慧服务),让教师能够施展高成效的教学方法,让学习者能够进行泛在学习、个性化学习,获得美好个人发展体验的一种应用场景[①]。

2. 特征

(1)融合共享

面向未来,基于使用者需求,智慧教育应用场景具有信息技术与学科教育深度融合、全球教育资源交叉共享的趋势。

(2)智能管控

智慧教育基于应用场景智能化情景感知,将信息传输至控制中心,使用大

---

① 祝智庭:《智慧教育新发展:从翻转课堂到智慧课堂及智慧学习空间》,《开放教育研究》2016 年第 22 期。

数据、云计算等方式进行科学分析与评价,使受教育者享受随时随地的智能化服务①。

(3)按需分配

智慧教育基于智能化场景,可根据使用者需求,提供个性化、独特化的学习服务,具有按需推送的特性。

(二)国内外发展现状

1. 国外发展现状

联合国教科文组织发布的《教育2030行动框架》描绘了全球未来教育的图景:一方面强调普及全纳、公平、优质的教育,确保每个人都有接受教育的条件,促进终身学习;另一方面关注提升教育质量,促进人的全面、自由、个性发展。

美国于2010年和2016年颁布了第四份和第五份《国家教育技术计划》(以下简称NETP)。NETP2010提出以应用技术推动学生学习,其关键是使用技术帮助学生改善学习方式,从而促进传统教学的改变②。NETP2016强调用技术来变革教育,用技术构建学习环境,变革学习体验,促进个性化学习,推动教育公平③。NETP2017对NETP2016进一步修订和完善,为每个学习者提供可使用的工具,满足学习者个性化学习需求④。

欧盟于2018年颁布《数字教育行动计划》,阐述了欧洲教育和培训体系如何更好地利用数字技术,以及在数字化变革时代如何提升学习和工作所需的能力。计划的核心内容包括更好地利用数字技术进行教学和学习、为数字

---

① 杨现民:《信息时代智慧教育的内涵与特征》,《中国电化教育》2014年第1期。

② Office of Education Technology. National Educational Technology Plan 2010 [EB/OL]. http://files.eric.ed.gov/fulltext/ ED512681.

③ Office of Education Technology. National Educational Technology Plan 2016 [EB/OL]. http://tech.ed.gov/files/2015/12/NETP16.pdf.

④ Office of Education Technology. National Educational Technology Plan 2017 [EB/OL]. http://tech.ed.gov/files/2017/01/NETP17.pdf.

化转型开发相关数字技能、通过更好的数据分析和预测改善教育系统①。

新加坡则发布"智慧国家2025"计划,设立模范学校试点,选取几所学校作为"理想学校"实验点,为每所学校设置不同的建设目标和方向,探索、参与学校的发展改革,总结经验教训②。

韩国于2011年正式颁布《通往人才大国之路:推进智慧教育战略实施计划》,该计划强调物理的智慧教育环境建设和教育内容的开发。主要包括以下任务:开发和应用数字教科书、建设在线学习与评价系统、强化资源利用与通信的伦理教育、提升教师智能化教学能力、推广以大数据云计算为核心的智慧教育服务。此外还涉及智能设备、无线网络的维护以及教师信息技术应用能力的提升。2014年韩国发布第五份教育信息化规划Master Plan V(2014—2018年),愿景是通过信息技术与教育的深度融合,培养创造性思维,创建以学生为中心的数字教育生态系统③。

日本则提倡构建终身化教育体系,注重个性化学习,强调教育的国际化、重视教育信息化的发展。日本教育信息化发展经历三次教育改革,分别是e-Japan:促进信息化基础设施建设及相关技术的研发,为信息化的发展打下坚实的物质基础;u-Japan:着眼于应用,以需求考虑信息社会的架构;i-Japan:强调应用信息技术的自由化,彰显一种信息技术的活力。

2. 中国发展现状

中国的智慧教育发展具有较高的发展定位和强有力的政策支持④。《国家中长期教育改革和发展规划纲要(2010—2020)》明确指出,要"把教育信息化纳入国家信息化发展整体战略"。《教育信息化十年发展规划(2011—2020年)》将智慧教育的具体要求进行细化。《教育信息化"十三五"规划》提出,在全面提升教育质量、在更高层次上促进教育公平以及加快推进教育现代化

---

① 赵森:《欧洲教育信息化新进展——基于欧盟〈数字教育行动计划〉的分析》,《世界教育信息》2018年第20期。

② 哈斯高娃、张菊芳、凌佩等:《智慧教育》(第2版),清华大学出版社2017年版,第42页。

③ 尉小荣、吴砥、余丽芹、饶景阳:《韩国基础教育信息化发展经验及启示》,《中国电化教育》2016年第9期。

④ 哈斯高娃、张菊芳、凌佩等:《智慧教育》(第2版),清华大学出版社2017年版,第35页。

进程等教育信息化诸多方面进行努力。《中国教育现代化2035》明确提出，要"培养德智体美劳全面发展的社会主义建设者和接班人，加快推进教育现代化、建设教育强国、办好人民满意的教育"。《教育信息化2.0行动计划》提出，实施智慧教育创新发展行动。以人工智能、大数据、物联网等新兴技术为基础，依托各类智能设备及网络，积极开展智慧教育创新研究和示范，推动新技术支持下教育的模式变革和生态重构。

应用软件方面，国内很多企业提出了智慧教育解决方案，在智慧教学、智慧环境、智慧教室、智慧测评、智慧服务等方面提出了解决方案，并在众多中小学落地。此外，很多高校开展了云空间、云服务建设。

（三）产业生态

智慧教育基于传统教育场景，运用新技术新手段，构建出一套生态体系。从产业链角度来看，上游建设主体分为运营商、基础设施提供商、云服务商、人工智能及大数据等四个部分；中游为软件及服务提供商、硬件设备提供商和内容提供商三大主体，从IT基础设施、互动教学硬件设备、软件及信息化平台、线上内容资源四个维度的产品支撑智慧教育建设；通过软件、硬件整合构成了智慧教育各部内容，即智慧教学、智慧学习、智慧管理、智慧评价、智慧科研、智慧服务及智慧环境等，为下游各类用户提供智慧教育服务。

从技术层面来看，智慧教育融合物联网技术、信息技术和通信技术，实现智慧教育全方位智能感知，数据汇聚、分析、挖掘，重点为智能应用提供支撑；从实施层面来看，智慧教育覆盖区域教育治理、智慧校园、在线教育、智慧课堂、智慧科研等各个领域，为不同用户层面提供智慧服务；从创新层面来看，智慧教育在新技术推动下实现信息技术与学科教学深度融合，实现从融合应用阶段迈入创新发展阶段，以产教协同、产研协同、产业链协同为支撑，推动教育观念更新、模式变革、体系重构。

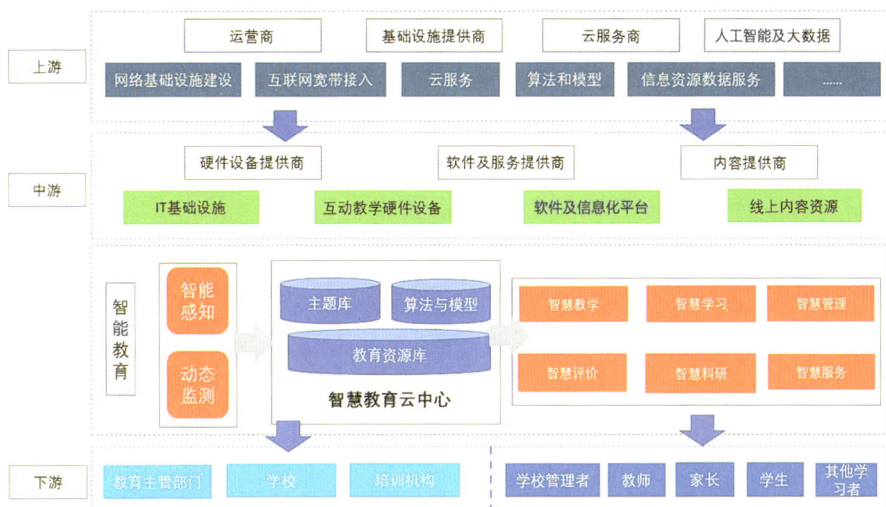

图 4-8-1　智慧教育产业链图

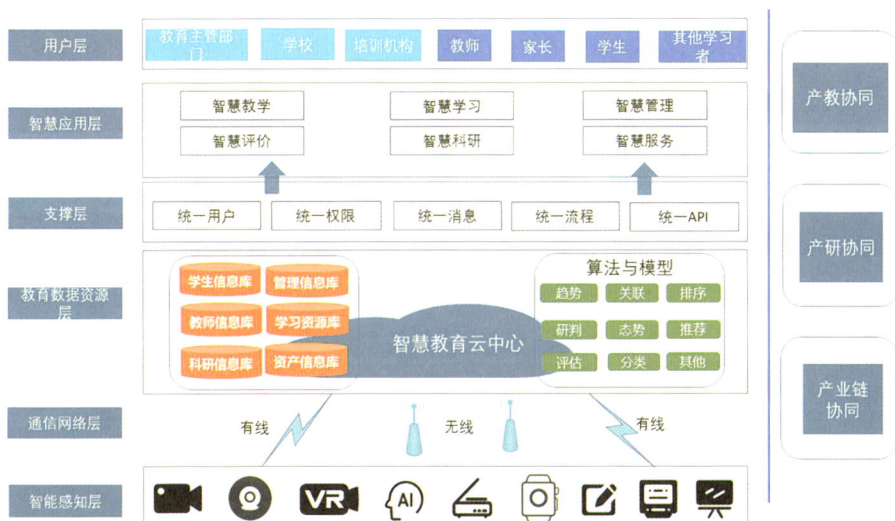

图 4-8-2　智慧教育技术架构图

1.智慧教学

智慧教学是教师在智慧教学环境下,利用各种先进信息化技术和丰富的教学资源开展的教学活动。通过智慧备课、智慧课堂、智慧阅卷/作业等形式改变传统的教学模式。

智慧备课。智慧备课系统为教师的学科教学提供课前备课的一体化教学支持平台。在教学方面,通过基于知识图谱推荐的 AI 引擎制作优质的教学内容(视频、课件、练习等)组合,教师根据算法推荐的学习路径,参照学生学情进行个性化的备课和基于学生预习情况的课程教案调整优化。基于智慧备课系统可以使教学活动、教学方式、教学资源等不受时间、空间、速度、方式上的传统限制,使得教学更为便捷、高效和有效。

智慧课堂。智慧课堂基于动态学习数据分析,从依赖于存在教师头脑中的教学经验转向依赖于对海量教学数据的分析。通过语音设备分析,教师能够了解学生在回答问题的时候是否真实掌握相关知识点。摄像头情态识别可以帮助教师了解课堂中学生是否专注,在讲解知识点的过程中学生是否理解,并分析出学生的学习效率和能力。课堂中基于手持硬件设备支持抢答、随机、分组等多种做题方式,提供投票、分享屏幕、拍照对比讲解等互动功能,助力教师打造高效互动课堂。通过投屏技术应用及增强现实(Augmented Reality, AR)/虚拟现实(Virtual Reality, VR)等可视化技术应用,从德育、国学、科技实践等方向制作沉浸式互动课程,建立学生社会情感技能,拓展批判性思维,提高学生的专注度和接收程度。

智慧阅卷/作业。通过对日常作业、考试进行数据采集与分析,为教师提供教学便利和数据支持。系统基于领先的人工智能、图像识别核心技术,全面实现教学场景动态数据的采集和分析,深度挖掘数据价值,帮助教育管理者依托数据进行决策,帮助教师进行精准教研、教学,帮助学生自主个性化学习,并通过家校互联帮助家长实时了解学习情况。

2. 智慧学习

智慧学习的核心目标是促进学习者个性化的发展,为学习者提供虚拟的智慧学习环境。通过建立以连接课堂与社区、家庭及校园为重要载体的网络学习空间来支持互帮互助、协作交流的学习共同体建设,形成不同学习场景的无缝衔接。利用智能化动态化的学习评估与反馈,实时了解学习者学习状态,激发学习兴趣。构建网络实践社群,促进学习者之间经常性的交流与沟通,发挥课堂生态的整体功能。

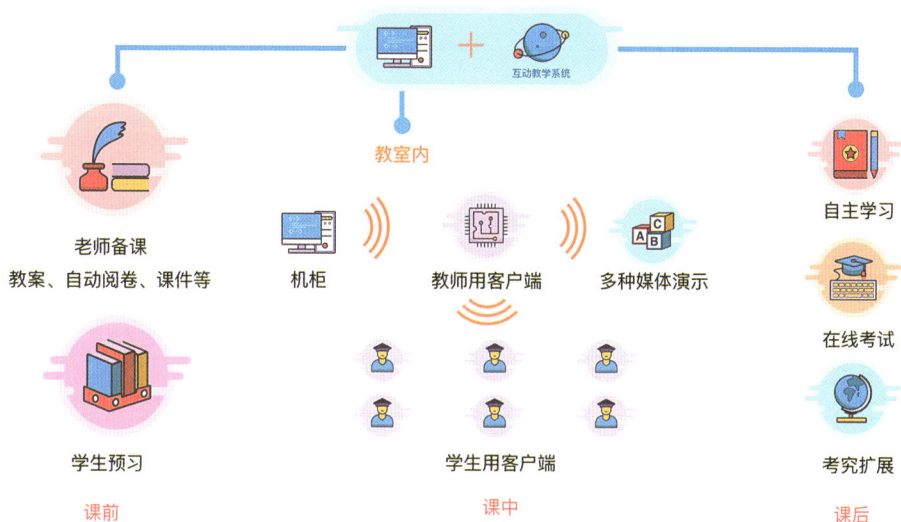

图 4-8-3　智慧教学系统架构图

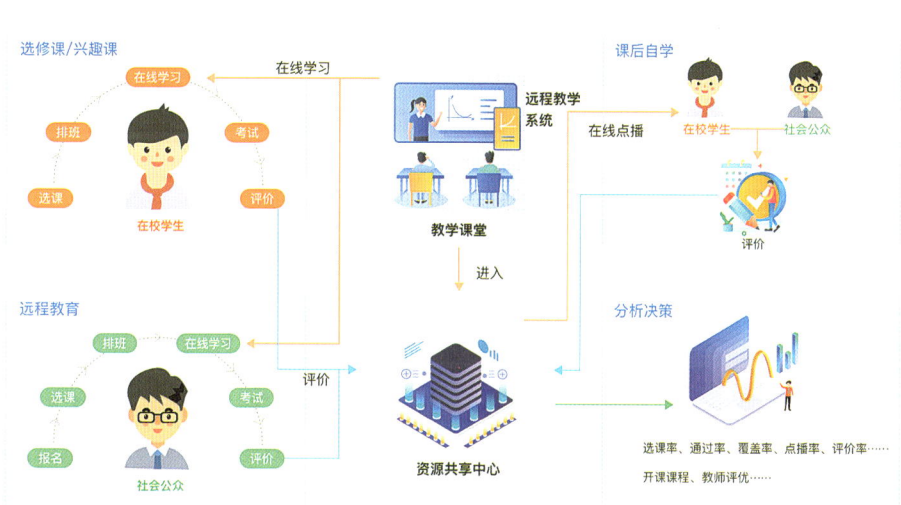

图 4-8-4　智慧学习系统架构图

　　学生通过 AI 算法获取与其相匹配的教学资源,通过激励和游戏化学习手段提高学习积极性;在基于自然语言处理(Natural Language Processing, NLP)和虚拟技术的推动下,学生可以通过设备或软件与虚拟老师实时沟通答疑解惑,让教学始终以学生为中心。

3. 智慧管理

智慧管理辅助各级教育管理部门和管理人员提升教育管理的智能水平，促进校园管理和区域教育治理的精细管理、科学化决策、可视化管控和可信性评价。

校园管理。借助智能传感器、物联网、互联网、大数据技术，汇集整合校园智慧环境和教学、学习、评价、科研、服务等业务系统产生的数据并进行挖掘分析，辅助学校管理者进行精细化管理。学校管理者可以直观快速地查看学情信息，了解各年级、班级、学科成绩分布；查看学生行为轨迹分布，发现学生行为特征；查看所有校园设备及资产的使用和运行情况，促进节能增效；查看校园服务申请或使用特征，支撑科学决策；全面掌控校园安全状况，果断及时处理安全事故，打造平安校园。

图 4-8-5 校园管理示意图

区域教育治理。借助大数据和人工智能技术，为区域教育管理者搭建"数字管理舱"，量化教育管理，从资源、工具、教研、学习等多维度提供面向管理的数据服务，直观查看各个地区/学校的教学资源、在线教学建设情况；统筹教育资源配置，以大数据分析为支撑，全面掌握区域内基础设施、教师、设备等资源分布情况，科学制定教育经费投入及分配政策；动态评价教师发展，通过区块链可追溯教学评价体系，对教师发展提供客观评价依据，推动教师职业发展与提升。

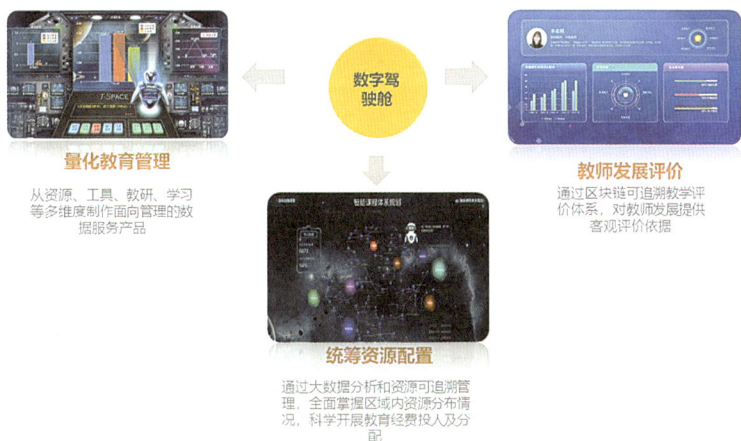

图 4-8-6 区域教育治理示意图

4. 智慧评价

智慧评价基于新一代信息技术,实现针对教学、教师、学生的全方位、全过程、动态化、客观真实评价。智慧评价利用智能手写板、高速扫描仪、智能摄像头、可穿戴设备等一系列的智能设备,并结合教研、学习等系统对各类教育评价数据(教学质量、教师发展、学业情况、学科情况、学生综合素质等)进行全方位的采集、存储,实现定量评价。通过大数据技术建立多元、多维、多指标的评价模型,对教育评价数据进行深度挖掘分析形成评价数据报告,将信息技术和智能技术深度融入教育教学评估全过程。

5. 智慧教育教研

网络协同教研。建立基于 5G 网络和大数据教学资源管理和教师在线协同教研平台,使教学研究活动从传统线下研讨向在线化互动方向转型,提升教学教研质量,促进教师专业发展;通过组建教研网络共同体,促进教学教研成果的快速流通、转换和分享。

智能实验。建设基于人工智能、AR/VR 等技术支持的科研实验室、人工智能学科研究平台、大数据平台,打造一流科研环境、实训环境,为科研人员进行实验提供环境支撑。通过资源开放共享打造无边界的实验环境,让相关领域的科研人员可以快速获取实验环境,并支持基于授权模式下的已有实验成果的利用。

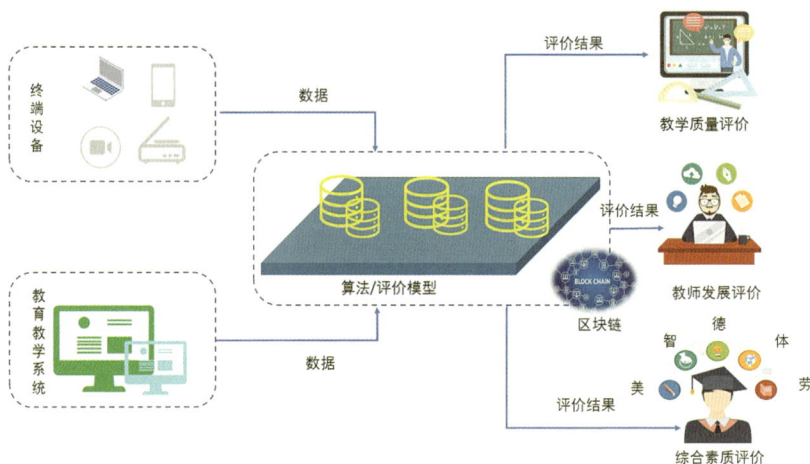

图 4-8-7　智慧评价系统架构图

智慧科研数据服务。推进科研大数据中心的共享,实现不同层级、类别和领域之间的科研数据融合。面向多学科科研人员提供简单可视化托拉拽机器学习工具,方便用户进行科研实验和成果验证。

智慧成果转化。以人工智能为核心推动技术综合集成,打造科研成果在线转化平台,实现快速供需对接和成果转化撮合。围绕成果转化、学科人才评价、科研发展、产业对接等领域形成社群体系,构建"产、学、研、用"一体化的创新生态。

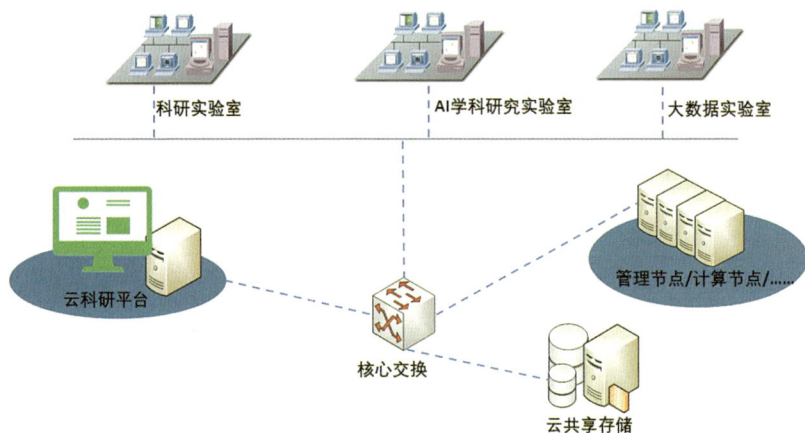

图 4-8-8　智慧科研系统架构图

6. 智慧教育服务

智慧服务构建以服务客体（教师、学生、家长、管理者、其他用户）为中心的服务平台，使用大数据、虚拟化、物联网、人工智能等新技术为用户个性化场景落地提供支撑。以智慧校园为例，通过智能感知设备和5G技术实现智慧校园全面智慧感知及数据接入，包括视频、安防、门禁、能耗、一卡通、人员、资产等感知接入，为智慧服务提供支撑；通过数据挖掘、分析，实现针对师生个性化服务推送，构建教学、科研、学习、生活各领域的互联互通，提供一站式服务；通过人脸识别、语音识别等技术，提供包括校园进出、无人值守服务站、校园服务智能交互应用，提升师生获得感和满意度。智慧服务以新技术为驱动，全面融合，变被动为主动，面向各类用户打造个性化、精准化、智能化服务。

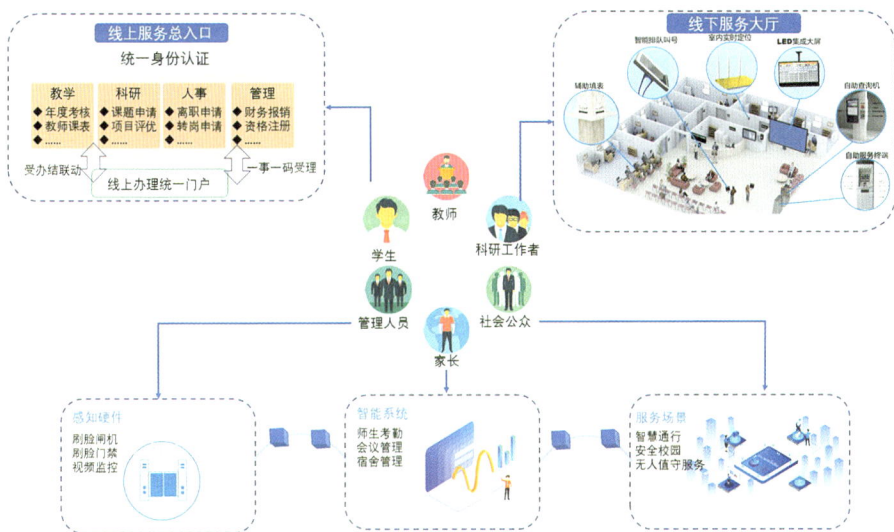

图 4-8-9　智慧服务体系架构图

7. 智慧教育环境

智慧环境是智慧教育的物理基础，由智慧教育云、教育承载网和智慧校园三部分组成。

智慧教育云。智慧教育云是依托云计算、虚拟化技术，将服务器、存储设备、网络、安全等资源形成虚拟共享资源池，为省、市、县（区）学校提供统一的教育资源服务平台，实现硬件集约化建设、数据集中管理和高效业务协同。

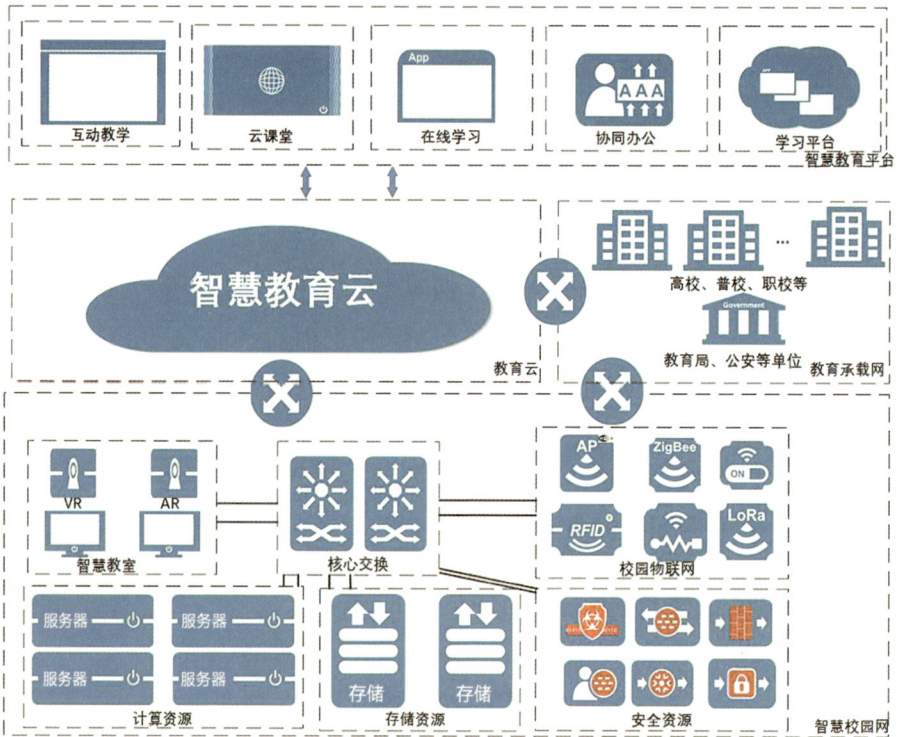

图 4-8-10 智慧环境架构图

教育承载网。教育承载网是智慧教育信息化的重要基础设施平台,用于连接各高校、职校、普教、教育部门、科研机构等单位,为教育资源共享、家校联动、校警联动等提供网络互联互通支撑。

智慧校园。智慧校园主要包括宽带校园、平安校园、智联校园和智慧教室四个方面。宽带校园打造超宽接入网络,将互联网、校园广播网、校园电视网、校园安防网等多网融合,通过软件定义网络方式实现校园网络全覆盖和业务域自定义划分。平安校园通过集成视频监控、消防、门禁、边界防范、车辆管理、智能交通和应急指挥等业务于一体,打造综合校园安防体系。智联校园实现校园园区各智能终端的全联接和场景搭建。智慧教室集成互动课堂、电子班牌、媒体发布、环境控制、教学监控、多屏控制、沉浸式教学等功能,将教育资源和设备全面融合,打造优质的教育环境。

（四）智慧教育典型案例

1. 智慧校园

2019年10月，天津市和平区率先提出建设"智联校园"的整体框架，其核心理念在于通过云计算、大数据、物联网、人工智能等互联网技术生产力，促进教学、教研、教育管理和生活服务的流程优化。同时用互联网思维运营数据中心，为各类角色人群(包括师生、各级领导、第三方开发者等)提供高品质的校园服务和校园数据分析决策。

新冠肺炎疫情期间，天津和平区全区学校(含民办)实现了智慧校园平台100%覆盖；7万名中小学"空中开学"第一天，点击量突破321万次。以智慧校园平台为基础，构建了从观看教学资源、作业互动、线上学习、全过程学习数据记录的闭环。教育局和学校依据大数据分析的结果，可实时调整教学计划①。

2. 在线教育

上海大规模智慧学习平台(上海微校)由上海市教育委员会管理，上海市电化教育馆运维，作为上海市学习类平台的总入口，面向所有学习者提供个性化终身学习服务。上海微校围绕"服务于每个人的终身发展"的核心理念，汇聚各类优质教育服务资源，构建开放共享的教育资源公共服务平台，助力智慧教研和教学，形成资源汇聚、使用、评价，以及学分银行和积分激励体系，打造互联网教育生态系统。

终身学习服务。面向各类学习者(学前教育、基础教育、职业教育、高等教育、终身教育)提供终身学习服务，包括直播、录播、资源下载、互动等，按照用户特点提供针对性服务。

网络学习空间。上海微校为用户提供教育资源公共服务的载体，是教学应用的主要入口，是教师进行资源存储和分享，学生接收资源推送以及学习行

---

① 本段数据来源：腾讯。

为记录的基础设施。提供教师教学、学生学习、评估评价等服务,实现混合教学场景服务。

自适应学习服务。遵循国家网络学习空间统一建设规范要求,通过知识图谱和学习者个人学习记录分析评估,为学习者提供个性化自适应服务。

创新资源组织。融合多方优质资源,形成完善的资源制作、资源报送、资源审核、资源组合流程,搭建分类清晰、图谱严谨的资源货架,通过大数据和人工智能向学习者推送个性化资源。

空中课堂。新冠肺炎疫情期间,上海微校为 140 多万学习者提供直播、点播、寒假生活补充版和电子教材分发、课前导学、课后作业、在线检测等学习服务[①]。

终身学习档案。为各学习者实名开设终身学习账户,有机衔接不同阶段的学习轨迹,记录学习过程并提供针对性学习方案。

教育均衡服务输出。通过定向教育扶智等方式,扩大优质资源覆盖面,促进教育均衡和教育公平。

3. 智慧高校

浙江大学依托云计算、大数据、人工智能、物联网等新技术,赋能高校学科建设、产教融合、人才培养等,从教学、科研、人才、服务四个方面,打造了浙江大学教学科研新模式。科研方面,构建浙大云计算平台,以云服务的方式满足本校各学科大规模数据处理和科学计算、交叉学科数据共享需求,实现统一运营管理提升资源利用率,科研任务无须排期,扩展为社会机构提供服务,支持重大课题协作研发。教学方面,打造智慧教室和云上课堂,以"学在浙大"为主要课程平台、"浙大钉"为网络直播平台,通过网上授课、线上线下互动,为师生提供直播为主、录播和慕课(Massive Open Online Course,MOOC)为辅的教学方式,满足学校自身优质精品课程建设质量和对外辐射需求,提升高校课堂教学和人才培养质量。直播间依托人工智能的语音识别、图像识别和知识图谱的能力,在教师直播授课过程中,为学生提供字幕翻译、同声传译、关键内容提取和协同笔记等功能服务。同时,浙江大学还基于云监控和系统数据,构

---

① 本段数据来源:上海市教育委员会。

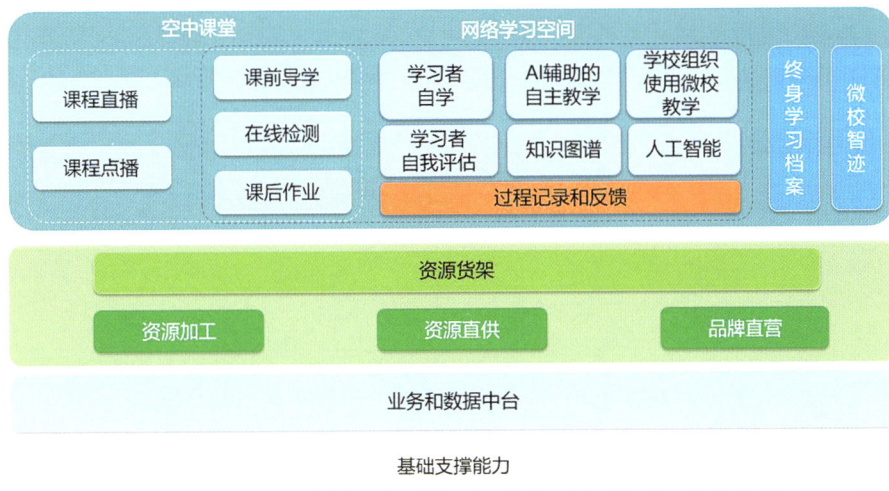

图 4-8-11 上海微校架构图

资料来源:万达信息。

建网上教学指挥中心大屏,实时监控线上教学运行情况。

新冠肺炎疫情期间,浙江大学短时间内快速把遍布全球 150 多个国家的七万名浙大师生组织在线,实现了网上浙大,支撑浙江大学全面线上教学。

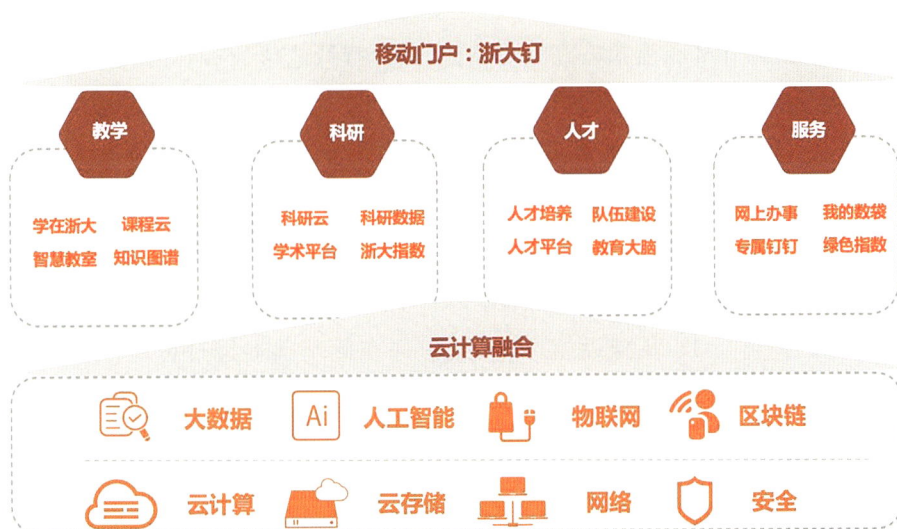

图 4-8-12 智能高校系统架构图

资料来源:阿里巴巴。

九、智慧医疗

当前,智慧医疗健康发展面临重大机遇。国家层面出台了系列文件,从深化医改到促进健康产业发展;5G、大数据、人工智能、云计算、物联网等新一代信息技术为智慧医疗提供技术支撑。这些将变革性地推动智慧医疗发展。

(一) 内涵特征

1. 内涵

针对智慧医疗的概念,国内外尚无统一定论,一般认为其最早起源于2008 年 11 月 IBM 首席执行官彭明盛提出的"智慧地球"一词,设想把物联网技术充分应用到医疗领域,建立以病人为中心的医疗信息管理和服务体系,旨在提升医疗护理效率、降低医疗开销和提升医疗健康服务水平。国内对于智慧医疗也有不同解读,如:智慧医疗是实现患者与医务人员、医疗机构、医疗设备之间的互动,推动医疗信息化建设,最终实现智能化、自动化、互联互通的动态服务;智慧医疗是通过医疗物联网、医疗云、移动互联网、可穿戴设备等,将医疗基础设施与 IT 基础设施进行融合,并在此基础上进行智能决策的过程等。

课题组以为,智慧医疗是以"人民群众医疗健康"为核心导向,结合 5G、物联网、云计算、大数据、人工智能等新型基础设施建设核心技术,通过构建全场景、全周期、智能化的数字生态,加速优化医疗资源配置并提升医疗效率,推动医疗健康服务模式创新与运营体制创新,构建智慧医疗服务、智能健康管理、智慧公共卫生等领域应用,覆盖个体全生命周期,涵盖预防、治疗、康复、养老等线上线下一体化医疗健康服务新模式。

2. 外延

随着5G、物联网、云计算、大数据、人工智能等新型基础设施建设核心信息技术持续赋能,智慧医疗外延也在不断扩大。从业务领域角度,智慧医疗外延大致分为:医疗服务、健康管理、公共卫生等。

(1)医疗服务:面向诊疗过程,提高诊疗效率,提升服务质量,改善就医体验。具体应用如:智慧医院、远程问诊、药品研发、处方外流、智慧急救以及医疗AI等。

(2)健康管理:基于个体健康风险因素,提供智能化健康干预管理。具体应用如:运动管理、风险预测、居家护理、远程监测、健康管理及健康养老等。

(3)公共卫生:整合区域医疗卫生信息资源,预测疾病流行趋势,加强对传染病等疾病的智能监测,提高重大疾病防控和突发公共卫生事件应对能力。具体应用如:传染病智能预警、医疗质量智能监管、环境卫生智慧监测及灾害防病智能预警等。

3. 特征

智慧医疗的特征包括以下几个方面。

互联性:基于公民终身健康档案和统一的健康数据规范,实现数据互联互通。被授权的医生可便捷获取患者的历史就诊信息、健康监测数据等,更好地了解患者身体状况。

协作性:创建一个便于信息共享的医疗网络,从信息仓库中获取各自所需要的信息,实现医疗服务整合,可以在医疗服务、社区卫生、医疗支付等机构之间交换信息和协同工作。

预防性:运用大数据、人工智能等技术,实时分析、发现重大疾病发生的征兆,并实施快速和有效响应,实现从被动治疗到主动预防的转变。

普及性:借助新一代移动通信、互联网等相关技术,将优质医疗资源辐射到全国,突破空间的限制,为基层、贫困地区的患者提供更高质量和惠民的优质医疗服务。

创新性:智慧医疗产生的新需求,可有效推动医疗技术革新和临床研究发展,激发更多医疗领域内的创新服务应用。

可靠性:医护人员可借助新技术搜集、分析各类科学证据,辅助临床诊疗,提高诊断的可靠性。此外,新技术的应用,也必须满足医疗的高可靠性要求。

（二）发展现状

1. 国外发展情况

2009 年智慧医疗的理念被提出之后,得到了全球范围的接受和认同,世界主要国家纷纷推出了智慧医疗的相关规划。学者们对医疗卫生信息系统的建设、医疗大数据分析等领域开展研究,将物联网、移动互联网、数据挖掘等信息技术的理念与医疗相结合,推动了智慧医疗的发展。基于其商业前景,很多企业积极投身其中并制定相关战略部署,如:Intel 研发了家庭医疗设备并与 GE 合作成立医疗保健联盟,关注远程医疗和慢病治疗;IBM 提出了区域医疗、数字医院等解决方案;Microsoft 推出了 Microsoft Health Vault 远距看护平台;Google 先后推出了 Google Health、Google Fit;Apple 推出了移动健康应用平台 Health Kit 等。

当前,智慧医疗成为 5G 技术在物联网应用中的一个十分重要的场景。2019 年被称为"5G 时代"元年,国外发达国家积极布局 5G 产业,努力推动 5G 在医疗健康领域的应用发展。在韩国,医疗健康是 5G 投资五个核心重点之一;在芬兰,诺基亚与奥卢大学合作启动 OYS TestLab 项目,这是一个主要运用在移动急救场景中,基于 5G 网络环境的医疗试验项目;在德国,将 5G 技术作为缓解医疗难题、实现数字医疗的手段;在英国,大力推动 5G 在远程医疗领域的应用,如伯明翰大学医院(UHB)开发了一款基于 5G 的机器手套,远程指导进行超声检查。

2. 中国发展情况

党的十九大报告提出实施健康中国发展战略,确立了"把以治病为中心转变为以人民健康为中心"的新主旨。政策层面近年来出台了一系列文件,一方面规划医疗健康战略发展布局,如《"健康中国 2030"规划纲要》《健康中国行动(2019—2030年)》等;另一方面指导产业布局,通过科技引领促进健康事业的发展,如《智慧健康养老产业发展行动计划(2017—2020)》《新一代人工智能发展规划》《关于促进"互联网+医疗健康"发展的意见》等。在政策引领、技术创新的共同驱动下,智慧医疗处于快速发展阶段。

智慧医疗服务方面:《国家医疗保障局关于完善"互联网+"医疗服务价格和医保支付政策的指导意见》的发布,对于互联网医院的发展有明显促进作用。2019年1—11月,全国建成互联网医院148家,相当于过去5年的总和;加之医疗质量监控机制等逐步建立,以及医生多点执业等政策促进,互联网医院产业快速扩大。随着5G的商用化,催生新的应用场景:基于5G技术构建的远程会诊,新冠肺炎疫情期间,后方专家组与前方医疗队之间成功开展了远程协同手术、远程手术操作互联、远程机器人手术等。此外,基于超声机器人的远程超声检查、面向医疗卫生人员的基于使用场景和VR/AR设备的远程医学教育培训等极大促进了医疗技术的进步。智慧医疗被列入《新一代人工智能发展规划》,这使"AI+医疗"迎来重大发展机遇,人工智能已应用到医学影像识别、疾病辅助诊断、外科手术、基因测序以及医疗大数据等许多方面,当前人工智能产品立足于以人为本,以医生和使用者的需求为核心,不以"取代"为目的地开展辅助性协作。2019年,医疗机器人领域市场规模超过40亿元,其中,手术机器人仍是聚焦的热点,康复机器人以近半的市场占比迈入快速增长期。受突发疫情影响,医疗服务机器人中的消毒防疫机器人及送药机器人成为医疗机器人市场的"新宠儿"。

智慧健康方面:可穿戴设备作为健康管理系统的智能感知终端,市场规模逐年增长,2019年出货量达8000万台,但是这其中大部分并不具有医疗产品认证资质,在这方面市场还有待规范并加以区别和细分。2019年9月,301医院解放军总医院发布了基于智能手表进行的超过18万人样本量的"疑似心脏房颤"的研究报告,阳性预测值(准确率)达到91.6%,得到了国际学术界的广泛关注。5G与人工智能结合赋能智慧健康,在健康管理方面,通过5G网络实时传输患者体征数据,结合人工智能技术进行智能分析,发生异常时能及时报警。随着老龄化社会的到来,养老成为日益重要的社会问题。据不完全统计,近5年来国家及部委层面发布的有关养老及智慧健康养老的文件达30

余份,健康管理类可穿戴设备、便携式健康监测设备、自助式健康检测设备、智能养老监护设备、家庭服务机器人等产品,以及慢性病管理、居家健康养老、个性化健康管理、互联网健康咨询、生活照护、养老机构信息化等服务成为扶持和推广的重点。

（三）产业生态

以"健康中国"为目标,通过智慧医疗服务、智慧健康、智慧公卫,实现个人、家庭、社会的健康愿望,形成了基础技术、数据管理与统一平台建设合力推动的医疗健康智慧化升级的生态系统,如图4-9-1所示。

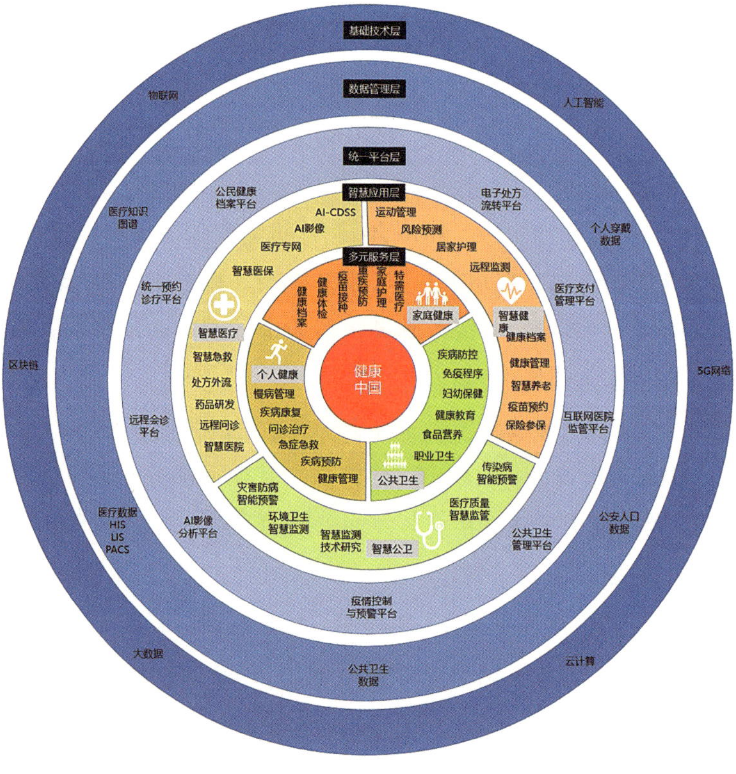

图 4-9-1　智慧医疗生态

1. 多元服务层

以实现"健康中国"为目标,提升国民整体健康水平,按照目标受众,医疗健康服务领域划分为三个维度:一是覆盖个人生命全周期的个人健康服务,包括从病前的健康管理、疾病预防,到病中的急救、治疗,以及病后的康复。二是覆盖家庭全体成员的家庭健康服务,基于家庭成员之间的协作与管理,涵盖运动、养老、护理、疫苗等范畴,以家庭为单位促进健康素养的整体提升。三是面向社会公众、特定社区和群体的公共卫生服务,涉及疾病防控、免疫程序等群体性技术防控,以及健康教育、职业卫生等社会服务。

2. 智慧应用层

利用互联网等新技术手段,对医疗健康产业进行智慧化升级,形成以治疗为核心的智慧医疗应用集,以健康管理为核心的智慧健康应用集,以公共卫生管理为核心的智慧公卫应用集,分别满足个人健康、家庭健康、社会健康的实际需求。

3. 统一平台层

支持智慧应用而搭建的技术平台,打破医疗健康领域中的"信息孤岛"与"管理孤岛",以信息的打通,实现服务与管理的平台化,包括从医疗场景中的诊疗预约、处方流转、AI 影像分析,到远程会诊、医疗支付,到互联网医院监管、公民健康档案、疫情控制等管理平台,推进医疗健康服务质量与效率的双提升。

4. 数据管理层

医疗健康大数据的共享与治理是数据管理层的主要内容,为医疗健康服务的智慧化带来可行性。小至个人穿戴数据,以及医疗知识图谱和医院内的医疗数据,大至公共卫生数据、人口大数据,都在不同程度地连通、聚集,并在一定的管理规则之下逐步实现数据治理与共享,在获得用户授权的前提下,发挥医疗健康大数据的积极作用。

5. 基础技术层

包括人工智能、大数据、云计算、5G 网络、物联网、可穿戴设备、区块链等基础技术,渗透医疗健康全领域,形成基础技术层。新技术为医疗健康带来三方面的变化:一是端到端的连通,一定程度改善了数据孤岛问题,使个人健康数据、治疗数据可以在获得用户授权的前提下,进行串联和应用,为健康管理和疾病治疗提供决策依据。二是云化部署提升服务迭代,云计算、5G 网络等技术为智慧服务带来弹性服务、快速迭代的可能。三是智慧决策与安全可追踪,应用人工智能与大数据,对不同环节的数据进行串联和分析,能帮助智慧医疗健康服务进行智慧决策。同时,可管理可溯源可追踪的区块链技术,为医疗健康服务保驾护航。

（四）典型案例

1. 智慧医疗服务案例

随着 5G 的大规模商用,国内一大批医疗机构基于 5G 网络开展院间医疗合作、院内医疗设备互联互通和院外应急救治等应用,先后在 5G 智慧救援、远程会诊、远程手术、移动医护、VR 隔离探视和医院物资管理等方面,展开智慧医疗的应用创新。

(1)5G 智慧急救实现院前院内信息一体化

急救医学在我国的发展还处于初级阶段,目前的院前急救属于"拉起就走"的模式,使得多数院前急救工作仅为简单的处理和患者转运,院前急救和院内急诊、危重病监护等相互脱节制约了急救质量的提升。

5G 智慧急救通过 5G 网络提供安全可靠医疗数据传输,实现信息资源共享、院前院内系统互联互通,为院前急救、智慧医疗提供强大技术支撑。它充分发挥急救车的移动优势,实现"现场—急救车—医院—指导医院"连续、实时、多方协作的远程急救,提升救治效率,如图 4-9-2 所示。

2020 年 3 月,海南省在琼海市人民医院和博鳌市中心医院开展 5G 智慧急救平台建设。从急救人员接到患者的第一刻起,将患者的基本体征数据、病情评估图像、急症病情记录通过 5G 网络实时传输到指挥中心和急救站,院内专家可查看到患者检测、监护信息和急救车内视频,并通过远程会诊系统对随车医护人员进行远程指导并提前制订抢救方案。5G 智慧急救平台的应用将协助医院建立院前院内一体化绿色通道,提高急危重症救治效率,提高科学调

图 4-9-2　远程急救服务模式

度水平,加强信息共享联动,提升社会急救能力。

(2)5G 赋能医疗机器人,使远程手术成为可能

5G 高带宽、低时延特性能够将网络时延缩短至 1—10 毫秒,为远程手术的应用带来质的飞跃,使手术的质量和安全性大幅度提高。远程手术让偏远患者在当地就能接受由顶级专家操作的远程手术,有效缓解我国优质医疗资源短缺和城乡医疗资源配置不平衡等问题,如图 4-9-3 所示。

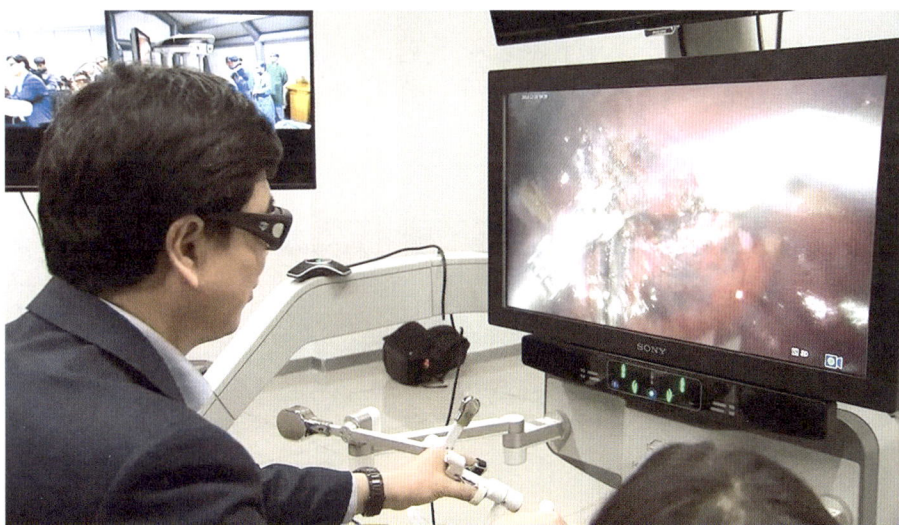

图 4-9-3　5G 远程手术应用

2019 年 1 月,全球首例基于 5G 网络的远程动物手术在福建福州实施成功。通信运营商以及分别位于北京和福建的两家医院,三方联合开展本次手术,医生和需要进行手术的小猪相隔 50 公里,医生远程操控手术机器人将小猪的肝小叶顺利切除,手术创面整齐,全程出血量极少。手术完成半小时后小猪从麻醉中苏醒,各项生命体征保持稳定,手术宣告成功。

随着 5G 与智慧医疗应用融合与创新发展,一方面将有助于提升医疗机构的远程医疗服务能力,便利就医流程,缓解患者看病难等问题;另一方面 5G 与云计算、大数据、人工智能、区块链等前沿技术的充分整合和运用,也将使医疗数据的价值被进一步挖掘,产生新的医疗应用服务,推动智慧医疗加速发展。

2. 智慧健康管理案例

随着"健康中国战略"确立与实施,提高人民健康质量已经逐步成为百姓的主要需求之一。我国老龄人口增速快、高龄化趋势明显,护理人员严重不足;医保和养老支出日益增加,慢病治疗费用占各种疾病负担 70% 以上,急需 5G、云计算、人工智能、区块链、便携智能终端等新技术手段提高健康服务、养老服务的质量和效率,降低成本。同时,随着新冠肺炎疫情突发,我们也看到由于应急管理系统信息化程度不足、居民健康数据缺失、医疗数据互联互通等方面还存在一些障碍。基于上述原因,我们认为在智慧健康管理领域可通过如下信息化技术及平台(包含但不限于)推动引用场景快速落地,如图 4-9-4 所示。

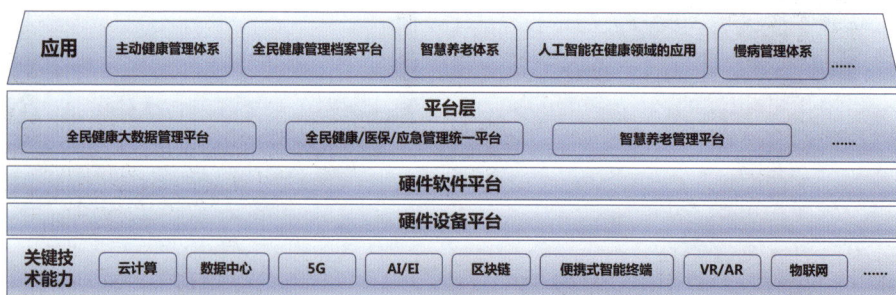

图 4-9-4 智慧健康管理体系

(1)将便携式智能终端数据纳入全民健康管理体系,构建"治未病"式主动健康管理体系:构建基于全民健康(院外终端设备)的主动健康管理示范应用,建立一套普惠全民的健康大数据支撑系统,实现个性化的健康状态评估和风险预测,为民众提供精准干预管理服务。建立可以占据未来健康产业发展主导权,打造良性循环的健康服务产业集群,使主动健康管理成为经济社会发展的新驱动力,真正落实健康中国战略。发展基于全民健康的便携式智慧终端人体健康信息连续动态采集、干预和管理技术,对于突破重大疾病防控技术,以及提升民众健康水平至关重要,要努力实现让广大群众"不患病、少得病、晚生病、更健康"的目标。

(2)围绕个人健康数据,建立全民健康管理档案平台:以个人健康档案(PHR)为核心,制定个人健康档案顶层架构和数据标准、安全标准和服务标准,开展以个人健康档案为核心的大健康服务示范工程,以慢性高发的心血管、高血压等病种为突破口,建立全生命周期的以 PHR 为核心的大健康服务示范工程,推动实现健康中国。利用云计算、区块链、AI、5G、智能穿戴等,实现全生命周期的数据采集,精准监测,个人健康档案构建、安全存储、可信共享,打造健康新生态,构建覆盖院前、院中、院后大健康服务。

(3)加速推动智慧养老服务应用:我国现有 2.55 亿 60 岁以上的老龄人口,约占总人口的 17.8%。呈现明显的人口基数大、老龄化增长速度快、高龄化趋势明显、人口红利逐渐消失及人才匮乏的现状。利用平台数据,采用信息化和智能化等技术手段,为居家、社区、机构养老的长者提供安全照护、生活服务、健康管理、康复照料、学习娱乐等实时、快捷、高效的养老服务,将老人、服务、机构、子女连接起来,最大化地降低人力成本、提高服务资源合理利用率。

(4)加速推动人工智能在全民健康领域的应用:随着 2019 年新冠肺炎疫情出现,我国医疗资源不足的问题再次凸显,人工智能和自动诊断系统是解决医疗资源不足、水平参差不齐的一项关键手段。如果云基础设施、上层 HIS 诊疗系统、CDSS 辅助决策系统可以承载三甲医院研发的人工智能应用,就可以快速提升区县二级、一级医院对病患的诊断能力,理论上就可以具备基本同等的治疗能力;同时非接触式 AI 体温测量、基于 AI 的快速药品筛选等一批基于人工智能的应用需求,已成为智慧健康产业领域关键需求场景。

3. 智慧公共卫生案例

传染病防控一直是全球公共卫生面对的重大问题,基于公民终身健康档案的健康医疗数据、5G及物联网的健康检测数据以及地理通信等活动数据,充分发挥云计算、大数据技术以及人工智能的力量,可在传染病防控中,在预防预警、控制疫情、医疗救治及保障措施等不同阶段发挥作用,如图4-9-5所示。

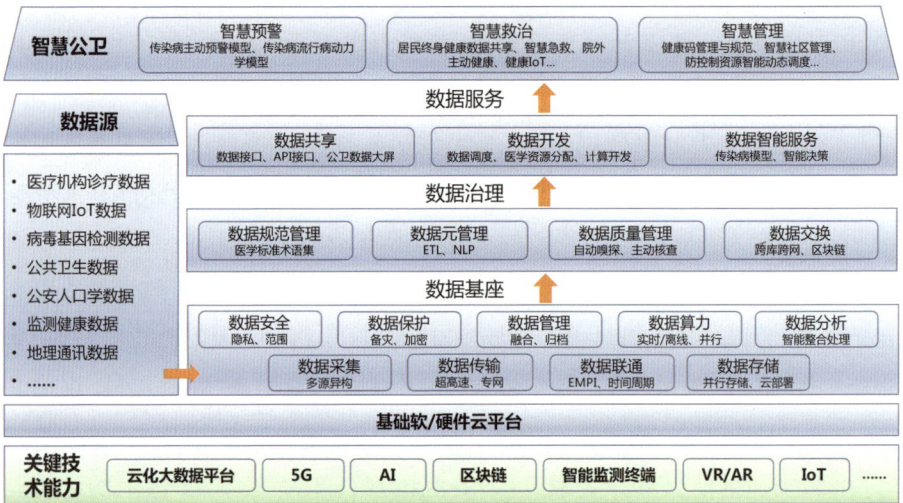

图4-9-5 智慧公卫系统示意图

（1）智能主动预警

2003年SARS暴发后,我国建设并完善了国家疾病监测信息报告管理系统,为实现传染病暴发预警的自动化创造了较大便利。但目前监测系统绝大多数是针对诊断后的病例信息进行监测,且信息需要通过人工录入系统,数据准确性和完整性存在一定的质量问题。在面对新发尤其是未知种类的传染病防控中,更早期的系统主动性预警能显著降低传染病疫情造成的损失。通过预先设定与传染病发生发展相关的监测指标,如症状监测、就医行为监测、互联网搜索等,以及不同预警模型,公民终身健康档案的大数据在云计算与人工智能算法的加持下,可实现传染病的早期主动预警。

（2）智能救治

"早发现""早隔离""早治疗",积极保护患者健康,努力提高治愈率、降低感染率和病死率,是传染病防控过程中最核心的问题。基于公民终身健康档案的健康医疗数据在传染病医疗救治的各个方面提供帮助:一是早期筛查,每个患者的 PHR 在不同医疗机构的诊疗数据互联互通,通过提取就诊过程中体征、症状、诊断等进行患者的预检与早期筛查;二是分级诊疗信息共享,结合云端技术,可按患者疾病发展过程不同进行智能分级转诊,患者当前的诊疗记录等可及时共享,方便医生查阅掌握患者疾病发展周期并及时调整诊疗方案;三是重症患者远程会诊,充分发挥 5G 网络技术及大数据平台诊疗数据的完整性与及时性,可便捷地对重症患者开展跨医院、跨学科的远程会诊;四是诊疗方案选择与优化,对于新发传染病尤其是未知传染病的治疗,结合医疗人工智能技术,为优化治疗方案并进一步形成标准化的诊疗指南提供循证依据;五是疾病风险因素研究,通过对大量患者进行回顾性研究分析,有助于发现与疾病发展、死亡、预后等有关的风险因素,对新患者尽早进行医学干预,降低死亡等风险。

（3）智能管理与保障

疫情防控是一个动态管理过程,不同阶段防控重点也会随之变化。充分利用诊疗数据、人口学数据、基因监测数据、流行病学数据等对每个个体进行智能评估和管理尤为重要。如新冠肺炎疫情期间,"健康码"的规范及基于"健康码"的管理就是大数据、云计算及人工智能的综合运用。区块链等技术的应用也是不同区域"健康码"互通互认的有力技术保障。基于区域内汇聚的传染病相关防控大数据,结合人工智能与云计算能力,政府及卫生管理部门可智能把控各种医疗物资用量变化及趋势预测,实现区域内最优化统筹管理,进行有效的决策指挥,以做好综合防控措施,最大限度匹配医疗资源的供需。

十、智 慧 文 旅

　　文旅产业是文化产业与旅游产业融合的综合性产业,具有关联性高、涉及面广、辐射性强、带动性强等特点,在国民经济中占有重要的战略地位。随着我国文化和旅游融合以及全域旅游发展战略的深入实施,文旅产业开始从传统的观光经济向以文化体验消费为核心的体验经济转型,以满足人民对美好生活新期待为目标的文化旅游新兴消费产业将迎来重大发展机遇,文旅产业将成为我国未来经济增长的重要驱动力和领跑者,其战略地位愈发凸显。

　　我国新型基础设施建设的加快实施,为文旅产业的发展注入了新动能。加强新型基础设施与文化旅游融合,推动智慧文旅创新驱动发展,重构文化旅游产业发展新格局,增强文旅产业的战略性支柱产业地位,是我国当前转变经济发展方式、实现产业转型和消费升级、实现高质量发展的迫切需要。

（一）内涵特征

1. 内涵

　　智慧文旅的内涵是指以特色文化为内在驱动,以现代科技为主要手段,通过5G、大数据、物联网、人工智能等新一代信息技术实现"文化+旅游+科技"融合,围绕旅游管理、旅游服务、旅游营销、旅游信息传播、旅游体验等的智慧化应用所形成的数字化文化旅游新业态。

2. 特征

　　智慧文旅的建设与发展主要体现在三个方面。

一是面向消费者的创新文旅体验和消费服务的智慧化,即 TO C 业务,推动文化旅游资源与多样化、个性化市场需求的高效对接,实现精准的线上线下无缝服务和深度文化体验等实时、互动、个性化服务,大大提升了用户体验,推动传统的旅游观光消费方式向现代文化旅游体验消费方式转变。

二是面向企业的文旅服务和产品的智慧化,即 TO B 业务,包括智慧移动出行、智慧住宿、智慧导游、智慧景区、智慧游乐、智慧文娱、智慧文博、虚拟旅游、OTA(在线旅游)个性化在线定制、大数据精准营销等全方位的服务。

三是面向政府和行业管理的智慧化,即 TO G 业务。包括景区动态监测、信息监管、大数据统计分析、景区人流引导、安全预警等内容,全面了解行业和游客需求、旅游目的地动态、投诉建议等内容,推动传统旅游管理方式向现代管理方式转变,实现政府的科学决策和管理。

(二) 发展现状

国外智慧文旅也称为智能旅游(Intelligent Tourism),包括各种文化内涵丰富、技术含量高、新颖独特的体验式文化旅游新业态、新产品和服务新模式。比如美国的沉浸式主题乐园、沉浸式娱乐,英国的沉浸式戏剧、沉浸式新媒体,日本的动漫主题乐园和动漫小镇,等等。在服务创新方面,美国波科诺山脉度假区早在 2006 年就将射频识别技术(Radio frequency identification technology)运用于接待行业,IBM 公司提出"智慧酒店"(Smarter Hotel)的解决方案,为住客提供最全面的住宿体验;欧盟主要国家从 2009 年开始建立覆盖全欧的旅游交通无线通信网络,实现智能化的旅游交通导航、信息发布、安全提醒、应急管理等功能。英国、德国开发的智慧导游手机 App 程序为游客提供线路规划、游览解说、原景重现、动画模拟、影片播放等导览服务;韩国首尔观光公社通过智能手机平台,开发出名为"I Tour Seoul"的 App 程序,为来自全世界的旅游者提供包括英、法、日、德、中文在内的移动信息查询和导航服务。

从技术和产业视角看,国内智慧文旅发展经历了四个阶段。第一阶段为信息化阶段(1997—2009 年),各种互联网旅游信息服务平台纷纷成立,提供宣传介绍、攻略导游、社区交流、机酒预订、路线查询等功能,初步实现文化旅游的信息化。第二阶段为移动化阶段(2009—2012年),手机App取代网站成为消费者使用的主要入口和游客获取信息和消费的主要方式。第三阶段为智慧化阶段(2012—2019年),智慧文旅的概念逐渐形成,更多融入5G、云计算、物联网、大数据、人工智能等信息技术,根据顾客需求将感知信息进行加工,建立智慧系统实现智慧化应用,通过场景创新打造文化科技融合的文化体验服务和产品,强化个性化服务,提升服务体验满意度。第四阶段是智能化阶段(2019年至今),云计算、5G、人工智能和大数据等新科技、新业态和新模式改变着旅游业的既有发展方式和产业格局,文旅行业将进入万物智联的高智慧期,智慧技术能够使旅游的各个环节无缝衔接,给游客带来更舒适、更连续的体验。如图4-10-1所示。

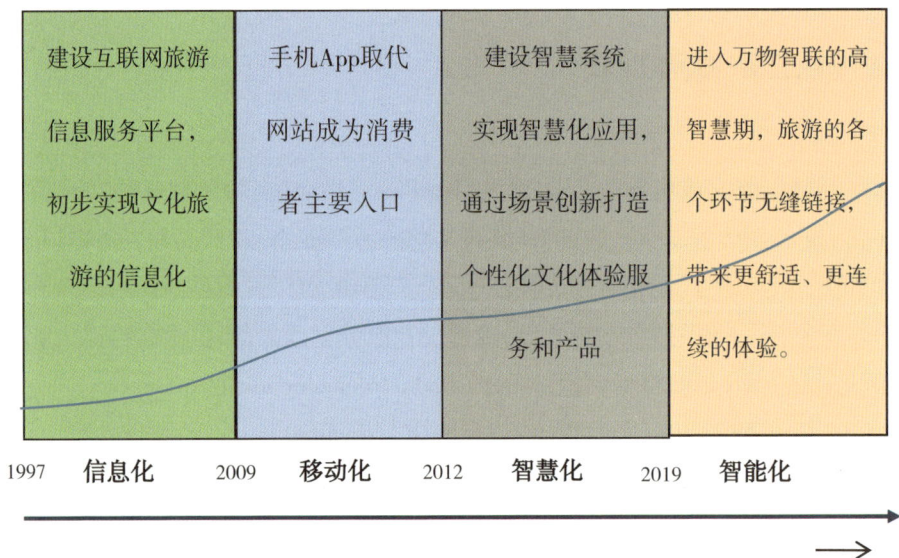

建设互联网旅游信息服务平台,初步实现文化旅游的信息化	手机App取代网站成为消费者主要入口	建设智慧系统实现智慧化应用,通过场景创新打造个性化文化体验服务和产品	进入万物智联的高智慧期,旅游的各个环节无缝链接,带来更舒适、更连续的体验。
1997 **信息化**	2009 **移动化**	2012 **智慧化**	2019 **智能化**

图4-10-1 国内智慧文旅发展阶段

从总体看,国内外智慧文旅产业在发展模式、发展阶段和发展路径上还存在一定差异。从发展模式和发展阶段看,美欧日韩等国通过创新驱动和数据驱动发展模式,推动现代科技在文化旅游产业的集成应用,大力发展智慧文旅新兴消费产业,实现文旅大数据资源的开放和共享,建立了相对完善的智慧文旅产业生态,智慧文旅产业已进入快速成长期。当前,我国的文旅产业正处于从传统观光经济向文化消费体验经济的转型期,智慧文旅经过几年的发展,虽在信息化、网络化和平台化建设方面已跻身全球先进水平并开始步入智能化发展阶段,但在以文化体验为核心的文化旅游新兴消费产业发展方面才刚刚起步,发展模式正在从资源要素驱动向创新驱动和数据驱动转变,新兴产业规模不大,智慧文旅产业整体处于形成期。

从发展路径看,美欧等国通过建立以 IP 为核心的智慧文旅产业链确立产业竞争优势。如英国大力发展以"哈利波特""唐顿庄园"等 IP 为核心的数字创意产业和智慧文旅产业,确立了全球创意经济规模软实力第一的地位;美国不断通过以迪士尼为代表的 IP 创意和创新发展,确立在全球智慧文旅的竞争优势。目前,我国文旅产业仍未改变粗放的经济增长方式和房地产思维,基本还是以资源型重资产投入和文化地产发展路径为主,以 IP 为核心,文化科技融合的文旅体验新场景、新产品、新服务、新业态严重匮乏,智慧文旅产业生态体系尚未建立。

当前,智慧文旅正在进入一个以网络化、数字化、智能化为核心特征的万物互联、人机智联的数字时代。新型数字基础设施与智慧文旅的融合发展,将推动智慧文旅产业全要素数字化转型和全要素生产率提升,成为引爆未来智慧文旅产业发展的结构性力量。

（三）产业生态

1. 智慧文旅的生态架构

智慧文旅生态架构包括基础设施层、全域数据层、To G 生态层、To B 生态层和 To C 生态层。如图 4-10-2 所示。

在基础设施层,人工智能物联网（AIoT）、5G 网络、数据中心等为代表的新型基础设施共同组成智慧文旅的基础,直接服务于智慧文旅建设,推动文旅产业数字化转型,为智慧文旅发展提供技术保障和实现手段。

在全域数据层,利用大数据等基础设施建设汇聚各类历史文化资源数据

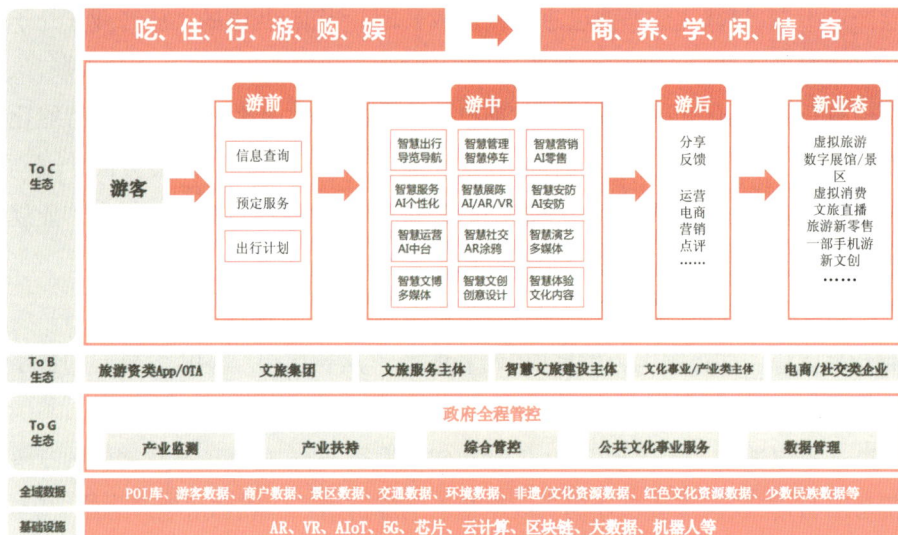

图 4-10-2 智慧文旅的生态架构

资料来源:新基建课题组。

库,为文旅服务企业的 IP 开发和文化体验服务产品开发提供支撑;实时收集游客数据、商户数据、景区数据、交通数据等数据要素,研究分析游客的偏好和需求,为政府的决策提供建议支持,同时也为文旅企业提供开放共享的智库平台。

在 To G 生态层,政府利用数据提升管理、服务和决策的水平,实施全程综合管控,对各方面数据资源进行有效整合,全面监督文旅项目的实施,优化市场秩序,促进文旅产业繁荣发展,推动智慧公共服务建设。

在 To B 生态层,开放创新的平台促进文旅企业提升效能,让更加多元的企业参与到智慧文旅生态建设中来,文旅企业的主体地位不断得到突显:文旅企业既是文化事业的主体,也是智慧文旅建设的主体,同时还是文旅服务的主体。

在 To C 生态层,从吃住行游购娱到商养学闲情奇,游客享受到更加智能化、个性化的服务体验,智慧化文旅服务贯穿游前、游中、游后各环节、全过程,为游客提供无缝化、个性化、体验化服务,游客的需求和反馈又源源不断地催生智慧文旅的新业态。

随着我国文旅产业从传统的观光经济向文化消费体验经济转型,创新驱动和数字驱动将成为智慧文旅产业发展的核心动力。未来将用五到十年的时间,通过5G、云计算、大数据、物联网和人工智能等新型基础设施的建设,加强文化、旅游和科技的融合,着力培育文旅产业的全新数字化生态,推动智慧文旅数字化转型和文化体验消费提升,实现用户与市场、产品与服务、行业与政府等资源的全面整合,促进自然历史人文资源的数字化与开发利用、信息共享,以及线上线下融合互通,推动新型基础设施支撑的跨时空、跨地域、跨领域、低成本、高效率、平台化、数字化的智慧文旅产业新生态的建立。

2. 智慧文旅的产业架构

随着全域旅游作为新时期的国家文化旅游发展战略,智慧文旅开始向区域资源整合、产业融合、共建共享的全域旅游发展模式加速转变。城市更新与旧城改造、传统景区提升和产业升级、乡村振兴与文旅小镇、线上线下结合的服务和个性化、多样化文旅体验成为智慧文旅的主要应用场景。在智慧文旅重大应用场景创新带动下,新型基础设施支撑的智慧文旅产业架构不断拓展和完善,推动了文旅产业的数字化转型、文化消费提升和高质量发展。如图4-10-3所示。

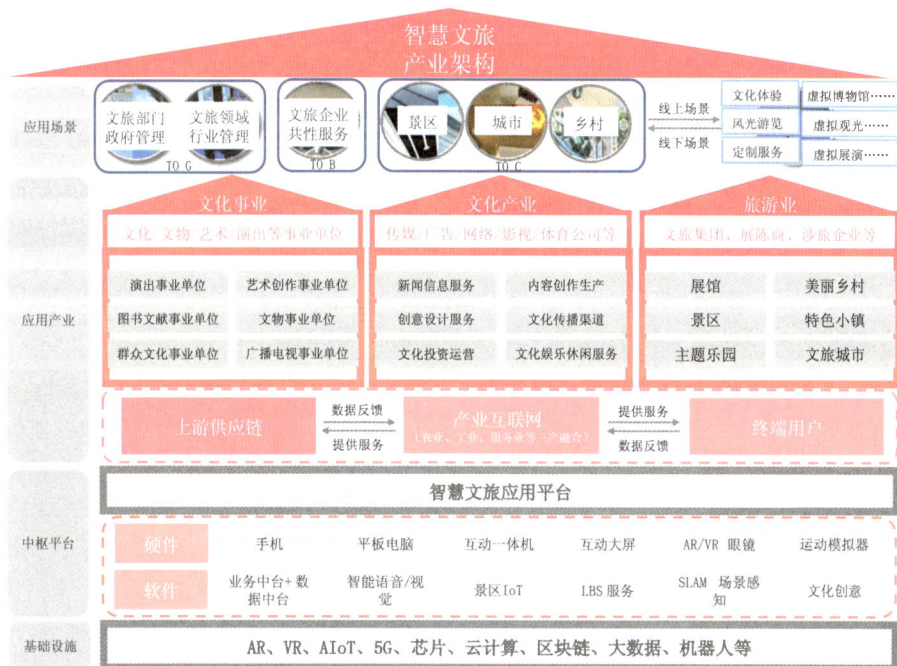

图4-10-3 智慧文旅的产业架构

在智慧文旅的产业架构中,通过 AR、VR、5G、物联网、云计算、区块链、大数据等技术集成而形成的智慧文旅新型基础设施的底层支撑,构建由软硬件、系统集成与文化创意产业融合的智慧文旅应用中枢平台。

智慧文旅产业的中枢平台是智慧文旅产业核心支撑层,向下连接新型基础设施,向上为智慧文旅的应用产业提供支撑。在硬件方面,包括手机、平板电脑、互动一体机、互动大屏、AR/VR、全息投影等设备和系统;在软件方面,包括业务中台与数据平台、智能语音/视觉系统、景区物联网与数据采集、定位服务(LBS)、场景感知(SLAM)系统、文化资源数据库、文化创意数据库、IP 资源库等。

在智慧文旅中枢应用平台支撑下,智慧文旅的应用产业将呈现多元化态势。通过产业互联网打通产业链上下游,为终端用户提供更智慧化的服务。面向各个重大应用场景和游客个性化、多样化服务需求,文旅企业不断创造出新业态、新模式和新产品,促进文化事业、产业和旅游业的有机结合,同时为政府、景区、游客等提供基于全流程的智慧文旅服务体系,推进旅游服务、旅游体验、旅游办理、旅游营销、旅游资源应用。

随着 5G、云计算、物联网、人工智能、大数据等新型基础设施建设的推进,智慧文旅新的技术基础架构正在形成并与文化创意深度融合,将会出现一批极具爆发力的新兴产业发展热点,引发文旅服务和消费场景的重大创新,推动智慧文旅的发展方式和产业格局发生重大变革。文化旅游产业已开始进入万物互联的高智慧发展阶段,智慧文旅将以数据创新为驱动,场景创新为引领,文化+旅游+科技为路径,通过全要素数字化转型和全要素生产率提升,全面推动基于新型基础设施的智慧文旅新兴产业体系建设。

(四) 典型案例

1. 以游客为中心的全域智慧文旅服务:"一部手机游云南"

作为云南省省级的全域旅游智慧平台"一部手机游云南",以游客为中心,以数字科技为驱动,以目的地为核心,以资源数字化、数字产业化、产业数字化为主线,利用物联网、云计算、大数据、人工智能、区块链等技术,服务于目的地智慧化旅游管理和体验,开创了全域智慧旅游建设和数字文旅新模式。"一部手机游云南"的总体架构为"一中心两平台"(即旅游大数据中心、游客综合服务平台和政府综合管理平台)。面向游客端的"游云南"App及小程序,为"吃、住、行、游、购、娱"等旅游问题提供数字化解决方案,实现在线看实时直播、订精品线路、买门票、刷脸入园、识花草、找厕所、语音导览、一键投诉、无忧退货等多场景功能,覆盖游前、游中、游后全流程,让游客"一机在手、说走就走、全程无忧"。面向政府端的综合管理平台和大数据中心,以数字身份体系、数字消费体系、数字诚信体系、全域投诉体系、AI服务体系作为技术支撑,提供服务评价、投诉受理、联动执法、决策分析、客流监测、产业运行监测等功能,实现一部手机管旅游。新型基础设施支撑下的"一部手机游云南"打通了C端、B端和G端,实现了全域智慧文旅服务。如图4-10-4所示。

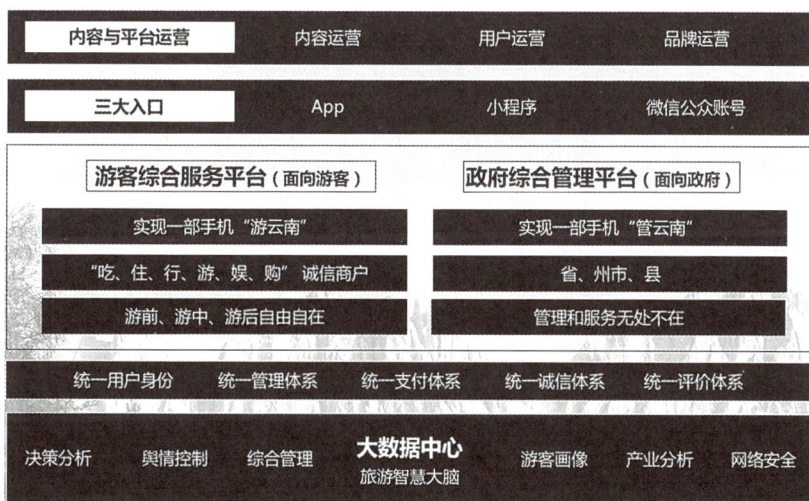

内容与平台运营	内容运营	用户运营	品牌运营
三大入口	App	小程序	微信公众账号

游客综合服务平台 (面向游客)	政府综合管理平台 (面向政府)
实现一部手机"游云南"	实现一部手机"管云南"
"吃、住、行、游、娱、购" 诚信商户	省、州市、县
游前、游中、游后自由自在	管理和服务无处不在

统一用户身份	统一管理体系	统一支付体系	统一诚信体系	统一评价体系

决策分析	舆情控制	综合管理	大数据中心 旅游智慧大脑	游客画像	产业分析	网络安全

图4-10-4 "一部手机游云南"总体架构展示

资料来源:腾讯。

2. 推动景区升级文化体验+数字运营服务:黄山花山谜窟沉浸式情景探秘体验

黄山花山谜窟沉浸式情景探秘体验主题园区是针对黄山花山谜窟景区提升与产业升级,依托现代高科技手段和在地自然和文化资源打造的集文化、旅游、科技于一体的文化旅游展演体验集群项目。通过充分挖掘黄山花山谜窟谜文化核心 IP,应用互动投影、5G、AR/VR、高清 LED 显示、全息、多媒体盒子等高科技手段,构建沉浸式、情境化、探秘主题的行进式体验场景,打造了若干引爆级沉浸式核心展演体验业态;并开发基于 5G 和 AI 技术的 T-SaaS 平台,为黄山打造标杆级数字智能运营管理体系。该项目将树立黄山景区依托新型基础设施和文化科技深度融合,从传统观光型景区向文化旅游体验型景区转型的标杆。如图 4-10-5 所示。

图 4-10-5　黄山花山谜窟沉浸式情景探秘场景展示及 T-SaaS 数字运营模式图
资料来源:国家文化科技创新服务联盟。

3. 推动城市更新文化体验服务:沉浸式特色文化情境体验街区

乐山上中顺沉浸式特色文化情境体验街区是一个集文化体验、旅游消费、休闲娱乐和生活服务于一体的沉浸式体验文商旅消费产业集群,是线上线下互动参与的全新沉浸式业态组合,如图 4-10-6 所示。该项目以沉浸式文化体验消费为核心,深度挖掘乐山美食文化 IP,并与 AR/VR、全息、互动新媒体等新科技融合,通过空间创意和业态创新,把城市闲置与低效的存量空间转换为弥漫式交互体验的舞台,打造了"鲜、甜、苦、辣"乐山四味多空间沉浸式体验与消费场景,讲述老城蕴含的动人故事,浓缩味蕾跃动的乐山味道,同时通

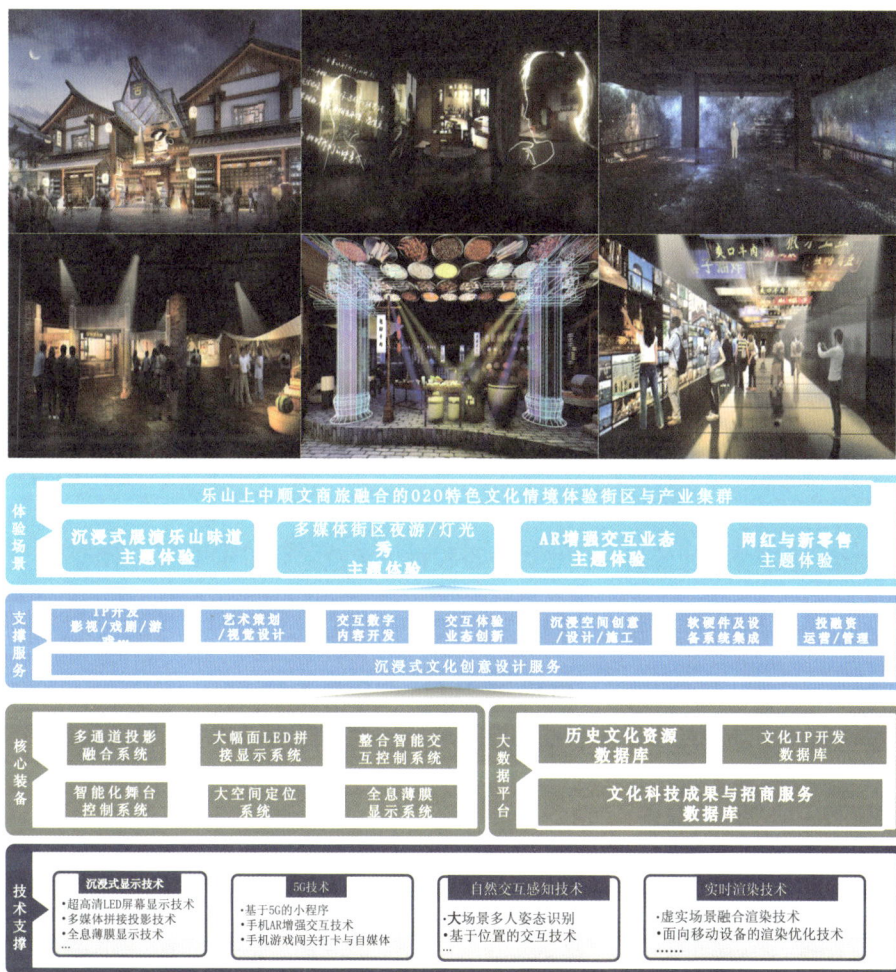

图 4-10-6　乐山上中顺老街沉浸式特色文化情境体验街区技术及产业架构图

资料来源:国家文化科技创新服务联盟。

过故事体验与消费场景的动线设计串联,把文化体验与当地的美食、非遗、商业、休闲、社交、新零售及网红经济等多元文化和商业场景结合,实现公共空间、商业空间与展演空间的完美融和。项目应用 5G、大数据、定制小程序等最新技术,打通了线上线下两个场景,扩展了基于移动互联网的新消费空间,构建了线上线下协同的文旅消费产业新生态。成为新型基础设施支撑下文化科技融合驱动的城市更新与文化街区活化的创新范式。

4. VR/AR+AI 的创新应用——萧山智慧·城市馆

杭州市萧山智慧·城市馆是基于 VR/AR+AI 的智慧展馆,全馆有 AR 导览、AR 互动沙盘、智慧展馆以及依托人脸识别的个性化定制。全馆 AR 导览主要是基于视觉定位技术,利用高精度地图和 SLAM(同步定位与建图)实现。AR 全局多人互动城市沙盘,是采用 AR 虚拟内容和实体沙盘叠加技术,构建空间全要素的展示。作为有生命的智慧展馆,主要通过 AIoT(人工智能+物联网)中枢汇聚全馆数据,智能感知"人、车、物、地"等维度;同时运用 AI 深度学习自我迭代,进行智能辅助决策。另外,基于大数据库和深度 AI 算法分析,推出基于人脸属性检测的个性化路线定制展项。

通过以上 AI 技术的运用,全方位立体化将萧山"奔竞不息"的城市精神以科技艺术化手法展现。为基于 VR/AR+AI 的智慧展馆、智慧体验馆、智慧博物馆、城市会客厅等新一代场馆建设提供了示范。如图 4-10-7 所示。

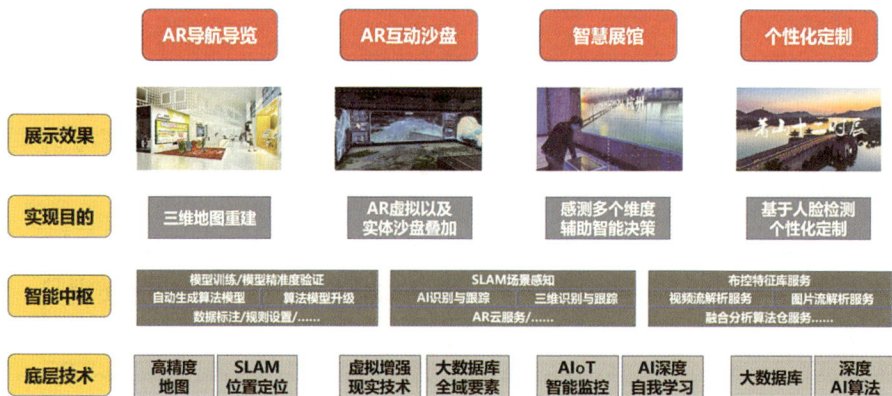

图 4-10-7 VR/AR+AI 的创新应用——萧山智慧—城市馆

资料来源:商汤。

5.虚拟游览与数字化营销：5G+大数据+云游景区+数字营销

通过云计算能力，采用视频云技术、全球覆盖的直播节点以及 AI 超高清能力等，打造流畅、低延时、高并发的直播平台，创新景区线上观光游览新方式。新冠肺炎疫情期间，布达拉宫、中国国家博物馆、南京博物院、北京鲁迅博物馆、敦煌研究院、甘肃省博物馆、三星堆博物馆、苏州博物馆、良渚博物院等数十家知名博物馆和景区集体上直播，在淘宝直播"云春游"，实现了"云复工"。云游直播首日就吸引了 1000 万人次参观，游客能更近距离观看到线下博物馆展览时看不到的细节，还能边"云游"边购买心仪的旅游纪念品，实现

图 4-10-8　淘宝"云春游"页面展示

资料来源：阿里巴巴。

了线上和线下联动。同时,结合大数据的能力,直播成为全域数字化营销的重要环节,品牌商家通过 OTA 直播平台实现消费者互动,拓展品牌、积累私域流量,为后续需求奠定基础。探索了新型基础设施支撑下虚拟旅游与数字营销融合发展的新商业模式。

参考资料

[1]工业互联网产业联盟:《工业互联网园区网络白皮书》,2019 年。

[2]工业互联网产业联盟:《电子信息制造业 5G 应用需求白皮书》,2019 年。

[3]工业互联网产业联盟:《工业智能白皮书》,2019 年。

[4]闫伟:《浅谈国内外智能制造的现状和发展趋势》,《2017 年第七届全国地方机械工程学会学术年会暨海峡两岸机械科技学术论坛论文集》,2017 年。

[5]龙江、靳永辉:《我国智慧农业发展态势、问题与战略对策》,《经济体制改革》2018 年第 3 期。

[6]前瞻产业研究院:《2019 年全球猪肉行业市场分析》。

[7]宋展、胡宝贵、任高艺、杜诗青、张一铭、李乐:《智慧农业研究与实践进展》,《农学学报》2018 年第 8 期。

[8]王海宏、周卫红、李建龙、孙政国、郑亚君:《我国智慧农业研究的现状·问题与发展趋势》,《安徽农业科学》2016 年第 17 期。

[9]肖冰、陈丽娟:《我国智慧农业的发展态势、挑战及对策研究》,《农村金融研究》2018 年第 8 期。

[10]周斌:《我国智慧农业的发展现状、问题及战略对策》,《农业经济》2018 年第 1 期。

[11]申格、吴文斌、史云、杨鹏、周清波:《我国智慧农业研究和应用最新进展分析》,《中国农业信息》2018 年第 2 期。

[12]赵春江:《智慧农业发展现状及战略目标研究》,《农业工程技术》2019 年第 6 期。

[13]中国智能网联汽车产业创新联盟、中国智能交通产业联盟、IMT-2020(5G)推进组 C-V2X 工作组:《面向零拥堵的车路协同新型架构及产业生态重构》,2019 年。

[14]中国智能网联汽车产业创新联盟、IMT-2020(5G)推进组 C-V2X 工作组、中国智能交通产业联盟、中国智慧交通管理产业联盟:《C-V2X 产业化路径和时间表研

究白皮书》，2019年。

［15］IMT-2020(5G)推进组C-V2X工作组：《C-V2X业务演进白皮书》，2019年。

［16］中国人工智能学会：《中国人工智能系列白皮书——智能交通》，2017年。

［17］中国联通：《中国联通5G+智慧交通白皮书》，2019年。

［18］国家发展改革委、国家能源局：《关于促进智能电网发展的指导意见》，2015年。

［19］姚海棠：《电力投资重点将向配网转移》，《中国能源报》2014年8月4日。

［20］国家能源局：《配电网建设改造行动计划（2015—2020年）》，2015年。

［21］徐丙垠、Christoph Bruuner：《国际配电自动化发展综述》，《供用电》2014年第5期。

［22］Jacopo Torriti, M.G.Hassan, Matthew A Leach ："Demand Response experience in Europe：policies, programmes and implementation", *Energy*, Vol.35, No.4(April 2010) , pp. 1575-1583.

［23］《为进博会提供"世界会客厅"级电力保障》，《国家电网报》2019年11月4日。

［24］《绿色生态城的天津样本——"贯彻新时代公司发展战略系列报道"天津篇》，《国家电网报》2018年5月18日。

［25］《广东电网：开创配网自愈新模式　复电时间缩短至"分钟级"》，《南方电网报》2019年9月17日。

［26］彭雅惠、侯建明：《长沙电网向国际一流"闪"进》，《湖南日报》2020年4月17日。

［27］《浙江建成首个城市能源互联网》，2019年8月30日，见http://www.xinhuanet.com/2019-08/30/c_1124940982.htm。

［28］腾讯研究院：《腾讯智慧金融白皮书》，2018年4月。

［29］蒲海涛：《金融智能化的发展历程与路径选择——从"固态"到"气态"》，《北大金融评论》2020年第2期。

［30］韩志雄、冯学奋、赵权：《智慧金融的产生、发展与前景探析》，《海南金融》2018年第8期。

［31］邢桂伟：《依托大数据技术构建商业银行智能风控体系》，《中国金融电脑》2018年第8期。

［32］蔚赵春、徐剑刚：《智能投资顾问的理论框架与发展应对》，《武汉金融》2018年第4期。

[33]张帆:《银保科技——后监管时代的银行保险创新引擎》,《中国保险》2017 年第 11 期。

[34]周沫、魏先华:《智能投顾,构筑理财市场的未来》,《金融经济》2017 年第 17 期。

[35]马龙:《中国银行人工智能技术研究与应用实践》,《中国金融电脑》2018 年第 9 期。

[36]马雁:《科技驱动 创新领跑 深入推进智慧银行转型》,《中国金融电脑》 2019 年第 4 期。

[37]《交通银行推出首台"远程智能柜员机 iTM"》,《金融科技时代》2012 年第 8 期。

[38]《开放银行系列之概念篇:何为开放银行?》,2018 年 8 月 3 日,见 https://finance.ifeng.com/c/7f4ZRWiF2EC。

[39]零壹智库:《全球金融科技融资报告(2019)》,2020 年 1 月 16 日。

[40]互联网医疗健康产业联盟:《5G 时代智慧医疗健康白皮书》,2019 年。

[41]郑州大学第一附属医院、互联网医疗系统与应用国家工程实验室、中移(成都)产业研究院等:《5G 智慧医疗专网 SA 弹性切片技术白皮书》,2019 年。

[42]胡姝敬:《智慧医疗的优势、特点》,《电子技术与软件工程》2019 年第 1 期。

[43]王跃芬、李铁:《智慧医疗的应用特点与发展趋势》,《中医药管理杂志》2018 年第 1 期。

[44]李睿宇、许学军:《大数据背景下我国智慧医疗的应用研究》,《经济研究导刊》2019 年第 6 期。

[45]尚雅楠、孙斌:《大数据背景下的智慧医疗应用现状研究》,《科技和产业》 2016 年第 10 期。

[46]中投产业研究院:《2020—2024 年中国大健康产业深度调研及投资前景预测报告》,2020 年。

[47]中投产业研究院:《2020 年中国智慧医疗行业发展研究报告》,2020 年。

[48]动脉网蛋壳研究院:《2019 互联网医院报告——从模式变革到服务创新》, 2019 年。

[49]《多种商业模式与创新服务并行,梳理美国远程医疗行业的政策、服务与并购状况》,2018 年 6 月 17 日,见 https://36kr.com/p/5139166。

[50]中国联通:《中国联通 5G 智能急救白皮书》,2019 年。

［51］中国联通:《5G 移动卒中单元白皮书》,2019 年。

［52］中国联通:《中国联通 5G 应用创新案例汇编》。

［53］陈韵岱、郭豫涛:《Huawei Heart Study 系列研究之 MAFA II 研究》,2019 年欧洲心脏病学学会年会(ESC2019)。

［54］《"十三五"国家老龄事业发展和养老体系建设规划》,2017 年。

［55］郭青、张春曦、姬一兵、王丽萍:《中国医疗机构传染病网络直报管理工作现状调查》,《疾病监测》2010 年第 5 期。

［56］常海鹏:《谈文化旅游产业发展的路径规划》,《辽宁社会主义学院学报》2016 年第 2 期。

［57］戴斌:《数字时代文旅融合新格局的塑造与建构》,《人民论坛》2020 年。

［58］付业勤、郑向敏:《我国智慧旅游的发展现状及对策研究》,《开发研究》2013 年第 4 期。

技术篇

软硬虚实兼备

技术篇描绘了新基建所涉及的主要技术装备。与传统基建不同,新基建有自己的"钢铁""水泥",就是重要的技术和装备。与传统基建不同,新基建需要的技术和装备科技含量更高,软件比重更大,最重要的是,技术相关性增强,技术迭代周期更短,颠覆性技术层出不穷。新基建技术装备是新基建建设成败的关键一环,也是各国竞争角力的主战场,需要多元参与,共同发力。因此,我们尽力描述了各具体技术装备的内涵外延,发展历程,技术架构,努力构建技术装备的技术图谱,为社会参与助力。

一、操 作 系 统

操作系统在我们日常生活中经常用到,有了操作系统,我们才能更方便地操作手机、电脑等设备,实现浏览、网购、聊天等功能,当然操作系统在服务器等领域也广泛应用,是重要的基础软件。

(一) 内涵特征

操作系统(Operating System,OS)是配置在计算机硬件上的第一层的核心控制软件,是计算机用户和计算机硬件之间的接口程序模块,其功能是管理和控制计算机硬件与软件资源,占据整个计算机系统核心位置。

操作系统在多种不同场景被普遍应用,常见的终端设备操作系统有Linux、Android、iOS 和 Windows 等,运营商和企业网络设备操作系统多是衍生自开源 Linux 或 VxWorks 等操作系统,而数据中心设备的操作系统多是开源的 Linux 操作系统和各厂商基于 Linux 的商业收费版本。1945 年,电子计算机问世以来,软件技术快速发展,操作系统作为基础软件,大致经历了企业商用、个人计算机(PC),再到移动终端三个阶段,诞生了诸如 Unix、Linux、Windows、iOS、Android 等操作系统。

(二) 移动终端操作系统

1. 发展现状

随着 4G 普及,移动互联网崛起。移动设备逐步取代电脑成为使用时间最长的终端设备。当前,主流的移动设备的操作系统是 Android 和 iOS。Android 是一种基于 Linux 的自由及开放源代码的操作系统,主要适用于手机、平板电脑等移动设备。最初,Android 操作系统主要支持手机,后来逐渐扩展到平板电脑、电视、数码相机、游戏机、智能手表等领域。iOS 是一款 Unix 的移动操作系统,主要应用于手机、平板电脑上,相比 Android,iOS 主要应用在苹果的产品中。

2. 技术架构

经过十多年的发展,移动终端的操作系统快速成熟,不断演进,形成了 4 层稳定架构,从芯片层到应用层,每一层针对不同需求定义了丰富的功能模块,并且保持了框架稳定;为了满足不断增长的用户体验需求,架构也有很强的适配能力和扩展能力,可以对新业务快速支持,从而获得了最广泛的应用和设备厂商支持。图 5-1-1 展示了移动终端操作系统(以安卓为例)的技术架构。

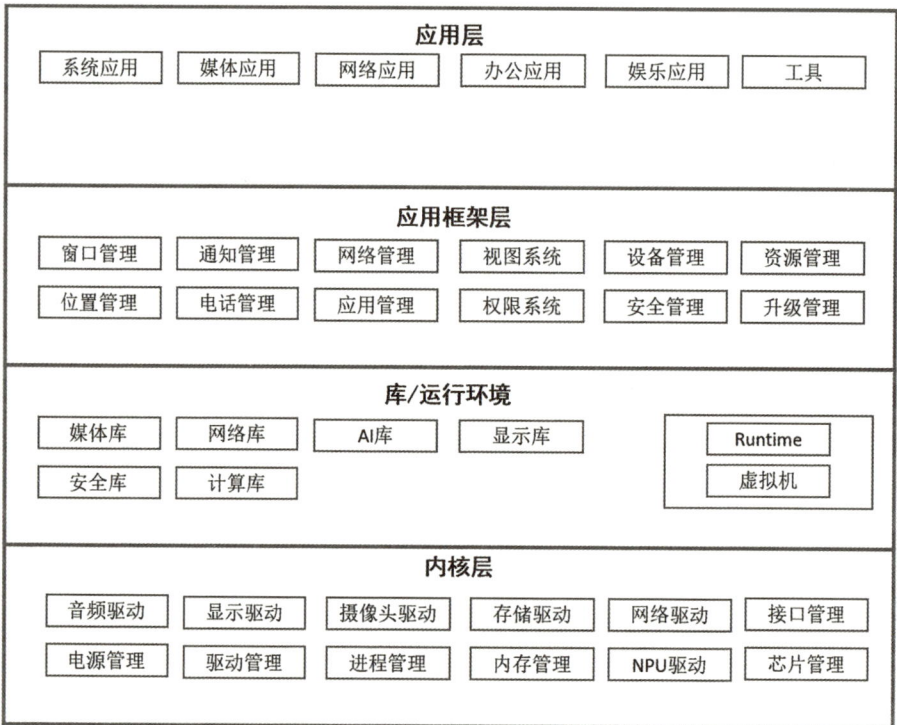

图 5-1-1 移动终端操作系统的技术架构

3. 主要应用

移动终端操作系统的应用已经覆盖普通消费者生活的方方面面,消费者日常可以接触到的电子设备,都有或者简单或者复杂的操作系统。如智能汽车的车载娱乐系统、智能音箱中的以语音交互为核心的智能音箱系统、智能手表中的手表操作系统等。在现代生活中,消费者时时刻刻都在享受着移动终端操作系统带来的高效和便利生活。

(三) 服务器操作系统

服务器操作系统一般指应用于大型计算机的操作系统,应用在 Web 服务器、应用服务器和数据库服务器等领域,是企业 IT 系统的基础架构平台。服务器操作系统要实现设备、软件、数据的管理、配置、稳定、安全等功能。

1. 发展现状

早期的服务器并没有独立的操作系统,直到 20 世纪 60 年代 IBM 推出了一系列用途与价位都不同的大型机,而它们都共享代号为 OS/360 的操作系统,独立的服务器操作系统才走上历史舞台。70 年代贝尔实验室创建的 Unix系统盛极一时,成为服务器操作系统的主流。携着在桌面领域的成功优势,微软也推出了 Windows Server。但在 2000 年之后,随着基于 Intel 至强处理器的服务器被广泛应用,开源的 Linux 操作系统逐渐成为主流的服务器操作系统。

在国际上,自 1991 年开始,Linux 从一个简单的开源内核程序起步,进行了 20 多年的商业化探索和积累,如今已经成为服务器操作系统的主流技术,也是全世界最成功的开源项目。其中比较成功的商业发行版主要有 Redhat、SUSE、Ubuntu 等。经过多年的发展,这些商业发行版 Linux 不断投入人力物力与主流的芯片厂商(Intel)和服务器硬件厂商建立了稳定的相互认证关系。同时与国际主流的数据库、中间件、ERP/CRM 等商业和行业应用软件厂商建立了紧密的合作。最后通过服务收费的方式,为企业用户提供使用的便利,并实现商业闭环,构成了一个完整的服务器领域的 IT 生态。

服务器领域的国内操作系统厂商大多基于 RedHat、Debian 等技术线路进行消化吸收、二次优化，通过局部创新的方式，发展出各类国产 Linux 操作系统。近年来国内对高新基础技术持续投入，中国的 CPU 厂家已经逐步发展起来，对应的操作系统也各自同步发展。

2. 技术架构

服务器操作系统架构包括内核、基础运行时环境、第三方关键应用等组成部分。其中，操作系统内核涉及硬件抽象层的固件和设备驱动，核心层的进程调度、任务管理、内存管理、文件系统等多个功能模块，此外还支持资源隔离、内核安全、可信计算、容器化等增强组件。基础运行环境提供系统启动和运行所需要的基础服务、运行库环境、协议接口、开发语言和开发工具等。第三方关键应用及生态是基于操作系统运行环境的各种用户态软件及服务，包括多种数据库、中间件、Java 开发工具包，以及面向大数据应用的分布式流数据流引擎、面向人工智能应用的开发框架等。典型的服务器操作系统架构如图 5-1-2 所示。

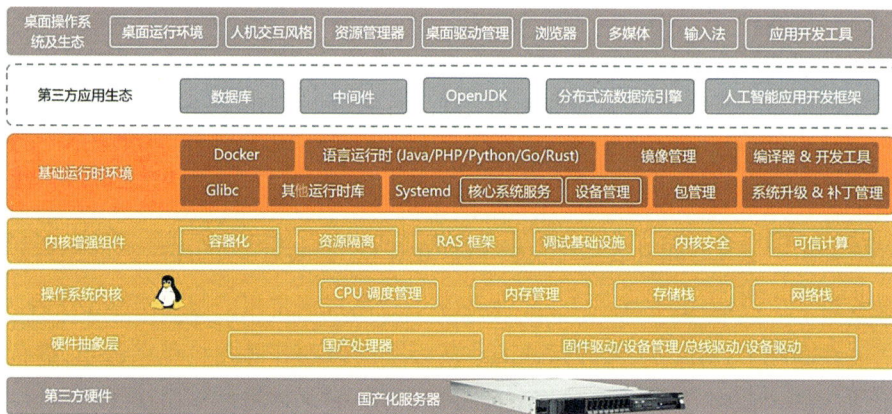

图 5-1-2 服务器操作系统技术架构

3. 主要应用

服务器 OS 与人工智能。人工智能已经成为国家战略，随着"AI+应用"的落地，AI 将会成为新的"水"和"电"。AI 的发展除了算法理论提高之外，离不开超强计算能力的提升。服务器操作系统提供了对于常见 AI 平台的完整的软件栈支持，提供了丰富的算法底层库。通过 GPU 虚拟化，GPU 复用技术，提供更充足的 GPU 底层计算资源。通过 DPDK 等优化网络协议栈的技术提高数据传输性能。通过提供更完善的隔离功能，支持不同类型的业务混合部署模式，提供基于容器技术和轻量级虚拟化技术的更强大的弹性计算资源。

服务器 OS 与云计算。服务器操作系统是各类云计算平台的基石。在典型的云计算平台中，包括用户接入、资源调度、机器管理、计算节点、虚拟网络、云存储系统等，均离不开服务器操作系统的支撑。作为云计算的核心技术，虚拟化本身是 Linux 等操作系统中的一个基础特性。物理设备的模拟，虚拟设备包括具备硬件虚拟化特性设备的支持，是近年服务器操作系统最大的革新点之一。内核各个子系统都产生大量虚拟化特性，比如时间子系统、中断子系统、调度子系统等。

（四）分布式智能终端操作系统

"分布式技术"是软件领域的基础概念，这个概念的核心是突出系统性，一组计算机对外表现的是一个统一的整体。这组计算机有一个共享的状态，可以并发操作，单个节点的失败不会影响整个系统的正常运行，其技术上的关注点是同类硬件资源的使用效率和软件应用的动态可伸缩性。

1. 发展现状

随着芯片、物联网传感器、人机交互、无线通信技术、人工智能技术的发展，智能设备开始逐渐打破智能手机终端独大的局面，呈现出多样化的发展趋势。越来越多的电子设备具备了类似手机一样的智能化能力，比如智能音箱、智能手表、智慧大屏、智能座舱、智能机器人、无人机等新的智能终端形态都具备了强大的计算处理能力、快速的互联网连接能力以及便捷的人工智能能力。

分布式智能终端 OS 的分布式技术融合了传统的分布式技术理念，更有其独特之处。终端分布式技术是一组终端硬件设备连接并协同工作，给使用者一个统一的"超级虚拟终端"的体验，技术上的关注点是不同硬件资源间的联动融合以及软件服务的跨设备迁移。下一代智能操作系统通过构建一个跨设备的"分布式"操作系统，让用户就好像是在使用一部"超级虚拟终端（One

Super Device)",在使用体验上实现多设备有机融合,系统性地解决多终端环境下使用者体验不佳和开发者效率低下的问题。

2. 技术架构

"超级虚拟终端"的软件全栈分布式软件架构如图5-1-3所示,技术架构从上到下主要包括以下关键组成部分:

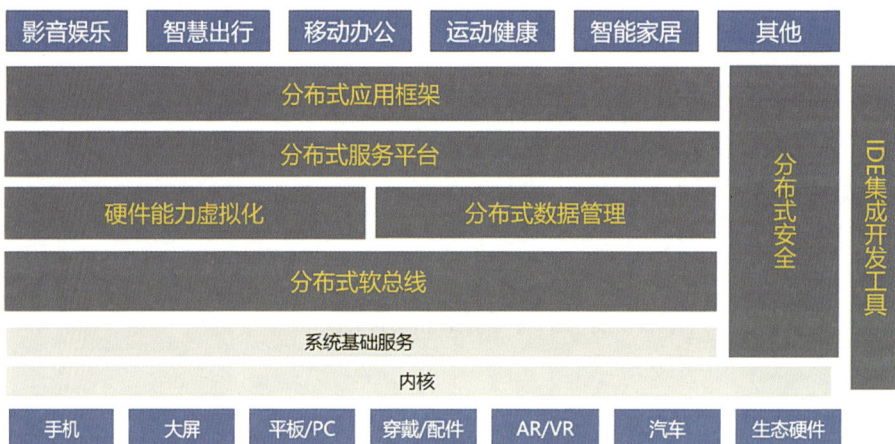

图5-1-3 软件全栈分布式软件架构

分布式应用框架:提供应用的跨设备运行环境。用户程序框架和应用执行框架支持应用跨设备运行。同时,在UX开发上为开发者提供全场景、跨设备的开发框架,支持一次开发多端适配。

分布式服务平台:提供多设备间开放服务的注册、发现、调度、编排、权限管控等能力。应用可以通过分布式服务框架,使用多个设备上的服务完成分布式功能。

分布式数据管理:提供跨设备的数据管理和文件管理能力。系统通过分布式数据管理能力将散落在不同设备上的数据自动同步,数据的管理与同步均在端侧完成,保证隐私不泄露。

硬件能力虚拟化:打破硬件边界提供跨设备的硬件虚拟化、硬件互助等能力,在手机上能够跨设备访问周边的设备的能力,比如手机可调用智能电视的摄像头。

分布式软总线:提供高带宽、低时延、低功耗的设备内、设备间通信能力。分布式软总线承担了任务总线、数据总线和总线中枢三大功能。任务总线负责将应用程序在多个终端上进行快速分发;数据总线负责数据在设备间的高性能分发和同步;总线中枢起到协调控制的作用,用于自动发现并组网,同时,维护设备间的拓扑关系。

分布式安全能力:提供跨设备的端到端分布式安全和隐私保护能力。

3. 主要应用

随着"超级虚拟终端"成为现实,智能终端操作系统正在与物联网、5G、传感器、人工智能等技术深度融合,不仅涉及智能手机、无人机、无人驾驶、智能家居等水平制造业,而且是垂直行业应用的关键领域。

智能终端 OS 与物联网。传统智能终端,例如手机、个人电脑是孤立个体,而下一代超级虚拟终端是要支持多种不同类型的终端,如手机、电视、车机、冰箱、云平台之间的协同工作。这使得智能操作系统又涉及物联网的范畴,所以互连互通是智能终端 OS 的关键技术,也对物联网的规范化和标准化提出更高的要求。区别于上一代的 OS,下一代的智能终端是分布式的、融合的 OS,是物联网的底层操作系统和基础设施,如能有强大的智能终端 OS 支持,必将助力中国物联网的高速发展。

智能终端 OS 与人工智能。智能终端 OS 也将助力通用的 AI 能力快速落地,比如人脸识别、自然语言处理、多轮对话等。人工智能落地智能手机、智能汽车、智能音箱、智能手表等广泛流行的设备,智能终端 OS 提供了重要的作用。这是因为智能终端 OS 整合了高效的人工智能应用引擎框架和工具,使得开发者能够构建应用程序。同时,智能终端 OS 向下整合人工智能芯片算力,使得智能设备能更好地理解用户的意图,提供人性化的人机交互能力。

二、人工智能关键算法

随着技术进步,机器不仅仅可以替代体力劳动,基于特定的算法,机器对大量数据样本进行学习,逐步表现出人的智能思维,机器能够代替更高智能的工作,而算法是实现人工智能的技术基础。

(一) 内涵特征

人工智能(AI)是指机器实现感知、认知、行为等生物智能。人工智能演化发展的主要推动力量是不断翻新的算法,算法的背后是实现人工智能的基本思想。

人工智能技术路径主要有以下几种:第一种是符号主义,主张人工智能应从生物学的功能模拟入手,认为智能的基本元素是智能,智能是符号的表征和运算过程。第二种是连接主义,强调智能是大量简单单元构成的复杂网络的运行结果,要实现智能需通过人工方式构造神经网络,再通过训练产生智能。第三种是行为主义,认为智能源于主体、主体与环境之间的相互作用,强调适者生存的演化发展。

(二) 发展现状

人工智能的梦想从人类文明的轴心时代就开始了,20 世纪 40 年代伴随着信息论、控制论的提出和计算机的发明,人工智能才从梦想走进现实。1956年人工智能这个概念正式登上历史舞台,从此走上了起起伏伏、螺旋发展的历程。1956年至1973年是经典人工智能黄金时代,主导思想是符号主义,美国和英国是这个时代的领导者。1969年感知机、1979年认知机模型(neocognitron)、1985年反向传播算法和1998年卷积神经网络(LeNet)是连接主义的标志性成果。20世纪80年代中期机器学习发展成为人工智能新方向。在大数据、大算力和深度学习的共同驱动下,人工智能在计算机视觉、语音识别、自然语义理解等狭窄领域达到或超越了人类智能水平,跨越了智能应用门槛,掀起了汹涌至今的人工智能新浪潮。

1977年,吴文俊在机器定理证明方面取得重大突破,成为经典符号主义的一个里程碑,也为我国人工智能设定了一个极高的起点。改革开放全面开启了我国人工智能研究领域,模式识别和专家系统是前期的主要方向。1986年,国家自然科学基金委成立,"863计划"—智能计算机主题启动,我国人工智能研究进入系统化布局的时期。国内专家参与到神经网络和机器学习等热点方向,在语音识别、文字识别、图像识别、生物特征识别、自然语言处理、机器学习、专家系统、智能控制等领域取得一批具有国际先进水平的成果。21世纪以来,我国人工智能研究蓬勃发展,国际影响快速提升。

当前,国际上人工智能研究,美国、中国与欧盟三足鼎立。2019年,美国数据创新中心(The Center for Data Innovation)从人才、研究、开发、应用、数据、硬件六个维度对中、美、欧进行了分析,排名结果如表5-2-1。美国在基础理论与算法、核心芯片与元器件、开源框架、人才等方面均具优势,中国则在国家人工智能优先发展策略、大数据规模、产业规模、青年人才数量等方面具有优势。

表5-2-1　中、美、欧人工智能技术实力排名情况

领域＼国家/地区	中国	欧盟	美国
人才	3	2	1
研究	3	2	1
开发	3	2	1
应用	1	2	3

领域 ＼ 国家/地区	中国	欧盟	美国
数据	1	3	2
硬件	2	3	1

资料来源:美国数据创新中心(The Center for Data Innovation)2019 年研究报告。

（三）技术架构

人工智能算法可以大致分为五大类、19 个分支,如图 5-2-1 所示。这 19 个分支都包含了各具特色的基础理论、核心技术和关键算法。

图 5-2-1　人工智能算法谱系

1.机器感知

计算机视觉是使用计算机对采集的图片或视频进行分析处理,实现类似生物视觉的感知和认知功能,包括理解视觉场景中物体的边缘、遮挡关系、三维深度、纹理、类别等一系列信息。计算机视觉主要研究图像生成机理、图像视觉特征的提取和表达（例如边缘检测等）、图像高级语义的理解（例如目标检测、内容检索等）、三维图像重建等。计算机视觉已经用于工业制造、服务机器人、医疗影像、智慧交通、安防、电影制作等多种实际场景。

模式识别是对数据中的模式进行描述、分类和解释的技术。模式识别的核心任务是模式分类，通过对模式进行分析判别其所属类别。根据模式表示和分类方式，模式识别方法可分统计模式识别和结构模式识别。在统计模式识别中，每个模式被描述为一个特征向量，对应高维空间中的一个随机样本点，同一类别的样本在空间中相互接近。人工神经网络可以被看作是一种特殊的统计分类方法。结构模式识别又称句法模式识别，是在形式语言理论的基础上建立起来的。结构模式识别将模式表示为一组基元的组合并对基元或子模式之间的相互关系进行描述，在此结构表示基础上对模式进行分析和识别，不仅得到分类结果，还能得到模式的结构解释。结构模式分类的决策方法包括句法解析、结构匹配（如串匹配、图匹配）、核方法（如图核）等。

生物特征识别（Biometrics）是指计算机通过获取和分析人体的生理和行为特征，实现自动身份鉴别的科学和技术。常见生理特征包括人脸、指纹、虹膜、静脉等，常见行为特征包括步态、声纹、笔迹等。生物特征识别研究主要包括信息获取、预处理、特征分析、模式匹配、活体检测等领域，致力于提升生物特征识别的便捷性、鲁棒性、安全性。生物特征识别通过计算成像、多光谱成像、麦克风阵列、脑机接口、智能交互等新型获取方式提升生物特征感知便捷性。生物特征识别通过深度神经网络融合生物特征大数据不断提升光照、姿态、表情等多变复杂场景身份识别鲁棒性，当前人脸识别为代表的机器视觉超过人类视觉感知能力。生物特征识别通过对伪造生物特征样本的静默和动态活体检测提升系统安全性。

2. 机器学习

深度学习是指通过多层（一般是 3 层以上，有的多达成百上千层）表达来不断进行特征自动抽取和抽象并用于学习型任务的一类机器学习方法。通过逐层抽象，形成强大的自动特征表达能力，可以实现端到端建模。深度学习在语音识别、计算机视觉、自然语言处理等任务中远超传统机器学习方法。深度学习往往需要大量的带标签数据作为训练输入,在存在噪声的情况下稳健性不足,并且消耗大量的算力。

强化学习起源于动物学习心理学的试错法,强调如何基于环境而行动,以取得最大化的预期利益,不同于监督学习/非监督学习的地方在于通过试错来学习一个最优策略。在实际应用中,强化学习一面要采用已经发现的有效行动,另一方面也要探索那些没有被认可的行动,以找到更好的解决方案。如何对二者进行有效平衡、提高学习的效率仍然是强化学习的核心问题。

新型机器学习是指为了改进已有机器学习各类缺点而提出的一系列新的机器学习理论和方法,包括但不限于针对数据隐私保护、多方参与共同计算而提出的联邦学习、将博弈对抗直接引入机器学习而产生的对抗学习和多智能体学习、对普遍存在的不确定性进行概率建模和推理的贝叶斯机器学习、专注于将已有算法进行极低成本扩展的迁移学习、基于元数据进行学习并能够增强自适应能力的元学习、加速训练和提升训练尺度的分布式学习、基于黑盒优化的自动机器学习、针对多模态数据源进行融合学习的多模态学习等。

3. 语言与知识处理

自然语言处理旨在利用计算机分析自然语言语句和文本,抽取重要信息,进行检索、问答、自动翻译和文本生成。自然语言处理是一个完整的算法集合的总集,它包括语法与句法分析算法、语义分析算法、篇章分析算法、知识图谱、语言认知模型、语言知识表示与深度学习算法。近年来,基于深层神经网络的深度学习方法从根本上改变了自然语言处理的面貌,极大地促进了自然语言处理研究的发展,与深度学习结合的自然语言处理算法不仅达到了前所未有的水平,且应用范围也获得了极大拓展。

知识表示与处理是围绕知识获取、知识建模、知识表示、知识推理、知识计算以及知识存储等内容,通过自然语言处理等技术,构建超大规模知识图谱,结合高效的图谱存储形式,如图数据库,以知识计算平台提供丰富的知识服务能力,为实现具有理解能力的人工智能认知系统提供强大的知识底座支持和基本应用能力。现阶段,业界已有众多大规模知识图谱,以结构化形式进行存储和应用。

4.智能形态

大数据智能是将大数据与人工智能相结合,利用人工智能技术对大数据进行分析,形成决策支撑。大数据通过智能算法、模型,实现对海量数据的加工、处理,进而形成决策。人工智能算法提供了技术支撑。从数据到知识、从知识到决策是当前大数据智能的计算范式。人工智能算法,通过机器学习洞悉海量数据中隐藏的规律和模式。

跨媒体智能是指利用多源感知、机器学习和语义计算等方法,形成实体世界内部表达,通过跨媒体分析把数据转换为智能,从而帮助各类信息系统实现智能化。当前跨媒体智能的一个重要领域是海量多媒体内容的跨媒体分析,主要研究跨媒体统一表征、内容智能描述与生成、关联理解与知识挖掘、知识演化与推理。在跨媒体分析推理方面,热点研究方向包括跨媒体知识图谱构建和跨媒体知识泛化机理,突破数据驱动与知识指导相结合的跨媒体通用推理技术,实现跨媒体数据之间的语义贯通和知识借鉴,并在此基础上实现跨媒体内容管理和服务等应用。

群体智能是指以群体方式展现出来的智能活动和行为,也就是简单的智能体通过完全分布式的机制与环境交互,涌现出超过个体的集群智能。起初研究的对象是自然界里的各种动物群体,例如:蚁群、蜂群、鱼群和细菌种群等,后来也逐渐扩展到基于仿生的机器人群体以及人类社会群体。群体智能的研究将在理论和实践的相互促进下,走向深入和成熟,摆脱对自然界和人类社会群智模仿的局限性,尤其是人类社会群体特有的结构及组织缺陷,形成更为全面的理论体系,并通过人—机一体的融合模式,打造覆盖范围更为广泛、功能更为强大的群体智能系统。

人机混合增强智能是将人的作用或认知计算模型引入机器智能计算回路,形成人与机器两者相互适应、相互协同工作、双向信息交流与控制。混合增强智能有两种基本形式:一类是人在回路的混合增强智能,另一类是将受脑认知和神经科学启发混合增强智能。这两种形态有共性基础又各有侧重。人在回路的混合增强智能强调人和机器在完成任务中的协同,重点研究如何把人的作用引入智能系统计算模型,形成提升智能水平的反馈回路。受脑和神经科学启发的混合增强智能研究重点是构建受脑启发的认知计算模型、自主学习。

自主无人系统是不需要人工干预而自主运行的智能系统,具有自主性、智能性、协同性等特征。典型的自主无人系统由机械、自动控制、计算机、通信、材料等多种技术融合而成,主要包括无人系统单体、集群无人系统和多集群无人系统等。自主无人系统作为人工智能与实体经济结合的重要应用领域,正在快速发展,可应用到无人驾驶车辆、无人机、轨道交通自动驾驶、服务机器人、空间机器人、海洋机器人、无人车间、智能工厂等场景中,并实现降本增效、安全可靠、绿色环保等作用。

认知智能是认知科学和人工智能的结合,是指机器能够像人一样具备学习、思考、理解、规划、分析等认知能力,从而解决解释、推理、规划、联想、决策等复杂任务,并与人类自然交互。当前实现认知智能的技术包括知识图谱、因果推断等。在知识图谱领域,热点研究方向包括图谱构建、图谱存储、图计算分析、图谱可视化交互以及图谱应用;在因果推断领域,热点研究方向包括常识推理、逻辑推理、图推理、概率图等;同时基于小样本的半监督/无监督学习,以及通过持续学习和强化学习提升机器决策水平都是非常重要的研究方向。

5. 前沿方向

自主进化与演化系统指借鉴生物进化演变的过程,使系统进行学习从而达到更好的性能。自主进化与演化系统的研究主要是研究启发式的优化算法,具体包括遗传算法、遗传规划/遗传编程、演化策略等。当前对自主进化与演化系统的研究主要集中在基础理论、算法改进以及算法应用这三个方面。基础理论方面主要对算法的复杂度、收敛性等方面进行分析研究。算法改进方面的研究主要集中于设计更高效、性能更好的求解算法。算法应用方面的研究工作相对较多,主要研究演化学习在各方面的应用,例如经典组合优化问题、策略规划、当下比较热门的机器学习问题等。

博弈理论与机制设计主要研究博弈行为中最优的对抗策略及其稳定局势,协助对弈者在一定规则范围内寻求最合理的行为方式。机制设计中,局中人、策略、信息、收益是最基本要素,局中人、行动和结果被统称为博弈规则。现代博弈论主要研究博弈行为中最优的对抗策略及其稳定局势,协助对弈者在一定规则范围内寻求最合理的行为方式,推动机器学习从"数据拟合"过程中以"求取最优解"为核心向博弈对抗过程中"求取均衡解"为核心的转变。

神经形态计算也成类脑计算,实际研究起始于 20 世纪 80 年代。认为传统人工神经网络过度简化,要产生类似生物的真正智能,必须构造逼近生物的精细神经系统。长期目标是研制出仿真生物神经元和突触的物理器件,直接用硬件实现大脑神经系统,进而实现类脑智能,包括强人工智能。

脑机接口与神经工程主要研究脑机融合乃至一体化,实现对原有生物体感知功能、认知功能、行为能力的增强、替代、补偿等。它涉及脑神经信号的获取、脑神经信号的特征提取与转换、脑机接口、脑机交互、神经形态芯片等多方面技术的研究。

量子计算被认为是在未来可能产生颠覆式影响的计算模型,量子机器学习指利用量子纠缠、相干和非局域性等量子力学特性实现和加速经典机器学习算法。量子机器学习需要研究和设计可以提高机器学习效率的量子算法,以及量子机器学习的基础理论,包括如何对量子可学习的概念类进行数学刻画、量子神经网络的计算能力和局限等,此外还包括全量子机器学习。

三、数 据 库

数字时代,我们日常生产、出行、消费、浏览等行为都会产生大量数据,这些数据以图片、声音、文字等形式存在,而存放这些数据的载体就是数据库。数据库使我们能够存储、加工、分析海量数据,让生产生活更加便利。

(一) 内涵特征

数据库是按照数据结构来组织、存储和管理各种数据资产的基础性通用平台软件,与 OS 操作系统并称两大系统软件。数据模型是数据库系统的核心和基础,各种数据库管理系统(Database Management System,DBMS)软件都是基于某种数据模型的。

在早期,网状、层次数据库曾经风靡一时,但很快都让位于关系型数据库。关系型数据库系统以关系代数作为理论基础,以 SQL 查询语言作为统一的交互界面,经过十多年的发展和实际应用,到 20 世纪 80 年代中期,几乎所有商业数据库产品无一例外的都是关系型数据库产品 RDBMS。关系型数据库依据使用场景大致可以分为两类:联机事务处理 OLTP (Online Transaction Processing)和联机分析处理 OLAP (Online Analytical Processing)。

典型的 OLTP 场景包括银行核心事务和交易,零售核心数据处理等;典型的 OLAP 场景包括各种报表系统,决策支持系统,各种 BI 系统等。其主要技术特质差异见表 5-3-1 所示。

表 5-3-1　OLTP 与 OLAP 技术特征差异

	OLTP	OLAP
时延要求	实时	大部分不需要实时
业务类型	高频的海量小事务	低频的大规模数据分析
保障能力	实时高可用能力	可以适当降低高可用特性
并发特性	大用户量、高并发	小用户量、低并发
热数据特性	热数据随机分布	热数据集中分布
索引特性	索引依赖	大部分不依赖
数据管理	需要生命周期管理	不需要生命周期管理

　　进入互联网时代以后,各种用途、类型的专用型数据库如雨后春笋般出现,如时序数据库、图数据库等,不同的数据库服务于不同的垂直细分场景。自此,OLTP、OLAP、NoSQL 共同构成了当今的数据库产业全貌。数据库在当今社会已经如工业石油、空气和水一样,无所不在,无所不用,已成为企业、部门乃至个人日常工作、生产和生活中必不可少的基础设施。

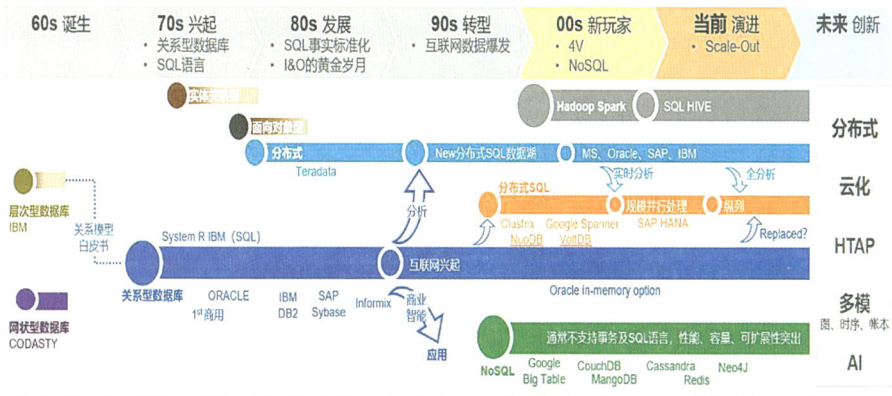

图 5-3-1　数据库技术发展历史

（二）发展现状

全球数据库技术上高度依赖美国 IT 企业。传统老牌厂商微软、IBM、Oracle 三大 IT 巨头在人才储备、技术研发、产品底蕴和生态培育上形成巨大优势。Teradata、SAP、Cloudera、Hortonworks、MapR 等厂商在局部领域形成优势。AWS、Google 等以开源 MySQL & PostgreSQL 生态为依托，参与全球数据库竞争。AWS 的云原生数据库，Microsoft 的 Azure 云数据库，Oracle 的数据库市场等都拥有较高市场。

我国已经开发建设了数百万个各类信息数据库。数据库已成为政府、企业、个人日常生活中的重要组成，扮演着重要角色。但在核心技术和产品上，依赖 Oracle、IBM 等国外数据库技术供应商。以金融行业为例，Oracle 以其稳定性、功能黏性、服务保障体系完善性占据大比例市场份额，而 DB2 以一体机捆绑销售方式，也根植于银行现有数据库体系中。此外，在电信、医疗、电力、能源、社保等行业也都是国外厂商产品占据核心优势地位。

（三）技术架构

1. 联机事务处理数据库

典型的联机事务处理 OLTP（Online Transaction Processing）场景包括银行核心事务和交易，零售核心数据处理等。当前主流的 OLTP 架构主要有下面四种。

（1）单机主备架构。这是一种最为成熟和使用最为广泛的高可用架构，几乎所有的商业，如 DB2、Oracle、SQL Server 和开源数据库，如 MySQL、PostgreSQL，都支持这种架构。

虽然这种架构最为成熟，应用也最为广泛，但显然其也存在一些缺陷。如一般情况下，由于主从节点的不完全同步，会导致存在业务数据丢失的风险。

另外,故障转移需要应用保护或管控系统或 DBA 人工介入,应用整体的可靠性和可用性就需要应用开发人员和架构师精妙的设计来保证。

当然,各个数据库大厂都在此基础架构上提出了各种改进方案。这其中,最为值得关注的就是,Oracle 在 MySQL 上历史性地推出了基于 Paxos 复制的 MGR 技术,可以实现主备切换时,数据零丢失,这使得 MySQL 的应用范围得到了极大的提升。

(2)Shared-Disk 架构。这也是一种在高端 OLTP 场景,尤其是在金融业中非常常见的架构,其中最为有名的产品就是大家耳熟能详的 Oracle RAC 、IBM DB2 PureScale 。

这种架构有一个非常好的优点,那就是他们都可以支持多个不同数据库节点同时读写数据,也就是多读多写;同时,在一定范围内,其系统整体的处理能力随着集群节点数的增加而增加。由于这两个特点,使得其特别适合金融行业等对高可用、高可靠、高性能有诉求的业务场景。但受限于集群间各个节点之间网络通信开销和时延,导致其 Scale-out 扩展性不足(Oracle RAC 集群节点数通常在个位数)。

(3)Shared-Nothing 架构。Shared-Nothing 架构又称无共享架构,是一种典型的分布式架构。对于以只读操作居多,鲜少增/删/改/操作的 OLAP 数仓而言,这种架构可以充分发挥整个分布式系统的吞吐和并行优势,特别理想。

但对于增/删/改/操作较多,并且大都是写后读和读后写操作的 OLTP 数据库而言,这种架构会不可避免地带来非常多的分布式事务开销。众所周知,分布式事务的 2PC 的成本开销要比 1PC 的本地事务要大很多。由于分布式事务的这种先天局限性,这种架构下的单节点能力要比 Share-Disk 架构差很多。

(4)Shared-Cloud-Storage 架构。伴随着云计算尤其是云存储的蓬勃发展,各个云计算巨头都推出了其 Shared-Cloud-Storage 架构的企业级旗舰数据库产品,如 AWS Aurora、阿里云 PolarDB、华为 TaurusDB 等。

这些产品既吸收了传统的 Shared-Disk 架构的固有优势,又结合云存储在成本、性能、规模上的优势,因而一经推出,就表现出了很强的竞争力,成为当前云场景下旗舰数据库的主流形态。

总体而言,当前该种架构的产品多是一写多读,普遍采用计算/存储分离架构,通过多副本提升读性能。但其写性能受单 Primary 节点限制。同时,由于在云环境下可私有化定制网络硬件,开销和时延较好,故 Scale-out 有所改进。

上述四种架构,尤其是后三种架构,显然都比第一种单机主备架构提供了更好的性能、可用性、可靠性和容灾性。某种程度上都可以视为是单机主备架构的分布式升级版本。

2. 联机分析处理数据库

联机分析处理系统(Online Analytical Processing,OLAP)就是数据仓库,与其相对的是联机事务处理系统(Online Transaction Processing,OLTP)。OLAP 系统则强调数据分析,强调 SQL 执行时长,强调磁盘 I/O,强调分区。由于 OLAP 本身以只读操作居多,鲜少增/删/改/操作,现代 OLAP 大都采用 Shared-Nothing 架构,以充分发挥整个分布式系统的吞吐和并行优势,也就是所谓的 MPPDB 架构。OLTP 系统强调数据库内存效率,强调内存各种指标的命令率,强调绑定变量、并发操作、事务性。

3. NoSQL 数据库

NoSQL 其实不是一种数据库,而是各种非关系型数据库的统称。常见的 NoSQL 有几百种之多,但大体上可以分为键值类、图类、宽表类、时序类等。

尽管各种 NoSQL 其数据模型差异很大,但其基本的设计哲学都是类似的。强调 Scale-out,利用相对廉价的通用架构计算设备水平扩展,突破高端单设备物理限制;妥协甚至抛弃关系型数据库管理系统的关系模型,聚焦在对非结构化数据模型下的数据处理需求。架构设计侧重扩展性、高可用性,牺牲一致性,大都采用最终一致性。

NoSQL 先天的这种弱一致性模型,加上缺少 SQL 和统一的 API 规范,使得 NoSQL 应用场景受到了限制,不适合应用在金融交易、电子支付、实时结算等对数据一致性有较高要求的领域。

4. 数据库的关键组件

数据库核心模块包括应用接口、SQL 接口、查询执行引擎、数据访问模块和存储引擎。查询执行引擎包括计划生成器、计划优化器和计划执行器。数据访问模块则可以分为事务处理、内存处理、安全管理以及文件和索引管理等模块。事务处理是最核心的模块,包括了崩溃恢复和并发控制。最底层的存储引擎则包括数据文件、索引文件和系统及元数据文件。数据库管理系统(DBMS)的核心位置在操作系统和 SQL 的接口之间,数据库关键组件在其中起到关键作用。

四、开源性平台

随着数字化、智能化时代的到来,开源技术所扮演的角色愈发重要。根据 GitHub 年度报告数据显示,截至 2019 年底,开源平台已有超过 4000 万开发人员。

(一) 内涵特征

开源是指以开放源代码的形式,进行软件开发的一种协作模式。开源泛指一组概念,包括开源软件、开源社区、开源项目、开源产品、开源协作模式等。开源性平台是以开源项目为中心、以开源社区为连接器,由庞大软硬件支撑所构成的整个开源平台生态系统。开源也是一种基于项目的交流和协作模式,每个成功的开源软件背后都有一个优秀的开源社区来支撑。开源社区一般由拥有共同兴趣爱好的人组成,根据相应的开源软件许可证协议公布软件源代码的网络平台,同时也为网络成员提供一个自由学习交流的空间。

开放源代码组织(Open Source Initiative, OSI),是一个旨在推动开源软件发展的非营利组织,符合 OSI 开源定义的许可证被认定为开源许可证。开源许可证是一种具有法律性质的合同,目的在于规范受著作权保护的软件的使用或者分发行为。许可证即授权条款,开源软件并非完全没有限制,其最基本的限制,就是开源软件强迫任何使用和修改该软件的人,承认发起人的著作权和所有参与人的贡献。所以如果软件开源的话,必须明确地授予用户开源许可证。

（二）发展现状

近年来,全球科技巨头持续加重开源领域的布局,通过开源机制实现市场布局的拓展,建立上下游合作机制,积累、整合相关资源,扩大产业生态,不断拓展企业自身影响力。企业通过从底层框架到上层算法工具的全链条不同层级的开源算法工具和开放服务,减轻开发者造轮子的工作量,从而更加关注在用技术服务应用上,其核心是降低开发者的门槛和成本。国际主流的开源的平台均帮助开发者实现深度学习的常规应用需求。企业和开发者以开源的形式实现共建双赢,通过联合社区的力量,推动行业形成统一的接口,实现开发者应用技术的门槛的进一步降低。

国内企业在跟随国际顶级开源项目的同时,积极推广自发开源项目,逐步拓展在国际开源社区影响力,成立开源管理办公室、实验室等,实现开源的统筹规划、审查、运营、推广。随着云计算、大数据、人工智能、物联网等新兴信息技术的蓬勃发展,秉持着开源精神和共赢理想,国内企业不断提升其在开源软件世界的贡献度及话语权,从参与者向贡献者的升级,并以开源为抓手,搭建以技术创新为核心的开放性生态系统。中国的 IT 从业者,尤其是技术企业,逐渐从早期专注产品向重视生态建设的目标转换,即逐步从解决局部问题到掌握技术核心、解决系统问题。

（三）技术架构

1. 架构体系

在开源技术相关的概念里,以开源项目为核心,项目代码经编译过程产生开源软件,开源社区为开源项目并承担开源、开放共同体的角色。社区里最主要是两类人群,即用户和开发者。根据平台具体情况可能会有开源基金会和企业参与者来作出实际的贡献。

每个开源平台项目都需要一定的支撑环境。硬件方面,至少需要代码托管平台、项目协作平台以及开源许可证三个组成部分,同时,具有严格的开发与代码审核流程、代码与文档规范等配套设施。软件方面,一个开源项目是否能成功,还需要相关的政策法律支持、产业与生态配合以及开源文化运动对创造力的激发等。如图 5-4-1 所示。

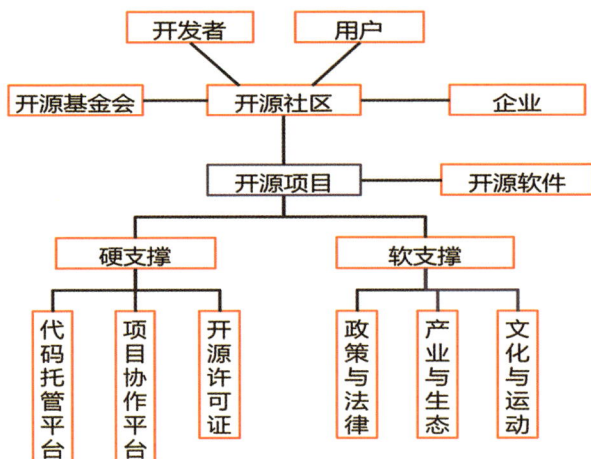

图 5-4-1 开源生态架构体系图

2. 重点开源项目

国内企业及产业组织近年开始积极参与全球开源贡献,已有部分企业开始主动发起开源项目,涌现出了不少开源项目。

Angel-超大规模高性能机器学习平台。Angel 是面向企业级应用的高性能分布式机器学习平台,支持特征工程、模型构建、参数训练、AutoML、模型服务 Serving 等全栈机器学习服务,提供统计学习、神经网络、图计算等多种学习算法,支持万亿级超大规模参数模型的训练。

Baetyl-开源边缘计算框架。Baetyl 面向工业互联网应用,提供临时离线、低延时的计算服务。2018 年正式开源,是中国最早开源的 AI 边缘计算平台。Baetyl 与云端管理套件配合,能满足各种边缘计算场景下应用需求,已应用于车路协同、能源管理等多个领域。

Cyborg-异构计算资源集群调度框架。Cyborg 可实现对 AI 基础设施异构加速硬件(FPGA、GPU、ASIC 等)的管理,并提供异构加速硬件管理元数据的标准化,使得资源描述和业务需求之间的映射关系更加准确,在调度上可以更加通用与便捷。

Doris-交互式 SQL 数据仓库。Doris 是基于大规模并行处理技术的交互式 SQL 数据仓库系统,可支撑海量数据集上低延迟的报表业务和高吞吐的即席分析服务。

Dubbo-微服务架构体系。Apache Dubbo 是一个轻量级、高性能、经过生产环境验证的服务框架,具有面向接口代理的高性能 RPC 调用、智能负载均衡、服务自动注册与发现、高度可扩展能力、运行期流量调度、可视化的服务治理和运维等特性。

Nacos-动态服务发现与管理平台。Nacos 源自微服务架构演进,是一个更易于构建云原生应用的动态服务发现、配置管理和服务管理平台。

Arthas-Java 诊断利器。Arthas 于 2018 年开源,通过创新的字节码织入技术,可以在应用无须重启时,查看调用上下文,高效排查问题;结合火焰图,可以直接定位热点,发现性能瓶颈;通过 redefine 技术,实现在线热更新代码;同时支持黑屏化和白屏化诊断,可以连接诊断大规模的集群。

Seata-分布式事务框架。Seata 是一款简单易用,高性能的分布式事务框架。自 2019 年开源后,通过业界首创的分布式事务方法论,与微服务生态社区相协同。

Sentinel-自适应限流降级系统。Sentinel 于 2018 年开源,是面向分布式、云原生架构的高可用流量防护框架,主要以流量为切入点,从流量控制、流量整形、熔断降级、系统自适应保护、热点防护、实时监控等多个维度来帮助开发者保障微服务的稳定性。

ChaosBlade-混沌工程工具。ChaosBlade 是一款遵循混沌实验模型的混沌工程实验执行工具,从利用混沌工程来解决微服务的依赖问题,到业务服务、云服务稳态验证,进一步升级到公共云、专有云的业务连续性保障,以及在验证云原生系统的稳定性等方面积累了比较丰富的场景和实践经验。

Kata Containers-安全容器。Kata Containers 以虚拟化技术来加强容器的隔离性,为开源安全容器的重要事实标准。Kata Containers 针对云服务、金融服务等需求,一方面加强隔离性,另一方面让虚拟化技术更具弹性、更加云原生化。

OAM(Open Application Model)下一代 Serverless 化的 DevOps 模型。OAM 是一个专注于描述应用的标准规范,也是下一代 Serverless 化基础设施中的 DevOps 模型,应用描述可以与基础设施部署和管理应用的细节分开。

PaddlePaddle-飞桨开源深度学习平台。飞桨集深度学习核心框架、基础模型库、端到端开发套件、工具组件和服务平台于一体,支持万亿规模参数、数百个节点级的并行训练,可多端多平台部署,开发便捷且性能优异。

RocketMQ-海量消息中间件。RocketMQ 是高性能、低延迟分布式消息引擎,具有保证严格的消息顺序,提供丰富的消息拉取模式,高效的订阅者水平扩展能力,实时的消息订阅机制,亿级消息堆积能力。

ServiceComb-微服务框架。ServiceComb 提供一站式开源微服务解决方案,致力于帮助企业、用户和开发者将应用轻松实现微服务化改造,并且实现对微服务的高效运维管理。

SOFAStack(Scalable Open Financial Architecture Stack)-金融级分布式中间件。SOFAStack 是金融级分布式中间件,包含了构建金融级云原生架构所需的各个组件,是一套分布式架构的完整的解决方案,也是在金融场景里锤炼出来的最佳实践。

TBase-HTAP 分布式数据库。TBase 是高性能分布式 HTAP 数据库,支持完整的分布式事务以及高性能分布式查询,对优化器以及执行器进行了深入的优化,使得在并行计算、网络数据传输方面表现得更优。

TubeMQ-万亿级开源消息中间件。TubeMQ 作为开源的分布式消息中间件系统,专注服务大数据场景下海量数据的高性能存储和传输。

Volcano-云原生高性能批量计算平台。Volcano 项目基云原生 Kubernetes 平台,针对计算型应用提供作业调度、作业管理、队列管理等多项功能。

3. 代码托管平台

云是未来企业业务数字化最主要的方式。当前阶段,企业生产系统云化,业务"服务化""云化"的趋势不可逆,伴随而来的就是企业研发流程和模式的变化,软件的生产模式走向智能化生产流水线。

代码托管平台是指使用源代码管理系统,为企业或个人提供代码托管及其他相关性服务的平台,代码托管模式是目前开源代码管理的主要管理形式,如图 5-4-2 所示。源代码管理系统又称版本控制系统，是指一种记录一个或若干文件内容变化，以便将来查阅特定版本修订情况的系统，是软件开发过程中源代码管理的最基础的工具。

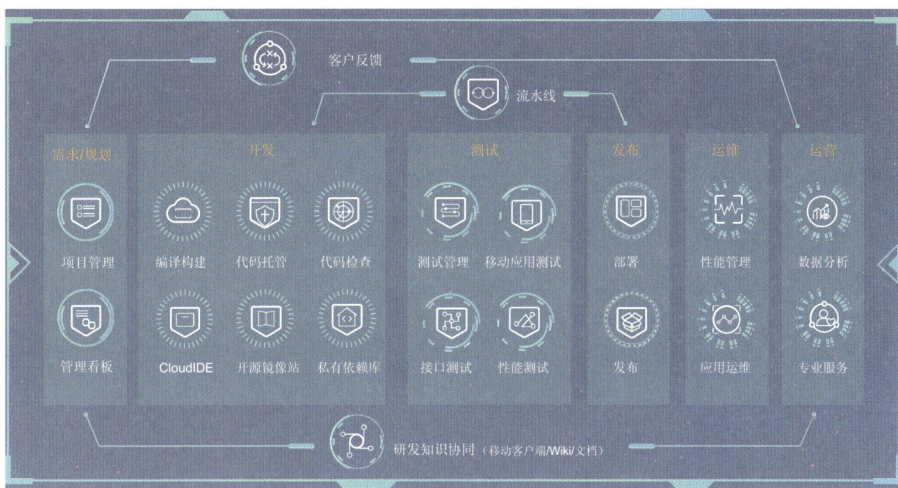

图 5-4-2　代码托管平台示意图

资料来源：华为。

平台基本能力包括但不限于代码上传、下载、合并、存储等；平台的日常运营由普通贡献者和项目核心团队如何协作，代码的提交机制等支撑。

社区能力方面，平台应包括代码在线查看、历史版本查看、打包下载任意版本代码、问题、搜索、统计、关注、评价等部分。数据统计包括人员贡献统计、代码统计、问题统计、提交统计等各个维度。关注能力可为开发人员提供订阅、推送相应项目消息。评价能力为项目是否受开发者关注、喜爱等提供支持。

安全能力方面，平台包括开发者身份认证、秘钥管理、租户管理等部分，其中身份认证是否支持多种第三方认证方式也是一项重要的能力需求。租户管理主要包括是否有组织、人员等多层次的管理方式。

生态能力方面，生态能力是代码托管平台的一项重要能力，包括各类开发IDE 的插件、CI/CD 工具的支持、代码扫描工具的支持等部分。

平台性能方面，包括至少可支持多少人员的并发提交、下载、合并等，同时存储性能也是一项重要的指标。

4. 开源软件保护

开源可突破技术壁垒推动创新,保护开源软件知识产权是推动开源的重要保障,主要涉及知识产权、计算机软件应用权益保护等制度规范。

开源软件的源代码是公开的,并可以免费使用、修改、发布,但其仍受著作权保护,需要遵守著作权人制定的规则,即开源许可协议中规定的条件。违反著作权人的意图而复制并销售软件程序是侵犯著作权的行为,著作权人对此可以要求侵权人停止使用,并且针对已经发生的损害要求赔偿。

从合同法角度来看,开源软件及其衍生产品通常以开发者无法控制的形式流通,开发者难以直接获益,因此,对于开源软件而言,开发者(即原始著作权人)并不负有瑕疵担保责任。换言之,关于开源软件的运行出错、使用开源软件而产生的损害等,开发者不承担任何责任。另一方面,开源软件的发行商可能由于选择版本、测试、提供补丁、软件支持等而收取费用,但即便在该情况下,发行商对于开源软件本身一般也不承担瑕疵担保责任。

从知识产权保护角度来看,开源可以保留著作权标记。由于开源软件没有放弃著作权,因此,其许可协议中一般都需要以适当的形式保留源代码中的著作权标记,从而防止生成衍生产品的人谎称自己是从头开始完成作品的人。在只是使用开源软件而不进行修改、发布的情况下,一般不需要同意开源软件的许可证。基于许可证对于用户的要求与限制(Requirements and Restrictions),开源许可证分为著作权(Copyright)和宽松开源许可证(Permissive Open Source Licenses)两大类。

著作权(Copyright)是一种法律,它赋予了著作权人限制他人使用、修改与共享创意作品的权利,使用者要使用、修改或共享创意作品,便需要著作权人的许可。诸如音乐、电影等,都是它们的创作者的知识产权。当作者以著作权许可证发布程序时,他们主张对该作品的著作权,并声明只要保持权利对等,其他人便有权使用、修改和共享该作品。简而言之,如果他们使用具有这种类型开源许可证的组件,那么他们也必须开放其代码以供他人使用。

宽松开源许可证(Permissive Open Source Licenses)是一种非著作权保留的开源许可证,可以保证使用、修改、重新分发的自由,同时还允许用于具有专利的派生作品之中。宽松开源许可证对他人如何使用开源代码组件设置了最小的限制。

　　开源不仅仅是一种可以汇集产业力量进行协同开发的生产模式,而且也是企业竞争的重要手段。一些维护开源项目的企业通过修改开源项目的许可协议,以实现降低产品风险、打击竞争对手的目的。

五、边 缘 计 算

随着数据传输规模越来越大,速度要求越来越高,边缘计算成为实现就近信息处理和应用的重要技术方式。通过边缘计算提升数据速率,降低延时,减少集中数据处理,为政府、企业等用户提供更好的数据服务。

（一）内涵特征

边缘计算(MEC,Multi-access Edge Computing)是在网络边缘提供网络连接能力,业务运行环境和云计算能力的系统,其构成主要包括网络接入模块、边缘数据中心、边缘计算硬件和边缘云平台等。通俗来说,边缘计算是在靠近数据源或用户的地方提供网络连接能力,以及计算、存储等 IT 能力的新型 ICT 融合基础设施。其中,网络接入方式不限于 4G/5G 移动网,也包括 FTTx、企业专线等多种固定接入方式。

边缘计算的应用场景广泛,但随着产业各界及行业用户大量的实践探索,现阶段,边缘计算的核心应用场景已逐渐聚焦到交通、工业、文娱等重点行业。同时,对本地业务数据隔离和数据不出厂需求强烈的泛企业园区场景,也成为最具商用前景的应用之一。各行业对边缘计算的需求主要体现在时延、带宽、数据本地处理和数据安全保护等方面。在交通领域,边缘计算可适用于驾驶决策类业务,提供毫秒级的业务处理时延。在工业领域,边缘计算可满足工业质检和柔性制造等具有低业务时延和数据本地处理需求的场景。在文娱行业,边缘计算可满足云游戏和 XR 等新兴业务的低时延、大容量数据传输等需求;此外,保障企业园区的数据安全也已成为行业客户需求最为迫切的场景之一。

（二）发展现状

国外电信运营商、云计算服务商和设备制造商同样被边缘计算的广阔发展前景吸引,纷纷依托自身优势,占领边缘计算的市场先机并快速推进商用。电信运营商利用自身网络和基础资源优势,积极与云计算服务巨头在边缘计算平台和业务方面开展合作,互利共赢。云计算服务商依靠优质的公有云服务能力,针对物联网、5G、企业园区和大型热点城市等边缘计算应用场景提供无差异化服务。设备制造商则依靠在硬件设备领域的丰富研发经验,着力于现场设备智能化升级,将云计算能力向垂直行业现场设备进行扩展和渗透。

随着5G网络规模商用,国内电信运营商、云计算服务商和设备制造商已在边缘计算领域做了大量探索。国内电信运营商通过发挥网络连接优势,以打造边缘计算自主集成能力为战略目标,提供具有电信网络特色能力的边缘云平台,构建运营商发展边缘计算的特色竞争力。云计算服务商则依托于自身强大的研发能力、巨大的公有云市场和丰富的云服务能力优势,推出并建设可商用的边缘计算服务节点,将云计算能力延伸至边缘。设备制造商则大多以硬件优势切入边缘计算市场,借助在通信网络技术领域和硬件产品研发方面的优势,不断根据客户需求推出定制化硬件产品与行业解决方案。

（三）技术架构

1.5G 网络与边缘计算

5G与边缘计算实现"连接+计算",使基础网络与计算能力深度融合,最大化发挥5G网络能力。5G提供网络连接能力,边缘计算则提供靠近用户的计算能力,进行业务数据的实时处理,并将5G网络的关键能力开放,为各领域新兴业务提供差异化的创新服务。5G 网络的三大典型应用场景都与边缘计算密切相关。eMBB（Enhanced Mobile Broadband）场景对高带宽的要求，mMTC（Massive Machine Type Communication）场景对大连接的要求，及 uRLLC（Ultra-Reliable Low Latency Communication）场景对超高可靠低时延的要求，都需要边缘计算的引入。

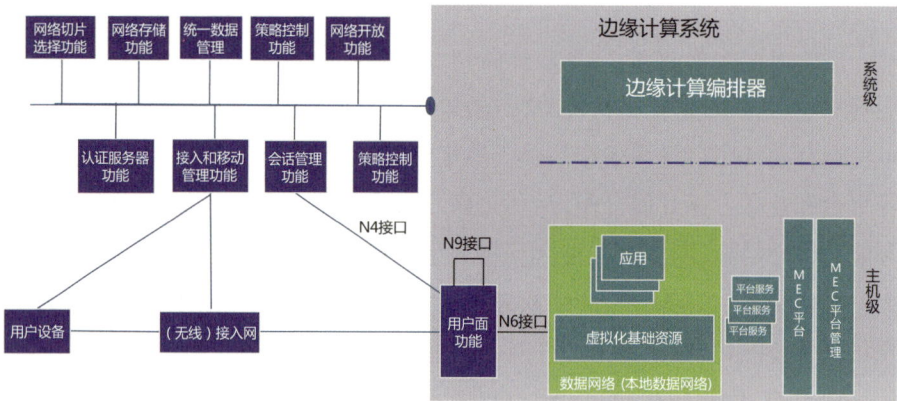

图 5-5-1　5G 网络原生支持边缘计算

资料来源:ETSI 白皮书-5G 网络中的边缘计算。

　　5G 网络在设计之初便将原生支持边缘计算作为主要目标之一。如图 5-5-1 所示,5G 网络允许数据用户面网元 UPF（User Plane Function）下沉至网络边缘,而数据控制面仍位于中心位置。这种用户面网元灵活分布式部署的架构设计可有效实现业务流量本地卸载,满足业务的低时延需求。此外,5G 网络也支持在边缘侧开放网络能力,如分流服务、无线网络信息服务、位置服务和 QoS 服务等,可对部署在边缘云平台上的第三方应用开放。

　　2.边缘数据中心

　　如图 5-5-2 所示,边缘数据中心是承载边缘计算的基础设施,其关键技术通常包括:可靠网络接入、分布式处理技术、快速部署解决方案、自动化运维、绿色节能和安全等。

　　可靠网络接入是指边缘数据中心需通过可靠的网络接口,保障稳定的网络连接能力。分布式处理技术指不同地理位置的边缘数据中心需进行统一资源管理和动态调配,使物理分散的数据中心在逻辑上形成整体。快速部署解

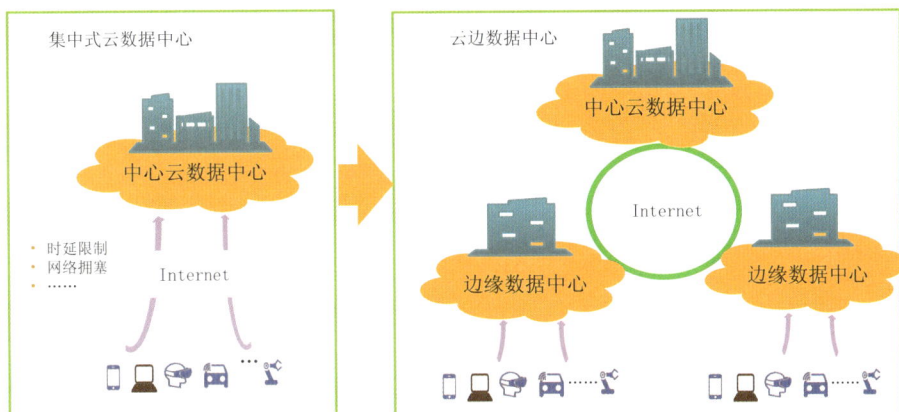

图 5-5-2　云边数据中心

决方案,边缘数据中心规模小且快速灵活部署的需求将推动模块化和预制化机房产品、集装箱和一体化机柜的应用。自动化运维包括边缘数据中心未来可借力物联网技术、人工智能技术等,实现自动运维、故障预测和告警等。绿色节能是指边缘数据中心需采用宽温运行的网络设备、服务器设备以及高效的供电制冷设备。安全方面,边缘数据中心的物理环境风险增大,除需防止服务器被恶意替换、攻击和控制的系统风险外,还需提供稳定可靠的物理环境,降低运行风险。

3. 边缘计算硬件

边缘计算硬件的部署形态和技术要求需综合考虑业务多样需求、边缘数据中心的部署位置和环境条件等多种因素,如图 5-5-3 所示,边缘硬件通常包括边缘服务器、边缘一体机以及支撑边缘业务实时高效处理的边缘芯片。

边缘服务器要求在低功耗、高存储、小体积的约束条件下,尽可能提供高算力。此外,边缘服务器需满足更广的温度适应性、更强的环境适应性等需求,以应对边缘数据中心复杂的机房环境。

边缘一体机将计算、存储、网络等能力有机集成在一起,交付时客户无须深入了解内部构造原理,实现快速部署。此外,边缘一体机需拥有配套集中监控和统一运维能力,以降低管理和运维难度。

多样性的物理环境和业务处理需求对边缘计算芯片的要求也更高。一是

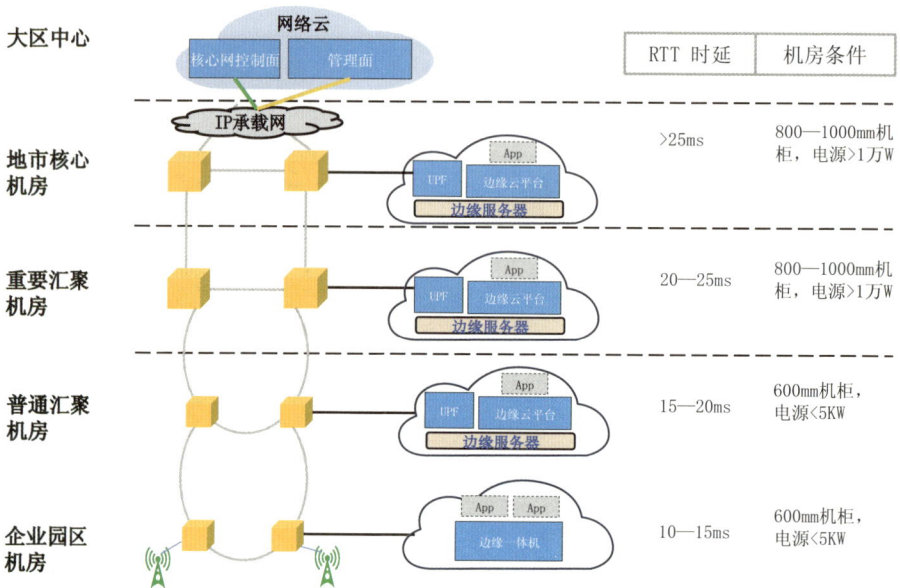

图 5-5-3　边缘数据中心的位置与物理条件

异构计算芯片。异构计算的核心是多芯片支持,通常包括 ARM 和 x86 架构的 CPU、适于并行计算的 GPU 和神经网络处理器 NPU 等。二是针对边缘特定业务需求的定制化芯片,在成本、功耗、性能等方面进行了针对性优化,如智能分析处理专用芯片等。

4. 边缘云平台

边缘云平台是用来部署和运行边缘应用的 IT 资源集合基础设施。与传统云计算类似,边缘云平台可提供 IaaS、PaaS 和 SaaS 三种服务,如下图 5-5-4 所示。

其中,边缘云 IaaS 平台主要向边缘应用提供计算、存储基础资源服务,并用于部署边缘云 PaaS、数据面网关设备等软硬件。边缘云 IaaS 平台关键技术通常包括:

统一运维:采用统一的管理平台对辖区内所有边缘云 IaaS 平台资源进行运维管理,实现对无人值守边缘节点的远程运维。

轻量化平台:可采用融合节点和压缩管理组件资源占用等方式,使管理开销轻量化和业务可用资源最大化。

图 5-5-4 边缘云平台整体架构图

平台管理接口:需提供标准北向接口供边缘云 IaaS 管理平台对资源进行统一集中管理。

加速支持:将加速功能卸载到硬件,可减少 5G 数据面网元及计算密度较高的边缘应用对 CPU 的压力。

边缘云 PaaS 平台则主要向边缘应用提供网络能力、行业能力以及传统中间件能力。边缘云 PaaS 平台的关键组成包括:

服务框架:应兼容多种微服务框架,适配不同的边缘应用。

传统中间件能力:需提供如数据库、消息队列等常见的中间件供第三方边缘应用使用。

网络能力:需支持如分流服务、位置服务和 QoS 服务等关键网络能力,并向第三方边缘应用开放调用。

行业能力:集成垂直行业特色能力并对外提供,如行业 AI 能力、物联网能力等。

应用管理:具备对外提供应用生命周期管理能力、配置能力和监测能力。

5. 边缘计算安全

边缘计算安全需从边缘基础设施(机房、硬件等)安全、数据面安全、边缘云平台安全、边缘应用安全和安全管理等多维度应对挑战,如下图 5-5-5 所示。

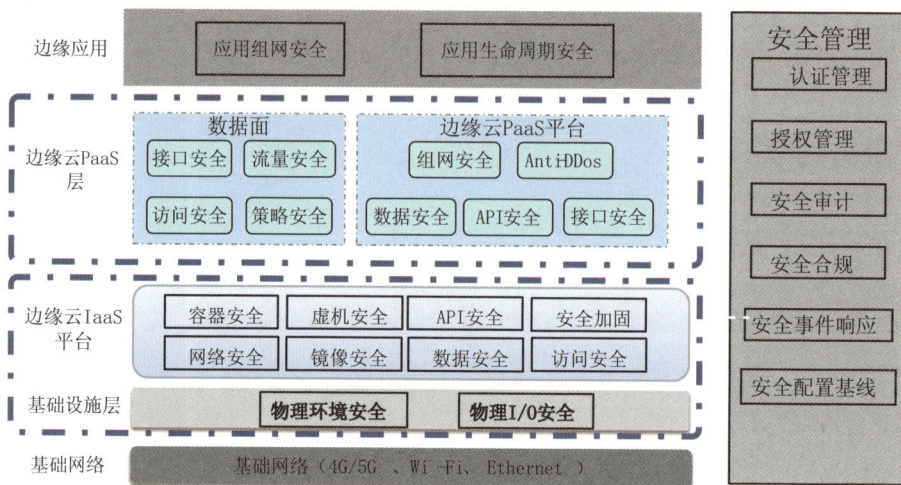

图 5-5-5　边缘计算安全总体架构

边缘基础设施安全：通过加锁和人员进出管理等措施，保证机房等物理环境的安全，并对服务器的I/O进行访问控制。此外，对虚拟化软件和操作系统进行安全加固，提供网络隔离和数据安全机制。

数据面安全：数据面应加强接口安全、传输安全、敏感数据保护以及物理接触攻击防护，并且操作权限应进行严格的认证和授权，使用户数据能够按照分流策略进行正确的转发。

边缘云平台安全：边缘云平台应加强第三方的认证授权管理、用户数据机密性和完整性保护，对调用边缘云平台的API进行认证和授权。

边缘应用安全：应加强对应用的全生命周期管控，对应用的身份提供注册、授权管理，对镜像进行漏洞、病毒扫描及加密存储。此外，应用的组网应配置防火墙，防止恶意软件攻击平台及其他应用。

安全管理：应支持对用户的认证和授权管理，包含账号和口令的安全、授权、日志等常规安全管理措施，同时需满足边缘计算产品的安全基线和法规，具备安全事件响应机制。

六、区 块 链

（一）内涵特征

1. 内涵

狭义来讲，区块链（Blockchain）是一种按照时间顺序将数据区块以顺序相连的方式组合而成的一种链式数据结构，并以密码学保证不可篡改和不可伪造的分布式账本。广义来讲，区块链是利用块链式数据结构来验证与存储数据、利用分布式节点共识算法来生成和更新数据、利用密码学方式来保证数据传输和访问的安全、利用由自动化脚本代码组成的智能合约来编程和操作数据的一种全新的分布式基础架构与计算方式。

2. 特征

多方维护。区块链的记账参与方应当由多个利益不完全一致的实体组成，并且在不同的记账周期内，由不同的参与方主导发起记账，实现多方写入，而其他的参与方将对主导方发起的记账信息进行共同验证。

公开账本。区块链系统记录的账本应处于所有参与者被允许访问的状态，为了验证区块链记录的信息的有效性，记账参与者必须有能力访问信息内容和账本历史。

去中心化。区块链应当是不依赖于单一中心的系统，在处理仅涉及链内封闭系统中的数据时，区块链本身能够创造参与者之间的信任。

不可篡改。作为区块链最为显著的特征，区块链的不可篡改基于密码学的散列算法,以及多方共同维护的特性。

（二）发展现状

目前很多国家都开始积极探索与使用区块链技术,力图在区块链这一"新赛道"争取先发优势,全球超过半数的政府都已提出了区块链的发展规划。

1. 从政策角度看国内外区块链现状

美国作为区块链技术的前沿阵地,将区块链上升到"变革性技术",成立国会区块链决策委员会,不断完善与区块链技术相关的公共政策;欧盟努力把欧洲打造成全球发展和投资区块链技术的领先地区,建立"欧盟区块链观测站及论坛"机制,加快研究国际级"区块链标准",并为区块链项目提供资金;韩国将区块链上升到国家级战略,全力构建区块链生态系统,推出"I-Korea 4.0 区块链"战略,计划在物流、能源等核心产业内开展试点应用。

我国政府将区块链视为核心技术自主创新的重要突破口,明确要求加大投资力度,加快推动区块链技术和产业创新发展,技术的创新程度正在经历着一个明显加速的过程,并且在一些相关技术上处于领先地位。

2. 从监管角度看国内外区块链现状

国内外政府对区块链的监管目的接近,一方面是保护投资者防范金融风险,另一方面是为了发展区块链技术,但监管思路差异巨大。

首先是监管机构不同。我国视区块链为一种信息服务技术,和互联网比较接近,因此监管主体为网信部门。而对于区块链可能带来的金融风险,则由我国人民银行进行监管。以美国为代表的多数国外政府将区块链视为一种金融科技的工具,SEC(美国证券交易委员会)和 CFTC(商品期货交易委员会)为监管机构。因为监管主体的不同,其监管内容、监管技术以及对加密货币的态度均不同。我国监管内容的核心是规范区块链信息服务活动,美国是监管融资及交易行为;技术方面我国采用备案制进行监管,美国则沿用证券发行的注册制;对加密货币,我国不允许融资,美国可以在《证券法》的许可范围内融资——逐渐演化成 STO（Security Token Offer，即证券化通证发行）模式。

3. 从应用角度看国内外区块链现状

因为监管的不同，我国区块链倾向于"无币区块链"的发展，集中发力点在落地应用，因此更适合发展联盟链，包括国税联合腾讯开发的"税链"和自己打造的"微企链"、北京互联网法院联合百度开发的"天平链"、蚂蚁金服的"双链通"等都是联盟链应用。国外以美国等国家为主仍趋向于数字资产的流通，无论是 facebook 发行的 Libra 还是摩根大通的 JPM Coin，以及 Ripple 和 IBM Blockchain World Wire 等跨境清结算系统，均是围绕资金资产的应用。目前阶段，还难以判断将来国内外区块链在应用层的分叉是否会殊途同归。

4. 从技术角度看国内外区块链现状

我国的区块链技术核心是服务于实体应用，而国外以美国为代表的区块链技术仍然致力于解决区块链的底层技术问题，这造成国内外区块链在技术方面的发展侧重点不同。

过去几年，美国出现了几个底层技术让业界眼前一亮的项目，如 Algorand、Dfinity 和 Thunder，它们都致力于通过不同的算法解决区块链不可能三角问题（不可能三角是指在区块链公链中，很难同时做到"去中心化""安全性"以及"交易处理性能"均很好的情况）。而我国过去几年出现了一些较为出色的区块链平台，如腾讯区块链 TBaaS、百度超级链、蚂蚁区块链 BaaS、清华大学—阿尔山区块链联合研究中心研发的联盟链等，它们更多致力于解决区块链高性能问题。

究其原因，我国的区块链平台是希望能够真正解决真实世界高并发的问题。在共识算法的选择上，国外区块链项目大都沿用 PoW（Proof of Work，工作量证明）和 PoS（Proof of Stake，权益证明）共识，而国内的区块链平台，为了实现高性能，普遍使用 PBFT（Practical Byzantine Fault Tolerance，实用拜占庭容错算法）这样的共识机制。此外，国内外区块链技术的开发主体也不同。Algorand、Dfinity 和 Thunder 都是大学教授做出来的，而国内的区块链平台都是传统科技企业建立的。

由国家信息中心牵头会同中国移动、中国银联等机构研发和构建的区块链服务网络（BSN），针对目前区块链应用由于缺乏公认的底层公用基础设施而引致技术门槛高、成链成本高、运营成本高、底层平台异构、运维监管难等发展瓶颈,以互联网理念为各行各业开发者提供部署和运行区块链应用的公共区块链资源环境,以区块链架构为技术基础,以支撑数字经济和智慧城市为核心应用目标。具有跨云服务、跨门户、跨底层框架、跨公网、跨地域、跨机构的技术优势,具有自主性、公用性、开放性、扩展性、开源性、多门户、低成本等主要能力属性。极大降低了区块链应用的开发、部署、运维、互通和监管成本,进一步催生基于区块链应用的新产业、新业态、新模式。BSN 已于 2020 年 4 月 25 日正式启动国内商用,目前已完成全球性网络布局,现有 128 个公共城市节点,其中国内 120 个,海外 8 个,公共城市节点涵盖了除南极洲以外的其他六大洲,是我国主导建设的全球首个区块链服务基础设施平台。BSN 的建设和发展为推进区块链与经济社会融合发展提供了高质量、定制化的技术支撑平台和可信、可靠、可扩展的基础设施服务载体,有利于促进我国区块链技术快速普及应用,对支撑我国数字经济发展、新型智慧城市建设以及促进"一带一路"国际合作,具有重要的战略意义。

(三) 技术架构

区块链底层架构划分为三个层次:

1. 软件层

该层由区块链核心技术、区块链管理、区块链安全以及运营监管四个部分组成。主要内容涉及共识机制、共享账本、加密技术等。

共识机制模块。区块链中,全网络的每个节点在参与记录数据的同时,也参与验证其他节点记录结果的正确性。只有当全网大部分节点(甚至所有节点)对记录的正确性达成共识时,该数据才会被写入区块。共识机制模块主要封装网络节点的各类共识机制算法。共识机制算法是区块链的核心技术,按照共识的过程分两类,第一类是概率一致的共识、工程学上最终确认,第二类是绝对一致之后再共识,共识即确认。

数据存储模块。区块链的分布式结构使得数据并不是记录和存储在中心

图 5-6-1　区块链技术架构图谱

化的电脑或主机上,而是让每一个参与数据交易的节点都记录并存储下所有
的数据信息。为此,区块链系统采用了去中心化的协议来保证数据的完备记
录和存储。区块链是由包含交易信息的区块从后向前有序链接起来的数据结
构。它可以被存储为文件,或是存储在一个简单数据库中。区块被从后向前
有序地链接在这个链条里,每个区块都指向前一个区块。区块由一个包含元
数据的区块头和紧跟其后的构成区块主体的一长串交易组成。区块主体中记
录一段时间内需要使用区块链来保存的多条数据记录,其具体内容与业务相
关,每条存证记录由存证时间和需存证的数据内容组成,每笔交易中可能包含
交易双方的地址、交易信息以及发起方对交易的签名等。区块间的哈希机制
(指区块链中保证交易信息不被篡改的单向密码机制)形成了 Merkle 树又叫
哈希树,Merkle 树快速比较大量数据,当两个 Merkle 树的根相同时,则意味着
两组数据相同。同时,假如某一数据块被篡改,Merkle 树上从该数据块所在的
末端节点到根节点,以及两者之间的非末端节点都会发生变化。

加密技术为安全技术体系提供理论基础。安全技术体系通过应用加密技术,实现硬件安全、系统安全、数据安全、身份认证及访问控制、网络安全、隐私安全、应用安全,以支撑业务安全。安全生态通过安全标准体系、认证体系建设,并依托公钥基础设施等基础安全能力,支撑安全生态上下游协同,以建设安全可信服务生态。

2. 网络层

当前区块链的网络是采用 P2P 网络架构,P2P 指网络中的节点之间通过 Gossip 协议来进行状态同步和数据分发,通过在硬件服务器和云资源上搭建一个区块链运营环境,将属于各方的云资源组成一个区块链应用网络,并向广大对企业级区块链应用有需求的企业和个人提供低成本的区块链开发、部署和运维支撑。P2P 网络架构中同一网络中的每个节点彼此对等,节点之间交互运作、协同处理,每个节点在对外提供服务的同时也使用网络中其他节点所提供的服务。尽管 P2P 网络中的各个节点相互对等,但是根据所提供的功能不同,各节点可能具有不同的分工。当新的网络节点启动后,为了能够参与协同运作,它必须发现至少一个网络节点并建立连接。为了将新交易广播到区块链系统中所有节点,每个接收到新交易的节点都会将该交易发送到区块链系统中邻近的节点,从而使得该交易能够在整个网络中传播。在交易传递到邻近的节点前,每一个接收到交易的节点将会首先验证该交易,确保只有有效的交易才会在网络中传播,而无效的交易可能会在第一个节点处被丢弃。在区块链分布式结构的网络系统中,参与记录的网络节点会实时更新并存放全网系统中的所有数据。因此,即使部分节点遭到攻击或被破坏,也不会影响整个数据系统的数据更新和存储。

3. 软硬结合层

软硬结合层重视软件在硬件设施上的使用,强调硬件部分的突破,主要利用硬件芯片优化区块链技术各环节,软硬结合,大幅提升系统性能和安全性。

区块链作为技术支撑,保障数据的可信安全流通,不仅仅需要区块链技术本身的能力,更需要物联网(IoT)、人工智能、5G、大数据等技术的加持,构建端到端的数据安全流转框架。

IoT 技术为实现数据可信上链提供便利。一种方式是通过将 IoT 传感器作为侧链实现数据的上链,同时传感器达到某一阈值后可触发区块链的交易流程。另一种方式,对于已采用 MQTT 协议构建基于 C/S 的消息队列架构,使用发布和订阅模型,MQTT 是需要一个中心管理 Broker 作为系统唯一信任源,与区块链平台对接,实现物联网平台的信息订阅,以达到数据的上链。5G主要提供低时延和大带宽的网络通信服务。随着物联网的应用,所有的信息去云端区块链平台处理,一方面存在信息延时大的问题,另一方面可能带来云端区块链平台的处理压力。因此,伴随着边云协同的区块链发展,边缘侧区块链节点数将会大增,5G 网络将为这些节点的实时高速互联互通提供技术保障。

区块链作为新基建中的具有信任价值特性的基础设施发挥着重要作用,在一定程度上解决了价值传输过程中完整性、真实性、唯一性的问题。这其中技术生态体系尤为重要,其降低了价值传输的风险,提高了传输的效率,实现了企业协作环节的信息化,加快了产业转型升级。

(四) 主要应用

区块链作为新一代信息技术代表,正加速与实体经济深度融合,已从单一的数字货币应用,延伸到全社会的各个领域,成为数字经济的新动能之一。根据我国信息通信研究院的统计,区块链与实体经济融合的过程中,已经在金融服务、政务民生、医疗健康、智能制造等领域有了丰富的应用场景。

在金融服务领域,区块链能建立跨机构的数据共享平台,确保数据可得性和可信性,提高数据传输效率,降低金融服务体系成本。以供应链金融为例,区块链可以通过解决产业链上下游信任难题促进解决中小企业融资难、融资贵问题。核心企业的信用得以在供应链上逐级流转,从而让供应链末端的中小型供应商也能享受高效、便捷的金融服务。

在政务民生领域,区块链能够通过数据存证的方式生成不可篡改、可追溯、具备司法效应的电子证据,能降低政务、司法成本。例如,通过区块链技术将互联网法院、司法鉴定中心、公证处、纠纷调解平台等权威司法机构连在一张区块链网络上,形成"司法链联盟"。个人或机构可以将身份、信息、资产、行为等数据上链,在司法链上进行存证。最终实现司法存证全流程记录、全链路可信、链上取证和在线审理,高效解决纠纷。

在医疗健康领域,利用区块链能实现医院、社保和保险等机构的数据共享,实现区块链网络多方协作。欧美一些国家在推动区块链个人终身健康档案管理。这一能力将实现医联体诊疗互认,减少重复诊疗问题,实现国家对国民健康水平特别是重大疫情的掌控,不仅能够利用大数据为重大疾病找到共性和个性解决方案,也可以为国家解决的虚假医保支付提供有力的支撑。

在智能制造领域,区块链能够将控制模块、传感器、通信网络、管理系统等连接起来,通过统一账本长期、持续地保证制造流程的安全性和可靠性。通过这种方式,区块链技术可以有效解决当前制造业普遍存在信息不对称、资源不共享、互动不通畅、响应不迅速等行业问题。

综上所述,区块链技术与大数据、云计算、人工智能等其他核心基础技术结合应用,未来有潜力重构许多行业的商业模式,助推经济高质量、高水平发展。

七、传　感　器

（一）内涵特征

传感器是一种检测装置,通过对现实世界客观事物的特征信息进行采集,按一定规律变成为人类和机器可理解和认知的电信号或其他所需形式的信息输出,以满足信息的传输、处理、存储、显示、记录和控制等要求。

传感器模拟人类的视觉、听觉、触觉等感知能力,借助语音识别、图像识别等前沿技术,按一定规律把物理世界信息映射到数字世界,再将这些数字信息进一步提升至人类可认知的层次,如记忆、理解、规划、决策等。传感器的典型特征包括微型化、数字化、智能化、系统化、网络化等。传感器是实现自动检测和自动控制的首要环节,从各种传感信息中抽取对象的各种特征。随着 5G 网络的大规模商用部署,传感器将加速物联网技术的落地应用,形成"万物互联"的局面。

（二）发展现状

目前,全球传感器市场保持快速增长,中国年均增速超过 20%,为全球第一。通信电子、工业自动化、汽车电子、消费电子是传感器最大的市场,作为世界第一大汽车消费市场(31%)、第一大手机消费市场(21%),我国传感器产业的 70% 被外资企业占据。传感器决定中国的智能制造、自动驾驶等未来产业的全球竞争力,将逐步带动智慧城市、智能手机、物联网、智能制造、医疗影像、智能汽车、智能家电、机器人等产业的崛起。

全球传感器技术共经历了三个阶段:一是结构型传感器。1950年至1969年,利用结构参量变化感受、转化信号,例如利用金属弹性形变电阻变化转化电信号的电阻应变式传感器。二是固体型传感器。1970年至1999年,利用光敏效应、霍尔效应、热电效应,制成各类集成传感器,向多功能、高可靠、性能好、接口灵活、低价格、系列化方向发展。三是智能型传感器。2000年至今,将传感器信号调节电路、微计算机、存储器及接口集成到一块微处理器芯片上,即MEMS微机电系统,具有多参量检测、自诊断、自适应、数据处理、联网通信等智能化功能。如图5-7-1所示。

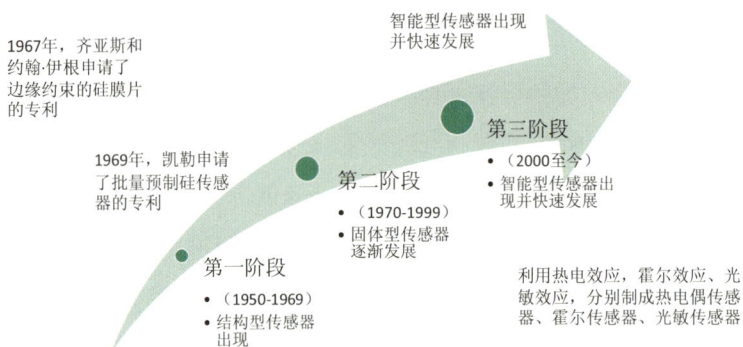

图5-7-1 传感器产业发展历程

表5-7-1 中国传感器发展历程

时间	总体发展	主要进展
1986—1990 年	传感器技术成为国家重点攻关项目	五敏研究:机械、力敏、气敏、湿敏、生物敏
1991—1995 年	传感器产业化大发展	建立敏感元器件等传感器生产基地
1996—2000 年	传感器技术显著提升	国家重点科技攻关项目取得51种、86个规格新产品,初步建立敏感元件与传感器产业。
2001—2010 年	新型传感器列入研究开发重点	探索开发新一代的高、精、尖传感器,在先进传感器领域缩小国际竞争差距
2011 年至今	建立完整的传感器产业链	材料、器件、系统、网络等方面,自主产品达6000多种

（三）技术架构

传感器技术种类繁多,可根据传感器的实现原理、技术特点、应用领域等多个维度进行分类。本部分则以"新基建"应用领域为主对传感器技术架构重新进行分类,可分为传统传感器技术、MEMS 传感器技术、图像传感技术、生物传感技术、光纤传感技术、定位感知技术、射频识别技术等。传感器技术架构分类如图 5-7-2 所示。

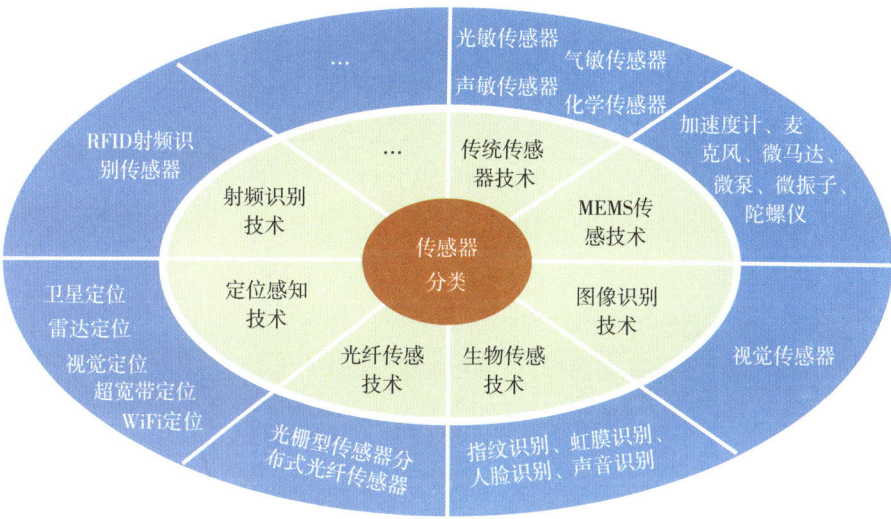

图 5-7-2　传感器技术架构分类

1. 传统传感器技术

传统传感器是智能感知系统中信息采集的前端单元,是工业互联网、物联网、人工智能等各种新技术应用的关键部件。传感器利用各种机制把被测量信息转换为电信号,按一定规律变换成为电信号或其他形式的信息输出,以满足信息的传输、处理和控制等。

传统传感器按基本感知功能分为热敏元件、光敏元件、气敏元件、力敏元件、磁敏元件、湿敏元件、声敏元件、放射线敏感元件、色敏元件和味敏元件等十多类。智能传感技术品种繁多,功能专一,扩展性和适应性非常强,已是信息时代的核心技术,仍将逐步在环境监测、生物工程、医疗检测、自动驾驶、智能农业、智能安防等领域发挥重要作用。

2. MEMS 传感技术

微型传感器是微电子技术(半导体制造技术)发展的微电子机械系统 MEMS(Micro-Electro-Mechanical System)技术,利用微机械加工技术将微米级、亚微米级的敏感组件、信号处理器、数据处理装置封装在一块芯片上,具有微型化、低功耗、低成本、多材料复合、多参数融合、高精度等优势。

MEMS 在传感器领域被广泛运用,如加速度计、麦克风、微马达、微泵、微振子、MEMS 光学传感器、陀螺仪等。利用 MEMS 发展的微型传感器,可以把自动化、智能化和可靠性水平提高到一个新的水平。

微电子机械传感器是当今世界正在迅速发展的高科技新技术,通过把传感器与微处理机结合,使得前端具有采集、处理、交换信息的能力,具有高精度、低成本、可编程、多功能、低时延等优点,已广泛应用于航天、航空、国防、科技、工农业生产和安防等各个领域中。

3. 图像识别技术

视觉感知主要是通过传感器将景物的光信号转换成电信号。手机、电脑、安防摄像机是视觉传感器最广泛应用领域。随着 5G 网络普及,融合了视觉传感器的车载摄像机以及激光雷达的无人驾驶将逐步走入现实。除了车载摄像机之外,无人机和机器人领域,以及增强现实(AR)和虚拟现实(VR)领域都是视觉传感器新发展方向。

视觉传感器在手机上的进步非常迅速,尺寸越来越大(1/1.3 inch),像素越来越高(达 4000 万及以上),成像质量也越来越高。在自动驾驶和工业视觉领域,通过多传感器组合带来的能力,将传感器优势互补,实现探测覆盖范围最广,识别精度较高,助力推动建设"智慧的路"。

事件导向视觉传感器。视觉传感器内置运动事件检测功能,能够异步检测每个像素的亮度变化,并仅输出被检测到变化的像素的坐标和时间数据,从而实现高效、高速、低延迟的数据输出,能够帮助自动驾驶汽车、工业机器设备以及机器人更好地"观察"并感知周围的环境。

4. 生物传感技术

生物传感技术通过计算机与光学、声学、生物传感器和生物统计学原理等高科技手段密切结合,利用人体固有的生理特性(如指纹、脸像、虹膜等)和行为特征(如步态、声音、笔迹等)来进行个人特征的识别。生物传感技术相比传统的人体识别方法更具安全、保密和方便性。生物特征识别技术具有不易遗忘、防伪性能好、不易伪造或被盗、随身"携带"和随时随地可用等优点。

现今已经出现了许多生物识别技术,如指纹识别、手掌几何学识别、虹膜识别、视网膜识别、人脸识别、签名识别、声音识别等,但其中一部分技术含量高的生物识别手段还处于实验阶段。指纹识别是所有生物识别技术中应用最广泛的一种;人脸识别通过非接触的方式获取识别对象的人脸图像,计算机系统在获取图像后与数据库图像进行比对,完成识别过程。人脸识别是基于生物特征的识别方式,与指纹识别等传统的识别方式相比,具有实时、准确、高精度、易于使用、稳定性高、难仿冒、性价比高和非侵扰等特性,较容易被接受;虹膜识别是与眼睛有关的生物识别中对人产生较少干扰的技术,而且不需要用户与机器发生接触。

5. 光纤传感技术

光纤传感器的基本原理是光源的光通过入射光纤送入调制区域,光线与调制区域内和外部的测量参数相互作用,使光的光学特性变为调制信号,并送入光探测器获得测量参数。新型光纤传感器当前主要的研究和发展重点集中于光纤光栅型传感器和分布式光纤传感系统两大板块。

光纤光栅传感器则是通过外界物理参量对光纤布拉格(Bragg)波长的调制来获取传感信息,是一种波长调制型光纤传感器。光纤光栅反射光的中心波长对光栅间距高度敏感,反射光波长随着栅距变化而线性变化,所有能使光纤光栅产生轴向形变的物理量,如温度、压力、弯曲等,均可通过测量光栅反射光波中心波长的偏移量而得到精确测量。通过对光栅进行一定的封装形成各种传感头/传感器,可以精确测量温度、应变、压力、质量、密度、位移、液位、加速度/振动、弯曲等多种物理参数,相比传统传感器,它具有无源、可靠、电磁不敏感的独特优势。1989 年,紫外激光横向曝光刻写技术被发明后,光纤光栅传感器技术快速成熟,已在多个领域取得了广泛应用,如航空航天、土木工程、复合材料、石油化工等领域。

分布式光纤传感器作为传感器领域的后起之秀,可以实现连续、无间断、长距离采样测量,而光纤作为传感媒质具有无源、电绝缘、长寿命、可分布式组网等特性,对温度、振动、压力、微形变等环境变化进行灵敏又精确地监测和测量,在油气、粉尘、电磁敏感等特定环境具有明显的优势,在油气、电力、交通、智慧城市、航空船舶等多个领域得以广泛应用。分布式光纤传感的典型应用场景有:电力线缆与高压部件精确温度监测,隧道、煤矿、电力线管廊消防测温,油气长途管道与城市管廊侵入预警,地下及水下声纹识别及预警,大型建筑如大坝桥梁应力变形精密监测,飞机船舶表面疲劳裂纹精密监测等。

6. 定位感知技术

定位识别技术是测量目标的位置参数、时间参数、运动参数等时空信息的技术。目前常见的定位技术有:卫星定位、通信基站定位、雷达定位、WIFI定位、蓝牙定位和超宽带定位等。

卫星定位技术。GPS定位通常是由24颗工作卫星组成,使得在全球任何地方都可以观测到4颗以上的卫星,测量出已知位置的卫星到用户接收机之间的距离,然后综合多颗卫星的数据就可计算出接收机的具体位置。北斗卫星定位作为中国自主研发的定位技术,快速确定目标或者用户所处地理位置,向用户提供导航等各种信息。北斗定位技术将逐步从手机和汽车导航等设备延伸到新基建各行各业。

雷达定位技术。雷达定位技术可以高精度测量被测物体相对距离、相对速度、方位等。各种雷达的具体用途和结构不尽相同,但基本形式是一致的,包括:发射机、发射天线、接收机、接收天线、处理、显示器,以及电源设备、数据录取设备、抗干扰设备等辅助设备。随着雷达技术的发展与进步,雷达传感器开始应用于汽车电子、无人机、智能交通等多个领域。如"视频+毫米波雷达"具备准确可靠、捕获率高、成本低、安装简便等优点,在智能交通领域的应用场景广泛,毫米波在智慧路口场景,可实现车辆轨迹的分米级精确还原,为路口交通优化提供数据依据。

视觉定位技术。通过视觉传感器采集环境的视觉特征形成虚拟的视觉空间地图,进而通过对比当前视觉感知特征与空间地图特征的关系得出当前定位的技术。该技术被广泛用于 AR/VR、机器人、无人车等应用中,定位精度可以达到 0.1 米—0.3 米。该技术的优点是可以同时用于室内定位与室外定位,从而整体解决现实环境的定位问题。该定位系统可以成为未来广泛智能应用的基础设施之一。

WIFI 室内定位技术。根据三角定位原理,利用无线信号强度和差分算法确定设备或用户位置信息。其可以实现复杂的大范围定位、监测和追踪任务,总精度比较高,但无法做到精准定位。由于 WIFI 终端的普及,使得定位系统可以与其他客户共享网络,硬件成本很低。WIFI 定位适用于对人或者车的定位导航,可以用于医疗机构、主题公园、工厂、商场等各种需要定位导航的场合。

超宽带(UWB)定位技术。超宽带定位技术是通过发送和接收具有纳秒级的极窄脉冲来传输数据。该技术在无线室内定位领域具有良好的前景,具有穿透力强、功耗低、抗干扰效果好、安全性高、系统复杂度低、能提供精确定位精度等优点。可以应用于室内静止或者移动物体以及人的定位跟踪与导航,精度可保持在 0.1 米—0.5 米。

蓝牙定位技术。蓝牙定位技术通过测量信号强度进行定位,是一种短距离低功耗的无线传输技术。蓝牙技术主要应用于小范围定位,例如单层大厅或仓库。优点是设备体积小、易于集成在手机、电脑等设备中,很容易推广普及。该技术用作室内短距离定位时容易发现设备且信号传输不受视距的影响,精度可保持在 3 米—15 米。

7. 射频识别技术

射频技术(RF)是 Radio Frequency 的缩写。较常见的应用有无线射频识别(Radio Frequency Identification,RFID),常称为感应式电子晶片、感应卡、非接触卡、电子标签、电子条码等。其原理为由扫描器发射特定频率之无线电波能量给接收器,用以驱动接收器电路将内部的代码送出,此时扫描器便接收此代码。

射频识别技术(Radio Frequency Identification,RFID)是一种非接触式的自动识别技术,它通过射频信号自动识别目标对象并获取相关数据。RFID 具有适应复杂工况(防雨水、抗污渍、抗油污、可喷涂)、读写方便快捷、可批量/远距离读写、读识性能可靠等优点。接收器的特殊在于免用电池、免接触、免刷卡,故不怕脏污,且晶片密码为世界唯一,无法复制,安全性高、寿命长。RFID的应用非常广泛,典型应用有动物晶片、汽车晶片防盗器、门禁管制、停车场管制、生产线自动化、物料管理。

八、虚拟现实/增强现实技术

虚拟现实（Virtual Reality，VR）/增强现实（Augmented Reality，AR）技术是一种创建、体验和融合虚拟世界的计算机应用技术，为人类认知世界、改造世界提供了易于使用、易于感知的全新方式与手段。VR/AR 可以打破时空局限，拓展人们的能力，改变人们的生产与生活方式。经过半个多世纪的发展，VR/AR 技术在各领域的渗透不断深化，行业发展活跃，市场需求旺盛，VR/AR 产业发展的战略窗口期已经形成。

通过与互联网、云计算、物联网以及人工智能等新兴信息技术的结合，VR/AR 技术正在形成支撑产业生态链条的基础平台与服务。加强新型基础设施中 VR/AR 建设，推动 VR/AR 技术在相关行业的规模应用，将有力支撑我国产业转型与消费升级。

（一）内涵特征

VR 技术是以计算机技术为核心，结合相关科学技术，生成与一定范围真实环境在视、听、触觉等方面高度近似的数字化环境，用户借助必要的装备与数字化环境中的对象进行交互，相互影响，可获得亲临对应真实环境的感受和体验。VR 的基本特征是"构想—沉浸—交互"（Imagination—Immersion—Interaction，称为 VR 的 3I 特征），可为用户提供逼真沉浸的交互体验。习近平总书记在致 2018 年世界 VR 产业大会贺信中指出：虚拟现实技术"拓展了人类感知能力，改变了产品形态和服务模式"。2008 年，美国工程院将 VR 技术列为 21 世纪人类在工程技术领域面临的 14 项重大挑战之一。

AR 是在 VR 技术基础上发展起来的。加拿大多伦多大学 Milgram 教授等于 1994 年提出从真实场景到虚拟环境连续变化的分类概念,如图 5-8-1 所示。VR 进行虚拟环境的构建,AR 将虚拟对象构建叠加到真实场景中,增强虚拟环境(Augmented Virtual Environment,AVE)技术则是将真实对象的表现叠加到虚拟环境,后两者统称为混合现实(Mixed Reality,MR)。近些年微软、Magic Leap 等公司提出的 MR 概念是期望实现真实场景与虚拟环境在几何、光照、物理和交互等方面无缝融合的理想状态。开放联盟科纳斯组织(Khronos Group)将 VR、AR、MR 等相关概念概括为 XR,并建立了 OpenXR 工作组制定相关开放标准。

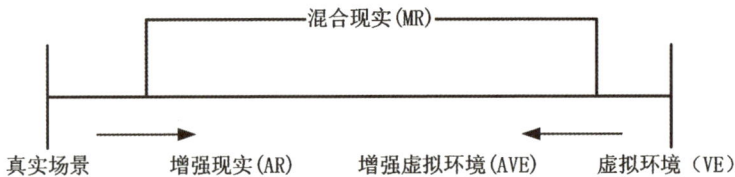

图 5-8-1 真实场景到虚拟环境连续变化的 VR/AR 技术分类

(二)发展现状

VR/AR 技术是典型的交叉学科,技术面广、综合性强、产业链长。根据数据的流转过程,VR/AR 技术大致可划分为采集建模、感知交互、渲染呈现、传输分发和自然显示等 5 个领域,下面进行国内外简要比较。

采集建模技术是 VR/AR 内容生产的关键,借助各种采集设备对真实世界进行数据采集,结合创意将这些数据通过专业软件转换为三维场景中的模型或其他元素。这个领域存在大量规模较小但专业性强的公司/团队,专注于 VR 特定技术研究与专业化产品研发。建模是我国在整体技术上与国际前沿水平较为接近的领域,每年都有很多论文在国际顶级期刊和会议发表,在一些研究方向具有领先性。国内的采集设备和建模软件正不断缩小与国际领先产品之间的技术差距，但在跨平台基础设施和产业生态建设方面还有相当大的差距。该技术领域的产业热点主要包括采集拼接、空间音效、语义建模、模型资源库建设等。

感知交互技术通过接受、理解真实世界中事物的变化来确定虚拟和真实世界的空间关系，从而实现二者的准确交互。感知交互包括场景感知、跟踪注册、眼球跟踪、自然交互等技术，其中设备的位姿跟踪是确保良好的 VR/AR 体验的关键之一。早期的 VR 头盔采用由外到内的跟踪注册技术实现高精度跟踪。近年来普遍趋向于融合设备上的摄像头、加速度计和陀螺仪等传感器信息，通过由内到外的跟踪注册技术来实现更具移动性的 VR/AR；苹果和谷歌分别推出了移动 AR 开发平台 ARKit 和 ARCore，微软推出的 AR 眼镜 Hololens 开发套件则更具场景感知和人机交互能力。这一技术领域国内外差距较为明显，但国内企业进步迅速，部分平台的关键指标已较接近国际领先水平。

渲染呈现技术通过算法将场景对象的模型数据转变为图形图像呈现于显示屏。随着图形软硬件技术的飞速发展，三维图形的渲染效果不断提升。近年来，以 NVIDIA 和 AMD 为主的硬件厂商以几乎摩尔定律的 2 倍速度提升显卡的计算性能；软件方面，以 Unity3D、Unreal Engine 为代表的 VR 渲染引擎，通过算法的持续创新与优化，提供了质量、功能领先的 VR/AR 应用开发环境平台。在这一技术领域，国内的研究紧跟国际主流，大多绘制技术与国际先进水平差距不大，但我国的高性能图形显卡已被上述厂商垄断，VR/AR 应用开发也基本采用上述两个渲染引擎，拥有知识产权的显卡与渲染引擎在性能效果、开发支持和生态构建等方面，还存在很大差距。

传输分发技术需要保证用户良好的沉浸感体验，满足 VR/AR 应用在线分发的带宽、时延双敏感特性。为了降低终端成本并方便用户使用，通过端云协同将云端渲染内容流化后分发成为重要趋势。Google、NVIDIA、Microsoft 等国际大型 IT 企业都提供了云渲染服务，国内三大电信运营商在 2019 年也相继发布了云 VR 平台，进行商业部署。国内外 VR 内容传输分发技术发展水平相近，我国在传输编码方向的产业化生态具备一定规模优势，同时积极布局 5G+VR/AR，在技术、解决方案规模化应用和产业建设方面具有一定先发优势。

自然显示技术将渲染呈现的图形图像信息加载到显示器件上,经过光学元件放大成像,被人眼感知,可为用户提供沉浸体验以及随时随地的视觉信息输入,已成为 VR/AR 的核心硬件特征。实现高清晰度、高刷新率、不易视疲劳的轻小超薄显示产品仍然是目前的产业难点。我国在 VR/AR 显示技术上与 Oculus、微软、三星等国际企业的水平差距不大,在 VR/AR 光学元件和显示整机 OEM/ODM 制造上属于国际第一梯队。在 AR 光学系统方面,国内以自由曲面光学为代表的设计方案在视场角、透视效果、生产成本等方面达到国际先进水平。在通用的显示器件以及处理芯片方面,距离国际先进水平还有一定差距。

总体来说,与美国等发达国家相比,我国在 VR/AR 建模、传输分发等部分核心技术方面差距不大,在 VR/AR 技术创新应用和市场化方面存在一定的优势。但在 GPU 等处理芯片这类需要高投入、高积累、高集成的硬件器件、渲染引擎以及内容制作、开发生态等方面差距明显。

(三) 技术架构

VR/AR 技术体系涵盖了采集建模、感知交互、渲染呈现、传输分发、自然显示五个技术领域,它们各有作用与特点,并相互关联,共同支撑了 VR/AR 从基础器件、设计制造、创意设计、内容生产、装备研制、软件研发、渲染显示到整机生产的整个产业链条,但目前我国产业界尚缺乏对 VR/AR 基础设施的自主可控和有效建设。

建议依托5G、云计算等构建"建、知、渲、传、显"的新型基础设施(VR/AR 部分),发展以智能建模为趋势的采集建模技术、以高精跟踪为趋势的感知交互技术、以虚实融合为趋势的渲染呈现技术、以云渲染架构为趋势的传输分发技术、以近眼显示为趋势的自然显示技术,建立能够支撑 VR/AR 生态全链条的云计算、引擎、器件等基础设施,在工业、医疗、安防、文旅、教育、电商、娱乐、农业、社区等行业规模应用,形成我国的产业特色与优势,如图 5-8-2 所示。

构建**建**、**知**、**渲**、**传**、**显**的新型基础设施（VR/AR 部分）

行业领域					
VR/AR+ 医疗	VR/AR+ 安防	VR/AR+ 文旅	VR/AR+ 教育	VR/AR+ 电商	VR/AR+ 工厂

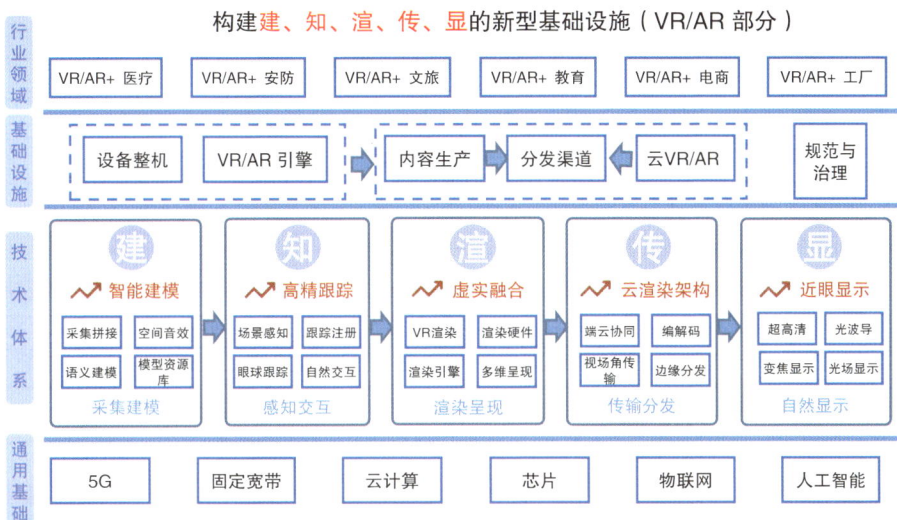

图 5-8-2　新型基础设施（VR/AR 部分）技术架构

（四）技术说明

新型基础设施（VR/AR 部分）是由云 VR/AR 平台、VR 传输分发通道、VR 数据中心、自主可控的 VR/AR 引擎与内容生产平台等硬件装备和软件系统有机构成的综合性基础设施，可全面支撑 VR/AR 产业链与产业生态的构建形成，促进近眼显示等 VR/AR 设备与应用系统的研发，从而推动 VR/AR 产业的快速健康发展。下面对云 VR/AR 平台、VR/AR 引擎、内容生产平台、近眼显示器件等四项需要突破的技术领域分别进行说明，并简介典型行业应用。

1. 云 VR/AR 平台

国内三大电信运营商均已开展了云 VR/AR 业务，随着 5G 和千兆家宽的普及，未来几年云 VR/AR 平台将面临规模化挑战。在平台架构上，需要突破基于 5G 与云—边—端环境下跨平台实时渲染计算优化与资源配置等技术，发展专用的云 VR/AR 终端硬件，构建 VR/AR 生态所需的基础云端环境。

云 VR/AR 平台由中心云和边缘节点组成,VR/AR 中心云部署在省级以上区域的数据中心,提供内容、业务、管理等平台服务,VR/AR 边缘云部署在地市及以下边缘机房,多核 CPU 和 GPU 是其主要计算资源,系统架构如图 5-8-3 所示。

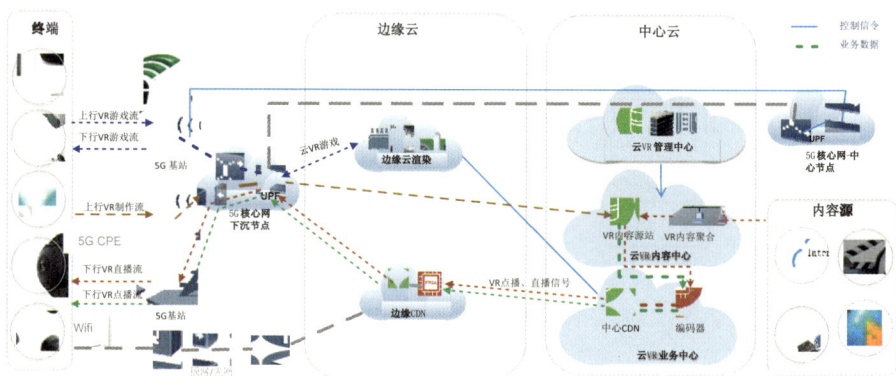

图 5-8-3 云 VR/AR 平台系统架构

VR/AR 业务的感知交互、实时渲染、编解码以及超低时延连接,对中心云与边缘云平台的计算能力有很高要求。同时,VR/AR 业务对分辨率、帧速、色域、位深、动态范围、跟踪定位精度等指标的要求不断提升,导致数据量急剧膨胀带来网络传输压力,需要推动针对 VR/AR 数据特征和业务体验的编解码方案及传输协议研发,以提升传输效率。

2. 端云协同的 VR/AR 引擎

一款功能强大、成熟易用的 VR/AR 引擎需要长期投入,以及大量应用开发者的持续使用与贡献。端云协同的 VR/AR 引擎可大幅度提升 VR/AR 应用场景的开发与运行效率,正在成为主流发展趋势。结合 5G 的高带宽和低时延优势,未来城市级甚至地球级现实世界的虚实融合将可能实现。VR/AR 引擎协同端云的计算资源和多源信号融合,可以实现超大范围场景下精准、鲁棒的实时跟踪定位,并准确感知和理解场景,实现自然高效的人机交互,使虚实融合呈现更加逼真和智能。

端云协同的 VR/AR 引擎还可以构建实时景象融合的数字孪生模型,将

图 5-8-4　大场景 AR 导航与内容增强

资料来源:商汤、华为。

视频画面与静动态信息融合到三维空间,实现实时景象视频流中叠加物联网数据流,提升数字孪生模型在运行服务阶段的态势感知与应急指挥服务能力。

图 5-8-5　实时景象融合物联网信息的数字孪生模型

资料来源:北京航空航天大学。

要大力推动云渲染技术研究,积极参与国际标准 Vulkan、OpenXR、WebGL 等的制定,并适时推出我国的有关软硬件与渲染标准接口。

3. 内容生产平台

随着软硬件技术的逐渐完善,三维内容生产成为 VR/AR 产业的一个瓶颈。在三维建模过程中引入智能重建技术可以提升生产效率和建模精度,降低生产成本,是目前产业界发展的重点。主要趋势是以三维模型数据集、照片数据集或用户交互输入数据等为基础,借助深度传感器和智能化的重建算法,实现通用、灵活、高精度三维内容的自动生成。

由于 VR/AR 应用领域的不断拓展,特别是逐步成为社交平台新的主要形态,增加三维内容的互动性与社交性成为迫切需求,需要结合多传感器融合、人工智能芯片设计和算法创新,推动场景、对象的三维重建和虚拟化身技术的成熟,不断丰富内容产出,提升内容生产的质量与效率。

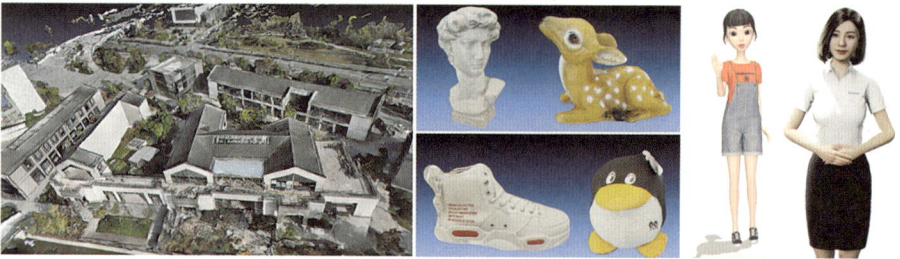

图 5-8-6　场景、物体的三维数字化与虚拟化身

资料来源:商汤。

4. 近眼显示器件

近眼显示可以实现符合人眼观看习惯的三维呈现,达到长时间佩戴使用,可能会取代手机成为新一代移动计算的呈现平台。目前商用的 VR/AR 近眼显示器不够轻便,发展趋势是通过自由曲面、衍射光波导和几何光波导等先进光学元件压缩眼前结构,实现超轻薄化。新型光学方案通过多焦面、变焦面技术以及光场显示和全息显示等实现连续深度呈现。近眼显示器件向超高分辨率、宽色域空间、高亮度以及柔性化发展,以全面提升近眼显示的图像质量。

图 5-8-7　近眼显示关键器件关系图

资料来源:北京理工大学。

5. 典型行业应用

VR/AR+工业。VR/AR 与工业融合发展,其应用场景渗透工业生产的各个环节,实现工业产品设计—制造—测试—销售—培训—维护全生命周期的数字化与智能化。

图 5-8-8　2019 年北京国际航空展上公开的 C919 飞行模拟器

资料来源:中国商飞 & 北京东方瑞丰。

VR/AR+医疗。在医学临床诊疗、远程会诊、资源共享、教育培训、新药实验等过程中,引入 VR/AR 技术,可以显著提升医疗健康服务水平,提高疾病诊疗效率,应用场景丰富、市场空间巨大。

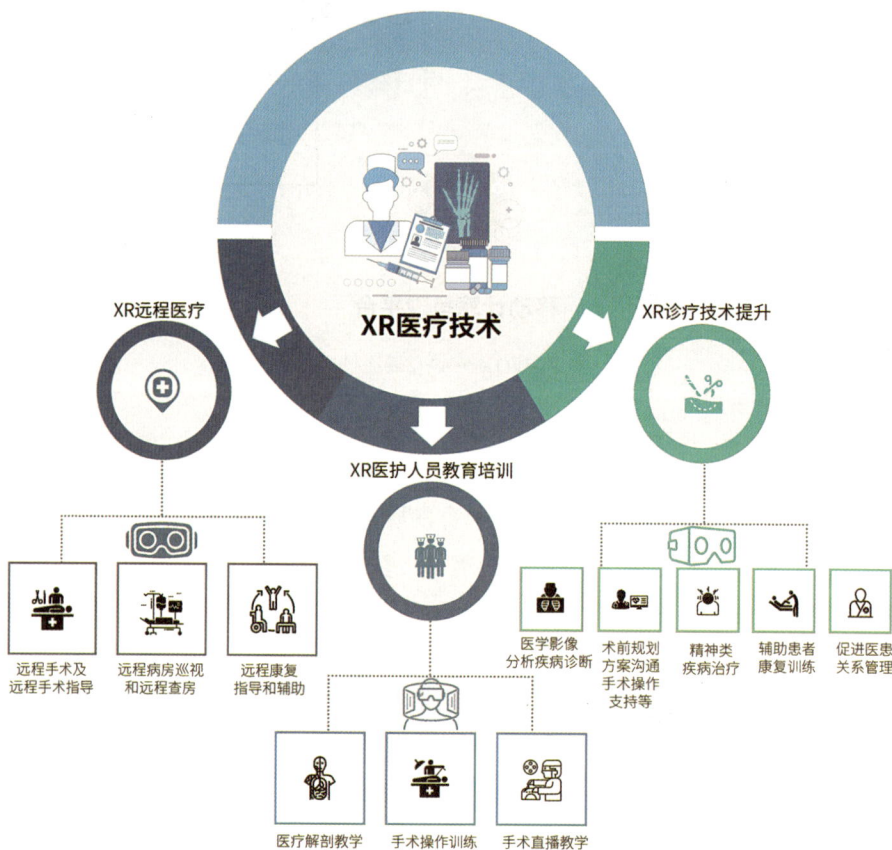

图 5-8-9　VR/AR 在智慧医疗中的应用场景

资料来源:IDC& 华为。

VR/AR+安防。依托 VR/AR 技术,结合物联网、大数据、人工智能等,推动安防从简单视觉向多维感知发展,达到安防综合信息的全要素集成联动。

VR/AR+文化旅游。随着高清高亮度显示与多通道音频技术的发展,结合 VR/AR 的临场应用,可大幅度降低展演服务人力成本,提供了快速、低成本的内容迭代可能性,结合流处理的运营模式重新定义了文化旅游展演新业态的标准。

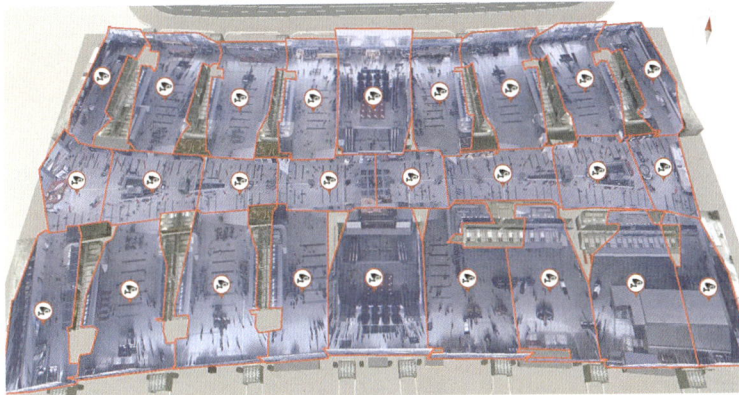

图 5-8-10 叠加物联网标签的高点 AR 视频监控及三维视频融合监控
资料来源:北京大视景科技。

图 5-8-11 茅台《天酿》多空间重度沉浸式多媒体展演
资料来源:国家文化科技创新服务联盟。

图 5-8-12　集结号 VR Ride 大型轨道乘骑体验项目

资料来源:北京圣威特。

VR/AR+教育。VR/AR 可以为教育教学情景设计、内容展示和教学实施提供全新的平台和手段,大幅度提升学生的学习兴趣、投入度和学习成效。

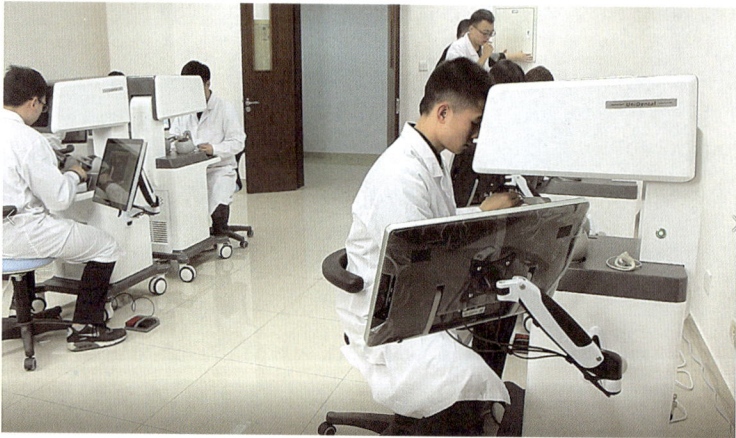

图 5-8-13　医学院应用口腔手术模拟器辅助教学

资料来源:北京大学口腔医院 & 北京众绘虚拟现实研究院。

VR/AR+智慧城市。VR/AR 技术可构建和还原三维可视化的城市,把各种信息直观地呈现并与人进行交互,使城市规划和管理的决策更加精准高效,并让人们的工作和生活更加便捷舒适。

VR/AR+超高清视频。8K 超高清画质只是 VR 全景视频的基本门槛,VR头戴显示设备将成为超高清产业终端设备的重要组成部分,并进一步牵引超高清向更高清晰度指标提升。

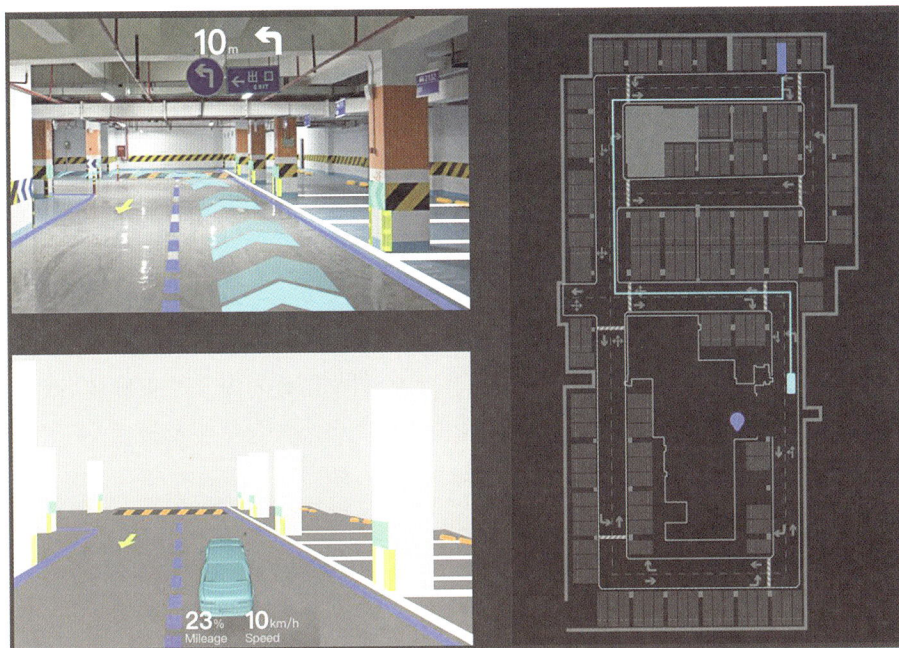

图 5-8-14　智慧城市车载 AR 导航

资料来源:商汤。

图 5-8-15　超高清 VR 视频虚拟观影

资料来源:中国移动咪咕。

九、网络安全

网络世界里,网络攻击、信息窃取等行为对网络安全构成严重威胁,改变网络空间规则的内生安全技术以及在传统附加式防御中导入大数据、人工智能和区块链等新技术内涵的网络安全应运而生。

(一) 内涵特征

内生安全是指具有内生或内源性安全功效的构造或算法及其体制机制。按字面意思,内生就是靠自身构造因素而不是外部因素得到的内源性效应,内生安全就是利用系统的架构、算法、机制、场景等内在因素获得的安全功能或属性。网络世界,一个软硬件构造或算法除本征(元)功能之外,总存在着伴生/衍生的显式副作用或隐式暗功能,如果其中的一些副作用或暗功能被某种自然或人为因素触发和利用,影响到本征功能的正确或正常表达,则称这类副作用和暗功能为网络空间"内生安全问题"。

狭义网络内生安全特指一个网络软硬件实体总存在包括副作用、脆弱性、自然失效等因素在内的显式或隐式表达的非期望功能。广义的网络安全,还包括构建安全基础设施、安全技术支撑体系、安全管理体系与安全运营体系,实现面向具体应用场景的智能感知、智能防御、智能预测。

内生安全应具有如下技术特征:内生安全是基于目标对象基础构造或算法的内源性安全功能,具有与脊椎生物非特异性和特异性免疫机制类似的"点面融合"式防御特点,与目标对象本征或元功能具有构造层面的不可分割性。内生安全具有天然的抑制功效,能使针对目标系统 0-Day 性质的漏洞后门、病毒木马等网络攻击在机理上无效。内生安全防御只能通过时空一致性的精准协同攻击才有"共模逃逸"的可能。内生安全功能能够归一化地解决传统的可靠性问题和基于目标对象内生安全问题的不确定性威胁。

（二）发展现状

为了确保网络安全,美国、以色列、欧盟等国家和地区积极采取了系列政策措施。美国先后发布《网络空间政策评估》《网络空间国际战略》《网络空间行动战略》等政策性文件,在技术、信息等层面强化国家网络安全。日本制定《网络安全战略》,并持续更新,在内阁汇总成立网络安全战略本部推动网络安全战略。欧盟出台《欧盟网络安全战略》,成立公共—私营部门的网络和信息安全(NIS)平台,应对网络安全风险。目前,全球网络安全威胁和风险严峻,高威胁事件逐年增加,安全产业规模增长快。2018年,全球网络安全产业规模达到1119.88亿美元,同比增长11.3%。

目前,智慧安全在国内还处于起步阶段,发展潜力巨大。智慧安全在国内越来越受到重视,客户对于采用基于云计算的公有云安全服务接受程度日益提高,公有云服务商已成为国内安全市场的核心玩家。国内安全厂家积极应用人工智能、大数据处理等新技术,在网络流量智能检测、内网主机异常行为、传统安全防御体系加固、威胁智能检测、文本垃圾与恶意行为识别等领域进行了很多有价值的探索,取得了良好的效果。中国2019年的IT支出达到2.9万亿元规模,中国信息安全支出占IT支出比例仅为2%,相对于全球3%的平均水平还有距离。

（三）技术架构

1. 网络空间拟态防御

网络空间拟态防御(Cyberspace Mimic Defense,CMD)是具有内生安全特性的信息系统或控制装置的一种体制机制,是在动态异构冗余(Dynamic Heterogeneous Redundant，DHR）架构上设计目标系统本征功能，并在导入基于拟态伪装策略的裁决机制、策略调度机制、负反馈控制机制和多维动态重构机制后获得的一种融合式防御功能，能够在不依赖攻击者先验知识和行为特征的前提下，有效感知、抑制和管控传统及非传统安全威胁导致的目标系统内部的确定或不确定性扰动影响，能使传统的基于软硬件脆弱性或漏洞后门的攻击理论和方法完全失去效能。

内生安全效能。内生安全效能采用拟态构造的目标软硬件系统，既具有隐匿或欺骗外部攻击者和内部渗透者的融合防御功能，又能一体化地提供高可用、高可靠、高可信的服务或使用功能，其基本原理与方法对信息系统或相关控制装置具有普适意义。其内生安全效能表现在以下方面：能将不依赖先验知识的面防御和基于精确感知的点防御以归一化的广义鲁棒控制架构和拟态伪装机制融合式地实现。内生安全的视在不确定性效能能够独立抑制基于拟态括号内的漏洞后门、病毒木马等问题的不确定性攻击。引入可重构、可重组或可定义软硬件实现技术或利用传统安全手段，都能够指数量级地提升目标对象的攻击难度。能将攻击复杂性从一维目标空间变换为多维目标空间，从单一静态确定场景变换为动态可重构或可定义场景，从个体目标的突破变换为非配合条件下异构多元目标的协同攻击，三个阶段的攻击难度呈非线性的增强。对非配合或差模式攻击，配合失误的可感知协同攻击之防御效果可量化设计，目标系统的安全性可"白盒"测试与验证度量。拟态括号内形成的不确定性效应，能从机理上有效阻止通过对I【P】O模型"试错方式"达成协同攻击的目的，"即使攻击成功，也不能使之稳定地维持"。能将拟态括号内的非传统安全威胁归一化为传统可靠性问题且能并案处理之，防御的有效性与安全维护管理模式不相关或弱相关，能极大降低使用维护成本。能够放宽目标系统在构件、组件、部件设计阶段的完备性、相异性和制作过程安全管理方面的苛刻要求，在软硬构件供应链可信性不能确保的全球化环境下，能以构造层面的技术破解"网络经济与技术时代"安全可信之难题。能在技术上支持以继承创新为主的"叠加式研发"，支持以点到面的"增量式部署"，防护效果上支持以关键节点、敏感路径和层次化部署等"经济覆盖"模式，能随应用规模的扩大和应用层次的深化获得"超非线性"的体系化防御效果。

网络空间拟态防御通过创建一个"垂直非整合、闭环、开放"的体系架构，在此架构上既能实现信息网络或系统（部件、组件、软件或硬件）的服务功能，也能以内生性的安全机理有效抑制或管控拟态界内软硬构件设计、制造、维护相关环节导入的漏洞后门、病毒木马等带来的确定或不确定性威胁（如图5-9-1所示），并可显著提高目标系统服务功能的柔韧性、健壮性和鲁棒性，极大地降低安全维护管理与防御有效性间的强关联度，在网络空间营造一个与全球化时代技术和产业或产品发展趋势相适应，与合作共赢、开源众创商业与技术发展模式相融合，非封闭、自主可控、可持续发展的新兴生态环境。

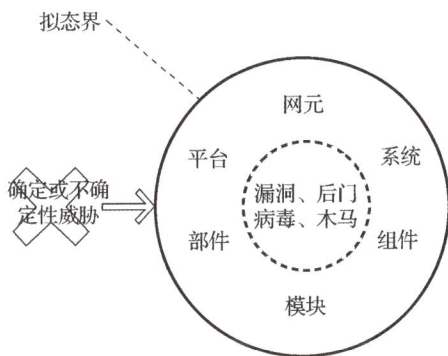

图 5-9-1　拟态界示意图

2. 智慧安全生态架构

智慧安全包括安全基础设施、安全管理体系、安全技术支撑体系、安全运营体系与安全应用场景五部分，共同构成一个完整的智慧安全生态体系。

一是安全基础设施。包括构成网络安全体系的基础硬件、基础软件与安全软件。基础硬件指服务器、存储、路由器、交换机、防火墙等内置芯片以及内存、硬盘、板卡等核心硬件，这些芯片与核心硬件实现自主可控是实现网络安全的基础保证，也是目前国家最薄弱的环节。基础软件指的是操作系统、办公套件、Web软件、应用软件、数据库软件、大数据处理框架软件、人工智能框架等，由于开源软件的流行，国内已经出现基于开源软件定制化开发自主软件，自主程度有所提高，但是掌握软件内核的较少，存在较大安全隐患。安全软件指的是防火墙、入侵防御、DDoS防护、漏洞扫描等安全软件，由于国家近些年一直推进国产化,因此基本上实现了自主可控。

二是安全管理体系。包括安全管理制度、安全管理机构、安全管理人员、安全建设管理与安全运维管理。

三是安全技术支撑体系。分为基础技术支撑、安全防护体系与领域安全三部分。第一,基础技术支撑包括传统网络安全防护技术如数据加解密、VPN、审计、防火墙、入侵监测等,更要将大数据、云计算、人工智能、区块链等新基建所带来的新技术融入安全技术中,创造新的安全技术,对现有安全技术进行增强;第二,安全防护体系需要针对防护目标构建立体化、纵深的防御体系,覆盖物理环境安全、网络通信安全、网络边界安全、设备安全、应用安全、数据安全与内容安全,将其整合为一个有机的整体防护体系;第三,领域安全针对 5G、云计算、物联网、工业互联网、人工智能、大数据等具体领域需要,提供针对性的整体安全框架,解决自身面临的安全问题,同时将其安全能力包装输出。

四是安全运营体系。包括日常安全运营、重要时期保障、专家分析、安全咨询以及培训。

五是安全应用场景。是面向智慧农业、智慧社区、智慧医疗、智慧电网、智慧城市等真实与个性化应用场景,综合运用基础安全技术、安全防护体系与领域安全框架,根据客户需求、国家安全要求、行业安全规定,提供整体安全解决方案与定制化安全功能,保障业务安全运行。如图 5-9-2 所示。

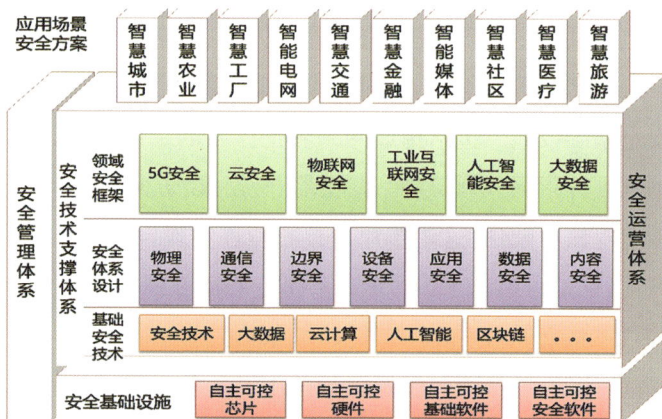

图 5-9-2　智慧安全生态体系架构

3. 重要领域安全框架

5G 网络安全。5G 网络安全 TOM 整体架构,涵盖安全技术体系(T)、安全运营体系(O)以及安全管理体系(M),提升网络安全防护能力。安全技术体系为 5G 网络安全实施定义了所需的技术方法、安全防护能力要求,为网络与信息安全提供技术保障。安全技术体系包括:物理环境安全、终端安全、管网安全、云安全、能力开放安全、数据安全等。安全运营体系可以保障 5G 网络与业务稳定运行,是管理制度、安全规范要求和控制措施的落实体现。安全运营体系包括:安全服务开放和智能运维。如图 5-9-3 所示。

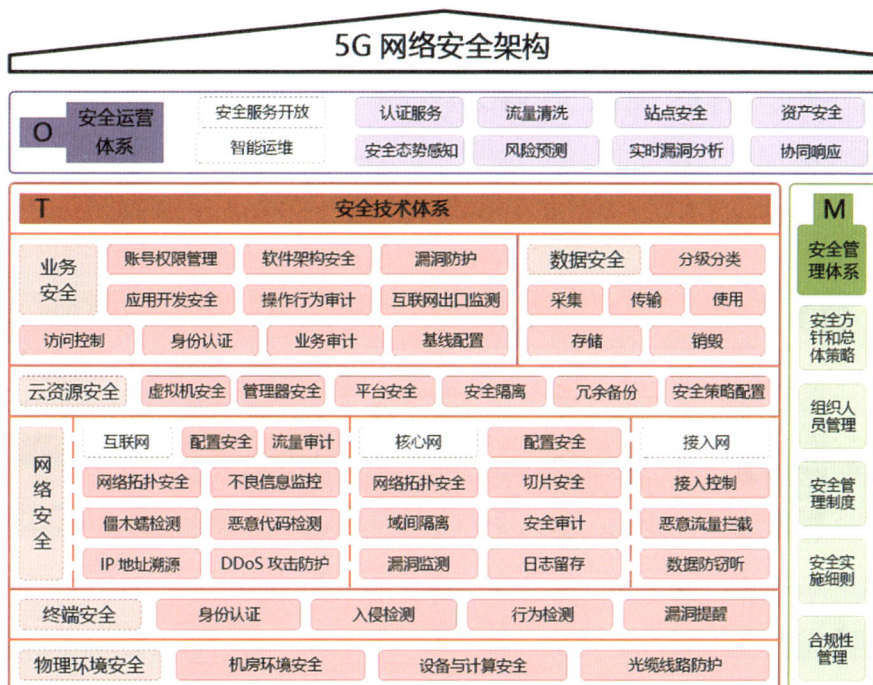

图 5-9-3　5G 网络安全架构

资料来源:中国联通 5G 安全小组。

物联网安全。物联网的典型架构包括感知层、接入层、平台层、应用层,其中感知层设备数量多,类型多,性能差异大;接入层的接入方式多种多样,既有 2G/3G/4G/5G/NB-IoT,也支持 WIFI/LoRa/Zigbee 等接入方式;平台层实现设备连接、设备管理、应用服务等功能,应用层面向客户以及后台人员提供展现与操作。物联网安全威胁主要来自物联网感知层、物联网平台层、物联网应用层。

物联网安全防护体系架构遵循统一防护、分层设计的理念,在感知层通过轻量级的密钥管理、数据加密、白名单与认证授权实现设备安全与可信认证;在接入层通过认证授权、加密、准入控制实现设备安全接入;在平台和应用层可以采取更多的安全技术手段,既有物联网独有的连接管理、IoT 僵尸网络监测、IoT 暴力破解、资产识别等安全措施,也有常规的入侵检测、APT 威胁、策略阻断、风险评估等安全措施,共同保障物联网的安全可靠。如图 5-9-4 所示。

▶▶ 物联网安全防护体系

图 5-9-4　物联网安全框架

资料来源:绿盟科技。

工业互联网安全。工业互联网是通过网络平台实现机器设备、产品、供应商等利益相关者连接融合,主要包括网络、平台、安全三个方面。安全体系是工业互联网发挥作用的重要保障。网络要满足工业的安全技术体系、管理体系,着力提升设备、网络、数据的安全保障能力,能够抵御可能的安全威胁,化解相应的安全风险。网络越是便捷,安全越是重要。构建工业互联网安全框架,涉及防护对象、防护措施及防护管理。防护对象不同,相应的安全防护措施和等级也要相应调整,要及时发现网络中存在的安全问题、安全隐患,及时监测,对网络中存在的或即将发生的安全隐患及时做出响应。要注重加强网络的防护管理,持续改善网络安全管理,保障工业互联网安全。如图 5-9-5 所示。

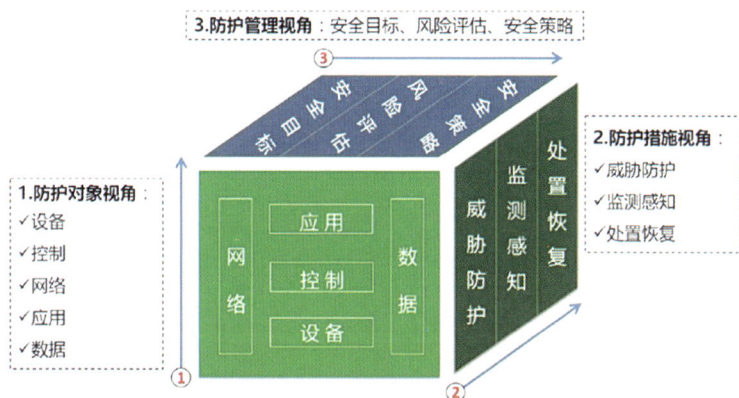

图 5-9-5　物联网安全框架

资料来源:工业互联网产业联盟《工业互联网安全框架》。

其中,防护对象视角涵盖设备、控制、网络、应用和数据五大安全重点;防护措施视角包括威胁防护、监测感知和处置恢复三大环节,威胁防护环节针对五大防护对象部署主被动安全防护措施,监测感知和处置恢复环节通过信息共享、监测预警、应急响应等一系列安全措施、机制的部署增强动态安全防护能力;防护管理视角根据工业互联网安全目标对其面临的安全风险进行安全评估,并选择适当的安全策略作为指导,实现防护措施的有效部署。

云计算与数据中心安全。当前,基于云计算与数据中心融合的云数据中心建设日益普遍。然而,云数据中心基于业务的需要往往混合了公有云、专有云及企业自建云等复杂场景。来自内部用户、互联网用户、公有云的资源访问等行为,与云平台管理、云交付管理业务混合在一起,导致云内网络风险的高发。

为了保证云数据中心的安全有效运营,应构建以云服务交付防护、云基础平台防护为基础的综合保护体系。该体系主要包括基础结构安全、纵深防御、态势感知和主动防御以及威胁情报四个能力建设。其中,基础结构安全能力包括密码体系、系统安全管理、数据生命周期安全管理、身份管理与访问控制、数据容灾备份和应用安全开发及加固;纵深防御能力则立足于通过高级威胁检测分析,提高中心网络安全防护能力的弹性和健壮性;态势感知和主动防御能力则通过态势感知平台,利用数据识别和分析对中心的整体安全进行监控;威胁情报能力则帮助中心迅速了解攻击来源,实现有效且及时的应急响应。站在中心整体的角度,这四项能力不是独立的,而是互相支撑、深度结合。

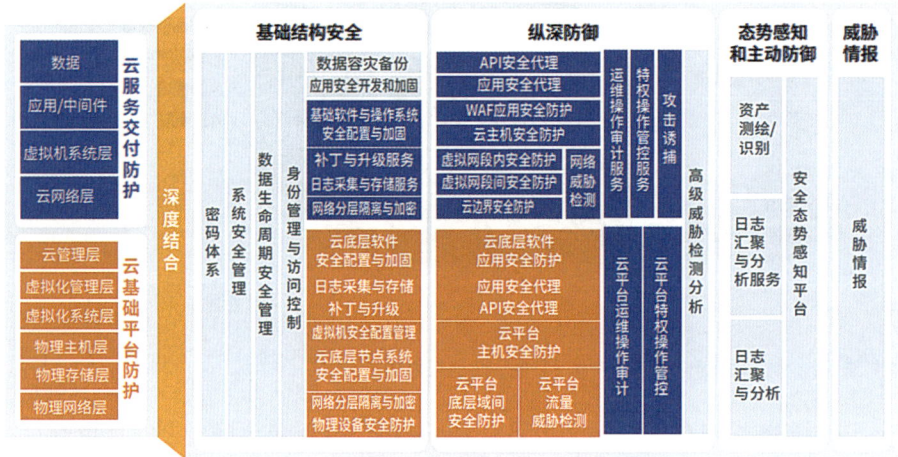

图 5-9-6　面向云的数据中心安全防护

资料来源:奇安信集团。

参考资料

[1]蔡自兴:《中国人工智能 40 年》,《科技导报》2016 年第 15 期。

[2]Jun Zhu,Tiejun Huang,Wenguang Chen,Wen Gao,"The future of artificial intelligence in China",*ACM*,vol61,no.11,(2018).

[3]Scimago Journal & Country Rank.

[4]The Center for Data Innovation,Who Is Winning the AI Race:China,the EU or the United States? August 19,2019.

[5]Yunhe Pan,"Heading toward Artificial Intelligence 2.0",*Elsevier Ltd*,vol2,no.4,(2016).

[6]Tie-Jun Huang,"Imitating the Brain with Neurocomputer A 'New' Way Towards Artificial General Intelligence",*International Journal of Automation and Computing*,vol14,

no.5,(2017),pp.520-531.

[7]Eric Raymond,"The cathedral and the bazaar",*Springer Netherlands*,vol12,no.3,(2000).

[8]李正茂、王晓云、张同须等:《5G+:5G 如何改变社会》,中信出版社 2019 年版。

[9]中国移动边缘计算开放实验室:《中国移动边缘计算技术白皮书》,2019 年。

[10]中国移动:《5G 应用场景白皮书》,2019 年。

[11]欧洲电信标准化协会:《中国移动 5G 网络中的边缘计算白皮书》,2018 年。

[12]俞一帆等:《5G 移动边缘计算》,人民邮电出版社 2017 年版。

[13]郭亮:《边缘数据中心关键技术和发展趋势》,《信息通信技术与政策》2019 年第 12 期。

[14]肖子玉、韩研、马洪源、杨旭、赵远、苏坚、邵永平:《5G 网络面向垂直行业业务模型》,《电信科学》2019 年第 6 期。

[15]钟景华等:《数据中心设计规范》,中国计划出版社 2017 年版。

[16]边缘计算产业联盟与绿色计算产业联盟:《边缘计算 IT 基础设施白皮书1.0》,2019 年。

[17]边缘计算产业联盟与工业互联网产业联盟:《边缘计算安全白皮书》,2019 年。

[18]庄小君、杨波、王旭、彭晋:《移动边缘计算安全研究》,《电信工程技术与标准化》2018 年第 12 期。

[19]虚拟现实技术与产业发展战略研究项目组:《虚拟现实技术与产业发展战略研究》,科学出版社 2016 年版。

[20]中国电子信息工程科技发展研究:《虚拟现实和增强现实专题》,科学出版社2019 年版。

[21]中国通信标准化协会:《5G 网络下的云化虚拟现实平台技术白皮书》,2020 年。

[22]赛迪智库电子信息研究所:《虚拟现实产业发展白皮书》,2019 年。

[23]IDC& 华为:《2019 年 Cloud XR 医疗平台白皮书》,2019 年。

[24]徐宪平:《新基建是数字时代的信息高速公路》,《民生周刊》2019 年。

[25]陈纯、庄越挺:《大数据智能:从数据到知识与决策》,《中国科技财富》2017 年。

[26]刘多:《工业互联网未来发展解析》,《信息通信技术》2018 年第 3 期。

[27]国家信息中心、北京经济技术开发区、北京亦庄投资控股有限公司:《5G 时代新型基础设施建设白皮书》,2019 年。

[28]高文、黄铁军:《人工智能带领人类——从信息社会迈向智能社会》,《人民日报》2020 年 2 月 18 日。

[29]李飞飞:《如何看待数据库的未来?》,云栖社区 2020 年 2 月 27 日。

[30]刘晓曼、李艺、吴昊:《工业互联网安全架构及未来发展思考》,《保密科学技术》2019 年第 3 期。

[31]中国区块链技术和产业发展论坛:《中国区块链技术和应用发展白皮书(2016)》,2016 年。

[32]元尚:《区块链刚刚开始就已分叉:中国向左,美国向右》,互联脉搏 2019 年 3 月 8 日。

[33]华为区块链技术团队:《区块链技术及应用》,清华大学出版社 2019 年版。

区 域 篇
竞相发力助跑

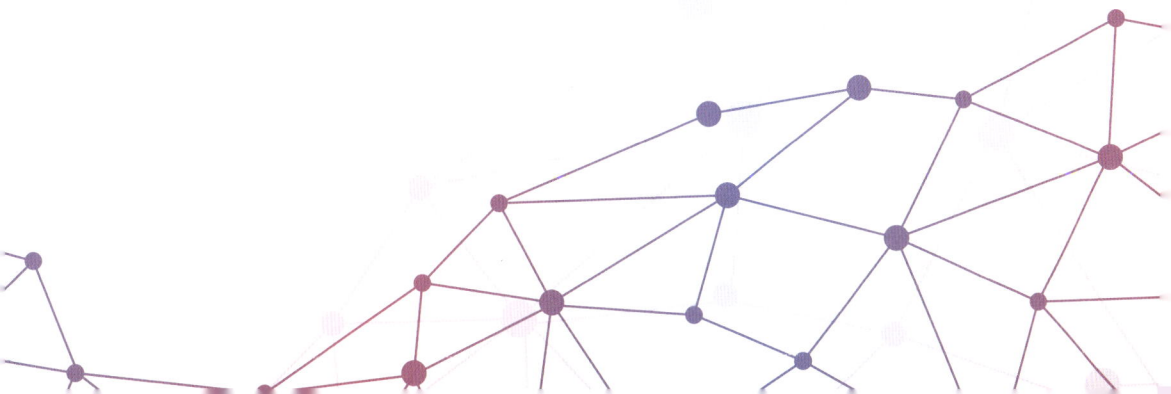

随着新基建"一业带百业"的特点逐渐为社会所认识,全国不少地方纷纷抢占风口,力图充分发挥新基建乘数效应,为高质量发展增添新动能。各地结合自身特点,各展所长,不仅在硬件建设上发力,更多地则探索新基建与经济社会的结合,初步形成了具有不同区域特色的新基建发展重点和模式。总结并推广地方经验,以点带面,必将在全国形成百花齐放新局面,对提升新基建整体水平起到重要作用。

一、长三角地区:构筑生态高地

加快推动新型基础设施建设对长三角地区实现更高质量一体化发展,抢占全球科技创新制高点创造基础条件,具有重要战略意义。当前,长三角三省一市紧紧抓住国家建设网络强国、数字中国和智慧社会的重要机遇,加快互联网数据中心、人工智能、工业互联网、5G移动互联、物联网建设,使新型基础设施成为引领长三角一体化发展的强大引擎。

(一) 人工智能领域

1.政策制度建设先行先试

上海市先后出台《关于本市推动新一代人工智能发展的实施意见》《关于加快推进人工智能高质量发展的实施办法》等政策措施,加快推动上海市人工智能产业创新发展。江苏省印发《江苏省新一代人工智能产业发展实施意见》,出台智能网联汽车、机器人、无人机、智能制造、智慧江苏等产业发展政策文件,初步构建了应用牵引、跨界融合、开放共享的新一代人工智能产业体系。浙江省发布《浙江省促进新一代人工智能发展行动计划(2019—2022年)》,要求从包括技术、硬件、产品、应用、人才等各个方面来发展人工智能。安徽省印发《安徽省人民政府关于支持人工智能产业 创新发展若干政策的通知》,在十大方面支持人工智能产业创新发展。

2.产业生态构建各具特色

上海重点聚焦示范应用,以应用牵引产业发展。依托在智能芯片、智能传感器设计制造等"硬核"领域优势,上海发布了全国首个人工智能应用场景建设实施计划,首批场景建设共吸引全球170多个解决方案。截至2019年底,上海人工智能重点企业已突破1100家,产值超过1300亿元。江苏重点聚焦服务平台建设,夯实产业发展基础。加快打造中国(南京)智谷、苏州工业园区人工智能产业园、常州科教城等一批人工智能产业集聚区,培育与人工智能产业密切相关的省级制造业创新中心13家,加快建设省智能制造与机器人应用技术公共服务平台、省人工智能产业公共技术服务平台。浙江聚焦人工智能技术落地应用和创新平台建设,走在全国前列。阿里巴巴城市大脑入选首批四个国家新一代人工智能开放创新平台,智慧城市应用场景层面呈现产业聚集效应。城西科创大走廊日益成为承载人工智能、智能感知、智能制造等前沿高新技术产业发展的重大科技创新平台。安徽做好声学文章,以点上突破带动面上发展。组建合肥综合性国家科学中心人工智能研究院,加快建设智能语音和人工智能产业集聚发展基地——中国声谷,目前已有300多家具有国际影响力、行业竞争力的企业集聚。

3. 以业聚人打造人才矩阵

上海聘请的多位国际知名人工智能人士被上海高校和企业聘为教授和顾问。各大高校开始建立人工智能人才多层次多学科交叉的培养体系,交大、复旦、同济、上大等13所高校和5个科研院所设置了人工智能相关学科点。人工智能发展联盟等组织纷纷成立,形成人才和企业的双集聚。江苏推动省内超过50余所高校、科研院所涉足人工智能研究,重点高校先后成立人工智能学院。相继成立江苏省人工智能学会、江苏省人工智能产业创新联盟等服务机构。浙江制订专项人才计划,成立之江实验室,计划用5年时间集聚50位国际顶尖的人工智能人才、500位科技创业人才、1000位高端研发人才、10000名工程技术人员。

4. 聚焦法律治理前瞻规划

上海成立了人工智能产业安全专家咨询委员会,在人工智能伦理法律治理方面开展前瞻研究,发布"人工智能安全发展上海倡议""人工智能与法治构建倡议书",研究探索人工智能在法律、安全、伦理、政府治理等方面提出的课题,推动人工智能健康发展。上海一系列政策制度建设为国家探索新一代人工智能提供了可复制可推广的机制路径。

下一步，长三角地区将积极支持人工智能技术联合攻关和应用推广，加快区域数字经济转型，打造全国重要的创新型经济发展高地。推动实施人工智能超算中心等重大项目，共同打造新一代人工智能产业集聚发展基地。构建人工智能+行业应用标准体系，积极推动人工智能赋能新技术、新业态、新模式，推广人工智能技术在医疗、安防、教育、政务、金融、制造、司法、广电等领域的示范应用。打造若干个开放式的人工智能创新创业平台，向开发者提供共性技术支持。

（二）工业互联网领域

长三角三省一市在工业互联网领域密集出台政策、不断强化顶层设计，明确发展重点任务以及组织保障措施，以发展工业互联网带动产业转型升级与经济发展提质增效。

1. 出台相关规划和政策，构建制度体系

长三角三省一市共同签署《长三角地区推进工业互联网平台集群联动战略合作框架协议》和《G60 科创走廊推进工业互联网协同发展实施方案》，强化在平台建设、标识解析、服务体系和资源池、网络安全保障、应用与互信、融合生态等方面深度合作，有效推动工业互联网平台集群联动。

2. 建设标识解析顶级节点，打稳构架基础

工业互联网标识解析国家顶级节点（上海）于 2018 年 12 月正式启动上线。以顶级节点建设和推广为抓手，营造标识解析技术创新环境，共同推进标识解析集成创新应用，打造工业互联网产业生态，共同推动上海及长三角地区工业互联网产业加速集聚和跨越发展。同时，发挥标识解析国家顶级节点（上海）枢纽节点作用，根据长三角工业互联网推进计划，推动二级节点在长三角优势行业建设与应用。截至 2019 年底，共有 10 家企业完成二级节点部署，标识注册总量近 1 亿，日均解析量 116016 次。上线全国首个双语工业互联网平台开发者社区，创建国家工业互联网检测评估中心。预计到 2020 年，

以国家顶级节点(上海)为核心、省市及行业通用二级节点为支撑、覆盖长三角的标识解析服务体系将基本建成。

3. 加快安全体系建设,强化信息数据安全保障

上海建设覆盖全市规模以上工业企业的信息安全工作网络,围绕工业企业"千百十"防护能力提升工程实施,对千家工业企业加强面上安全指导,百家重点工业企业和运行单位落实重点防护措施,并在全市重点打造十家安全标杆示范企业/工厂。江苏成立工业互联网国家安全平台江苏管理中心,推动江苏省工业互联网安全监管工作有效开展。上线江苏省工业互联网安全监测试验平台,全面排查省内工业互联网存在的诸多安全隐患和漏洞。浙江围绕"1+N"工业互联网体系,在supET平台建立了分级分类的数据安全保障体系,完成工业控制系统在线监测预警平台的一期建设,针对网络端和企业端分别提供不同的安全保障措施。安徽建成工业互联网安全监测平台,目前已实现工业互联网安全月度报告,监测并分析省内受监控工业企业的安全情况。

4. 构建应用生态,助推新模式新业态

上海通过部市合作、试点示范等多措并举,不断加大对制造业"双创"平台的培育和支持力度,涌现出一批高质量制造业"双创"平台。江苏围绕要素汇聚、能力开放、模式创新、区域合作等4个领域8个方向,支持产业应用基础好、发展前景广阔、带动作用强的制造业"双创"平台建设和应用推广示范项目。浙江于2018年1月制订了《浙江省制造业"双创"平台培育实施方案》,有力推动了要素汇聚、能力开放、模式创新、区域合作等领域的"双创"平台建设,形成了一批跨行业、跨领域的制造业"双创"平台。安徽发布《关于推动创新创业高质量发展 打造"双创"升级版的实施意见》,围绕"双创"平台+要素汇聚、+能力开放、+模式创新、+区域合作4个领域9个方向,继续加强制造业"双创"平台和服务体系建设。

下一步,长三角地区将根据《长三角工业互联网一体化发展示范区建设规划》要求,合力推进长三角工业互联网一体化发展示范区建设,以及长三角工业互联网平台集群建设,加快国家工业互联网标识解析(上海)顶级节点与南京备份中心以及长三角省市行业级节点建设和对接工作,创建长三角工业

互联网典型用户企业,引领先进制造业集群高质量发展。

（三）5G 领域

长三角三省一市在 5G 领域加快协同布局、先试先用,率先打造全球 5G 网络建设和应用高地。

1. 网络建设领先

2018 年 6 月,长三角三省一市与中国电信、中国移动、中国联通、中国铁塔签署《5G 先试先用推动长三角数字经济率先发展战略合作框架协议》,围绕连接、枢纽、计算、感知等 5G 基础设施建设开展广泛深入的战略合作。到 2021 年,中国电信、中国移动、中国联通、中国铁塔将在长三角累计投入资金超过 2000 亿元进行 5G 基础设施建设。截至 2019 年底,上海已经建成超过 1.6 万个 5G 宏基站,实现 5G 网络中心城区和郊区重点区域全覆盖。浙江已建成 5G 基站 15770 个,江苏、安徽分别完成约 1 万个和 2000 个 5G 基站建设。

2. 政策先行推动

2019 年 7 月,上海发布《关于加快推进本市 5G 网络建设和应用的实施意见》,加快推动 5G 规模部署,提升 5G 产业链协同创新与集聚发展能力,促进 5G 与城市建设管理、社会治理及各行各业融合应用。江苏出台《省政府办公厅关于加快推进第五代移动通信网络建设发展若干政策措施的通知》在 5G 网络布局规划、建设审批、资源开放、设施保护、产业发展等方面提出一系列政策举措,全力支持 5G 试验网建设和发展。浙江印发《关于加快推进 5G 产业发展的实施意见》,提出力争到 2022 年 5G 网络覆盖面和建设水平领先全国,5G 产业规模居全球第一方阵。安徽于 2020 年 4 月出台《支持 5G 发展若干政策》,从夯实网络基础、培育产业生态、促进行业应用、优化发展环境四个方面提出了十大措施,推动 5G 发展步入快车道。

3. "5G+"全域应用

长三角地区在工业互联网、车联网、智能制造、智慧城市等重点领域创新应用示范项目超过 300 个。上海 5G 技术应用实现多个"第一",如全球首个

5G 商用大飞机制造工厂、首个基于 5G 的港口智能重卡车路协同系统、世界首例 5G 聚焦超声远程手术等应用相继在上海落地,全球首个 5G 火车站在上海虹桥高铁站诞生,全球首个行政区域 5G 网络 2019 年 3 月在上海虹口建成并开始试用。江苏大力发展"5G+"推动制造业升级。推出 5G+环保、5G+城管、5G+室内移动机器人等多个应用解决方案,江苏软件园成为省内首个 5G 智能应用示范园区。2019 年 9 月,江苏省自贸区首个 5G 智慧港口项目在连云港正式启动。浙江强化 5G 技术在多个领域探索。在高清视频、智慧交通、工业制造、智慧医疗等多领域开展了超过 140 个场景应用。2019 年 12 月,杭州首辆 5G 智慧公交进行了第一次路面测试。杭州大剧院的全球首次大型演出使用"5G+8K+VR"直播。安徽重点结合地方产业特色加快 5G 技术应用。发布中国首颗 5G 毫米波滤波器,国内首个 5G 智能分布式配网保护装置在合肥市滨湖新区中海 20 千伏公用开闭所试运行。

下一步,长三角地区将继续支持电信运营企业分步实施建网,加快推进 5G 网络建设,完成规模部署,在未来数年内实现区域 5G 网络覆盖率达 80%。支持行业龙头企业及长三角重点 IT 企业开展相关技术、设备、产品研发和服务创新,协同推进 5G 产业合作,构建 5G 产业生态环境。在城市管理、产业发展、民生服务等领域协同开展 5G 综合应用示范,使长三角成为国际国内 5G 应用最活跃的地区之一。

（四）数据中心领域

上海统筹互联网数据中心建设,推动毗邻区数据中心协同发展。发布《关于加强本市互联网数据中心统筹建设的指导意见》,对新建 IDC 提出统筹空间、规模和用能的总体要求;发布《上海市互联网数据中心建设导则(2019版)》对互联网数据中心选址规划、规模功能、安全节能、资源配套、建设主体、评估监测等全生命周期管理提出具体要求。目前,上海在用互联网数据中心机柜数 13 万个,利用率保持在 70%以上,服务规模处于国内第一梯队。同时,还探索推进长三角互联网数据中心协同布局和存算资源同城化发展。探索在南通园区建设数据中心网络直连上海,进一步发挥上海长三角信息通信枢纽港作用,推动区域数据中心建设发展模式创新。

江苏多地积极承接上海发展溢出效应,加快推动产业发展。上海周边各市发挥自身在交通、产业、政策等方面的优势,吸引上海外移的数据中心建设需求,以昆山、无锡、南通三地为核心形成数据中心产业梯队。其中,昆山市围绕制造业产业优势,提出建设完善的工业信息基础设施,成为全国工业大数据应用产业高地。无锡市以软件产业带动数据中心需求,在数据中心发展上走高性能路线,国家超级计算无锡中心拥有世界上首台峰值运算性能超过每秒十亿亿次浮点运算能力的超级计算机——"神威·太湖之光",有力促进了当地信息产业和软件产业发展。南通市规划建设了南通国际数据中心产业园,目前,园区已有中兴网信云计算中心、香港脉络大数据产业基地、旗云数据中心等数据中心企业入驻。

浙江发布《浙江省数据中心优化布局建设的意见》,提出了全省数据中心"三核、三副"规划布局。截至 2019 年底,浙江省各行业建有各类数据中心190 多个,其中已建大型和超大型数据中心 5 个(3 个在杭州,1 个在宁波,1 个在金华),至 2022 年,全省大型数据中心总数在 20 个左右,大型数据中心服务器总数达到 300 万台左右。

安徽支持重点地区布局重大项目建设。积极引进国内外知名云计算大数据重点企业及项目,在云计算中心、数据中心等建设方面累计吸引投资 300 多亿元,中国移动(安徽)数据中心、江淮云数据中心、宿州市高新技术开发区智慧产业园、合肥浪潮云数据中心等数十个重点项目正在各个地市推进,初步形成了以省会合肥为中心,以宿州、淮南为两翼,各地多园区共同发展的大数据产业布局。

下一步,长三角地区将统筹长三角数据中心规划布局,联合各类数据中心运营主体统筹区域空间、规模、用能,探索建立省际直连链路。优化长三角三省一市间通信网络架构,提升互联互通质量,推进区域信息枢纽港建设,提升区域高密度信息资源互通率。顺应数据中心存算一体化的发展趋势,推动实现数据中心计算资源协同部署。

（五）物联网领域

上海积极推进新型城域物联网建设。重点产业形成国际竞争力,射频识别标签、图像传感器、机器到机器通信等物联网关键产品在全球市场具有较强竞争力;在国内急需的机器视觉、化学气体、压力等中高端工业传感器和汽车传感器上实现了产业化突破。规模化应用示范普惠民生,聚焦危化品监管、公共交通、食品安全等重点领域,培育了 6 个百万终端规模的应用示范工程。标准工作抢占产业制高点,在应用示范工程取得成效的基础上,累计形成了 40 多项物联网技术和应用标准规范。目前在静安、嘉定、杨浦、虹口、普陀等区率先开展新型城域物联网技术试验和网络部署,物联设备数量已经达到百万级。

江苏以无锡为核心加快物联网产业布局。2012 年,国务院批复原则同意建设《无锡国家传感网创新示范区发展规划纲要(2012—2020)》,成为互联网领域全国首个由国务院直接指导的单个城市的单项发展规划。目前,无锡物联网企业超过 2000 家,初步形成了包括关联芯片、感知设备、网络通信、智能硬件、系统集成、应用服务等在内的较为完整的产业链。近 5 年,物联网产业营业收入年均增长 16.2%、2018 年达到 2638.7 亿元,智能传感系统产业集群被认定为全国首批、江苏唯一的创新型产业集群。国家物联网创新促进中心、先进技术研究院等重大创新平台加快建设,无线自组网、MEMS 设计制造、多源异构数据处理等多项成果填补国内空白;物联网专利申请量近万件,其中发明专利申请量 2500 多件。发起设立 9 只物联网产业基金,规模超 200 亿元。

浙江物联网基础设施提前布局。发布《浙江省物联网产业"十三五"发展规划》,提出"一核+三区+多点"的产业布局规划。依托杭州市的产业、技术和资本资源等,以杭州市物联网产业发展为核心,驱动宁波、温州、嘉兴三区的快速发展,促进多点车联网、电子商务等关联行业的发展。特别是在基础网络建设方面,浙江省更是提前布局。截至 2020 年 2 月,浙江省已建成 NB-IoT 基站 4.19 万个(电信 2.2 万,移动 1.6 万,联通 0.4 万),实现了对所有乡镇、存在物联网业务需求的农村地区的覆盖。得益于领先的基础网络,浙江省物联网业务出现井喷,创新应用已经覆盖了能源、农业、环保、金融、医疗、交通、安防等各大领域。物联网终端数已从 2017 年的 2200 万增加到目前的 1.2 亿,全面实现物超人(物联网终端数超过移动通信用户),其中约有 10% 的业务承载在NB-IoT 网络上。

下一步,长三角地区将加快建设覆盖更广、速度更快、层次更丰富、智能化驱动的物联网络基础设施,为产业发展提供更好的环境和产业基础;大力发展基于物联网的专业化服务,提升各领域融合发展、信息化协同和精细化管理水平;进一步促进物联网与实体经济的深度融合,围绕智慧交通、智能制造等关系国计民生的重要行业和关键领域,大力推广物联网新技术、新产品、新模式和新业态,为区域经济高质量发展注入强劲动能。

二、粤港澳大湾区:数网协同引领

粤港澳大湾区是我国经济活力最强、开放程度最高、国际化水平领先的区域之一,也是新基建率先落地的区域之一。近年来,广东把培育壮大数字经济作为推动实体经济高质量发展的重要抓手,先后出台了《广东省信息基础设施建设三年行动计划(2018—2020年)》《珠江三角洲国家大数据综合试验区建设实施方案》《广东省新一代人工智能发展规划》《广东省物联网发展规划(2013—2020年)》《广东省深化"互联网+先进制造业"发展工业互联网的实施方案》等一系列政策文件,推动建成高效、移动、安全、泛在的数字经济基础设施,加快建设网络强省、数字经济强省,取得良好成效。

(一)打造世界级 5G 产业聚集区

为加快5G商用步伐,培育新的经济增长点,推动粤港澳大湾区建设,促进全省经济高质量发展,2019年广东出台《加快5G产业发展行动计划(2019—2022年)》,以加快建设5G网络为支撑,加强政策扶持和机制创新,打造世界级5G产业集聚区,推动网络强省建设。计划明确到2022年底,全省建成5G基站累计达17万座,5G个人用户数达4000万,珠三角建成5G宽带城市群、粤东西北主要城区实现5G网络连续覆盖;围绕5G+智能制造、5G+智慧农业、5G+4K/8K超高清视频、5G+智慧教育、5G+智慧医疗、5G+智能交通、5G+智慧政务、5G+智慧城市等重点领域,开展5G示范应用场景超过100个,形成世界级5G产业集聚区和5G融合应用区。

　　为加快5G网络建设,广东省建立了加快5G产业发展联席会议制度,召开联席会议,统筹解决5G网络建设过程中遇到的堵点、难点问题。针对5G基站选址难、落地难问题,九个部门联合印发政策文件,推动社会公共机构免费开放公共资源支持5G基站建设;针对5G基站用电成本高问题,出台降低5G基站用电成本政策文件,开展5G基站转供电改直供电试点,规定试点基站凭业主与铁塔公司有效租赁合同即可办理转供电改直供电;为进一步拓展5G基站建设渠道,制定出台全国首个省级智慧杆标准规范——《广东省智慧灯杆技术规范》;建立省市联动推进5G网络建设的机制,全省超过19个地市出台5G产业发展政策,建立5G联席会议制度和工作例会制度。

　　截至2019年底,广东已累计建成5G基站36988座,约占全国的1/4,建成数量居全国第一。广州、深圳争创5G示范城市,分别建成15986座、14810座5G基站,基本实现中心城区5G网络连续覆盖。珠三角其他城市实现城区核心区域覆盖。深圳市率先在全国实现5G网络全面覆盖和独立组网,构建全球领先的5G产业生态(图6-2-1),还是国内首个采用独立组网标准(SA),覆盖5G增强移动宽带、海量物联、低时延高可靠三大应用场景的试验网络,主要面向智能交通、工业互联网、联网无人机、智慧教育、智慧医疗等重点行业应用,提供研发创新、应用示范、测试验证、标准输出等服务。

图6-2-1　深圳于2018年部署国内首个采用独立组网技术的5G试验网络

（二）加速 IPv6 与高速光网建设

2018 年，广东出台《信息基础设施建设三年行动计划（2018—2020 年）》，对 IPv6 网络、高速光网等新一代网络基础设施建设作出了部署。

1. IPv6 网络建设与应用

一是推动网络设施 IPv6 升级。完善 IPv6 骨干网网间互联体系，升级改造互联网骨干网互联节点，实现互联网、广电网骨干网络 IPv6 的互联互通。组织基础电信企业完成城域网和接入网的 IPv6 升级改造，完善网络管理和支撑服务系统，开通面向公众用户和政企客户商用的 IPv6 宽带接入服务。

二是加快应用基础设施 IPv6 升级。推动广东域名注册服务机构、顶级域运营机构、域名托管服务企业等域名服务器全面支持 IPv6 访问与解析。改造升级全省互联网数据中心内网和出口，为用户提供 IPv6 访问通道。推动广州、深圳超算中心加快 IPv6 改造。支持腾讯云、广东电信天翼云、广东联通沃云等云服务平台、云产品和内容分发网络进行 IPv6 升级改造。配合国家级 IPv6 发展监测平台工作部署，建设全省监测分平台，提升对网络、应用、终端、用户、流量等关键发展指标的实时监测和分析能力。

2. 高速光网建设

一是构建高速骨干光纤网络。完善以广州、深圳为中心，珠江口东西两岸各市为节点的骨干光纤网络布局。优化互联网骨干网间的互联构架，提高网间互联带宽和互联质量，推进广州互联网交换中心等交换平台协同发展。

二是建设千兆光网城市。全面推进新建住宅建筑光纤到户，新城超前规划建设通信管道，既有住宅建筑分批次、成片区推进光纤改造，落实电信运营企业共建共享、平等接入。

三是推进百兆光网进农村。实施乡村信息基础设施振兴工程，充分发挥财政资金引导作用，深入推进电信普通服务试点工作。鼓励基础电信、广电企业和民间资本出资公平参与农村光纤网络建设和运营维护。

截至 2019 年底，广东全省光纤接入用户累计 3556 万户，位居全国第一，光纤入户率达到 107.5%,100M 以上光纤用户累计达 3190.8 万户,占光纤接入用户的 89.7%,三年行动计划明确的各项目标基本上都提前一年超额完成,各城市基本实现"千兆进社区、百兆上桌面"。

(三) 推进国家大数据综合试验区建设

为贯彻落实《国务院关于印发促进大数据发展行动纲要的通知》(国发〔2015〕50 号)推进大数据综合试验区建设的工作部署,国家发展改革委、工业和信息化部、中央网信办于 2016 年批复了珠三角国家大数据综合试验区在内的 8 个国家大数据综合试验区。2017 年 4 月,广东出台《珠江三角洲国家大数据综合试验区建设实施方案》,对全省发展大数据产业作出了系统部署,其中对数据中心等大数据基础设施建设也作出了整体安排。

截至 2019 年底,广东已投产使用的数据中心数量约有 160 个。其中,超大型数据中心占 1%,大型数据中心占 20%,中小型数据中心占 79%。规划在建的机架数量约 18 万个,已投产使用的机架数量约 12 万个,在用的机架数量约 7.2 万个,累计服务器数量超过 86.4 万台,数据存量约为 25.3 万 TB。广东已投产使用的数据中心位于大湾区范围内的占 68%,位于粤东粤西两翼和粤北山区的分别占 24% 和 8%。广东的数据中心业务主要面向金融证券、网络游戏、云计算、视频播放、数据托管、灾备等行业,低时延类(时延≤20ms)、中时延类(20ms<时延≤200ms)业务共占比约为 70%,高时延类(时延>200ms)业务占比约为 30%。

积极建设粤港澳大湾区大数据中心,打造全国一体化国家大数据中心的华南区域服务节点,构建行业数据标签体系,推动数据资源的汇聚、共享与应用,提供高质量、开放式的人工智能训练数据集、标准测试数据集等数据资源库。深圳市以光明科学城大数据中心为载体,打造国际一流的科研云,为各类创新载体提供通用计算、科学计算、大数据智慧计算等高性能算力服务及高效、弹性的存储服务。针对目前存量数据中心能耗高、增量数据中心审批难的问题,深圳实行"减量替代"政策,鼓励拆撤低能效数据中心,退出的能耗指标用于建设 PUE 值低于 1.4 的数据中心,严控新建数据中心 PUE 值(须低于 1.25),同时鼓励数据中心产业率先应用各种服务器级冷却节能技术、先进空调系统节能技术以及供电侧节能技术。

(四) 深化工业互联网发展

2018 年 3 月,《广东省深化"互联网+先进制造业"发展工业互联网的实施方案》发布,明确了广东工业互联网基础设施建设的顶层设计。这是全国首个工业互联网地方政策。实施方案指出,要从夯实工业互联网网络基础和打造工业互联网平台体系两方面着手,力争在全国率先建成具备国际竞争力的工业互联网网络基础设施和产业体系。

1.夯实网络基础

一是加快部署、建设和运营工业互联网标识解析节点,构建高效、稳定、可靠的解析网络基础设施。广东是较早开展工业互联网标识解析体系建设的省份之一,已建成国家五大工业互联网标识解析顶级节点之一的广州节点,同时,广东还积极推动建设了近 20 个行业性的工业互联网标识解析二级节点,已初步建成系统化的工业互联网标识解析体系。

二是面向企业工业互联网应用需求,推动企业内外部网络建设。广东通过加快推进宽带网络基础设施建设改造,扩大网络覆盖范围,优化骨干网络,推动新型网络技术在企业内外部网络的部署,加快推进企业内部网络的 IP(互联网协议)化、扁平化、柔性化技术改造,积极打造面向企业的低时延、高可靠、广覆盖的工业互联网网络,有力支撑了广东制造业企业数字化、智能化转型升级。

2.建设工业互联网平台体系

支持制造业企业、信息通信企业、互联网企业、电信运营商等发挥在工业技术软件化、网络化、云计算、大数据、人工智能等关键技术领域的优势,牵头或联合建设跨行业、跨领域的工业互联网平台。推动华为 FusionPlant、富士康 BEACON 平台、腾讯木星云、阿里云等工业互联网平台建设或落户广东。出台云上平台服务券奖补办法，推动 5000 多家企业数字化升级。

（五）打造人工智能支撑平台

2018 年 7 月，广东省人民政府出台了《广东省新一代人工智能发展规划》，明确以构建开放协同的创新平台体系为抓手，从打造人工智能开放创新平台、推进深度学习计算服务平台、推进产学研协同创新平台建设等方面着手，打造支撑广东人工智能技术创新和产业发展的基础设施支撑平台体系。

1. 人工智能开放创新平台

同步研发部署广域分布式"新一代人工智能基础开源开放平台"，为算法开发、迭代优化和测试试验等提供算力支撑。支持腾讯加快建设医疗影像国家新一代人工智能开放创新平台，重点开展人工智慧医疗影像研究，探索建立多病种病症影像和电子病历标准化数据库，推动相关算法、模型、数据的开放共享，引导支持人工智能领域中小企业进入医疗行业。同时，广东还依托省内大疆、格力、美的、科大讯飞、云从科技人工智能企业，在智能无人系统、智能制造、智能家居、机器人智能交互、人机协同等领域布局省级新一代人工智能开放创新平台，为相关领域人工智能技术创新提供了平台支撑。

2. 深度学习计算服务平台建设

积极发挥拥有国家超级计算广州中心和深圳中心两家国家级超算中心的优势，建设一批深度学习计算服务平台，为深度神经网络模型训练、气象预报、基因测序等提供强大的计算算力支撑。积极推进国家超算深圳中心二期建设，布局建设 E 级高性能计算集群，加快建设深圳"鹏程云脑"、珠海横琴智能超算中心，提升超级计算能力，满足智能制造、智慧金融、智慧医疗、智能交通等领域大规模数据处理、内存运算等应用需求。广东还发挥中科院云计算产业技术创新与育成中心、中国电信广州云计算数据中心、深圳大学城云计算公共服务平台等大型云计算服务平台作用，强化算法和技术研究。通过先进算力的系统化布局，广东为智能语音、图像识别、自然语言处理等人工智能领域提供了强大的算力基础设施支撑。

3.产学研协同创新平台建设

鼓励高校院所联合行业龙头企业,采取产学研合作模式布局人工智能公共技术创新平台,建成了中山大学多媒体实验室和人机互联实验室、华南理工大学、广州市脑机交互关键技术及应用重点实验室等一批高校基础科研平台,以及腾讯人工智能实验室、华为诺亚方舟实验室等企业深度研发平台。通过资源共享、优势互补,促进创新要素集聚,推动人工智能前沿核心技术和应用技术开发研究,创新成果陆续涌现,腾讯"绝艺"、华为网络大脑、佳都科技人脸识别等技术水平居世界前列,图普科技图像识别技术、华为指纹解锁技术等一大批技术已进入广泛的实际应用阶段。

(六) 助推深圳先行示范区建设

深圳拥有较强的数字经济基础,制造业基础雄厚,但部分中小型制造业企业仍停留在"自动化"阶段,对以工业互联网、人工智能等技术手段实现数字化转型和价值链攀升有着迫切的需求。近年来,深圳发挥电子信息产业链完备、产学研融合创新、数字经济应用场景丰富以及高度市场化等优势,围绕智慧型基础设施部署和传统基础设施优化升级、核心产业链条"增链、强链、补链"和改进民生政务两大主线,在新基建布局建设、技术攻关、产业赋能、投运模式等方面,率先探索"深圳特色"之路,丰富了建设中国特色社会主义先行示范区的实践。

1.构建新基建系统解决示范方案

深圳是我国电子信息产业重镇,具有全球最完备、响应速度最快的电子信息产业链,电子信息产业总产值约占全国的1/6。依托完备的产业链配套,本地企业已在多个领域建立领先优势,正在率先构建新基建系统解决方案。在5G领域,华为、中兴作为全球5G产业的领导者,在标准制定、专利布局、终端设备、解决方案等方面全面突破,形成了完善的产业链条。在工业互联网领域,以富士康、腾讯云为代表的企业积极开展工业互联网领域布局,实现涵盖边缘层、基础层、平台层、应用层的体系构建。在新能源领域,比亚迪是当前全球唯一同时掌握新能源汽车电池、电机、电控、充电基础设施以及整车技术的车企，形成了完备的新能源汽车产业链上下游配套产业链。

2."双引擎"带动攻克关键核心技术

深圳民营经济领军企业多、创新能力强，自主创新呈现出颇具特色的"四个90%"，即90%以上研发机构在企业，90%以上研发人员在企业，90%以上研发资金源于企业，90%以上专利发明出自企业。随着深圳综合性国家科学中心的布局建设，将进一步加快补齐原始创新能力短板，形成"基础研究+企业研发"的创新"双引擎"。

一是循序推进一批重大科技基础设施建设。瞄准世界科技前沿与提升深圳创新能级相结合，聚焦国家战略需求和服务特区经济发展相结合，推动体制机制创新和打造深圳特色相结合，循序建设一批重大科技基础设施。

二是依托数字化、智能化技术全面升级传统基础设施。全面推动5G、人工智能等数字技术与交通、能源、水利、市政等传统基础设施的深度融合，提升传统基础设施效能和支撑服务能力。智能化道路设施方面，在重点路段建立5G-V2X示范应用网络，在桥梁、隧道等道路关键节点加快部署窄带物联网等网络，支持北斗卫星导航系统和差分基站等设施建设，布设路侧传感器等路侧单元，满足车辆的高精度定位导航需求。轨道交通设施方面，加快推进核心区域轨道交通及微循环轨道交通设施应用示范线建设，开展以车车通信为主的互联互通测试，加快不同线网建设和运营的资源共享应用示范，增强无人驾驶信号覆盖范围。LNG冷能利用基础设施方面，以LNG气化制冷，以氯化钙溶液为冷能媒介，建设冷能气化站、冷能集中输配站（供冷站）及冷能输配管线，实现冷能大跨度物理空间应用，为数据中心等下游用户提供丰富冷能资源。

三是加快建设一批重大产业基础设施。围绕产业链关键核心共性技术研发、工艺模块研发、小试中试等环节，集聚海内外高端创新资源，布局集成电路科研专用实验线、MEMS中试平台、新型显示研发中试平台、智能网联交通测试示范平台等一批产业功能性平台和中试平台，实现核心技术攻关、前沿技术熟化和技术转移转化，夯实深圳新基建产业发展基础。组建新型显示研发中试平台，整合尖端科研资源，创新管理体制机制，开展前沿技术基础研究和应用研究，攻关先进显示领域关键核心技术，提供中试验证环境，促进显示上游材料与设备的国产化突破。

图 6-2-2　全球首个立体化智能交通示范:深圳智能网联交通测试示范平台

3.率先推动制造业创新转型和高质量发展

深圳强化技术供给和市场需求互动演进,依托新基建推动数字技术与生产生活的深度融合,实现"智能+"对经济社会的全面赋能,为提升我国国际竞争力、在新一轮国际竞争中实现赶超提供先行示范。

一是培育"智能+生产制造"发展优势。围绕生产制造领域数字化、智能化转型的紧迫需求,从研发设计、供应链管理、生产制造、销售服务等各个环节引导制造业智能化转型,实现产业形态自我更新、产业能级持续提升、产业辐射力显著增强。支持制造业龙头企业搭建共性技术支撑平台和公共服务平台,开发技术资源,开展设计仿真、技术咨询等技术创新、模式创新服务,赋能行业内中小企业转型。鼓励工业企业与大型互联网企业深度合作,带动产业链上下游企业数字化转型,促进产业链整体协同,全面提升智能制造水平。

二是跃升"智能+民生服务"发展能级。围绕医疗、消费、金融等各类民生服务需求,加快破除"智能+"与场景结合的藩篱,创造"智能+民生服务"新业态和新模式。在医疗领域,加快探索智慧医院建设,鼓励医院与领先企业合作开发高质量医学影像、电子病历等数据集,探索可复制和推广的经验。在消费领域,利用大数据分析辅助产品定位、产品设计、质量提升、精准营销、定制服务；推进个性化定制和产品线创新，鼓励服务业新技术应用与商业模式创新，发展消费新业态和新模式。

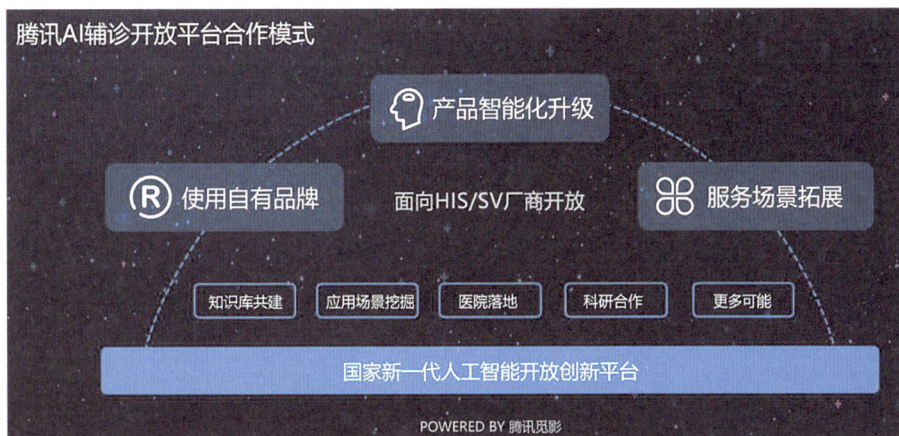

图 6-2-3　腾讯医疗影像国家新一代人工智能开放创新平台

三是提高"智能+社会治理"发展水平。聚焦城市管理、政务服务、环境保护等社会治理的热点和难点问题，加快利用人工智能等技术推动社会治理的现代化发展水平，打造"智能+社会治理"新模式。在城市管理领域，充分发挥政府管理服务指挥中心作用，全面推广智慧交通、智慧能源等服务应用，实现对城市运行的超强感知、公共资源的高效配置、异常情形的及时预警和突发事件的快速处置，打造国家智慧城市标杆。在政务领域，进一步提升智能政务水平，推进开发适用于政府决策的智能平台，在复杂问题研判、政策评估、风险预警、应急处置等方面推广应用。在环保领域，充分发挥人工智能等技术对水污染治理、大气污染防治、固体废物处理处置等创新应用，打造生态文明先行示范区。

四是打造"智能+新兴业态"发展标杆。促进人工智能、5G等基础通用技术与新兴技术集成创新与商业模式创新，积极培育数字经济新兴业态，构建具有国际竞争力的"智能+新兴业态"发展集群。紧抓消费互联网向产业互联网迈进的重要机遇，着力促进技术与技术、技术与场景的交叉融合，推进云化协同制造、新型人机交互、超自动化、人类增强等技术的创新应用。打通数字世界和物理世界的界面，全力探索未来世界的操作系统、技术体系和产业体系，不断催生新产品和新业态。

4. 探索新型投运营模式

新基建相比传统基建的特点之一,是将更多依靠市场化力量。深圳具有高度市场化的体制优势,民营经济商事主体占比超过 95%,7 家世界 500 强企业中有 6 家是民营企业,中小板、创业板上市企业数量 217 家,连续 13 年居全国首位,其中 90% 以上均为民营企业,通过完善顶层设计,将有效激发社会资本参与新基建的活力,率先探索出新基建新型投运营模式。一是政府要放宽市场准入门槛,全面推行市场准入负面清单制度,破除歧视性和各种隐性限制,做到"非禁即入",保障各类市场主体依法平等进入。二是充分发挥"特区立法权"优势,进一步放宽垄断性行业市场准入。鼓励国有企业通过混合所有制改革、公开市场股票发行等方式吸纳民营资本投入。三是探索包容审慎的监管政策,创新监管理念和方式,探索适应新业态特点、有利于公平竞争的公正监管办法,促进新型基础设施与新兴产业创新融合发展。通过多方合力,构建以市场为主体、资源高效配置、技术深度融合的全球领先数字经济生态体系。

三、北京亦庄:两基融合发力

北京经济技术开发区(以下简称"开发区")位于北京亦庄,始建于1992年,是北京市唯一同时享受"国家级经济技术开发区""国家高新技术产业园区"双重优惠政策的国家级经济技术开发区。作为北京全国科技创新中心建设"三城一区"主平台中的"一区",开发区聚焦关键技术攻关,创新成果丰硕。着力发挥企业创新主体作用,联合国内外重点高校及科研院所,挂牌22个技术创新中心和13家产业中试基地,获工信部授予的全国唯一智能网联汽车制造业创新中心。新增国家高新技术企业总数已突破1100家。开发区牢牢把握新基建发展机遇、超前谋篇布局,选准领域精准施策、集中发力。

(一) 超前谋篇布局,打造 5G 网络应用示范

2019 年,开发区提出建设"世界 5G 看中国、中国 5G 看亦庄"的发展目标。目前,核心区已经实现 5G 信号初步覆盖,5G 基础设施建设已初具规模。2020 年一季度,移动、电信、联通三大运营商开通 5G 基站数量,均已超过 2019年开通数量的50%。与此同时,为推动 5G 产业高质量发展、发挥产业引领促进效应,开发区正在同步打造一批行业应用示范项目。

一是启动协同制造 5G 虚拟企业专网建设。充分利用 5G 网络"大带宽、低时延、广连接"的特性,为区内产业园区建设 5G 专属网络。北京奔驰工厂即为典型代表。目前,奔驰厂区 5G 企业虚拟专网建设已经启动。建成后,可形成智能制造领域的远程控制、远程现场、机器视觉等应用场景,实现机械臂

控制、远程操控、云化 AGV、AR 辅助装配、AR 运维指导、缺陷检测、OCR 识别、巡检机器人等多样化功能,助力企业实现"智能制造 2025""工业 4.0"产业升级。

二是启动 5G+智慧园区智能监控平台建设。启动 5G+智慧园区建设,基于 5G 技术实现智慧物联,将园区内大规模传统基础设施智能化、智慧化。通过建设 5G 智能监控平台,全方位、立体化、无死角监控园区空间,基于 360 度全景高清摄像监控、三维视频融合、AI 智能分析技术进行后台多维度综合管理,可满足园区日常活动和生产运行的多种需求。

三是建设 5G 场景实验室和创新使能云平台。5G 创新使能云平台由 IaaS (基础设施即服务)层、能力层及 SaaS(软件即服务)层组成。边缘计算平台一方面可实现对云端平台的应用进行本地缓存、转发、计算、控制和定制开发;另一方面,可支撑本地时延敏感业务。该平台建设可促进各业务场景应用的模块搭建,保证垂直应用业务需求和场景功能测试要求。加快 5G 重点项目建设,重点聚焦服务企业、民生方向,包括工业互联网、城市治理、楼宇园区、社区等多个应用场景,加快形成一批可复制、可推广的 5G 应用"亦庄模式"。

(二) 发挥龙头效应,推进工业互联网生态发展

作为北京高科技产业集中区,开发区在工业互联网建设上具有得天独厚的基础和优势,注重发挥行业龙头企业的引领带动效应。2019 年,区内企业京东和京东方先后发布其工业品战略和落地方案,形成工业互联网平台,共同推动工业制造业的数字化转型。

一是"iSRM 智能采购管理平台"。通过搭建数字化平台并集合商品、金融、物流、服务、质控等能力资源模块,集"溯源系统、商品采购管理、履约验收、财务对账付款、售后服务"于一体,形成覆盖供应链上、中、下游各个环节的管理行为数字化及资源服务一体化解决方案。京东通过打造数字化、平台化、生态化工业品服务平台,助力制造业企业优化供应链流程,实现企业管理效能加倍提升。

二是全价值链工业互联网平台。基于工业 PaaS(平台即服务),自主研发

互联网平台产品,打造集"智能制造、园区管理、企业运营管理"于一体的全价值链工业互联网平台。该平台方案可通过在海量产线数据中挖掘产品不良与工厂环境、设备运行、工艺参数等因素间的关系,快速对不良原因进行自动分析及预测,并采用人工智能、图像识别等技术对面板生产过程中关键不良进行全自动检测和分类,大幅提升企业质检效率、准确度、良率及生产效率。通过该解决方案,京东方的不良原因分析数据整理及决策判断时间,由原先 1—2 天大幅降低至 30 分钟以内。

（三）绿化数据中心,助力数字化产业转型升级

开发区汇聚了中国电信、中国联通等电信运营商的国家骨干数据机房和国际大型节点数据机房,同时还建有万国数据、鹏博士、腾龙集团、科华恒盛、中经云、国富瑞、中金数据、世纪互联等多家大型社会化数据中心。开发区始终坚持绿色、创新的建设标准,在智慧城市建设的征程中,打造一批典型的绿色数据中心,并优化集成算力,建设国家绿色云超算中心。

建设大数据应用技术创新中心,充分利用现有数据中心资源,为新基建重点领域及开发区四大主导产业,提供数据计算和存储能力支撑,并将计算、存储、网络相关能力延展至应用领域。以大数据应用技术创新中心为抓手,加快推动企业工业设备联网、业务系统云迁移。加快各类工业场景 App 开发应用,加大中小微企业数字化工具普及力度、降低企业数字化门槛、加快数字化转型进程,形成"建平台"和"用平台"双向迭代、互促共进的制造业新生态。引导国家级大数据中心及建设单位,增强 5G、人工智能、区块链等新技术支撑能力,实现数据中心产业向数据服务产业的转型升级,建设国家数据服务产业基地。

（四）加快两基融合,创新构建城市物联体系

要实现城市治理体系和治理能力现代化,就要做到对城市运行全方位感

知、精准化分析和精细化管理。目前,传统市政基础设施和新一代信息化基础设施已在开发区深度融合,正在加快城市环境感知和物联网监测设施建设,共同形成城市建设管理的基本格局。

一是规划建设"智慧灯杆"。通过城市道路改造,已经在 30 余条道路上建设近 800 根智慧灯杆。计划实现 59.6 平方公里核心区域全覆盖,在 140 余条道路上建设 4000 根智慧灯杆。智慧灯杆集"功能性照明、交通监控、5G 基站、公安监控、大气质量监控、充电桩、信息显示屏"等多功能于一身,提供"光、电、杆"三位一体支撑网络,是开发区城市物联网建设的基础平台,也是智慧市政基础设施的标准配置。

二是安装更换智能井盖。开发区已建设 14000 余个智能窨井盖,窨井盖可实现 6 大功能。电子标签功能采用城市统一编码方式对井盖的基本信息进行管理,包括井盖编号、经纬度、所在道路等。位移探测功能利用位移传感器及定位传感器的感知,当井盖状态正常时,处于休眠状态,当井盖异常开启时,立即发出报警信号,通知相关负责部门采取措施。倾角感知功能,用于探测窨井盖发生物理变动或者振动导致的倾斜。定位感知功能,通过 GIS 地理信息技术实现地理地图展示:在电子地图上显示井盖位置、基本信息、实时状态等,也可以通过文本形式展示相关信息。气体探测功能,用于反映井内各类气体的类型、浓度、成分等相关数据。液体探测功能,用于感知井内积水深度。如图 6-3-1 所示。

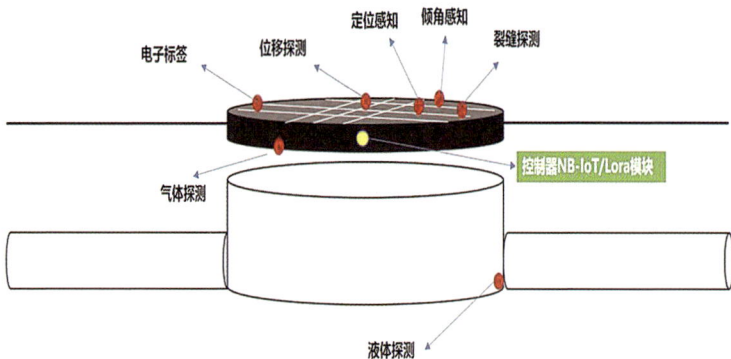

图 6-3-1　智能井盖示意图

三是创新安装智能座椅。智能座椅自身携带的太阳能光伏板及蓄电池，既可保证座椅自身用电需求，同时还可实现 USB 充电、无线充电、蓝牙音箱功能。居民可在公园休闲娱乐时小憩，给手机充电。如果打开手机蓝牙，座椅还可以播放音乐。如图 6-3-2 所示。

图 6-3-2 智能座椅

（五）建设智能网联，打造"车路云网"新型交通

开发区是工信部授予的全国唯一智能网联汽车制造业创新中心，下设自动驾驶封闭测试场，是国家智能汽车与智慧交通（京冀）示范区，也是北京市首个面向 T1—T5 级自动驾驶车辆研发测试、能力评估的封闭试验场。测试场搭载了网联通信（V2X）设备与系统，支持网联驾驶研发测试，可构建上百种静态与动态典型交通场景，为智能网联汽车产业研发创新提供大力支撑。

如图 6-3-3 所示。

国家智能汽车与智慧交通（京冀）示范区亦庄基地

城市道路测试区
1 城市主干道
2 城市次干道
3 城市支路
4 环岛
5 模拟苜蓿叶立交桥
6 有信号灯路口
7 无信号灯路口
8 铁道口
9 主辅路出入口
10 林荫道
11 可变导向车道
12 公交专用道
13 单行道
14 机非混行道
15 右转专用道
16 潮汐车道
17 曲线行驶
18 直角转弯
19 左转待转区
20 涉水区
21 雨雾区
22 公共汽车站
23 城市街景
24 路侧停车
25 隧道
雨雾模拟
强光/弱光模拟

配套设施
1 实验楼
· 主控中心
· 服务中心
· 展示中心
· 车库、调试车间
2 实验室
· C-V2X 网联测试联合实验室
· 自动驾驶虚拟仿真联合实验室
· 人机混驾联合实验室
3 停车场+充电桩
高精度定位增强设施
GNSS 智能参考站
基地 V2X 网联通信覆盖
基地 5G 网络覆盖

高速公路与快速道路测试区
1 高速公路
2 快速道路
3 高速路环道
4 快速路辅路
5 匝道
6 公交专用道
7 高速路入口
9 主辅路出入口
10 高速路车道控制
11 主辅路出入口信号控制
收费站（含 ETC）

服务型电动自动行驶轮式车测试区
1 街区道路
2 园区道路
3 连续曲线行驶路
4 上下坡路
5 侧向倾斜路

乡村道路测试区
1 弯道
2 坡道
3 水泥路
4 砂石路
5 砖块路
6 环岛

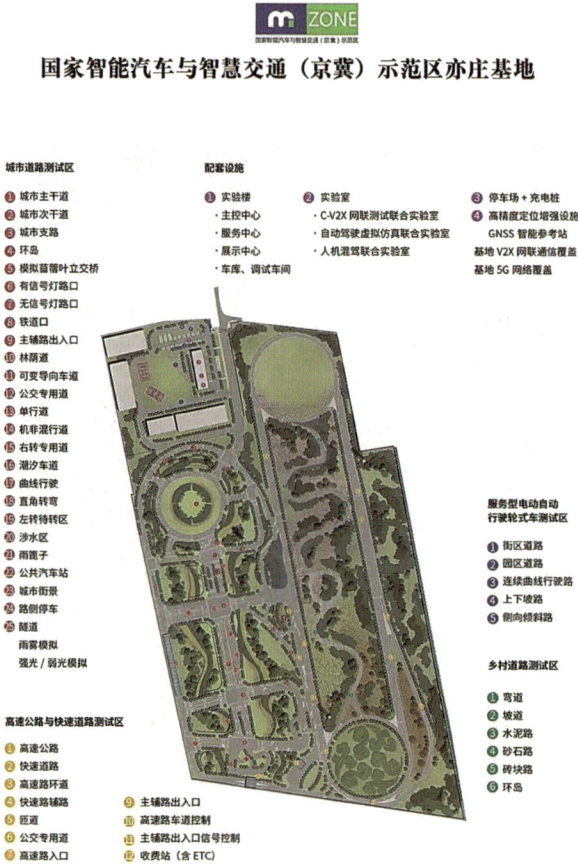

图 6-3-3　智能汽车与智慧交通建设示意图

开发区建设有以创新中心为核心的智能网联创新平台，搭建从创新链到技术链再到产业链的加速通道，已基本完成智能网联汽车产业基础共性环境搭建，可提供多形式的公共服务以及全方位的支持保障，已聚集包括传感器、云控平台等关键环节的国内外技术创新企业，产业链逐步完善。

2019 年 12 月 19 日，开发区也成为北京市首个区域性自动驾驶测试区，为百度、蔚来、小马智行等企业提供区域性自动驾驶路测服务。目前，开发区已联合千方科技、百度、移动、联通、电信等企业，加快推进亦庄核心区全域 5G 智能网联测试道路建设，计划在核心区内完成 60 个 LTE-V2X 点位建设，打造 C-V2X/5G-V2X 全国领先的核心关键产品研发、测试验证、标准制定以及产业落地应用示范区,与亦庄自动驾驶测试道路形成有效互补。

(六) 面向未来发展,积极推动新基建发展

开发区具有较好的区位、资源、产业基础和日益优化的营商环境,自身产业结构与新基建相关产业链有多处重合,形成了发展新基建相关产业得天独厚的先天优势。

开发区目前拥有院士专家工作站 28 家,博士后科研工作站分站 50 家,"千人"71 人,"海聚"130 人,享受国务院政府特殊津贴 20 人。2018 年 10 月,开发区相继出台了《北京经济技术开发区促进高精尖产业发展实施办法》《关于加快推动北京经济技术开发区 5G 产业发展的若干措施》("5G 十条"),每年投入百亿财政资金,聚焦科技成果转化、技术创新示范、创新产业集群、高端人才发展等方面,发挥政策对构建高精尖产业的引领带动作用,吸引高精尖产业项目落地发展。开发区提出,未来将围绕实现新基建引领,推动区内产业结构优化升级、产业规模持续扩大,重点推动以下三方面工作。

一是加强政府统筹,重视顶层设计和专项规划。为全面推进各领域协同发展,开发区将高位谋划,针对 5G、人工智能、工业互联网、数据中心等进行顶层设计和专项规划,围绕开发区四大主导产业,制定具有开发区特色的新基建发展路径。通过规划明确新基建的重点发展方向和实施步骤,及时提供相应政策和资金支持,推进区内新基建率先落地,创建国家级新基建示范区。强化行业落地示范效应,充分发挥场景城市的建设思路,引导 5G、人工智能的城市应用和行业产品的快速落地和城市布局。

二是发挥资源优势,聚焦区域定位和发展方向。新基建的建设重点要深度结合开发区自身产业优势,找准发力点,重点支持 5G、人工智能、大数据中心、工业互联网四大新基建产业。积极发展以上四大产业,一方面能够最大程度利用、充实开发区现有产业发展基础,另一方面也可与区内产业形成协同效应。

　　三是强化行业引导,强调共性平台规模化建设。开发区将提供针对性的政策配套,实现资源集中、重点突破,促进共性平台规模化建设。依托开发区优势产业,鼓励研究机构及企业参与国家级人工智能和工业互联网基础共性、关键技术、平台应用标准制定,建立与国际标准的对接机制。围绕四大主导产业,制定人工智能与工业互联网平台评价方法与能力规范,发展跨行业、跨领域企业级工业互联网平台。同时,鼓励开发区企业参与建设工业互联网解析注册、备案、安全及保障平台,遴选工业互联网优秀示范项目并对外开展宣传推广,形成人工智能和工业互联网产业生态。

四、雄安新区：未来数字城市

雄安新区以建成绿色低碳、信息智能、宜居宜业、具有较强竞争力和影响力、人与自然和谐共生为目标，打造高端高新产业引领发展，新区交通网络便捷高效，现代化基础设施系统完备的高水平社会主义现代化城市。在未来实现城市治理能力和社会管理现代化，有效承接北京非首都功能，对外开放水平和国际影响力不断提高，"雄安质量"引领全国高质量发展作用明显，成为现代化经济体系的新引擎。

（一）明确产业发展重点

瞄准世界科技前沿，面向国家重大战略需求，通过承接符合新区定位的北京非首都功能疏解，积极吸纳和集聚创新要素资源，高起点布局高端高新产业，推进军民深度融合发展，加快改造传统产业，建设实体经济、科技创新、现代金融、人力资源协同发展的现代产业体系。

围绕数字城市建设，重点发展下一代通信网络、物联网、大数据、云计算、人工智能、工业互联网、网络安全等信息技术产业。近期依托 5G 率先大规模商用、IPv6 率先布局，培育带动相关产业快速发展。发展物联网产业，推进智能感知芯片、智能传感器和感知终端研发及产业化。搭建国家新一代人工智能开放创新平台，重点实现无人系统智能技术的突破，建设开放式智能网联车示范区，支撑无人系统应用和产业发展。打造国际领先的工业互联网网络基础设施和平台，形成国际先进的技术与产业体系。推动信息安全技术研发应用,发展规模化自主可控的网络空间安全产业。超前布局区块链、太赫兹、认知计算等技术研发及试验。

(二)打造绿色智能交通系统

按照网络化布局、智能化管理、一体化服务要求,加快建立轨道交通网络,完善雄安新区公路网,坚持公交优先,综合布局各类城市交通设施,实现多种交通方式的顺畅换乘和无缝衔接,打造便捷、安全、绿色、智能交通体系。

搭建智能交通体系框架。以数据流程整合为核心,适应不同应用场景,以物联感应、移动互联、人工智能等技术为支撑,构建实时感知、瞬时响应、智能决策的新型智能交通体系框架。

建设数字化智能交通基础设施。通过交通网、信息网、能源网"三网合一",基于智能驾驶汽车等新型载运工具,实现车车、车路智能协同,提供一体化智能交通服务。

示范应用共享化智能运载工具。推进智能驾驶运载工具的示范应用,发展需求响应型的定制化公共交通系统,智能生成线路,动态响应需求。探索建立智能驾驶和智慧物流系统。

(三)同步建设数字城市

按照绿色、智能、创新要求,坚持数字城市与现实城市同步规划、同步建设,适度超前布局智能基础设施,推动全域智能化应用服务实时可控,建立健全大数据资产管理体系,打造具有深度学习能力、全球领先的数字城市。

加强智能基础设施建设。与城市基础设施同步建设感知设施系统,形成集约化、多功能监测体系,打造城市全覆盖的数字化标识体系,构建城市物联网统一开放平台,实现感知设备统一接入、集中管理、远程调控和数据共享、发布;打造地上地下全通达、多网协同的泛在无线网络,构建完善的城域骨干网和统一的智能城市专网；搭建云计算、边缘计算等多元普惠计算设施，实现城市数据交换和预警推演的毫秒级响应，打造汇聚城市数据和统筹管理运营的智能城市信息管理中枢，对城市全局实时分析，实现公共资源智能化配置。

构建全域智能化环境。推进数字化、智能化城市规划和建设，建立城市智能运行模式，建设智能能源、交通、物流系统等；构建城市智能治理体系，建设全程在线、高效便捷，精准监测、高效处置，主动发现、智能处置的智能政务、智能环保、数字城管。建立企业与个人数据账户，探索建立全数字化的个人诚信体系。健全城市智能民生服务，搭建普惠精准、定制服务的智慧教育医疗系统，打造以人为本、全时空服务的智能社区。

建立数据资产管理体系。构建透明的全量数据资源目录、大数据信用体系和数据资源开放共享管理体系。建设安全可信的网络环境，建立安全态势感知、监测、预警、溯源、处置网络系统，打造全时、全域、全程的网络安全态势感知决策体系，加强网络安全相关制度建设。

五、四川成都：四网融合赋能

成都市统筹推进新型基础设施建设，立足完善提升基础信息网，促进其与枢纽交通网、智慧能源网、科创产业网相融合，着力推动高质量发展、创造高品质生活、实现高效能治理，为推动成渝地区双城经济圈建设提供坚实支撑。

（一）实施基础信息网六大攻坚工程

成都市是国家八大通信枢纽、国家电子信息产业基地和软件名城，作为电信、移动、联通三大运营商确定的首批 5G 商用城市，网络规模和运行实力位居全国前 5 位。近年来，着力强基础、扩终端、建平台，不断夯实基础信息网络支撑，以产业生态圈为引领、产业功能区为载体，加快建设成为 5G 网络供给全国领先、行业应用深度融合、核心生态高度汇聚、产业聚集效应明显的中国 5G 创新名城（见图 6-5-1）。

1. 推进高速宽带网络建设。高水平打造"数字基建"，统筹 5G 站址纳入国土空间规划，推进基站、机房等配套设施直供电改造，5G 基站运维成本得到极大降低。大力实施基础网络优化工程和 5G 基站建设三年攻坚行动，更多采用"智慧杆塔+微基站"方式，积极鼓励通信、城建、交通、电力等行业共建共享杆塔资源。加快推进窄带物联网（NB-IoT）由中心城区向城乡拓展覆盖、基于第六代互联网协议（IPv6）下一代互联网规模部署。超前布局产业功能区、商务楼宇、行政办公、居民小区、重点景区、学校医院等通信基础设施，形成热点地区多网并存、边远地区一网托底的网络格局。截至 2019 年，累计建成 5G

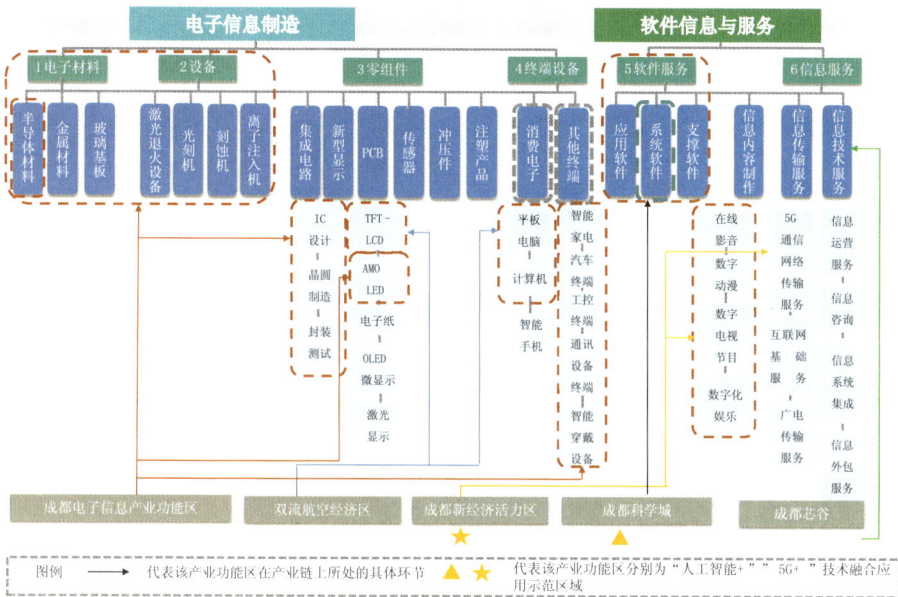

图 6-5-1　成都市电子信息产业生态圈

基站 1.03 万个,位居全国第 4 位,到 2023 年将累计建成 5G 基站 8 万个以上。

实施商业卫星应用重大创新工程和"星河"卫星遥感空间基础设施建设重大工程,率先提出 AI 卫星星座概念,192 颗 AI 卫星星座支撑中国西部空间通信运营中心建设,开展空间通信工程示范。2018 年 12 月以来已发射 8 颗 AI 卫星,着力解决 AI 技术在卫星互联网领域的算力、算法、大数据三大核心问题,大幅缩短"天上—地面—用户"端到端响应时间,构建"太空+城市运营"新生态。2020 年 2 月,电子科技大学、国星宇航联合新华社合作建立"空天地人媒融合实验室",开发全国首个新冠肺炎疫情卫星地图速查系统,通过卫星技术、大数据为疫情防控赋能,方便民众直观精准查询周围疫情分布情况,更有针对性开展疫情防控,引导民众减少与病毒接触风险。

2.提升区域骨干通信能力。成都市是国家级互联网骨干直连点,网络覆盖云、贵、川、藏 4 省(区)近 2 亿人口,有力支撑云存储、大数据产业快速发展。近年来,着力强化国际区域通信枢纽功能和承载能力,扩容城域骨干网络,推动成德眉资数据中心直连,使高密度信息流成为成渝地区双城经济圈经济发展的新型驱动要素,以骨干直连点为核心、以交换中心为补充的全方位多层次立体化网络互联体系加快形成。率先建成全国首个千兆光纤网络省会城市,窄带物联网(NB-IoT)实现连续覆盖,全市城域网出口带宽达到 32.2T,位居全国第 5 位。

3. 建设存算一体数据中心。成都市是四川省建设国家数字经济创新发展试验区的核心依托。西部地区第一个超算中心——国家成都超算中心加快建设,2020 年 6 月建成运行,算力进入全球前 10 位。发挥算力支撑作用,积极吸引金融机构、龙头企业等云计算平台、大数据中心聚集,系统布局区域性、政务性、行业性和科学性数据中心,提升数据存储灾备和信息处理能力,建成电信、移动、联通、广电等基础电信企业互联网数据中心、中科曙光云计算中心和万国大数据中心。截至 2019 年,全市建成数据中心 60 个、机架 3.3 万架,在建 17 个、机架 9 万个,建成后机架数约占全国 6%。

4. 完善人工智能基础平台。加强国家新一代人工智能创新发展试验区建设,突破一批"卡脖子"技术,打造人工智能发展基础性平台,开展"AI+"应用示范,促进人工智能与经济社会发展深度融合。推动智能芯片、智能计算、智能交互等人工智能领域基础理论和关键技术创新,加强新型产业技术研究院、智能制造能力中心、智能制造专业实验室等技术创新平台建设,健全完善产业公共服务平台,推动人工智能创新成果加速转化。强化应用引领,构建示范场景,以市场应用壮大人工智能产业,赋能实体经济发展。截至 2019 年,全市已聚集人工智能重点企业 300 余家,主营业务收入 120 亿元,企业数量居全国第 7 位;智能终端产业实现产值 2478 亿元,占全国的 9.3%,位居全国前 5 位。

5. 推动工业互联网创新发展。加快"5G+工业互联网"基础设施建设,建设服务企业、园区 5G 网络,搭建基于 5G 网络的工业协同制造平台,推动 5G技术与工业网络、工业软件、控制系统融合,促进制造业数字化、网络化、智能化转型升级。加快工业协同制造平台及解决方案推广应用,在智能制造、航空航天等重点行业形成一批应用标杆工厂,西门子建成国内首家、全球第二座数字化工厂,成飞建成飞机大型复杂构件数字化车间,入围工业和信息化部首批智能制造专项名录。落地工业互联网国际标识解析辅根节点,工业互联网标识解析节点(成都)成功上线运行,光纤骨干网扩容升级和千兆光纤网络加快延伸。完善工业互联网公共服务和生态发展体系，建设国家工业互联网创新体验中心，打造成德绵区域供应链协同平台，创建成渝地区双城经济圈工业互联网示范区。2019年，全市共有1.8万家工业企业上云。

6.促进信息技术融合应用。聚焦经济高质量发展、城市高效率运行、市民高品质生活，以创新应用推动典型引路、引领产业发展和转型升级，围绕西博会、创交会、大运会、世运会、产业功能区等重大活动和重点区域建设5G试验区，着力打造创新应用主要策源地。坚持以市场带技术、以应用立标准，支持基础电信企业在蓉设立创新产业研究院，推动智能制造、智慧交通、智慧医疗等10大垂直领域的5G创新应用。建立"1+22+X"分级构造体系，加快构建基于超大城市治理体系和治理能力现代化的市、区（市）县、乡镇街道、行业分级体制机制，完善"城市大脑"和天府市民云功能，推动区（市）县智慧治理中心、街道乡镇和行业平台部署，形成与连接、数据、算法适配的综合运行平台，实现汇聚、计算、预警、治理、展示高度耦合。

（二）促进多网融合发展

1.打造智能交通新设施。深度应用互联网、大数据、人工智能等新技术，支撑传统基础设施转型升级，进而形成融合基础设施。累计投资30亿元，高质量推进智能交通前二期建设，启动智能交通第三期规划建设，加快中德智能网联四川试验基地建设，推动基于5G车路协同车联网大规模验证与应用。优化提升成都站、成都南站、成都东站、成都西站功能，推进城市轨道交通TOD综合开发，形成系统配套、一体便捷、站城融合的智能交通枢纽，实现客运换乘"零距离"、物流衔接"无缝化"、运输服务"一体化"。

2.构建智慧能源体系。成都市既是四川电网最大的负荷中心，又是连接全省主网的枢纽中心，必须坚持保障有力、安全高效。围绕强供给、优网络、补短板，大力实施智慧能源网支撑工程。基于5G新型网络架构和智能电网应用场景，推进面向智能电网的5G新技术规模化应用，完善220千伏、110千伏、35千伏骨干电网，加强10千伏及以下智能电网建设。坚持网络融合、桩站先行、适度超前,优化完善新能源充电桩、加氢站等能源终端设施布局,推进居民小区智能充电试点。

3. 推动科创产业网升级。高水平规划建设 14 个产业生态圈和 66 个产业功能区,重塑城市经济地理,发展新经济培育新动能,累计建成重大科技基础设施、科教基础设施、产业技术创新基础设施等高能级创新平台 201 个。加快数字经济创新应用,推动数字资源高效配置,促进数字产业化和产业数字化。聚焦电子信息万亿产业集群,在北斗导航、网络安全、人工智能、大数据等前沿领域加强核心技术攻关,启动建设光电成像等前沿引领技术创新平台,创建区块链产业创新中心、国家集成电路产教融合创新平台,培育壮大集成电路、新型显示新兴产业集群。

(三) 主要经验做法

在推进新型基础设施建设中,成都市坚持市场资源配置的决定性作用和更好发挥各级政府作用相结合,形成"领导有力、职责明晰、协调有序、长效管用"推进新型基础设施建设的领导机制、工作机制和政策机制。

1. 统筹组织领导是根本前提。成立新型基础设施建设工作领导小组,统筹协调建设中的规划、项目、要素、场景应用等工作,以"清单制+责任制"项目化方式抓好行动方案、年度计划各项任务推进实施。

2. 统筹规划政策是坚实基础。编制实施《成都市新型基础设施建设专项规划》,制定《成都市新型基础设施建设三年行动计划》,加强新型基础设施重大项目谋划和集约建设,制订实施新型基础设施重大项目招引计划,优先保障新型基础设施重大项目的用地、资金、人才、水、电、气、网络等要素资源。加大市级财政资金投入,地方政府债券进一步向新型基础设施领域倾斜。支持商业性银行、投资机构等创新金融产品和合作模式,推广产业功能区"主办行"模式,加大对新型基础设施重大项目、重大工程支持。

3. 统筹项目建设是有力举措。整合各种资源,创新新型基础设施投融资方式,大力推广政府与社会资本合作(PPP)模式,吸引社会资本参与新型基础设施重大项目规划、建设、管理和运营。超前谋划、滚动编制、动态调整,建立《成都市新型基础设施重大项目库》,促进转化实施。坚持以试带用,大力挖掘场景应用和示范带动,加快拓展5G、大数据、人工智能、工业互联网等在政务应用、社会治理、市政建设、产业发展、医疗卫生、文化旅游、教育等方面的融合发展,加快形成需求牵引、科技研发、成果转化、创新应用、产业带动的良性循环。

六、湖南长沙：车路云网崛起

长沙作为中部省会城市、长江经济带中心城市、全国重要制造业基地，近年来积极抢抓数字经济发展新机遇，加快数字化、网络化、智能化技术在各领域的应用，以新基建硬核赋能长沙高质量发展。

（一）发挥优势打造中部高地

1. 加强总体谋划

立足制造业比较优势，做到"软硬兼施"、有序推进，不断夯实基础、积蓄动能。一方面，抢占硬件的金角银边。出台"长沙制造业高质量发展20条"，围绕22条工业新兴及优势产业链，深耕"三智一自主"（智能装备、智能网联汽车、智能终端、自主可控及信息安全）领域，积极引进战略引领性项目，不断建链、补链、延链、强链，全市智能制造重大战略项目基本成型。另一方面，发挥软件定义赋能效用，出台"软件产业发展三年行动计划"，以"软件业再出发"建好新基建的"新跑道"，强化软件定义在5G、工业互联网、人工智能等领域的推广和应用，促进实体经济数字化、网络化、智能化转型。

2. 注重发挥基础优势

科创平台方面，国防科大、中南大学、湖南大学等高校科教资源丰富，"两山四谷"战略创新平台①崛起，国家工程实验室马栏山研究院、湖南工业4.0

---

① 两山：岳麓山、马栏山；四谷：湘江智谷、高新麓谷、中国V谷、种业硅谷。

创新中心等平台相继布局,先后成立智能制造研究总院、智能机器人研究院、智能驾驶研究院。核心技术方面,"银河""天河"系统不断提升基础算力,北斗卫星导航应用列入全国三大示范区域之一,"树根互联根云"成为国家10个跨行业跨领域工业互联网平台之一。产业基础方面,人工智能、移动互联网、大数据、航空航天(北斗)等产业链布局完成,工程机械产业链总产值首破2000亿元,电子信息、汽车、新材料等领域形成千亿产业集群。

3.迈出实质步伐

一是以超常规方式拓展应用场景。自2018年持续推进产业互联网、物联网、车路协同、智慧城市、移动支付、创意经济、共享经济、区块链八大应用场景落地落实。近期又集中发布首批124个软件和信息技术服务业应用示范场景,包含智慧城市建设、智能制造、自动驾驶、5G、区块链等项目场景。如马栏山视频文创产业生态建设,围绕数字化、网络化、智能化,强化"电力、带宽、技术底座"保障,加速推进云网一体化基础设施建设。建设超高清视频制作共享云平台、国家超级计算长沙中心创新应用平台;区块链技术研究院、马栏山计算媒体研究院;下一代互联网宽带应用国家工程实验室马栏山研究院、5G高新视频多场景应用国家广电总局重点实验室、国家电视技术工程中心马栏山分中心(电广传媒博士后工作站)、北京大学互联网研究院视频技术研究中心,初步形成了"224"产业技术底座。

二是加快构建产业生态圈。不断丰富产业生态链,打造鲲鹏生态"硬件+软件"生态基地。制定实施"长沙人才政策22条",持续引进一批院士专家等高精尖人才。设立专项基金,全力支持智能网联汽车等新基建重大项目建设。

三是积极做好"新基建+"融合文章。围绕生产制造领域,从智能工厂、智能车间等抓起,将工程机械、电子信息、汽车、食品等传统制造业企业,特别是中小企业融入智能经济、实施智能制造升级;围绕民生服务领域,深化大数据在政府公共服务、医疗、应急救援、公共安全等领域的应用,推动社会治理精细化、科学化、智能化;围绕新兴业态领域,启动实施《加快建设现代化长沙智慧电网三年行动计划(2020—2022年)》,加快推进智慧城市、智能交通、智能农业等领域应用,构建适应智能经济发展需求的基础设施体系。

（二）加速建设智慧交通的长沙模式

长沙以"产业生态为本、数字交通先行、应用场景主导"为核心,构建"车、路、云、网"一体化的智慧交通建设布局,以"路"为切入点,注重车路协同、以路促车,推动智能网联与智慧交通融合发展。出台《关于加快新一代人工智能产业发展推动国家智能制造中心建设的若干政策》《长沙市关于加快新型高端汽车智能传感器产业发展的若干政策》《长沙市智能网联汽车道路测试管理实施细则(试行)》等政策文件,率先发布智能汽车政策——"火炬计划"和"头羊计划",以促进交通效能、节能安全、运营监管、智慧出行等服务能力全面提升,打造交通强国示范区、国家车联网先导区和国家公交都市建设示范城市,构建"新基建"背景下智慧交通发展的"长沙模式"。

1. 改造"智慧的路"

通过建设并启用100公里智慧高速、100平方公里城市开放道路"两个100"项目,打造开放道路智能驾驶长沙示范区。建设国内首条支持L3级及以上自动驾驶试验与示范应用的智慧高速,全长93公里,打造测试与示范应用场景100多个,弥补了国内高速环境下缺乏测评、示范环境的空缺。对100平方公里范围内135公里城市道路重要交叉口进行智能化改造,其车路协同技术不仅服务于自动驾驶、智能网联,也能服务于市民的日常出行。下一步,将按照"重点补强+连线成片"的思路,精耕细作"两个100"项目,在全市部署智能化路侧单元(RSU)设备,推进道路交通信号灯、汽车电子标识等智能化升级和改造,在桥梁、隧道等道路关键节点加快部署射频识别(RFID)与RSU、窄带物联网(NB-IoT)等网络,全面提升城市交通基础设施智能化水平,构建"智慧的路"。

2. 升级"聪明的车"

以城市公交场景为重点,率先打造全国首个开放式、全长约7.8公里的L3级智慧公交示范线,累计测试里程51404公里,智慧公交安全性、稳定性得到了较好的验证。加强重点车辆的监管与服务,为危化品运输车、校车、环卫车、渣土车等四类重点车辆、普通货车、应急抢险车加装汽车电子标识,实现通行证电子化管理与闯禁监管,为危化品运输车加装辅助驾驶系统,保障运输通行安全。2020年4月在长沙面向公众开放Robotaxi规模试运营,通过百度地图、百度App"Dutaxi"小程序即可一键呼叫、免费试乘。加速车载智能终端后装渗透安装,解决重点车辆监管功能、主动安防、疲劳驾驶、闯红灯、闯禁、超速等违法行为监管痛点,提升交通系统运行效率和政府监管水平。下一步,将进一步扩大特定场景应用,推动实现交通的数字化、网络化、智能化。扩充智慧公交示范线、自动驾驶出租车Robotaxi、智能重卡等试点范围和试点场景,加快渣土车、"两客一危"、环卫车等专用车辆车载终端基础平台改造并投入应用,加快在景区、园区、港口、停车场等特定场景的商业运营步伐。深化公交都市建设,加快推进公交车智能化、网联化改造,实现公交信号优先与辅助驾驶,提升公交通行效率及准点率,保障公交运行安全。实现出行即服务(MaaS),解决市民的"最后一公里"出行问题。

3. 构建"强大的云"

打造智能网联云控基础平台,为智能驾驶提供协同感知、协同决策、协同控制服务,实现车辆、交通、道路、急救、气象等出行生态要素间的数据交换。以此为基础,建设全市智慧交通运营监管平台,通过互联互通、融合感知、决策控制、数据分析、监控管理、服务发布、运营管理中心等七大中心有机协同,实现同市交通综合运行协调与应急指挥中心(TOCC)、市公安交警大联合交通管理中心等平台的互联互通,提升智慧交通监管、应用与运营水平。联合华为公司启用智能汽车产业云,向智能驾驶开发企业、研究机构等提供自动驾驶数据、训练、仿真等服务,降低自动驾驶开发门槛,让自动驾驶开发变得更智能、更高效、更便捷。

4. 建设"灵活的网",铺设智慧交通"管道"

获批国内第三个车联网直连通信频率,快速推进车用无线通信网络建设。利用北斗卫星导航定位基准站网,持续推动高精度时空基准服务能力建设。2019年实现国家智能网联汽车(长沙)测试区、马栏山视频文创园、黄兴路商圈、橘子洲景区、岳麓山国家大学科技城等重点区域的5G覆盖,构建了核心商圈、交通枢纽、旅游景区、产业应用的5G场景。预计到2022年,可完成全市产业基地、园区、高校、主要景区、主城区、县城、交通干线等区域5G网络全覆盖。

七、陕西咸阳:数字治理高效

近年来,陕西省咸阳市紧紧围绕社会治理体系和治理能力现代化这一目标,充分利用大数据、云计算、人工智能等现代信息化技术,搭建全市统一的大数据中心和"智链立交桥"。咸阳部署了融合生长的智慧社会操作系统,开发了脱贫攻坚、疫情防控、政务服务等50多个业务系统,探索出深度统筹、协同应用、高效低廉、自主可控、持续迭代的智慧社会发展"咸阳模式",全面助力政府决策科学化、社会治理精准化、公共服务高效化。2018年5月,大数据服务脱贫攻坚工作入选首届"数字中国"示范案例30强。"时间银行"智慧健康养老新模式入围2019年中国改革年度案例。

(一) 以部署"通用模块"为核心,助力数字政府建设

咸阳市立足城市发展全局,梳理出全市各个行业领域信息化应用的共性需求,进行统筹开发、共享共用,避免了"村村点火、户户冒烟"的现象。例如,公安、住建、环保、安监等领域都会用到视频监控,全市所有部门都会用到公文处理、视频会议、审批会签等功能,对于这种普遍应用的模块,咸阳市采取模块化部署、积木式生成方式进行统一建设,快速搭建行业应用系统。目前,已经开发了涵盖诉求服务、审批办事、社会治理、资金结算、手机终端、业务办公的"六个一"综合服务模块,以及网管通、云管通、数管通、安管通等33个通用模块,同时对服务接口进行标准化改造以便于使用。为推进数字政府建设,做到"数同标",对全市大数据中心和智链"立交桥"进行优化升级,统一数据标准、

开放数据接口,加快政务数据交换共享。截至 2019 年 12 月,咸阳市数据立交桥平台注册信息 23425 项,数据交换量达到 6216.91 亿条,完成专项分析比对16 次,覆盖扶贫、交通、工商、医疗、教育、住建、国土、税务等多个领域,中省数据接口使用长期居于全省第 1 位,被评为陕西省深化改革优秀示范案例。

（二）以激发"数据活力"为关键,助力数字民生发展

咸阳市开创首席数据官制度,印发了《关于建立首席数据官制度　进一步提高政府数据治理和服务能力的意见》等多个文件,将车辆登记信息、财政供养人员名单等 62 项基础数据纳入全市核心数据服务清单,充分释放数据潜能,让数据用起来、跑起来、动起来,让数据说话、用数据治理。

在疫情防控方面。面对目前普遍存在的数据孤岛、手工排查、人海战术等问题,咸阳市积极搭建了覆盖市、县、镇、村四级"大数据疫情防控服务平台",通过技术手段,深化数据比对,跟踪行动轨迹,引入关联分析,大数据摸排定位准确率达到 85% 以上,为各县市区排查重点人员、安排隔离措施提供依据。截至 2020 年 4 月上旬,累计比对分析 14.29 万条数据,核查落实区域内重点人员 8.35 万人;累计比对分析核查涉外来咸返咸人员 1983 人,为科学决策、基层防控提供了准确的数据支撑。在全国率先部署二维码排查系统,将全市分为 1.13 万个责任网格,研发了集网格排查、小区门禁、交通卡口、重点人群、复工复产为一体的"健康码",实现了与全国全省"健康码"的互联互通和数据共享,并打通了与商超、果蔬等的对接,方便隔离在家群众网上下单,选购水果、蔬菜及生活用品,向政府和社区工作人员提出诉求或建议,真正把党委政府的温暖送到每一个人手中。同时,积极推广视频会议系统、拓展 OA 协同办公范围、搭建大数据指挥平台,努力实现不见面指挥、不见面开会、发文、办公和服务,全力以赴为全国全省疫情防控工作贡献咸阳力量和数据智慧。

在脱贫攻坚方面。咸阳市搭建了横向覆盖"八办三组"(涉及产业脱贫、就业创业、教育脱贫、健康扶贫、生态扶贫、易地扶贫搬迁、危房改造等八个领域,公共服务和基础设施协调、资金保障协调、督导督办三个小组,简称"八办

三组")、四支队伍,纵向覆盖市县镇村四级的咸阳市精准扶贫大数据服务平台和咸阳精准扶贫 App。在此基础上,还研发了防返贫监测预警模块,对潜在返贫风险户和边缘户进行动态跟踪、实时监测,全面显示剩余贫困户、脱贫户、返贫户、新识别户等情况,为政府及相关部门决策提供科学、严谨的依据。2018 年,咸阳市大数据精准扶贫案例被中央网信办、国家发改委、国家工信部联合授予"2018 数字中国示范案例"称号。2019 年,该平台再次入选中央网信办网络扶贫典型案例。

在"一网通办"方面。按照中省一体化①在线政务服务平台总体要求,咸阳市打造了政务服务"一网通办"平台,打通省、市、县、镇四级,全面对接部门自建系统,完成与省级电子证照系统、身份认证系统的对接,切实做到了群众办事"一次认证、全网通行",并通过"掌上咸阳通"政务服务 App,实现了手机端在线预约、在线查询、在线受理、进度反馈、证明开具、证照预览、在线审批等应用功能。截至目前,"一网通办"平台共梳理出全市证照目录 921 项、市县两级高频事项 1440 项,全市政务服务事项网上可办率为 88.53%,办事环节和办事所需材料平均精减 40.37%。

在"马上就办"方面。为进一步畅通群众和企业诉求通道,咸阳市大力推广"马上就办、办就办好"平台应用,"一号响应"企业和群众诉求,实现"统一受理、统一反馈、统一督办、统一监管"的目标。集中在各县市区镇村、社区、商场等人群密集的地方张贴"马上就办、办就办好"平台二维码,让群众触手可及、家喻户晓。平台自上线以来,办理及时率为 98.48%,办结率为 97.76%,满意率为 95.96%。

在此基础上,咸阳市还开展了营商环境、干部管理、大棚房整治、清洁能源、治污降霾、目标责任考核、重大项目、智慧党建、智慧统战、智慧医疗、智慧停车、退役军人等智慧应用项目。

(三) 以建设"数字银行"为抓手,助力数字经济腾飞

咸阳市坚持以"智慧咸阳"品牌换市场,以脱敏脱密的海量数据聚要素,

---

① 中心城市与省级政府统一规划、统一建设。

以创业创新的网络平台引人才,在咸阳市高新区建立了以"数据银行"为龙头的数字经济孵化基地。依托云计算、区块链、人工智能等新技术,整合全国产能过剩的 IDC 中心,聚集碎片化的政府数据、企业数据、社会数据、个人数据,面向各级政府、各类企业提供最新技术、最优服务的安全存储、数据分析、数据理财、数据信贷、算法设计、数据信托、数据中介、数据孵化、智慧应用等服务。目前,"数字银行"已经存入数据 1.23PB,贷出数据 0.36PB,开发数据 0.53PB,增殖数据 0.11PB,推出大数据产品 32 项,申请专利和著作版权 35 项,支持孵化小微创业企业 79 家,助力传统企业数字化转型 15 家。

八、青岛城阳:智能民生中枢

青岛市城阳区位于青岛地理中心,是青岛内联外通的中央活力区。作为中国工业百强区、中国创新百强区,区域内拥有青岛高新区、青岛轨道交通产业示范区、青岛胶州湾综合保税区等国家级功能区,已成为区域协同、相互赋能、一体推进的发展共同体,同时拥有全国首个国字号技术创新中心——国家高速列车技术创新中心,先后荣获国家可持续发展实验区、全国科技进步示范区等60多项荣誉。青岛城阳以"智能民生中枢"建设作为推进新基建的核心驱动,提前谋划和布局5G等基础设施建设,围绕民生发展,探索实施了"一网互联互通""一库汇聚数据""一图统筹四方""一屏掌握区情""一云服务全区""一键指挥调度"等数字化、网络化、智能化运行方案,取得积极成效。2019年获批山东省首批新型智慧城市建设试点、中欧绿色智慧产业创新城市,并应邀参加中国智慧城市国际博览会,分享建设方案。

(一) 统筹智慧建设全路径,实现民生中枢设施的硬核迭代

推进5G通信网络建设,全区开通5G基站1312个,开通率达83.9%。打造全省第一条智慧灯杆示范路,通过智慧灯杆搭载LED显示屏、无线WIFI、摄像头,具备智慧照明、安防监控、无线WIFI、LED显示屏信息发布、USB充电、5G接口等六大功能。统筹连接电子政务外网、视频监控网络及无线WIFI网络等多张网络,实现多网络的互联互通,形成"智慧城阳一张网",增强整个

信息网络的业务承载能力、网络容错能力和网络安全性，并实现与省、市级网络有效安全对接。利用现有及新建的各类感知设备、传输网络、计算存储等公用基础设施，通过物联感知数据、政务数据、社会数据、互联网数据的汇聚、共享与开放，实现跨部门、跨区域业务的应用和互融互通，释放数据价值，统一建设与管理全区信息资源，推进数据治理和治理数据化，建立"用数据说话、用数据决策、用数据管理、用数据创新"的全新机制，提升全区数据共享和应用意识，增强数据有效利用率，有效发挥了数据价值。

（二）贯通数据运行全环节，搭建民生中枢的立体生态平台

一是搭建城市运行监测平台。以区、街道、社区和网格为节点，启动建设区运行监测（指挥）中心建设，完善运行监测、综合管理、多功能视频、语音会议、信息发布等多种应用功能，实现态势感知、监测预警、决策支持。以城市数据共享开放促进多元主体共同参与，通过建设智慧公安、智慧城管、智慧城建、智慧政务管理等工程，加快提升公共安全、综合治理、应急协同、交通管理、市场监管等执法能力，实现城市治理精细化、标准化和智能化。

二是搭建智慧建设督导平台。将5G通信等新技术应用接入重点项目实时视频，建立与平台运行机制相适应的数据实时更新、政企互动等业务工作流程和管理制度，设置政务 PC 端、政务 App 端、惠企 App 端等，构建重点项目管理、现场监控、统计分析、困难问题等功能板块，现场监控进入项目详情页面即可看见项目所有监控列表，点击即可查看项目实时监控，或者在手机端发起视频通话直连施工现场等。

三是搭建数据分析、应用、共享平台。借助政府热线电话集成服务一码通，将全区 2100 余项群众关心关注的城市建设运行事项分为 9 类 5 级 216 个子项，建立了集搜索引擎、事项统计、应急处置、问题预警、行业问题分析等模块，打造集诉求办理、质效监控、行政监管、效能考评、数据挖掘、数据共享于一体的智慧化民生服务数据平台。通过梳理部门政务信息资源目录，整合全区

数据信息资源,完成信息集约共享,完成 41 个部门政务信息资源目录梳理工作,共梳理政务信息资源目录 1255 个,其中可共享目录 995 个、可开放目录 548 个、已挂接数据目录 337 个、面向公众开放 282 个数据集。

（三）协同部门发展全目标,实现民生中枢的多维度应用场景

一是实现物理空间场景。新改建智慧城阳市民中心,整合进驻行政审批服务、公共资源交易、税务、不动产、社保、医保、婚姻登记等 11 处对外服务场所,设置服务窗口 245 个,进驻各类事项 522 项,进驻工作人员 500 余人,111 项许可和 27 项其他权力事项纳入山东政务服务网(青岛城阳站),实现让企业和群众办事"只进一扇门""一次就办好"。

二是实现公众交互场景。依托"爱山东"App 集成建设面向公众的智慧统一门户,为公众提供统一、方便、快捷的 PC 端及移动端服务渠道,实现"以人为中心"和"以场景为中心"的体验。整合政务网站、App、公众号等多种渠道,集成各类服务内容,面向社会提供贯穿生命周期的应用入口、服务预约、在线办事、状态查询、消息推送、电子支付等服务,构建多渠道、互联互通的政府服务体系。

三是实现网络服务场景。简化优化行政申请网上申报流程,制定提升网上办事深度工作目标,划转审批事项全部达到"网上能办、只跑一次",其中 77%(小项总计 359 项,不见面审批 277 项)能够达到全程网上办理、配合快递服务实现"零跑腿"。探索开展远程异地评标电子化模式,通过文本图像在线传输、音频视频实时刻录、系统操作后台记录等科技手段,采取网上获取招标文件、网上递交投标文件、远程开标、远程解密投标文件、异地远程评标,数据开放,打通政民互动梗阻。开放政府部门在管理各项事务过程中积累的海量数据资源,让社会大众更方便地利用所需数据,为市民了解便民服务内容提供信息,也为企业家挖掘数据潜在价值、聚焦企业创新发展提供数据支撑。

九、福州永泰:智慧城乡融合

　　永泰县位于福建省中部、福州市西南部,交通便利,区位独特。近年来,永泰县紧紧围绕贯彻国家发展战略,立足自身优势,找准发展定位,积极融入"三个福州"(数字福州、海上福州、平台福州)建设。永泰县以"新基建"为抓手,重点解决"最后一公里"问题,促进数字经济与一、二、三产业深度融合,为全县产业发展赋能续航,助力县域经济实现高质量发展落实赶超,不断提升智慧城市建设水平。

(一) 统筹规划建设数据中心

　　建设全县统一的政务中心机房。为推动全县信息化系统互联互通、信息共享和业务协同, 也为加强机房集约管理,提高机房专业化管理水平,建成全县政务中心机房,开通互联网、智网(政务外网)等网络,部署本县自建信息化系统,配备专业人员运维,实现信息资源整合及集约管理。

　　建设数据资源共享平台。构建城市运营数据分中心、运营支撑平台和城市运营管理服务平台,汇聚全县数字业务系统和政务资源数据,实现跨部门、跨区域、多级数、多渠道数据信息共享服务,打通信息孤岛,推动公共数据资源的开放利用,提升城市管理服务能力。

（二）打造人工智能小镇

为推进城乡融合发展,依托永泰智慧信息产业园,高起点规划,高标准创建永泰人工智能小镇。小镇总规划面积3.5平方公里,计划总投资120亿元,按照"一街一谷两心四组团"的空间结构布局,打造集智慧技术研究创新、产品及服务开发、产业孵化培育、人才培训会议、产品展示应用示范五个功能为一体的智慧特色小镇。加强与人工智能行业协会和厦门大学等科研院校战略合作交流,引进中国软件协会、人工智能学会、中国互联网协会等共建科研成果孵化器,并着力打造智慧应用场景。小镇居民可通过医患角色扮演、虚拟现实体验等形式,体验未来智慧医疗;通过无人驾驶模拟、交警机器人、智慧停车、智慧监控等,感受未来智慧交通和"城市大脑"的运作;通过与农业机器人互动,在智慧与生态相融合的室外花园感受未来科技的魅力。

（三）打造平台创新数字应用

一是建设行政效能管理平台,提升行政管理能力。永泰县注重发挥平台的基础性作用,建设县域行政效能管理平台,实现全县各级各部门、各乡(镇)横向到边、纵向到底全覆盖的电子政务网络体系,以"惠民、强政、兴业"核心理念推进数字政务;以"优化产业结构、推进资源整合、深入试点创新"为主线,推进信息资源集中化、智能化、自动化管理,促进部门间业务应用的互联互通、协同共享;以"智慧管理""智慧政务"为核心应用,创新工作机制,强化工作落实,全面提速增效。永泰县应用数字信息化手段,探索出提升基层治理水平的可推广、可复制的"县域行政效能管理平台"。该平台集"重大项目节点管理系统、经济运行监测系统、招商大数据可视化管理系统、督查管理系统、绩效管理系统"五大系统于一体。以督查管理系统和绩效管理系统为核心,充分体现在基层治理方面如何自动化、智能化任务派发、跟踪、考核,形成监测、预警、督查、考评的闭环,实现基层政务全过程管控,用"数据大脑"和"智慧大脑"让基层治理更加聪明、高效。依托"县域行政效能管理平台"倒逼各级干部转变作风,切实推动基层各项工作快速落实到位,有力提升基层治理水平和行政效能。2019 年,永泰打造的重点工作攻坚指挥平台案例,荣获世界智慧城市大赛数字乡村与智慧小镇奖。

二是打造智慧旅游平台,促进全域旅游发展。该平台以旅游服务、管理、大数据为三大支撑,通过搭建门户网站、小程序、720 度全景 VR 体验、GIS 管控等方式,进一步提升游客的旅游体验,打造"一机在手,畅游永泰"的创新服务。通过智慧旅游平台的数据抓取分析和游客自画像分析技术,可进行游客结构与旅游的统计分析,从而推动旅游行业的产品创新和营销创新,为政府对旅游资源的深度开发进行决策支持,也便于政府部门对旅游行业进行监管。基于景区票务数据、监控视频及第三方地图数据,通过云计算算法和大数据分析,进行景区流量的动态控制,为游客疏导引流方面提供决策依据,最终实现对全域旅游发展尤其是旅游安全、市场营销的决策辅助。通过对 OTA 网络舆情信息的抓取和汇总,精准把握旅游产业发展问题。平台自运行以来,门户网站累计用户 16000 多人,小程序累计用户近 3000 多人,收录了主要景区上万条舆情数据,采集的涉旅数据已超过几十万条。

三是推行智慧停车管理模式,助力城市管理。采用 BOT 合作模式,引进社会资本和专业公司实施及运营管理,对中心城区及其周边的 14 个停车场和 17 个路边停车区,共 2400 多个停车泊位进行智能化、信息化改造,共开发停车场智能管理、道边停车智能管理、城市停车引导、"享停车"App 管理、充电桩管理等五个系统,实现车位预定、停车导航、在线支付、错时停车等功能。

投 资 篇

市场多元驱动

投资篇重点回答新基建的投资规模、资金来源、投融资模式等问题。我们的测算结果显示,2020—2025年间新基建重点领域投资总规模将达到17.5万亿元,并由此带动相关产业约82.8万亿元的产业市场规模。与传统基建相比,新基建投融资具有规模大、持续性强及投融资领域深度融合等特征,需重点运用权益性融资工具,适当匹配市场化债权工具,并充分发挥开发性、政策性金融工具的引导作用,共同推动整个新基建产业稳定、高效、持续地发展。在具体项目投资过程中,由于新基建项目在所有权结构、收益模式、合同结构以及融资结构方面均与以往有所不同,投资者需综合考虑内在催化因素、外在颠覆因素、多方协同因素、阻碍因素、监管因素等风险因素,并在项目运营、融资、投资与退出过程中充分考虑税务安排,通过税务筹划实现投资效益最大化。

一、重点投资领域与前景

新基建不仅是新时期我国促投资、稳增长的重要推动力，也有助于加强科技创新提升关键核心技术和产品的自主研发能力，改善我国中长期产业竞争力。本章针对 5G 网络、人工智能、工业互联网、物联网、数据中心、云计算、固定宽带网络、传统基础设施数字化智能化升级等新基建重点领域进行测算，通过分析这些重点领域的投资前景及其对相关产业的带动能力，探索新基建未来增长空间。

（一）5G 网络

1.建设概况

5G 网络作为新基建建设的底层技术，是推动整个信息基础设施革命性升级的关键力量。近年来，美国、日本、德国、韩国等发达国家都在蓄力布局 5G，抢占新一轮信息科技革命的制高点。2019 年 6 月，工信部正式向中国电信、中国移动、中国联通、中国广电发放 5G 商用牌照，我国正式进入 5G 商用元年。截至 2019 年底，全国共建成 5G 基站超过 13 万个。[①]

2.投资预测

（1）投资规模

2020—2025 年将是 5G 基站建设高峰，预计投资节奏将呈现先高后低态

---

① 2019 年工业通信业发展情况新闻发布会，http://www.miit.gov.cn/n1146290/n1146402/c7641830/content.html，2020-1-20。

势。从基站数量看,2020 年全年将新建基站 50 万座[①],2022 年新基建基站数量将达到峰值 120 万座,预计 2020—2025 年间累计将建成基站 485 万座。从投资规模看,根据中国移动 2019 年投入 240 亿元建设 5 万个 5G 基站的规划[②],测算出当年一个 5G 基站大致需要 50 万元的投资,据此估算 2019 年 5G 基站投资规模为 650 亿元,此后 5G 基站总投资将快速上升并于 2021 年达到峰值 5000 亿元。随着基站单价的下降,5G 基站投资规模也将随之下降,到 2025 年基本完成全国 5G 网络的建设。预计 2020—2025 年间 5G 基础基站总投资规模将达到 2 万亿元。

表 7-1-1 2020—2025 年 5G 网络投资预测

	2020E	2021E	2022E	2023E	2024E	2025E	合计
新建 5G 基站(万座)	50	100	120	90	70	55	485
累计进度(%)	13%	33%	57%	75%	89%	100%	
基站单价(万元)	50	50	40	40	30	30	
基站投资规模(亿元)	2500	5000	4400	3600	2100	1650	19650

资料来源:课题组根据工信部、中国移动、中国联通、中国电信等数据整理。

(2)市场规模

随着 5G 基础设施的不断建设与完善,将推动 5G 手机终端、超高清视频、车联网、云游戏、VR/AR 等行业应用的加速发展。

• 5G 手机终端:2019 年 5G 手机终端开始商业化落地,2020 年开始已经展现出旺盛的增长势头。据工信部数据[③],截至 2020 年 3 月,我国 5G 手机产品类型共 76 款,累计出货量超过 2600 万部,其中 2019 年出货量 1300 万部,投资规模约为 1000 亿元。2020—2025 年将会是 5G 手机渗透率快速提速的关键时期,预计 2020—2025 年 5G 终端市场规模合计达 5.5 万亿元,年均增速达 56.3%。

---

① 工信部:全国已建成 19.8 万个 5G 基站,今年或新建 50 万个,http://news.china.com.cn/txt/2020-04/23/content_75968034.htm,2020-4-23。

② 中国移动:2019 年 5G 投资预计 240 亿元,https://baijiahao.baidu.com/s? id = 1641357863040515713&wfr = spider&for = pc,2019-8-9。

③ 工信部:截至 3 月 26 日我国 5G 手机产品类型 76 款,https://baijiahao.baidu.com/s? id = 1662554152043962114&wfr = spider&for = pc,2020-3-30。

• 超高清视频:根据赛迪顾问数据①,2018 年中国超高清视频市场规模为 1637 亿元,同比增长 28.3%,2019 年超高清视频市场规模预计可达到 2128 亿元。5G 建设会推动超高清视频加速成熟,在 2022 年冬奥会时基本完成全国覆盖,随后增速趋于稳定。预计 2025 年超高清视频市场规模将超过 5000 亿元,2020—2025 年合计产值达 2.6 万亿元,年均增速达 20.6%。

• 车联网:根据赛迪顾问数据②,2019 年车联网市场规模约为 574 亿元,2022 年后,随着 L3 级自动驾驶车辆进入大规模量产和商用阶段,车联网市场有望再度加速。预计 2025 年车联网市场规模将超过 2000 亿元,2020—2025 年合计产值超过 7333 亿元,年均增速达 24.0%。

• 云游戏:根据 IHS 数据③,2019 年云游戏市场规模约为 22 亿元,随着 5G 基础设施的成熟,云游戏将从 2020 年开始进入高速发展期。预计 2025 年云游戏市场规模将达到 522 亿元,2020—2025 年合计产值超过 1551 亿元,年均增速达 69.0%。

• VR/AR:根据赛迪顾问数据④,2019 年中国 VR/AR 市场规模为 148 亿元,5G 基础设施的成熟将推动 VR/AR 应用场景拓展,带来产业持续高速增长。预计到 2025 年,VR/AR 市场规模将达到 3228 亿元,2020—2025 年合计产值约为 9226 亿元,年均增速达 67.2%。

综合各个细分领域,考虑乐观、中性、保守三种情景,在中性情景下,5G 应用市场规模有望在 2025 年达到 2.5 万亿元,2020—2025 年 5G 应用市场规模累计将达到 9.8 万亿元,年均增速达 40.0%。

表 7-1-2　2020—2025 年 5G 部分产业市场规模预测

	2020E	2021E	2022E	2023E	2024E	2025E	合计
5G 终端(亿元)	4000	6000	7800	10140	12168	14602	54710
超高清视频(亿元)	2766	3596	4602	4740	4883	5029	25616

---

① 参见赛迪顾问:《2018 年中国超高清视频产业演进及投资价值白皮书》。
② 参见赛迪顾问:《2018 年车联网产业数据》。
③ 参见 IHS Markit,Next-Generation Cloud Gaming Report-2019。
④ 参见赛迪顾问:《2019 全球 VR/AR 产业投融资白皮书》。

续表

	2020E	2021E	2022E	2023E	2024E	2025E	合计
车联网(亿元)	660	792	951	1236	1606	2088	7333
云游戏(亿元)	48	103	190	287	401	522	1551
VR/AR(亿元)	279	545	1035	1656	2483	3228	9226
5G 部分产业市场规模合计(亿元)	7753	11036	14578	18059	21541	25469	98436

资料来源:课题组根据工信部、IDC、赛迪顾问等数据整理。

(3)基本结论

大国崛起需要雄厚的科技支撑,从互联网到移动互联网再到 5G 物联网,将催生万物互联,带来全新的生产生活方式。当前国内的运营商、设备商、终端商都在蓄力 5G,不断加快 5G 设备研发和产业发展进程。预计 2020—2025 年针对 5G 领域基础设施的投资将达到 2 万亿元,并带动相关产业市场规模约 9.8 万亿元的增值。

(二) 人工智能

1.建设概况

在移动互联网、大数据、超级计算、传感网、脑科学等新理论、新技术以及经济社会发展强烈需求的共同驱动下,人工智能产业发展迅速。作为最早提出人工智能发展战略规划的国家之一,中国在人工智能领域的人才投入、融资总量、专利申请、市场规模等方面已具备较强的竞争力与深厚的发展潜力。

2.投资预测

(1)投资规模

人工智能对算力提出了不同于以往的新要求,传统的面向通用计算负载的 CPU 架构无法完全满足海量数据的并行计算需求,以异构计算、加速计算、可编程计算等为代表的新的计算技术和架构更适合人工智能的并行计算需求,将迎来广阔的发展空间。人工智能基础设施主要包括 AI 芯片和 AI 服务器,其中 AI 芯片主要包括 GPU、FPGA、ASIC,AI 服务器指的是采用异构形式的服务器,在异构方式上可以根据应用范围采用不同的组合方式,如 CPU+GPU、CPU+TPU、CPU+其他加速卡等。根据 IDC① 和赛迪顾问数据②测算,2019 年人工智能底层投资规模约为 348 亿元。预计 2020—2025 年 AI 芯片和 AI 服务器产业均保持高速增长,在中性情景下,2025 年 AI 芯片及 AI 服务器等人工智能底层产业投资规模有望达到 7510 亿元,2020—2025 年合计产业投资规模将达到约 2 万亿元,年均增速约为 66.9%。

表 7-1-3　2020—2025 年人工智能投资预测

	2020E	2021E	2022E	2023E	2024E	2025E	合计
AI 芯片(亿元)	231	393	668	1002	1503	2255	6052
AI 服务器(亿元)	424	763	1374	2335	3503	5255	13654
人工智能底层投资规模(亿元)	655	1156	2042	3337	5006	7510	19706

资料来源:课题组根据 IDC、赛迪顾问等数据整理。

（2）市场规模

人工智能应用层主要包括智能机器人、智慧金融、智慧安防、智能驾驶、智慧教育、智慧医疗等。根据易观国际数据③测算,2019 年人工智能应用市场规模约为 760 亿元,2020—2025 年将是人工智能应用的快速发展期,在中性情景下,预计 2025 年人工智能应用行业市场规模有望达到 2.5 万亿元,2020—2025 年合计市场规模将达到 6.3 万亿元,年均增速约为 79.3%。

表 7-1-4　2020—2025 年人工智能产业市场规模预测

	2020E	2021E	2022E	2023E	2024E	2025E	合计
人工智能产业市场规模(亿元)	1277	2515	5559	10006	18011	25215	62583

资料来源:课题组根据易观国际等数据整理。

---

① 参见 IDC:《2018 年中国 AI 基础架构市场调查报告》。
② 参见赛迪顾问:《2018 年人工智能市场数据》。
③ 参见易观国际:《2019 年中国人工智能应用市场专题分析》。

3. 基本结论

人工智能应用的成熟,既催生了新的市场,也为传统产业的发展注入了新的活力。面向未来,人工智能的发展将驱动产业内劳动力、工作方式以及工作组织形式等多方面的变革,成为生产率提升和经济增长的关键推动力。测算结果显示,预计 2020—2025 年针对人工智能领域 AI 芯片和 AI 服务器等基础设施的投资规模将达到 2 万亿元,并将带动智能机器人、智慧金融、智慧安防等相关产业规模达 6.3 万亿元。

（三）工业互联网

1. 建设概况

工业互联网是连接智能制造产业"云"与"端"的纽带,工业互联网平台的发展与智能制造设备(工业机器人、智能机床等)相辅相成,互为依托。智能制造升级所需要重点投入的领域可概括为"云""网""端"三大领域。一是"云":工业大数据及云计算;二是"网":覆盖产业链整体的工业互联网;三是"端":与工业互联网融为一体的工业机器人、智能机床等工业智能终端设备。2019 年我国工业互联网仍处于起步阶段,引入工业互联网的制造业企业仍以大型企业为主,随着 5G 商业化的逐步推进,工业互联网对企业智能制造升级的促进作用将进一步放大,2020 年有望成为工业互联网加速推广普及的新起点。

2. 投资预测

（1）投资规模

对于制造业企业而言,引入并搭建工业互联网所需要的投资规模与企业产值规模呈正相关,在中性情景下,对未来工业互联网产业投资的规模进行了分析预测:以工业富联 2018 年投资 21.17 亿元构建工业互联网项目等为参考案例,推算工业企业引入工业互联网项目所需的投资规模平均约为年产值的1%。据此估算,2019 年工业互联网投资总规模约为 1100 亿元。参考 4G 网络起步前 5 年信息基础设施的投资增速,结合近期工业互联网相关政策密集出台,工业互联网骨干网络加快布局,工业互联网势必将迎来快速发展期。按照中性估算,预计到 2025 年工业互联网投资规模将达到 2290 亿元,2020—2025 年投资总规模达到 1 万亿元,年均增速为 13.0%。

表 7-1-5　2020—2025 年工业互联网投资预测

	2020E	2021E	2022E	2023E	2024E	2025E	合计
工业互联网产业投资规模(亿元)	1243	1405	1587	1794	2027	2290	10345

(2)市场规模

工业互联网是当前 5G 技术革命在生产端的最终愿景,产业市场空间广阔。根据中国信息通信研究院数据①,2019 年工业互联网核心产业增加值规模为 5361 亿元,工业互联网融合带动产业规模为 1.6 万亿元,工业互联网产业总体市场规模为 2.1 万亿元。2020—2025 年有望成为中国工业互联网高速发展的关键时期,在中性情景下,预计到 2025 年,工业互联网核心产业市场规模为 9138 亿元,年均增速达 9.4%;工业互联网融合带动的产业规模为 4.8 万亿元,年均增速达 20.1%。工业互联网产业总体市场规模合计将达到 26.7 万亿元,年均增速为 17.7%。

表 7-1-6　2020—2025 年工业互联网市场规模预测

	2020E	2021E	2022E	2023E	2024E	2025E	合计
工业互联网核心产业市场规模(亿元)	6520	7172	7710	8288	8703	9138	47531
工业互联网融合带动的产业规模(亿元)	24850	29820	34293	39437	43381	47719	219500
工业互联网产业总体市场规模(亿元)	31370	36992	42003	47725	52083	56856	267029

资料来源:课题组根据 IFR、中国机床工具协会等数据整理。

① 参见中国信息通信研究院:《工业互联网产业经济发展报告(2020 年)》。

（3）基本结论

当前我国工业互联网产业整体仍处于发展初期。相比传统的工业运营技术和信息化技术,工业互联网平台的复杂程度更高,部署和运营难度更大,在建设过程中需要持续的技术、资金、人员投入。2020—2025 年是中国工业互联网高速发展的关键时期,测算结果显示,在中性情景下,预计 2020—2025 年针对工业互联网领域基础设施的投资规模将达到 1 万亿元,投资驱动下工业互联网产业总体市场规模合计达 26.7 万亿元。

（四） 物联网

1. 建设概况

在供给侧和需求侧的双重推动下,物联网正处于以基础性行业和规模消费为代表的第三次发展浪潮中,相关基础设施加速构建。从需求侧来看,物联网与移动互联网相融合形成移动物联网,创新高度活跃,孕育出可穿戴设备、智能硬件、智能家居、车联网、健康养老等规模化的消费类应用;从供给侧来看,物联网与工业、农业、能源等传统行业深度融合形成行业物联网,成为行业转型升级所需的基础设施和关键要素。

2. 投资预测

（1）投资规模

考虑到物联网产业投资规模与物联网设备连接数呈正相关,根据 GSMA 在 MWC19 大会上的预测[①],2019 年中国物联网连接数约为 31 亿个,预计到 2022 年将达到 70 亿个。据此估算,2019 年中国物联网产业固定投资规模约为 2348 亿元,考虑到降价因素,中性情景下,2025 年物联网产业固定资产投资规模将达 5398 亿元,2020—2025 年合计投资规模达 2.4 万亿元,年均增速为 14.9%。

---

① 参见 GSMA:《中国移动经济发展 2020》报告。

表 7-1-7　2020—2025 年物联网投资预测

	2020E	2021E	2022E	2023E	2024E	2025E	合计
物联网产业固定资产投资规模(亿元)	2700	3101	3562	4091	4699	5398	23551

资料来源:课题组根据中国信息通信研究院、GSMA 等数据整理。

（2）市场规模

得益于庞大的制造产业和内需消费市场,中国物联网产业具备万亿级规模潜力。主要的应用需求体现在以下三个方面:一是传统产业智能化升级将驱动物联网应用进一步深化;二是消费物联网应用市场潜力将逐步释放;三是新型智慧城市全面落地实施将带动物联网规模应用和开环应用。

根据工信部《信息通信行业发展规划物联网分册(2016—2020 年)》中制定的发展目标:"到 2020 年,具有国际竞争力的物联网产业体系基本形成,包含感知制造、网络传输、智能信息服务在内的总体产业规模突破 1.5 万亿元,智能信息服务的比重大幅提升。推进物联网感知设施规划布局,公众网络 M2M 连接数突破 17 亿。物联网技术研发水平和创新能力显著提高,适应产业发展的标准体系初步形成,物联网规模应用不断拓展,泛在安全的物联网体系基本成型。"根据中国信息通信研究院数据[①]测算,2019 年中国物联网产业规模约为 1.3 万亿元,预计 2020—2025 年将是物联网产业进一步爆发的历史机遇期,在中性情景下,市场规模有望保持"十三五"间整体增速,预计 2025 年国内物联网产业市场规模将达到 3 万亿元,2020—2025 年合计市场规模为 13.1 万亿元,年均增速将达 14.9%。

表 7-1-8　2020—2025 年物联网产业市场规模预测

	2020E	2021E	2022E	2023E	2024E	2025E	合计
物联网产业市场规模(亿元)	15000	17000	20000	23000	26000	30000	131000

资料来源:课题组根据中国信息通信研究院等数据整理。

---

① 参见中国信息通信研究院:《物联网白皮书(2018)》。

（3）基本结论

随着人工智能、边缘计算、区块链等新技术加速与物联网相结合，应用热点扩张，物联网有望迎来跨界融合、集成创新和规模化发展的新阶段。测算结果显示，在中性情景下，预计 2020—2025 年针对物联网领域基础设施的投资规模将达到 2.4 万亿元，并将带动物联网产业规模达到 13.1 万亿元。

（五）数据中心

1.建设概况

数据中心是大数据等领域的重要基础设施。网络流量的增加是数据中心及服务器基础设施需求增长的核心变量。换言之，只要数据不断增加，对于底层计算、存储资源的消耗也就不断增加。近几年来，随着我国互联网、云计算和大数据产业的加速发展，数据中心产业也进入了大规模的规划建设阶段。

2.投资预测

（1）投资规模

根据中国 IDC 圈数据[①]，2019 年中国数据中心投资规模约为 1562 亿元，2020—2025 年，三大产业趋势将驱动数据中心及服务器基础设施投资增长：1）云计算加速。2）5G 应用带动 AIOT 快速落地。3）B 端企业线上迁移。随着 5G 建设带来互联网流量的增长，数据中心市场规模也将保持相对高速增长。在中性情景下，预计 2025 年数据中心投资规模将达到 6869 亿元，2020—2025 年合计投资超过 2.4 万亿元，年均增速达 27.9%。

表 7-1-9　2020—2025 年数据中心投资预测

	2020E	2021E	2022E	2023E	2024E	2025E	合计
数据中心投资规模（亿元）	1958	2484	3200	4160	5366	6869	24037

资料来源：课题组根据 IDC、中国 IDC 圈等数据整理。

---

① 参见中国 IDC 圈：《2019—2020 年中国 IDC 产业发展研究报告》。

（2）市场规模

数据中心是计算产业发展的重要基础设施。在大数据应用方面，随着相关基础设施的不断发展完善，数据采集、数据挖掘、数据分析、数据安全、决策支持等大数据应用层产业将获得发展。根据工信部数据[1]，2019 年中国软件产业产值达到 7.1 万亿，大数据应用市场规模约占整个软件产业产值的 3%，为 2153 亿元。2020—2025 年这一比例还将逐年上升，在中性情景下，2025 年软件产业产值将达到 15 万亿元，大数据应用产业产值占软件产业产值的比重达到 8%，对应市场规模近 1.2 万亿元。2020—2025 年大数据应用市场规模有望达到 4 万亿元，年均增速约为 33.1%。

表 7-1-10　2020—2025 年大数据应用产业市场规模预测

大数据应用	2020E	2021E	2022E	2023E	2024E	2025E	合计
软件产业产值（亿元）	81816	93270	105395	119096	133388	149394	682359
大数据应用产业市场规模（亿元）	2454	3731	5270	7146	9337	11952	39890

资料来源：课题组根据工信部等数据整理。

（3）基本结论

信息技术与经济社会的交汇融合引发了数据迅猛增长，数据已成为国家基础性战略资源。坚持创新驱动发展，加快大数据部署，深化大数据应用，是稳增长、促改革、调结构、惠民生和推动政府治理能力现代化的内在需要和必然选择。预计 2020—2025 年，数据中心领域的相关投资规模将达到 2.4 万亿元，由此带动大数据等产业应用规模达到 4 万亿元。

（六）云计算

1. 建设概况

云计算商业模式的本质是对 IT 资源的虚拟化（包括计算资源、存储资源、

---

[1]　2019 年软件和信息技术服务业统计公报，见 http://www.miit.gov.cn/n1146312/n1146904/n1648374/c7663865/content.html。

网络资源等），即将传统的 IT 产品运算能力通过互联网以服务的形式交付给用户。服务器是云计算虚拟 IT 资源的底层支撑和来源，也是云计算中最基础的单元，云计算平台的背后需要数量庞大的服务器集群作为硬件支撑，可以是单台服务器的集群，也可以是机柜形态服务器的集群。通过虚拟化技术，将单台服务器设备的资源划分成几十甚至几百台虚拟机，进而为更多的用户提供计算资源。

2. 投资预测

（1）投资规模

根据 IDC 公司的数据①，2019 年全球服务器出货量 1174 万台，其中中国服务器出货量约占全球的 28%，约为 329 万台。按服务器均价 5 万元、操作系统均价 1 万元估算，2019 年中国云计算服务器投资规模约为 1972 亿元。随着中国计算产业的崛起，预计 2020—2025 年中国服务器出货全球占比将稳步提升，在中性情景下，2025 年云计算领域投资规模将达到 4751 亿元。2020—2025 年合计投资规模超过 2.1 万亿，年均增速约为 15.8%。

表 7-1-11　2020—2025 年云计算投资预测

	2020E	2021E	2022E	2023E	2024E	2025E	合计
中国服务器出货量（万台）	378	454	544	626	720	792	3514
云计算服务器投资规模（亿元）	2268	2722	3266	3756	4319	4751	21082

资料来源：课题组根据 IDC、中国 IDC 圈等数据整理。

（2）市场规模

在云计算产业方面，根据中国信息通信研究院和 IDC 数据②，预计 2019 年中国云计算 IaaS、PaaS、SaaS、私有云服务产业规模分别约为 351 亿元、40 亿元、203 亿元、596 亿元。随着云计算基础设施平台日趋成熟，2020—2025 年云计算细分领域产业规模将呈现不断上升趋势。在中性情景下，预计到 2025

---

① 参见 IDC：2019 年第四季度及全年全球服务器市场调查数据。
② 参见中国信息通信研究院：《云计算发展白皮书（2019）》。

年,IaaS、PaaS、SaaS、私有云服务市场规模将分别达到 2603 亿元、445 亿元、2631 亿元、2282 亿元,年均增速分别为 39.6%、49.4%、53.3%、25.1%。预计 2020—2025 年云计算市场规模合计产值超过 2.6 万亿元,年均增速达 37.3%。

表 7-1-12　2020—2025 年云计算产业市场规模预测

	2020E	2021E	2022E	2023E	2024E	2025E	合计
IaaS(亿元)	527	790	1185	1540	2002	2603	8647
PaaS(亿元)	67	101	151	227	318	445	1309
SaaS(亿元)	305	487	780	1169	1754	2631	7126
私有云服务(亿元)	720	936	1217	1521	1901	2282	8577
云计算产业市场规模(亿元)	1618	2314	3333	4457	5975	7961	25658

资料来源:课题组根据 IDC、中国信息通信研究院等数据整理。

(3)基本结论

云计算是生产活动智能化的基础。在产业方面,企业上云成为趋势,云管理服务、智能云、边缘云等市场方兴未艾;在技术方面,云原生概念不断普及,云边、云网技术体系逐渐完善;在安全方面,云安全产品生态形成,智能安全成为新方向。预计 2020—2025 年,云计算领域的相关投资规模将达到 2.1 万亿元,由此带动云计算、大数据等产业规模达到 2.6 万亿元。

(七)　固定宽带网络

1.建设概况

当前我国固定宽带建设覆盖程度已经较高,下一步建设重心将由"数量扩张"转向"质量提升"。根据工信部发布的《2019 年通信业统计公报》,截至 12 月底,三家基础电信企业的固定互联网宽带接入用户总数达 4.49 亿户,全年净增 4190 万户。其中,1000Mbps 及以上接入速率的用户数 87 万户,100Mbps 及以上接入速率的固定互联网宽带用户总数达 3.84 亿户,占固定宽带用户总数的 85.5%,占比较上年末提高 15.1%。

2. 投资预测

(1)投资规模

固定宽带投资主体主要为三大运营商和中国广电。总的看来,在网络强国、宽带中国等战略引导下,预计 2020—2025 年固定宽带网络投资将进一步提速。从结构上看,鉴于 10M 级别固定宽带建设覆盖程度已经很高,未来固定宽带网络投资将会向千兆宽带、家庭网络中端和 ToB 行业倾斜。在中性情景下,预计固定宽带 2020—2025 年投资规模将达到 1.6 万亿元,年均增速 8.2%。

表 7-1-13 2020—2025 年固定宽带网络投资预测

	2020E	2021E	2022E	2023E	2024E	2025E	合计
运营商合计资本开支(亿元)	1600	1728	1866	2016	2116	2180	11506
家庭网络终端投资(亿元)	200	250	300	350	450	450	2000
ToB 行业宽带网络投资(亿元)	400	420	480	550	520	600	2970
固定宽带网络投资规模(亿元)	2200	2398	2646	2916	3086	3230	16476

资料来源:课题组根据中国移动、中国联通、中国电信、中国广电等数据整理。

(2)市场规模

根据中国信息通信研究院数据①显示,截至 2019 年 6 月底,中国互联网宽带接入端口数量达 9.03 亿个。预计 2020—2025 年将保持低增速并进一步提升覆盖面。考虑到千兆固定宽带渗透率上升,每个端口每年网络使用费预计呈上升趋势。综合考虑固定宽带网络接入、光传输网、IP 视讯网络、家庭终端等需求,2019 年我国固定宽带市场规模约为 9632 亿元,在中性情景下,预计到 2025 年固定宽带网络市场空间有望达到 1.9 万亿元。2020—2025 年合计规模达到 8.3 万亿元,年均增速约为 11.7%。

---

① 参见 2019 年上半年通信业经济运行情况,见 http://www.miit.gov.cn/n1146312/n1146904/n1648372/c7149071/content.html。

表 7-1-14　2020—2025 年固定宽带网络市场规模预测

	2020E	2021E	2022E	2023E	2024E	2025E	合计
固定宽带接入(亿元)	5832	6299	6739	7144	7501	7801	41316
光传输网(亿元)	184	202	223	245	343	480	1677
IP 网络(亿元)	1003	1199	1408	1602	2723	4630	12565
家庭网络终端(亿元)	3576	3934	4327	4760	5236	5759	27592
固定宽带网络市场规模预测(亿元)	10595	11634	12697	13751	15803	18670	83150

资料来源:课题组根据中国信息通信研究院、中国移动、中国联通、中国电信等数据整理。

（3）基本结论

目前中国正积极推动千兆宽带规模部署,加快网络升级扩容将成为扩大有效投资的重要着力点。随着固定和移动宽带千兆接入的快速发展,将能够为城镇家庭、中小企业和商业用户全面提供千兆宽带接入,推动千兆网络全面覆盖。同时,随着超高清视频、虚拟现实等高带宽应用加快创新和推广,宽带业务也加快迈入千兆时代。预计 2020—2025 年固定宽带领域投资规模将达到 1.6 万亿元,带动宽带网络市场规模达 8.3 万亿元。

（八）传统基础设施数字化智能化升级

1.建设概况

传统意义上的基础设施涵盖面很广,包括铁路、公路、机场、港口、水利设施、能源、通信等,在我国经济发展过程中一直发挥着重要的基础作用。近年来,随着 5G、人工智能、大数据、云计算等新一代信息技术的快速发展,传统基础设施数字化智能化升级进程也不断加速,通过数据深度共享、业务高度智能,打造融合新型和传统基础设施为一体的现代化基础设施体系,推动各领域建设质量、运营效率、服务水平和管理水平的提升。

2. 投资预测

(1) 投资规模

• 智慧城市基础设施

根据 IDC 测算①,中国智慧城市建设支出金额占比前 3 的应用场景依次为智能电网(属于弹性能源管理与基础设施)、固定智能视频监控(属于数据驱动的公共安全治理)以及智慧公交系统(属于智能交通)。随着 5G、云计算、AI 等信息化基础设施水平的提升,未来数字孪生、车联网、铁路公路信息化等场景将成为快速增长的领域。预计 2020—2025 年,针对智慧城市的投资支出将达到 2246 亿元,年均增速达 14.2%。

• 泛在电力物联网

泛在电力物联网主要是实现电网内外人—机—设备—云互联互通。在电网内部基本建设完毕的情况下,电网将通过其庞大的客户体系,延伸至各行各业,推动全社会各领域物联网建设。2020—2025 年是泛在电力物联网建设的关键期,预计电网公司年化投资从 100 亿元上升到 400 亿—600 亿元,上线终端达到 50 亿个,到 2025 年初步建成泛在电力物联网。预计 2020—2025 年针对泛在电力物联网的投资支出将达到 2100 亿元,年均增速达 61.9%。

• 交通基础设施数字化

根据交通运输部《推进综合交通运输大数据发展行动纲要(2020—2025年)》,到 2025 年,将力争实现综合交通运输大数据标准体系更加完善,基础设施、运载工具等成规模、成体系的大数据集基本建成等目标。在中性情景下,对未来交通基础设施数字化投资的规模进行了分析预测,2020—2025 年数字化投资占交通运输、仓储和邮政业固定资产投资的比例有望由 6% 逐年提升至 10%,预计 2020—2025 年合计交通基础设施数字化投资达 3.6 万亿元,年均增速达到 22.3%。

综合以上三个方面,2019 年传统基础设施数字化升级规模约为 2896 亿元。在中性情景下,预计 2020—2025 年该领域投资规模有望达到 4 万亿元,年均增速达 22.8%。

---

① 参见 IDC:《中国智慧城市发展现状与未来趋势》。

表 7-1-15　2020—2025 年传统基础设施数字化智能化升级投资预测

	2020E	2021E	2022E	2023E	2024E	2025E	合计
智慧城市支出预测（亿元）	262	302	343	389	444	506	2246
泛在电力物联网支出预测（亿元）	100	200	300	400	500	600	2100
交通基础设施数字化投资规模（亿元）	3452	4350	5329	6394	7553	8812	35890
传统基础设施数字化智能化升级投资规模（亿元）	3814	4852	5972	7183	8497	9918	40236

资料来源：课题组根据 IDC 等数据整理。

（2）市场规模

以智慧城市、铁路公路信息化为代表的传统基础设施数字化改造，是国内整体产业运营效率提升、发展加速的基础。车联网、铁路公路信息化将是 2020—2025 年快速落地的应用场景。在中性情景下，随着传统基础设施数字化升级的市场撬动作用有望达 1∶3，预计 2020—2025 年传统基础设施数字化升级市场规模将达到 12 万亿元，年均增速 22.8%。

表 7-1-16　2020—2025 年传统基础设施数字化智能化升级市场规模预测

	2020E	2021E	2022E	2023E	2024E	2025E	合计
传统基础设施数字化升级市场规模（亿元）	11442	14556	17916	21549	25491	29754	120708

资料来源：课题组根据 IDC 等数据整理。

（3）基本结论

传统基础设施数字化改造是新基建建设的重点，也是助推我国基础设施转型升级的关键。预计 2020—2025 年针对该领域的投资将达到 4 万亿元，带动相关市场规模约 12 万亿元，年均增速约为 22.8%。

（九）总结与展望

通过对上述新基建重点投资领域的投资规模及产业带动能力的分析评

新基建 数字时代的新结构性力量

估,预计 2020—2025 年针对新基建领域的总体投资规模将达到 17.5 万亿元,年均增速约为 21.6%,并由此带动相关产业约 82.8 万亿元的增值(见表 7-1-17、7-1-18),年均增速约为 22.6%。

表 7-1-17 2020—2025 年新基建重点领域投资预测

	2020E	2021E	2022E	2023E	2024E	2025E	合计
5G 基站投资规模(亿元)	2500	5000	4400	3600	2100	1650	19650
人工智能底层投资规模(亿元)	424	763	1374	2335	3503	5255	19706
工业互联网投资规模(亿元)	1243	1405	1587	1794	2027	2290	10345
物联网产业固定资产投资规模(亿元)	2700	3101	3562	4091	4699	5398	23551
数据中心投资规模(亿元)	1958	2484	3200	4160	5366	6869	24037
云计算服务器投资规模(亿元)	2268	2722	3266	3756	4319	4751	21082
固定宽带网络投资规模(亿元)	2200	2398	2646	2916	3086	3230	16476
传统基础设施数字化智能化升级投资规模(亿元)	3814	4852	5972	7183	8497	9918	40236
合计(亿元)	17338	23118	27075	30837	35100	41616	175084

表 7-1-18 2020—2025 年新基建重点领域市场规模预测

	2020E	2021E	2022E	2023E	2024E	2025E	合计
5G 部分产业市场规模(亿元)	7753	11036	14578	18059	21541	25469	98436
人工智能产业市场规模(亿元)	1277	2515	5559	10006	18011	25215	62583
工业互联网产业总体市场规模(亿元)	31370	36992	42003	47725	52083	56856	267029
物联网总体市场规模(亿元)	15000	17000	20000	23000	26000	30000	131000
大数据应用产业市场规模(亿元)	2454	3731	5270	7146	9337	11952	39890

	2020E	2021E	2022E	2023E	2024E	2025E	合计
云计算产业市场规模（亿元）	1618	2314	3333	4457	5975	7961	25658
固定宽带网络市场规模（亿元）	10595	11634	12697	13751	15803	18670	83150
传统基础设施数字化智能化升级市场规模（亿元）	11442	14556	17916	21549	25491	29754	120708
合计（亿元）	81509	99778	121356	145693	174241	205877	828454

（注:考虑乐观、中性、保守三种情景,本预测结果是课题组根据现有公开数据;考虑乐观、中性、保守三种情景,在中性情景下分析预测的结果,完整性可能不足,仅供参考）

二、投融资工具与模式

新基建投融资是指运用全方位、多层次的投融资模式,全面服务新基建,在充分满足建设过程中各项资金需求的同时,实现资金链闭环,形成资金高效循环、可持续发展的投融资生态体系。投融资过程中,应坚持"政府引导、市场主导"的基本原则,重点运用权益性融资工具,适当匹配市场化债权工具,用好开发性、政策性金融工具,为整个新基建产业稳定、高效、持续的发展提供资金支持。

(一) 投融资特征

1. 投融资规模大、持续性强,需以市场为投资主体

以 5G、人工智能、工业互联网、物联网等行业为代表的新基建行业投融资规模可达 17.5 万亿元,并带动相关产业超过 80 万亿元的增值。同时,新基建相关技术具有快速迭代的特征,在技术发展不同阶段需持续引入增量资金提供支持。这些特征决定了仅仅依赖财政资金与银行贷款等传统投融资方式不足以为新基建提供持续充足的资金支持,需要发挥市场的主导作用。市场是最基础、最重要、最充足的资金供给方,也是形成市场化机制的核心主体,充分发挥市场主导作用,既与新基建技术更新迭代快、持续引入增量资金的特点相匹配,又能有效避免给政府造成较大财政压力。

2. 投融资领域深度融合、共同发展,需创新投融资模式

新基建集感知、传输、存储、计算、处理于一体,更加具有协同性、融合性,

相关领域也因此具备深度融合、共同发展、相互赋能的特征。与此相适应，在投资新基建过程中，也应根据不同细分行业和不同发展阶段的资产特征、商业模式特征、风险和收益特性等，创新投融资模式，形成多层次、全方位的投融资体系。

3.新基建资产兼具软件与硬件多重属性，需更多运用权益类工具

传统基础设施的生产要素主要是有形的硬件。相比之下，新基建的生产要素除了包括硬件，如5G基站、数据中心等，还包括大量无形资产，如针对基础软件、操作系统等核心技术的开发与应用。由于技术创新具有较高的不确定性，也使得针对新基建领域的投资回报不确定性更强，投资者面临的风险更大。权益型投资工具通常更加适用于这类风险较高、现金流较不稳定、资金回收期较长的项目，因此相比于传统基础设施以债务融资为主的模式，新基建投融资中将更多运用权益性资金。

（二）投融资工具

新基建的投融资工具应以权益型工具发挥系统性作用，同时适当匹配市场化的债务型工具，并充分运用政策性金融工具，通过综合运用、协调搭配多种工具，形成健康可持续的投融资生态体系。

1.权益型工具发挥系统性作用

传统基础设施的投融资工具主要是政府和银行的债务性工具，这种投融资结构不仅会给地方政府造成较大的财政压力和潜在风险，也会给建设主体带来较大的债务负担。新基建在形态上"软硬兼备"，在项目投资过程中不确定性较大，一旦产研结合后可能转化为巨大的生产效益。这一特征与权益型工具相匹配，诸如风险投资基金、私募股权基金、政府产业基金、IPO、股票增发、可转债、权益型REITs等均可在新基建中发挥系统性作用。在新基建投融资体系中充分运用权益型工具，可以避免由于新一轮大规模投资造成政府债务的持续攀升、货币市场的过度宽松，使宏观经济保持稳定健康的发展。主要权益型工具如表7-2-1所示。

表 7-2-1   新基建投融资权益型工具列表

工具	内涵	特征	适用范围
风险投资基金(VC)	投资于初创企业的股权投资基金	投资标的处于发展初期,未来有着较大增长潜力,投资风险和潜在收益都较大	以技术为主要形态的人工智能、工业互联网、云计算等产业的初创企业
私募股权基金(PE)	投资于有一定经营基础的未上市企业的股权投资基金	投资标的有一定的经营成果或现金流,基金有着通过企业上市或横向并购实现退出的规划	发展中期、有一定经营成果的人工智能、工业互联网、物联网、数据中心、云计算等新基建企业
政府产业基金	由政府出资设立、定向扶持部分产业的投资基金	以扶持产业发展为主要目的,期望收益可低于市场化的投资基金	前期投资较大、回报周期较长、但具有重要的系统性战略意义的产业,如5G、工业互联网、云计算等
上市发行股票(IPO)	通过企业公开上市发行股票进行募资	企业有着较为成熟的经营模式和盈利基础,在各项财务指标上已初具规模	新基建各细分行业中已具有一定规模、名列行业前列的龙头企业
股票增发	上市企业通过增发股票进行募资	上市企业通过股票增发扩大生产经营规模或收购其他企业及资产,实现企业的进一步发展	由于技术迭代、产业并购等需要再次大规模融资的已上市新基建企业
可转换债券	企业发行的附有未来转股权利的债券	在前期企业仅支付低成本的债务利息,在后期可根据市场情况通过债转股缓解其还本压力	未来行业变化较为复杂、希望对融资方式留有空间的新基建企业
权益型REITs	将不动产证券化后真实出售的投资信托基金	盘活存量不动产,实现资产上市,以存量带动增量发展	具有较多不动产形态的资产的新基建企业,如5G铁塔公司、数据中心企业、新基建产业园等

2. 适当匹配市场化债务型工具

相较于权益型工具,债务型工具的成本更低,且不会导致股权和控制权被分散,因此要根据产业特征和发展阶段,充分利用债务型工具的优势,适当匹配市场化的债务型工具。在产业发展前期,技术尚未成熟时,以不动产或其他硬件设施作为抵押物向银行或信托公司申请抵押贷款;在产业发展中期,当技术应用到产品上能产生稳定现金流之后,可考虑发行资产支持证券(ABS)、资产支持票据(ABN)、融资型类 REITs 等;在产业相对成熟、企业具备一定的信用资质后,可发行短期融资券、中期票据、非公开定向债务融资工具(PPN)、企业债券、公司债券等。主要的债务型工具如表 7-2-2 所示。

表 7-2-2　新基建投融资债务型工具列表

工具	内涵	特征	适用范围
商业银行贷款	以企业信用或资产抵押的方式从商业银行获取的贷款	对于企业信用要求较高或需要有较高经济价值的抵押资产,但成本相对较低	具有较高经济价值实物资产的新基建企业,实物资产包括厂房、机器设备、办公楼等;或具有较好的企业信用资质
信托贷款	由信托机构募集和定向发放的贷款	贷款条款相对灵活,可根据企业需求进行设计,放款速度较快,但贷款成本较高	当商业银行贷款的各项条款或放款时间无法达到企业要求,可考虑使用信托贷款
短期融资券	企业在银行间债券市场发行和交易并约定在一年期限内还本付息的债券	短期融资券主要依靠企业信用,期限较短,常用于补充流动资金,成本较低	对于具有良好企业信用资质的新基建企业,如国有企业或大型民企,资金用于补充短期流动资金
中期票据	企业在银行间债券市场按照计划分期发行的、约定在一定期限还本付息的债券	中期票据与短期融资券类似,主要依靠企业信用,但期限在一年以上,可分期发行,作为企业中长期资金使用	对于具有良好企业信用资质的新基建企业,如国有企业或大型民企,资金用于中长期规划使用
非公开定向债务融资工具(PPN)	企业在银行间市场的特定机构投资人之间发行并流通的债务融资工具	向特定投资者定向募集,债券条款相对灵活	已与投资人达成了融资协议,对于资金有着特定化需求的新基建企业
企业债券	由中央政府所属机构或国有企业等发行的约定未来还本付息的债券	发行主体为中央政府所属机构或国有企业,债券期限较长,融资成本较低	中央政府所属机构或国有企业性质的新基建企业
公司债券	由股份制公司发行的约定未来还本付息的债券	发行主体资质要求较高,债券期限较长	具有一定规模、企业信用资质较高的新基建企业
资产支持证券(ABS)/资产自持票据(ABN)	还款来源主要为入池资产未来现金流的有价证券	需要有能产生稳定现金流的底层资产,需要依赖一定的主体信用	具有能产生稳定现金流的资产的新基建企业

工具	内涵	特征	适用范围
融资型类REITs	带有回购条款、以融资为主要目的的不动产投资信托基金	底层资产为不动产,需同时依赖不动产未来的现金流和主体信用	具有能产生稳定现金流的不动产的新基建企业

3. 充分运用政策性金融工具

长期以来,以政策性银行贷款和专项债券为代表的政策性金融工具在我国经济发展过程中发挥了重要作用,在新基建投融资体系中,应考虑继续充分运用政策性金融工具,助力新基建发展。政策性金融工具如表7-2-3所示。

表7-2-3　新基建投融资政策性金融工具列表

工具	内涵	特征	适用范围
政策性银行贷款	由政策性银行发放的、用于支持特定产业发展的低息贷款	用于政策支持的特定产业发展,贷款成本较低,期限较长,规模较大	新基建中投资规模较大、投资周期较长、有着系统性战略意义的产业,如5G、人工智能、工业互联网等
专项债券	地方政府为了筹建特定的具体工程而发行的债券	资金要用于符合中央重大决策部署,具有较大示范带动效应的重大项目,资金成本较低	新基建中各细分领域的核心项目

在政策性银行贷款方面,其性质介于政府财政拨款与商业银行贷款之间。相较于政府财政拨款,政策性银行贷款需要偿还本金和利息,但政策性银行贷款利息比同类商业银行贷款更低、期限更长、规模更大,因此对于新基建的前期融资具有重要的意义。《中国制造2025》(国发〔2015〕28号)提出,要"积极发挥政策性金融、开发性金融和商业金融的优势,加大对新一代信息技术、高端装备、新材料等重点领域的支持力度。支持中国进出口银行在业务范围内加大对制造业走出去的服务力度,鼓励国家开发银行增加对制造业企业的贷款投放,引导金融机构创新符合制造业企业特点的产品和业务"。在本轮新基建投融资过程中,尤其要注意顶层设计,政策性银行贷款要避免成为宽松货币政策的变相闸口。"自上而下"制定政策性银行贷款支持的重点领域,根据

项目融资需求与未来效益测算决定发放政策性贷款的具体条件,同时也可以通过大数据技术助力实现精准扶持,以较低成本实现高效益。

在专项债券方面,根据财政部发布的数据,2019 年地方政府债券发行总额为 4.36 万亿元,其中专项债发行总额为 2.15 万亿元,占比近 50%。在传统基建投融资中,专项债起到了促投资、稳增长、补短板的重要作用。相较于传统基建的专项债,新基建的专项债应更注重所投资项目的技术成熟度和战略意义。专项债券的支持重点可分为两类:一类是对于涉及人工智能、工业互联网、物联网等需要系统性、大规模建设的底层技术,专项债券针对核心项目和重点领域进行扶持;另一类是对于涉及 5G 基站、数据中心、轨道交通等重点发展的技术应用层面的建设项目,优先选取龙头企业和技术成熟的项目进行扶持。

（三）投融资模式

相较于传统基建,技术要素是新基建产业最重要的生产要素之一,整个产业的项目生命周期均围绕着技术的发展而向前推进。在前期开发阶段,由于技术研发刚刚开始,尚无效益产出,不确定性较大,因而投资风险较高;在技术应用阶段,实现了产研结合,有了一定的产业效益及一定价值的硬件设备、不动产等,此时融资基础有了第一次较大的提升,投资风险显著下降;在技术迭代阶段,由于技术迭代往往意味着一定程度的竞争与淘汰,此时融资基础虽有一定的提升,但投资风险却较之前上升,同时技术迭代经常伴随着新一轮的较大投资,资金缺口会随之增加;在成熟系统阶段,此时技术已与产业深度结合,效益稳定增加,此时融资基础第二次大幅度提升,投资风险也第二次大幅度下降,产业迎来公开融资的条件和机遇;在价值退出阶段,产业形态已经相对固定,效益也趋于稳定,此时融资基础依旧较高,投资风险相对最低,此时需要金融工具赋能新基建,实现投资链条的最后一环,完成价值退出和产业投资循环。新基建产业项目的投融资生命周期如图 7-2-1 所示。

新基建产业以技术为核心,软硬件系统构成了产业的核心资产,同时其不

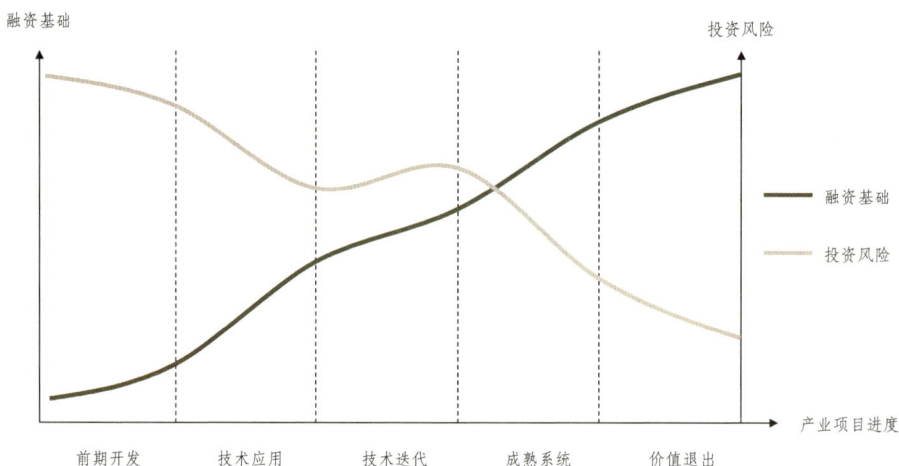

图 7-2-1　新基建产业项目投融资生命周期图

动产部分也有较大的投融资基础和价值。由于软硬件系统的核心在于其无形的技术,而不动产是以实物资产存在,两者的资产形态有所不同,其在生命周期各个阶段中运用的投融资工具、采用的投融资模式均有所不同,这里分别进行阐述。

1. 新基建产业软硬件系统投融资模式

新基建产业软硬件系统主要指产业技术系统,具有较长开发周期、持续迭代投资、应用交叉互联等特点,往往是以知识产权及动产设备的形态存在。其产业项目周期投融资模式如图 7-2-2 所示。

新基建产业软硬件投融资通常可分为四个阶段:前期开发、技术应用、成熟项目、投资退出,分别对应着技术研发阶段、投入生产阶段、稳定产出阶段、价值退出阶段,各个阶段由于其产业诉求、风险收益特征等不同,重点匹配不同的投融资工具。

(1)前期开发阶段

该阶段涉及前期硬件投入与技术研发等。在产业初创阶段,需要硬件设施的投入,如人工智能领域的计算机、芯片、服务器等,或者 5G 基站的建设零部件等,这时往往对应企业或者项目的初创期,融资基础较弱,投资风险较大,该阶段可以权益型资金投资为主。在技术研发时,企业除使用自有资金外,由

- 自有资金　　・私募股权基金　　　・政策性银行贷款
- 政府财政资金　・国家产业基金　　　・专项债

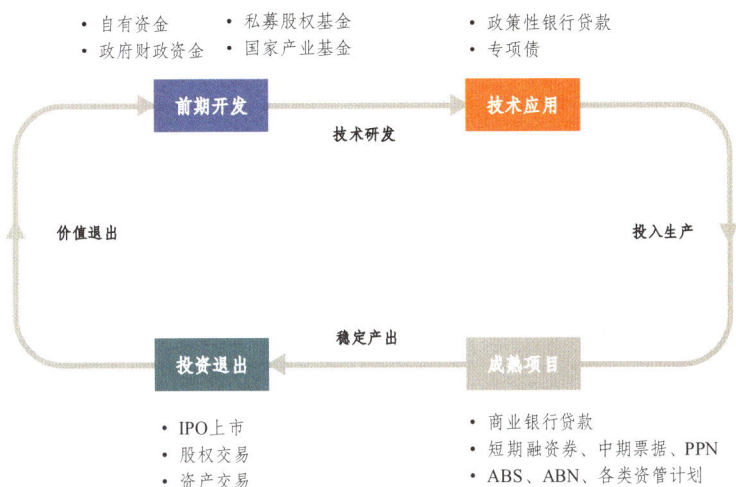

图 7-2-2　新基建产业软硬件系统投融资模式图

于新基建产业属于技术密集型产业,因此前期投入大、研发周期长,此时还需要国家产业基金等支持企业创新创业,进行技术开发,同时也可配套相应的政府财政补贴。例如,在国务院发布的《国务院关于印发新一代人工智能发展规划的通知》(国发〔2017〕35号)中提到,要"利用现有政府投资基金支持符合条件的人工智能项目,鼓励龙头骨干企业、产业创新联盟牵头成立市场化的人工智能发展基金"。此外,当技术研发有一定成果后,还可以引入天使投资、风险投资等私募股权基金,以股权融资的方式引入资金,利用股权投资带动前期孵化。

（2）技术应用阶段

当技术与生产相结合,如人工智能系统此时可以应用到语音识别、人脸识别、智能投顾等场景,5G基站技术应用到具体的基站建设中。由于此时技术系统已相对成熟,应用场景相对明确,未来技术变现收益不确定性减小,所以此时政策性银行贷款、专项债等便可介入,降低产业融资成本,推动新基建创造社会价值,支持系统性重大核心项目的落地。

（3）成熟项目阶段

当新基建产业项目进入成熟运营阶段时,往往有着稳定的收益,此时项目已能够产生较为稳定的现金流,且有具体项目实体支撑,融资基础大大增强,可广泛运用债权工具。此时可利用资产证券化(ABS、ABN等)将未来现金流变现融资,或通过PPN、短期融资券、中期票据、商业银行贷款等获得大量债性资金,实现项目的持续稳定运营。同时还可引入如保险资管计划、券商资管计划等,根据产业诉求引入债务性或权益性资金。

(4)投资退出阶段

为了实现新基建投融资体系的循环可持续,需要考虑前期投资的退出渠道。在该阶段,产业和企业相对成熟,可能已经具备了公开市场融资条件,此时可进行IPO股权融资,打通前期资金的退出渠道。由于新基建产业交叉互联的特性,一套成熟的软硬件系统具有较为广泛的应用性,因此还可采取股权交易、资产交易等方式在新基建行业内与其他企业进行磋商谈判,实现初始投资的退出。

2.新基建产业不动产部分投融资模式

新基建产业不动产部分指生产厂房、办公楼、基站设施、产业园等不动产,不动产自身即有着较强的投融资基础,可通过盘活新基建产业的不动产,实现资产与资金的高效流转,打通产业链闭环,构建产业全生态的投融资体系。不动产部分投融资模式如图7-2-3所示。

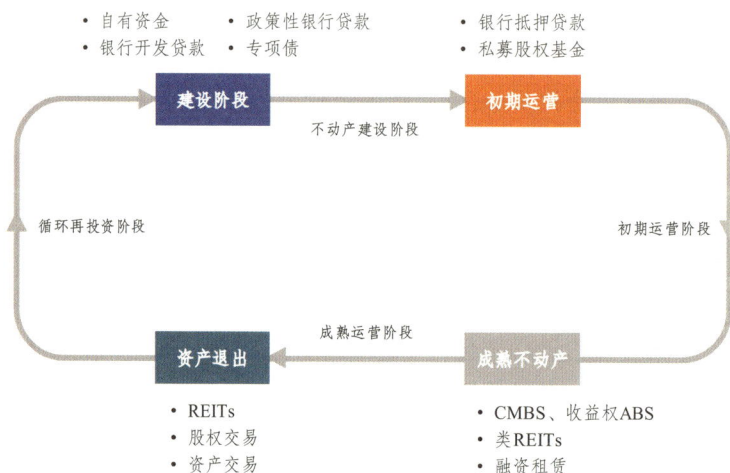

图7-2-3 新基建产业不动产部分投融资模式

新基建产业不动产投融资周期可分为四个阶段:建设阶段、初期运营、成熟不动产、资产退出,分别对应不动产建设阶段、初期运营阶段、成熟不动产阶段、循环再投资阶段。虽然部分投融资工具在不同阶段可同时适用,但根据不同阶段的特征,其适用的投融资工具也各有侧重。

(1)建设阶段,政策性资金助力产业建设

该阶段主要包括前期规划、获取土地及开工建设等,此时资金可来源于自有资金和银行开发贷款。同时,由于新基建的战略意义,且相较于软硬件系统,建设不动产未来的不确定性较小,且建成后有实体支撑,风险较小,因此不动产政策性银行贷款和专项债在此时便可介入,助力新基建不动产的建设。

(2)初期运营阶段,综合运用股债工具

不动产建设完工后,就可以进行初期运营,由于此时已经具有了资产实体,因此可向银行申请抵押贷款,降低融资成本。同时可引入私募股权基金,如不动产孵化基金、不动产夹层基金等权益型工具,降低产业债务压力,合理调整负债结构。

(3)成熟不动产阶段,广泛运用标准化金融工具

此时不动产等资产已经具有了稳定的运营效益,可创造稳定的现金流或者未来预期收益,融资基础增强,此时除了可通过信托贷款、委托债权等非标工具进行融资,还可广泛运用标准化金融工具进行融资,降低融资成本。其中,资产证券化工具是一类重要的融资手段,如商业房地产抵押贷款支持证券(CMBS)可获取较低成本的债权融资;也可通过收益权 ABS 将未来收益折现实现融资;还可通过发行 REITs 实现存量资产盘活,依靠资产本身价值带动阶段融资。此外融资租赁、售后租回等方式也是一个满足融资和使用双重需求的方式。

(4)循环再投资阶段,REITs 实现投融资生态闭环

该阶段是新基建不动产部分投融资周期的最后一环,也是关键一环,如果没有这一环,就无法打通产业全链条,实现资金与资产高效流转循环。此时可采用股权交易或者资产交易的方式出售新基建的不动产,还可通过发行 REITs 盘活存量不动产,将不动产证券化,原始产权人既可以实现资金退出流转,又可以保留一部分份额继续实现对资产的控制。至此,实现了新基建不动

产部分的产业周期闭环,构建了一个循环可持续的投融资生态体系,回收资金可继续支持新项目的开发,推动新基建产业螺旋式上升发展。

就金融工具而言,重点在于根据新基建各个阶段的特征匹配合适的工具,契合新基建的体系化运作。同时,以上新基建投融资模式及工具仅是在产业宏观层面的分析概述,不同新基建细分领域的商业模式、发展路径、市场化程度均有所不同,因此在实际运用中要以实际情况为基础,以风险与收益特征为重点,以市场驱动为导向,以循环可持续为目标,构建全方位、多层次、闭环化的投融资生态体系。

三、投融资风险因素分析与税务安排

随着新一代信息技术的快速发展,新基建也将进入新的发展阶段。从项目建设与开发角度来看,推动传统基础设施与新基建融合发展,将数字化的技术和流程运用在基础设施的设计、建造和运营各环节,有助于提升基础设施的投资效率与运营能力。

(一) 投融资结构的新变化

与传统基础设施相比,新基建所包含的数字化基础设施与不动产基础设施比重有所不同、政府投资与社会投资比重也有所差异(见图7-3-1),直接导致了新基建项目在所有权结构、项目收益模式、利益相关方合同结构、融资结构等方面的变化,这将对新基建项目投资结构产生新的影响,带来新的挑战。

1. 项目所有权结构的变化

传统基础设施项目大部分为政府投资项目,政府作为投资者拥有所有权。近年来随着政府和社会合作(Public-Private-Partnership,PPP)模式的开展,基础设施的产权主体呈现多元化趋势。政府能够控制项目公司利用基础设施提供服务的类型、对象和价格以及资产的重大权益,并对合同期满时基础设施在移交时性能、状态等做出明确要求。

相比于传统基础设施,新基建的投资资产除包含与传统基础设施类似的固定资产外,还包括较高比例的无形资产,如知识产权、专利权和数字资产等。

新型基础设施

数字化比重

| 智慧城市
智慧农业
智能电网
智慧社区
智慧安全 | 智慧工厂
车联网
智慧金融
智能媒体
智慧医疗 |

政府投资比重 ———————— 社会投资比重

| 城市道路
铁路
市政工程
学校
园区开发 | 轨道交通
土地与建设开发
电力能源
供水与污水处理
医院 |

传统工程建设比重

传统基础设施

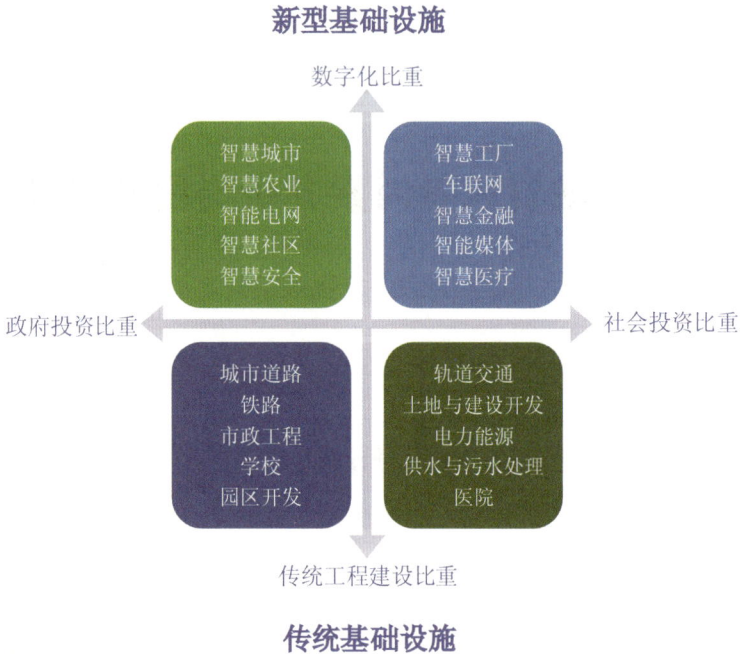

图 7-3-1 传统基建与新基建不同业态的投资属性

这部分资产与传统基础设施特许经营权的所有权和估值都有所不同,对投资结构的要求也不同。此外,非物理基础设施中的永久设备投资占比相对较高,这类设备的所有权相比传统基础设施具有更为丰富的投资模式,进而影响到新基建项目的投融资结构。

2. 项目收益模式的变化

投资项目的收益模式决定了项目的可融资性,传统基础设施投资的收益模式主要包括政府购买服务、可用性付费、影子价格收费、最终用户付费等。政府作为投资主体,需要吸引企业和私营部门投资人的参与以降低政府投资压力,同时由于缺乏典型的收益模式,政府还需通过不同收益模式(如 PPP 模式的可用性付费)为企业等市场投资主体提供收益。

相比于传统基础设施,新基建投资主体更加多元,更多市场驱动。从对应收益模式来看,除传统的政府购买服务、可用性付费等方式外,还包括即时付款、周期性订阅以及广告收益等方式。同时,随着收益方式中政府参与度的逐渐降低,社会资本参与度的不断提高,新基建投资收益的不确定性也逐渐增加。无论收益模式如何变化,在新基建投资过程中仍需将投资成本与随时间产生的收益相匹配,以增强项目的可融资性。

3. 合同结构的变化

相比于传统基础设施,新基建的项目发起人和投资者来自不同行业,在投资过程中承担的角色和分工也有所不同,因此利益相关方合同关系也更加复杂。其中,轻资产所有者可能承担融资、提供技术、设备、运营服务等功能,在融资、建设和运营的过程中,需要有不同的合同关系来明确其责任和义务。特别是具有专利权或数字资产的投资人,由于其资产的属性和价值的影响,有关项目融资协议与传统基础设施也将有很大不同。

4. 融资结构的变化

相比于传统基础设施,新基建资产属性有所不同,融资结构也更趋多元,在传统债务融资与股权融资的基础上,需要有所创新。针对项目的固定资产、数字资产、IT 设备资产、新技术的专利权、特许经营权等,要分别予以考虑,构建更为复杂的融资结构。同时,考虑到项目对经济发展、旅游文化、社会和可持续发展等方面的影响(如智慧城市、智慧农业、智慧社区等),还需协调投资者与政府方的关系,最大限度地提高项目的可融资性。除此之外,还应进一步考虑卖方融资(设备供应商融资)、基于消费的融资、基于服务的融资、特许经营权融资、收益共享等不同的融资方式。

（二）投融资过程中的风险考量

基础设施投资是一个长期过程,基本原则是保持投资风险与收益相匹配。随着投资属性的变化,项目全生命周期的不确定性增加,投资面临多方面考验。对于新基建而言,数字化技术及大数据分析方法的使用,将带来新的风险并产生新的收益,从而调整新基建项目的风险与收益结构。总的来看,在外部监管和颠覆因素等内外作用下,投资者需谨慎规避风险,维护收益,并辅以合理的退出机制。

新基建项目在开发投资过程中所面临的风险因素可以归纳为五大类,即:

1）内在催化因素。2）外在颠覆因素。3）多方协同因素。4）阻碍因素。5）监管因素（详见图7-3-2）。

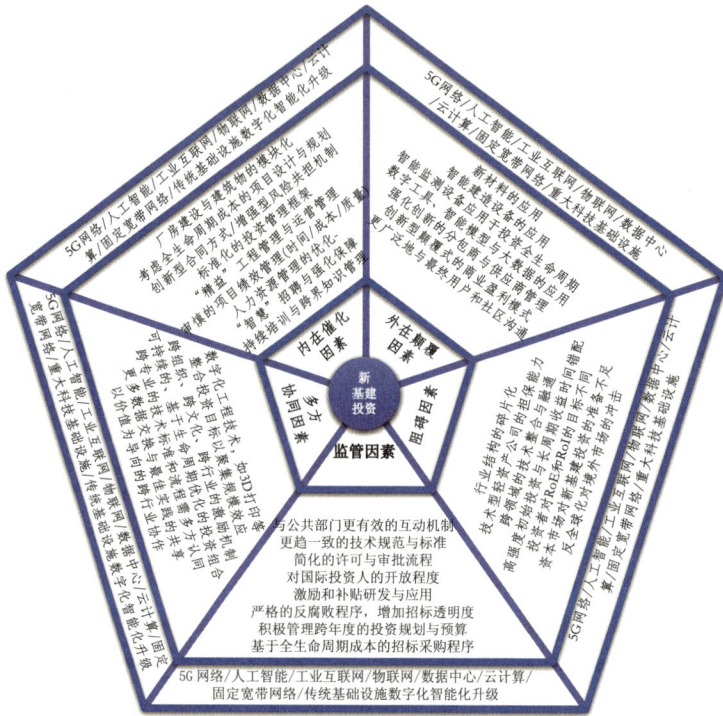

图7-3-2　新基建生态圈与投资风险因素图

（1）内在催化因素

主要包括：由于技术变革带来的内在催化因素，如厂房建设与建筑物的模块化；数字化技术对流程和运营带来的影响，如项目全生命周期成本的计划与规划；创新型合同方式以及增强型风险共担机制；标准化的投资管理框架；"精益"工程管理与运营管理的应用；更加审慎的项目绩效管理（时间/成本/质量）；由于技术变化对组织、人员和文化产生的影响，如迫切需要的人力资源、人才结构的调整和优化，以及持续培训与跨界知识管理等。

（2）外在颠覆因素

主要包括：由于技术变革带来的颠覆因素，如新材料、智能建造设备、智能监测设备在投资全生命周期的应用；数字化技术给流程和管理带来的革命，如应用数字工具、智能模型与大数据优化流程和管理，创新的分包商与供应商管理模式等；商业战略方面带来的影响，如创新型颠覆式的商业盈利模式；广泛的信息共享带来的社会影响等。

（3）多方协同因素

主要包括：在技术方面，技术变革推动的工程技术数字化转型，如 3D 打印等在多方协同的情况下，广泛地应用在投资建设过程中；在商业战略方面，需要更多地考虑可持续的、基于生命周期优化的投资组合，以及整合投资目标形成聚集规模效应；在组织、人员和文化影响方面，需要引进跨组织、跨文化、跨行业的激励机制；在行业协作方面，跨专业的技术标准和流程需要得到多方认同，实现更多的数据交换与最佳实践的共享，最终形成以价值为导向的跨行业协作。

（4）阻碍因素

新基建技术更新迭代快的特征，增加了跨领域技术整合与融通的难度。从投融资角度来看，技术型轻资产公司的担保能力有限、新基建项目高强度的初始投资与长周期收益的时间错配、投资者对投资收益率要求不同等因素，都将成为投融资的阻碍因素。此外，资本市场对新基建投资的准备尚未充分，加之反全球化趋势对境外市场的严重冲击，也将成为投资新基建领域的潜在阻碍因素。

（5）监管因素

新技术带来的变革需要投资各相关方及公共部门建立更有效的互动机制。主要包括：在监管政策方面，需要更趋一致的技术规范与标准，以及简化的许可与审批流程；在市场政策方面，需要将对国际投资者的开放程度作为重要的制度变量；在财政政策方面，科技研发与应用的激励和补贴仍然是公共部门和政府需要考虑的因素。同时，还需建立更为严格的反腐败程序，增加招标透明度，推广倡导基于全生命周期成本的招标采购程序，并积极管理跨年度的投资规划与预算。

（三）投融资相关方对策

从本质上来看，新基建项目投资与开发过程体现为风险与收益在不同投资人之间的转移。在投资交易过程中,从传统的合作伙伴关系到特许经营,再到股权合作,进而到全部自行投资,本质上就是项目发起人或初始投资人与合作投资各方(包括战略投资人和财务投资人)之间进行风险转移的过程。在项目采购交易过程中,无论是传统的政府采购模式,还是 PPP 模式,本质上是在投资人、建设商、服务提供商和供应商等不同投资主体之间进行风险再分配的过程(见图 7-3-3)。下文从新基建项目投资主体角度分别给出相关对策建议。

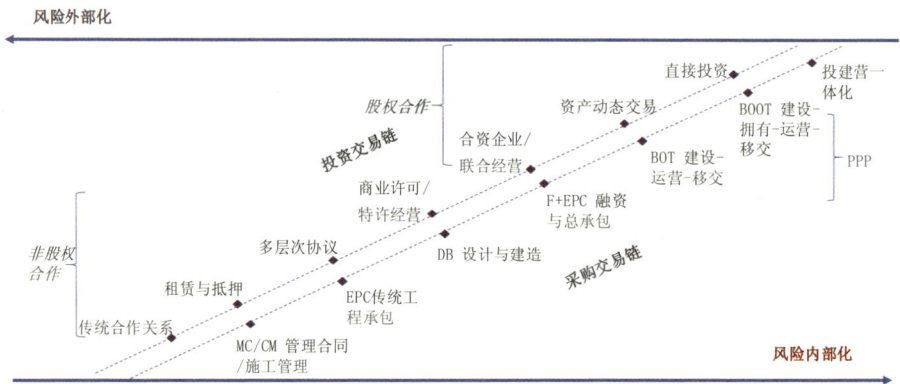

图 7-3-3　新基建建设投资交易模式与项目采购交易方式

1. 基于投资人的对策

近年来,由于新一代信息技术的逐步推广,传统投资交易方式与合同模式都在迅速演变。投资者的投资方式、合同方式,以及收益模式会发生变化。为减少不确定性,针对投资者提出三点建议:

第一,结合大数据分析使用"敏捷方法"对投资项目进行价值分析。投资人可以依托项目发起者与所有权地位,汇集投资项目的开发商、设计师和建设商,通过改革传统价值工程的方法、运用数字化信息系统等一系列跨学科的新型数据分析方法,做出最优决策,提高资本回报率。

第二,积极评估颠覆因素对新基建投资的影响,运用大数据、人工智能等新技术最大限度地模拟未来投资过程,将更好的实景模拟运用到投资评估过程中。

第三,关注基于技术创新产生的新资产类别。新技术的应用将使新基建投资产生更加具有市场吸引力的新资产类别，包括数据中心、工业互联网、物联网等。充分理解这些新资产类别的基本特征，维持项目投资风险与收益处于对称区间，投资者将获得更好的投资机会并取得投资先行者优势。

2. 基于建设商与服务提供者的对策

随着新基建投资的大力推进，各类建设商和服务提供者在从市场需求中获得机会的同时，也面临着由诸多颠覆因素以及行业固有矛盾带来的挑战。为应对这些挑战，提出三点建议：

第一，把握新一代信息技术带来的变革与机遇，将大数据等分析技术运用到材料设备采购、项目建设运营等各生产环节，提高生产效率。

第二，充分考虑传统基建项目与新基建项目的优劣势，制定中长期投资路线图，平衡并优化传统业务和新型投资业务的投资组合，促进产业融合发展。

第三，综合运用新一代信息技术分析制定项目计划，将数字化的信息系统纳入相关的管理体系中，不断提升业务资源管理能力与项目执行能力。

（四）项目税务安排

近年来，我国陆续出台了多项财税政策支持以科技创新为导向的企业发展与投资。投资人可以这些政策为基础，结合资本市场常见的投资交易模式，从项目运营、融资、投资与退出的角度考虑如何优化税收安排并关注需要注意的风险点。

1. 项目运营

（1）企业所得税优惠税率和减免税优惠

中国企业所得税标准税率是25%。符合国家战略或高科技类的企业有机会适用诸多低税率和减免税优惠，如高新技术企业适用15%的税率、符合条件的集成电路生产企业可以享受两免三减半政策等。

需要注意的是，这些优惠往往附带诸多前置条件，如特定类收入占总收入比例、研发费核算口径和比例、企业所持有的核心资产情况、技术人员比例等，某些条件还需要每年进行复核，当年度若无法满足要求则很可能无法享受相应的优惠。企业需要结合自身的业务,评估该等优惠的适用性及可持续性,并加强日常的监督管理以降低合规性风险。

(2)政府财政补贴的企业所得税和增值税处理

各级政府部门提供了大量的财政资金资助支持科技创新。按目前的企业所得税政策,该类补贴在收到的当期一般即产生所得税纳税义务,只有符合特定条件的财政补贴可以按不征税处理,但需要注意的是不征税财政性补贴所形成的成本费用也无法在企业所得税税前列支。而根据增值税的最新规定,财政补贴收入与企业销售货物、劳务、服务、无形资产、不动产的收入或者数量直接挂钩,应按规定计算缴纳增值税。其他情形的财政补贴收入,不属于增值税应税收入,不征收增值税。因此,企业需要准确判断每笔补贴收入的性质及相关的企业所得税和增值税处理,建立内部台账,核算每笔财政补贴的收支情况以正确申报所得税和增值税。

(3)研发投入阶段的企业所得税扣除

新基建的建设需要持续不断的技术研发。为鼓励技术研发活动,中国现行财税政策提供了研发费用加计扣除政策,即在开发新技术、新产品、新工艺方面发生的实际研发费基础上,再加成一定比例,作为计算企业所得税应纳税所得额时的扣除金额。不过,企业需要注意税务机关对研发费用的归集口径、加计扣除的支持性文档有相应的规定和要求,若后续管理中无法提供,可能会面临补缴税款并加征滞纳金。

(4)企业所得税亏损结转

对于投入周期较长的新基建项目而言,企业可能在初始很长一段时期内处于亏损状态。即使相关财税政策给予了优惠的税前扣除政策,若未来盈利无法用于弥补以前年度亏损,那么这些税收优惠实际上就并未起到扶持的效果。根据企业所得税法,一般企业的亏损可以向后结转五年,而高新技术企业或科技型中小企业的亏损结转可以延长至十年。因此,企业在考虑税务安排时,可以审视自身情况来判定是否可能符合高新技术企业或科技型中小企业的要求以享受更长的亏损结转时间。

(5)软件相关收入的增值税定性

新基建的建设多涉及软件的构建升级。现行软件收入相关增值税政策较为复杂,基于不同性质的软件收入,增值税处理也有所不同。比如,销售自行开发生产的软件产品超过3%实际税负部分实行即征即退政策,而提供软件技术服务则属于技术服务范畴,适用6%的税率。实务操作中,界定销售软件产品与提供软件技术服务存在一定的模糊地带,各地税务机关可能会有不同的认定。

(6)关联交易与转让定价

高科技领域企业发展过程中可能在不同地点设立多个运营实体,用来实现多地团队研发协作、本地化市场开发等职能。这些实体间可能会形成复杂的关联交易。考虑到各国所得税税率差、国内不同资质企业间和地区间的税率差异,若不及时进行梳理,容易引起境内外税务机关对关联交易定价合理性的质疑甚至引发纳税调整。另一方面,有计划的关联交易管理往往可以促使资产和风险在不同企业的合理分布并连带产生税务优化的效果。

2. 项目融资

(1)通过上市融资

目前,高科技企业通过上市融资常见有红筹和内资两种架构。具体架构如图7-3-4所示。

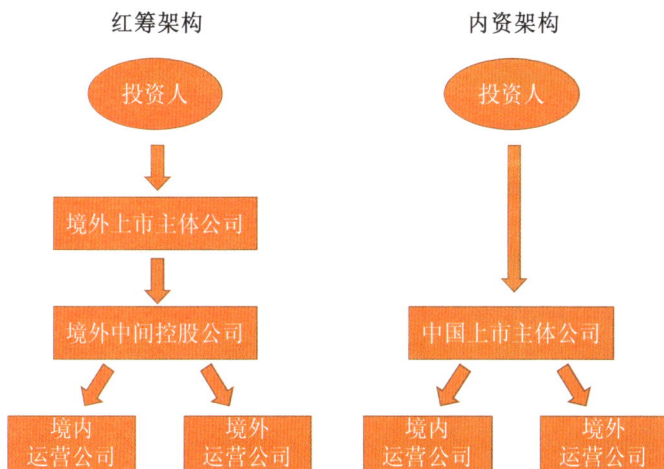

图7-3-4　高科技企业上市融资架构

红筹架构下,投资人及创始人一般通过各自的境外特殊目的公司持有上市融资主体,然后通过境外控股公司全资持有境内外运营公司股权。运营公司逐层向上分派股息时,需要考虑股息预提所得税影响。以香港公司—中国运营公司架构为例,中国公司分派税后股息需要为香港控股公司按 10% 税率代扣代缴预提所得税,在内地—香港避免双重征税安排下,满足一定条件(如控股比例、境外控股公司商业实质等)时,该税率可以降低到 5%。因此,从降低整体税负角度来看,企业应关注运营公司所在国的股息预提所得税规定、税率优惠的可能性及需要满足的条件等。

内资架构下,除特殊情况外,中国居民企业之间的股息分配属于免税收入;然而,越来越多的高科技企业响应"走出去"的战略,在境外纷纷设立市场营销、销售乃至研发中心。未来这些境外实体的利润若要向中国母公司进行分派,则应考虑中国母公司对应的实际税负,如境外所得税负担水平、是否需要就境外股息收入缴纳中国企业所得税、境外所得税抵免的充分性及文档要求等。对于"走出去"的投资而言,合理筹划控股层级和架构均有助于优化整体税负。

为了满足企业未来上市的要求,企业可能会在上市前通过股权收购、资产收购、增资、资产剥离等方式进行并购重组。通过积极合理的税务安排,可以降低并购重组的税负成本。

(2)债务融资

除了上市融资的途径之外,企业还可以选择债务性融资(如金融机构贷款、关联方资金拆借、发行债券等)方式。从企业所得税角度,债务性融资工具产生的利息费用可以在税前扣除。然而从增值税角度来看,贷款利息不可以抵扣进项税,会增加企业额外的成本。

需要注意的是,随着金融工具的创新与发展,实践中越来越多的新融资方式兼具权益和债权的混合属性。这类混合性投资业务包括股权信托投资、优先股、可转换债券、永续债等。企业需要根据相关税收法规文件判定其正确的税收处理方式。

为了降低集团内企业资金的借贷成本,满足灵活调拨资金的需求,集团关联方之间的资金借贷(如资金池、无息借贷等)也是常见的融资行为。不过,关联企业之间借贷需要特别注意利息的企业所得税税前扣除。增值税角度,集团内企业内部资金拆借的增值税处理取决于多种因素，例如借贷利率、是否属于统借统还、是否属于集团企业等。集团需要结合实际情况进行判断。

3.项目投资与退出

（1）通过有限合伙制基金投资项目

投资人通过股权私募基金或者风险投资基金来投资新基建项目是常见的投资模式。这类基金通常以有限合伙企业的形式存在。根据相关税收法规，合伙企业生产经营所得和其他所得采取"先分后税"的原则，合伙企业合伙人是自然人的，缴纳个人所得税；合伙人是法人和其他组织的，缴纳企业所得税。因此，通过合伙制基金取得所得的具体税务处理因投资人的性质、所得的种类不同而有所差异。

不过，中国合伙制税收政策还有诸多尚待明确的技术点，这也造成了合伙制基金的潜在税务风险。比如合伙人是否可以穿透分别适用个人所得税和企业所得税法下的各项税收优惠政策、多层嵌套合伙基金的企业所得税和个人所得税处理等。投资人应关注这些尚待明确的技术问题，测算相关税务成本及其对投资回报的影响。

（2）政府和社会合作模式（PPP）

近年来，PPP模式在加强基础设施补短板，调动民间投资积极性等方面，起到了不可替代的作用。相信未来PPP模式也会更多地运用到新基建项目中。目前没有统一的税收法律法规或文件对PPP运作方式中可能涉及的税务影响作出明确的规定，相关规定散布于多个税种的诸多文件中，且一些环节中的税收处理并不明确。例如在建设—运营—移交（BOT）模式下，由经营者投资建设建筑物、设施和设备，期满后由经营者无偿交给政府。在移交的退出阶段，是否需要视同销售缴纳增值税和企业所得税存在不确定性。

另外，PPP合作模式下，投资者经常会用非货币资产投资到项目公司。从税务角度来看，这种资产转移行为，在企业所得税、增值税和其他税种方面，通常被视为应税业务。然而，在企业所得税、增值税、土地增值税、契税等方面都有一些特殊政策，符合条件的情况下可以递延缴税或不征税。投资者在出资时应关注相关的税务风险。

REITs 篇

盘活资产存量

不动产信托投资基金(Real Estate Investment Trusts,REITs)是20世纪60年代诞生于美国的创新金融产品,是不动产证券化的一种主要形式。基于其破产隔离功能、专业运营管理、透明公允定价、良好流动性等核心特点,用好这一工具,对于促进我国传统基础设施存量资产盘活、推动新型基础设施市场健康发展将发挥重要作用;同时也有利于降低企业和政府杠杆率、提升资源配置效率、完善市场价格引导机制、形成循环可持续的投融资生态体系。

　　2020年4月30日,中国证监会、国家发展改革委联合印发《关于推进基础设施领域不动产投资信托基金(REITs)试点相关工作的通知》,同日证监会发布《公开募集基础设施证券投资基金指引(试行)》(征求意见稿),面向社会公开征求意见,标志着我国基础设施领域公募REITs试点正式拉开序幕。传统基础设施REITs有着广阔的市场空间,新型基础设施REITs兼具"传承"与"创新"的双重属性,可以说,这是我国资本市场发展中的一个标志性事件。

一、基础设施 REITs 市场发展

（一）REITs 的内涵特征

不动产证券化是把流动性较低、有稳定现金流的不动产资产,转化为资本市场上的标准化证券资产的过程。REITs 是通过发行收益凭证汇集投资者资金,交由专业投资机构进行不动产投资经营管理,并将投资收益及时分配给投资者的一种投资基金。在全球的金融体系中,REITs 市场是不动产金融的重要支柱。梳理世界主要国家多年的发展实践,REITs 主要有以下几个特征:

在募集方式方面,REITs 以公开募集与上市交易为主,同时保留私募REITs 发展空间。标准意义上的 REITs 产品是公募的,在公开市场交易,流动性较强。

在投资范围方面,REITs 的主要投资标的是有稳定现金流的不动产类基础资产,主要收入来源以不动产产生的长期、稳定的现金流为主,少部分可以用于开发。

在收益来源方面,REITs 收入里必须有不低于一定比例(美国是 75% 以上)来自于所投不动产项目租金或者增值。

在收益分配方面,REITs 投资经营产生的收益实行强制分红政策,即REITs 当年所获得的可分配利润应高比例分配给投资人,例如美国要求比例为 90% 以上。

在杠杆率要求方面,为保障 REITs 持有人的分红权益和降低运作风险,一些国家通过制定 REITs 杠杆率上限来约束其债务融资行为。

在税收政策方面,REITs 制度是税收驱动的,当投资范围和分红政策等符合条件时,REITs 层面的所得税可以免除,REITs 投资者也可以获得一定的税收优惠。

（二）国外基础设施 REITs 市场

截至 2019 年末,全球共有公开交易的 REITs 证券 819 只,总市值达 2.1 万亿美元,分布在全球 33 个国家和地区的交易所[①]。REITs 的投资领域十分丰富,其基础资产包括商业写字楼、零售物业、酒店、公寓、仓储物流、医疗保健、主题公园、体育馆等,以及种植园、学校建筑等创新投资领域。机场、港口、收费路桥、电力设施、通信铁塔、数据中心、水利及城市供排水等具有稳定、较高收益率的基础设施也越来越多被纳入各国 REITs 基础资产范畴。

以美国基础设施 REITs 为例,2007 年美国国税局在给美国电力基础设施联盟的批复函中确认了基础设施可以成为 REITs 的合格投资对象,并规定从非传统型不动产投资中所获得的租赁收入,也可以成为 REITs 的合格收入。

根据美国不动产投资信托协会（NAREIT）对 REITs 的分类标准,基础设施 REITs 被专门划分为一个门类,其底层资产类型包括光缆、无线基础设施、电信塔和能源管道。截至 2019 年 12 月末,REITs 的行业指数（FTSE NAREIT Equity REITs）包括 155 只 REITs,其中有 5 只基础设施 REITs,总市值达 1902.00 亿美元,市值占比 14.90%,排名第二。如将数据中心 REITs[②]、工业 REITs[③] 纳入广义基础设施范畴,市值金额达 4048.11 亿美元,总市值占比达 31.71%,如图 8-1-1 所示。

亚洲地区的印度在基础设施 REITs 领域也形成了自己的特色。印度国家

[①] 资料来源于彭博,按照 ICB 行业标准统计。

[②] 数据中心 REITs 拥有并管理客户用于安全存储数据的设施,以帮助保持服务器和数据的安全,包括提供不间断电源、气冷式制冷机和物理安全。

[③] 工业 REITs 拥有并管理特定类型工业设施,如仓库和配送中心,工业 REITs 在电子商务中扮演着重要的角色。

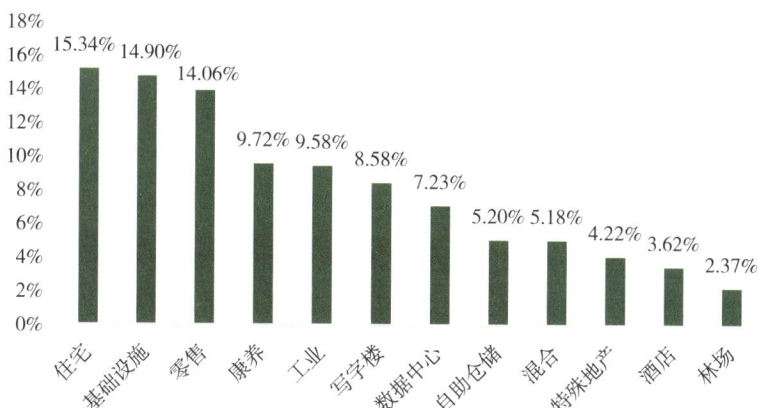

图 8-1-1　2019 年末各类型 REITs 在 NAREIT 成分股中市值占比

资料来源:NAREIT,中联基金。

转型委员会(NITI)于 2012—2017 年在基础设施行业投资 1 万亿美元以推动经济增长,资金来源除了传统的银行信贷外,还需要广泛的资金来源。印度证券交易委员会采取了创新措施,于 2014 年针对基础设施项目发布了《基础设施投资信托 InvITs 守则》,允许开展基础设施投资信托基金(InvITs)业务。规则出台后,目前已有两只 InvITs 于 2017 年 5 月分别在印度国家交易所(NSE)和孟买证券交易所(BSE)成功发行上市。

（三）国内基础设施 REITs 市场

目前国内市场尚未推出完全符合国际惯例的标准 REITs 产品。自 2014 年开始,我国推出了一批在功能上与海外成熟市场 REITs 产品具有一定相似性的"类 REITs"产品,已初具规模。2014 年至 2019 年末,沪深交易所累计共发行 68 单类 REITs 产品,发行规模 1351 亿元人民币。截至 2019 年末,交易所类 REITs 产品存量规模 1174.25 亿元人民币。

借鉴成熟的国际经验,在现行法律法规框架下,2020 年 4 月 30 日,中国证监会、国家发展改革委联合印发《关于推进基础设施领域不动产投资信托基金(REITs)试点相关工作的通知》,优先支持仓储物流、交通、污染治理、市

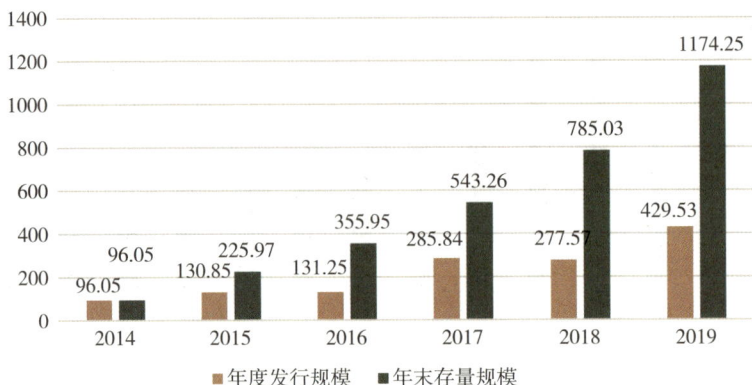

图 8-1-2 我国类 REITs 各年度发行及存量规模（亿元）

资料来源：CNABS，中联基金。

政工程等基础设施补短板行业,鼓励信息网络等新型基础设施,以及国家战略性新兴产业集群、高科技产业园区、特色产业园区等开展试点;优先支持京津冀、雄安新区、粤港澳大湾区、海南、长江三角洲等重点区域,支持国家级新区、有条件的国家级经济技术开发区开展试点;鼓励将回收资金用于新的基础设施和公用事业建设,重点支持补短板项目,形成投资良性循环。

虽然我国目前公募 REITs 的相关产品尚未推出,但我国类 REITs 产品自2016 年就开始了在物流、产业园、路桥交通等与社会生产和居民生活紧密相连的公共服务基础设施领域的探索与实践,截至 2019 年末,我国在上述基础设施领域发行的类 REITs 产品规模合计 185.29 亿元人民币。

在物流资产方面,我国已推出苏宁云享和菜鸟仓储类 REITs。物流地产属于工业地产的范畴,REITs 工具的引入与发展既能够解决物流地产资金难题,同时又能促进企业轻资产运营。

在产业园区资产方面,我国推出了"顺丰物流产业园""苏州纳米大学科技园""中集产城产业园"等产业园区类 REITs,有效拓宽了产业园区融资渠道、降低融资成本,提升了园区运营服务水平。

在路桥交通方面,2019 年我国推出了以高速公路为底层资产的类 REITs 产品——"中联基金—浙商资管—沪杭甬徽杭高速资产支持专项计划",是类 REITs 产品在传统基建领域的首次实践突破。

二、传统基础设施 REITs 市场的拓展

（一）重要作用

发行传统基础设施 REITs，进一步创新投融资机制，能有效盘活存量资产，促进企业和政府降低杠杆率、提升资源配置效率、降低政府和企业财务风险、完善市场价格引导机制、形成循环可持续的投融资生态体系。无论是在宏观、微观层面，或者是从供给侧、需求侧层面，传统基础设施 REITs 都具有重要的现实意义。

1. 盘活存量资产，带动增量投资弥补短板项目建设

我国基础设施领域已经形成大量优质资产沉淀。通过发行基础设施 REITs 能盘活资产，将收回资金用于新的基础设施补短板项目建设，形成良好的投资循环①。一方面，可以通过基础设施 REITs 协助政府和基础设施投资运营企业盘活传统资产，把未来的现金流提前变现，提高投资周转率。另一方面，通过存量资产提前变现带动增量投资，运用基础设施 REITs 盘活存量资产收回的资金，可以用于新的补短板项目建设，形成新的优质资产。目前，地方政府以及主要从事基础设施投资的国有企业可用于投资的财力进一步受到制约，基础设施 REITs 盘活存量资产、直接弥补投资资金不足，在当前形势下其意义和作用更加凸显。2019 年底，国务院常务会议提出，"基础设施领域和其他国家鼓励发展的行业项目，可通过发行权益型、股权类金融工具来筹措

---

① 参见北大光华 REITs 报告十：中国推出公募 REITs 落地的八大建议，见 http://www.gsm.pku.edu.cn/info/1022/21027.htm。

资本金"。

2. 实现资金闭环,探索构建可持续投融资生态体系

在传统的基础设施建设投融资过程中,社会资本普遍面临"引不进来"和"退不出去"的难题,传统的融资工具也往往难以形成可持续的资金链闭环,缺少合适的退出渠道。基础设施 REITs 为投资于基础设施的企业提供了规范化的进出渠道,通畅了基础设施建设领域投资资金进入渠道,并充分完善投资资金退出渠道,建立可持续的投融资生态体系。

3. 提高直接融资比例,防范化解系统性金融风险

传统基建的投资实质多为债权类融资,数十年的投资导致社会融资规模增加,宏观杠杆率上升。基础设施 REITs 作为重要的权益型工具,具有提高直接融资规模和拓宽直接融资渠道的优势,有利于提高直接融资比重,能够显著促进融资功能的提升,是金融服务实体经济、构建多层次资本市场体系的重要途径,同时也是降低债务风险、推动经济去杠杆、防范化解系统性金融风险的有效方式。

4. 深化金融供给侧改革,扩大投资者投资基础设施有效渠道

社会资本主要通过银行信贷途径等间接分享基础设施投资带来的收益,不能很好达到吸引资本的目标。基础设施 REITs 从供给侧丰富了投资者的投资选择,通过基础设施 REITs 参与存量项目,不需要承担项目建设的前期工作,降低了参与难度;并且,基础设施 REITs 采用公募方式公开发行,属于标准化产品,流动性高、收益比较稳定,有利于吸引包括保险、社保以及理财等各类资金参与。

5. 助推企业健康发展,促进财务优化和专业分工

基础设施 REITs 作为一种战略性的资本工具,能够切实满足基础设施企业发展过程中的多种诉求,持续性地助力基础设施企业长远发展。从财务角度来看,REITs 能够降低企业的资产负债率,提升企业的投资周转率,改善企业的财务状况,有助于企业保持健康的运营状态;从专业分工的角度来看,REITs 能够助力基础设施企业实现轻重资产分离,重资产可持续注入 REITs资本平台,获取现金流回款,轻资产独立运营,获取更高的估值溢价,专业分工也能促进基础设施行业的专业化与细分化发展。

6.锚定基础设施资产价格,提升不动产投资效率

基础设施 REITs 公开上市发行,信息将更加透明,有利于倒逼企业建立精细化、市场化管理机制。基建项目在 REITs 市场的估值水平是评价项目开发质量与运营质量的重要标尺,估值较高的项目将会为未来的同类项目吸引更多的前期投资。因此,作为不动产资产定价的"锚",REITs 市场对于提升不动产投资的投资效率,优化资源配置至关重要。完善的 REITs 市场有利于优质基建项目尽快落地,减少低效的重复建设。

(二) 广阔市场

我国传统基础设施规模化建设起步较早,一方面具有丰富的建设与运营经验,另一方面也形成了巨额的存量资产。传统基础设施涉及的领域广泛,包括铁路运输业、道路运输业、水上运输业、航空运输业、管道运输业、多式联运和运输代理业、装卸搬运业、邮政业、电信广播电视和卫星传输服务业、互联网和相关服务业、水利管理业、生态保护和环境治理业、公共设施管理业等。从 2003 年到 2017 年 15 年间,我国传统基础设施建设投资累计值为 107.60 万亿元①,百万亿级的投资沉淀了规模庞大的存量基础设施资产。

传统基础设施的资产特性与 REITs 高度契合,两者能够实现深度结合,产生巨大的社会效益。传统基础设施资产通常是有着较大经济价值的实体资产,运营期限较长,能够产生稳定的现金流,且收益来源较为分散,收益风险较小。而 REITs 的基础资产要求有一定的内在价值,未来收益具有一定的稳定性,资产的收益波动性较小。因此,传统基础设施与 REITs 具有良好的匹配性,收费公路、轨道交通、航运港口、污水处理厂等均可作为 REITs 的底层资产。

关于推进基础设施 REITs 试点的通知,以例举的方法提出了基础设施的

---

① 数据来源:国家统计局官网。

范围包括仓储物流,收费公路等交通设施,水电气热等市政工程,城镇污水垃圾处理、固废危废处理等污染治理项目等传统基础设施,信息网络等新型基础设施,以及国家战略性新兴产业集群、高科技产业园区、特色产业园区等其他基础设施。

北大光华管理学院 REITs 研究中心分析测算,我国标准的公募 REITs 产品潜在规模应在 4 万亿元到 12 万亿元之间,可以撬动 3 倍约 12 万亿元至 36 万亿元资金,其中未来中国基础设施 REITs 市场规模将达 2.1 万亿元,基础设施 REITs 有很大的潜力成为一个万亿级的市场。通过存量带动增量,基础设施 REITs 盘活的万亿级别的资金可进一步带动新增投资,促进国民经济的有效增长。

(三)运作体系

1. 项目基本条件

概括而言,REITs 项下的基础资产应权属明确、清晰,不存在法律纠纷和其他违规情形,不存在对外抵押、质押等他项权利,可以产生独立、持续、稳定、可预测的现金流,且可特定化。目前《REITs 指引(征求意见稿)》第七条对基础设施项目提出了五点要求:(1)基础设施项目原所有人享有完全所有权或特许经营权,不存在经济或法律纠纷和他项权利设定;(2)基础设施项目原所有人企业信用稳健、内部控制健全,最近 3 年无重大违法违规行为;(3)基础设施项目经营 3 年以上,已产生持续、稳定的现金流,投资回报良好,并具有持续经营能力、较好增长潜力;(4)现金流来源具备较高分散度,且主要由市场化运营产生,不依赖第三方补贴等非经常性收入;(5)中国证监会规定的其他要求。结合其他条款理解,还应当满足以下条件:(1)基础设施项目应当符合安全生产、环境保护的要求,并符合城市规划要求;(2)基础设施项目应当购买足额的保险;(3)REITs 发行前要对基础设施项目进行 3 年一期专项审计。《REITs 指引(征求意见稿)》征求社会意见正式颁布后,将成为我国基础设施 REITs 的"基本法",成为基础设施 REITs 项目需要具备的基本条件。

2. 产品架构说明

我国的基础设施 REITs 拟采用"公募基金+ABS"的架构以实现我国的标准化 REITs，即公募 REITs 的落地，如图 8-2-1 所示。

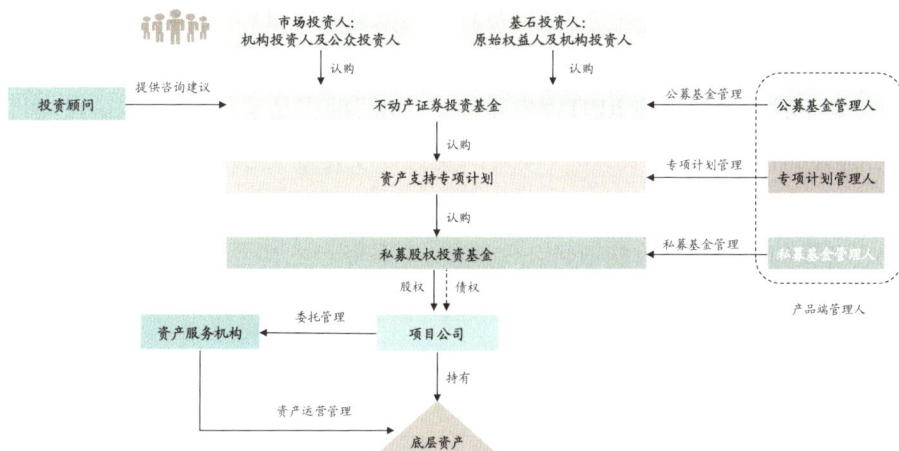

图 8-2-1　基础设施公募 REITs 架构

资料来源：中联基金。

（1）公募基金作为 REITs 的产品载体，由公募基金管理人基于《证券投资基金法》及 REITs 相关规则设立，投资于"资产支持专项计划"的部分或全部证券份额。

（2）资产支持专项计划（ABS）是由证券公司或基金管理公司子公司基于中国证监会《资产证券化管理规定》、上海/深圳交易所《资产证券化业务指引》等法律法规设立的证券化产品。资产支持专项计划内部通常进行优先级/次级的结构化分层安排，并直接投资于私募股权投资基金的全部基金份额。

（3）私募基金作为底层资产所在项目公司的直接股东，由私募基金管理人依据《私募投资基金监督管理暂行办法》《私募投资基金备案须知》等规则设立，并在基金业协会进行基金备案登记。通常而言，私募基金以"股权+债权"的方式持有项目公司股权。

3. 具体实施步骤

在当前基础设施 REITs 试点阶段，项目总体实施步骤包括以下环节：

（1）试点资格申请

根据《REITs 试点通知》要求，拟参与试点项目企业需向基础资产所在地省级发改委提交试点申请，省级发改委出具专项意见后，报请国家发展改革委将符合条件的项目推荐至中国证监会，最终由中国证监会、沪深证券交易所依法依规，并遵循市场化原则，独立履行注册、审查程序，自主决策。

（2）ABS 无异议函及基础资产架构搭建

基于我国基础设施 REITs"公募基金+ABS"的产品架构，在获取试点项目资格的同时，应着手开展 ABS（即资产支持专项计划）无异议函申请工作，以及相关的基础资产架构搭建工作，包括将底层资产装入特定项目公司、由完成协会备案的私募基金收购项目公司股权、获取资产支持专项计划无异议函并做好相应发行准备。

（3）公募基金注册

根据我国现有公募基金相关规定，基础设施 REITs 所对应的公募基金产品材料应由中国证监会指定部门受理并完成审核后，最终以中国证监会名义做出批准注册决定。在完成公募基金产品注册后，方可正式启动路演发行工作。

（4）路演询价发行

与传统公募基金的发行方式不同，基础设施 REITs 作为"资产上市平台"，在发行模式上采用了类似股票 IPO 的询价发行方式。根据资产估值及杠杆配置确定基金发售数量，借助网下询价方式确定具体的发行价格或发行区间，进而实施公开市场资金募集操作。

募集完成后，公募基金以募集资金支付资产支持专项计划层面相应优先级与次级投资人持有的专项计划份额收购款，实现基础设施 REITs 产品完整结构的搭建。

（5）挂牌上市

基础设施 REITs 的核心特征之一是实现了底层不动产长期持有经营与投资人可灵活交易退出的统一。因此，公募基金在募集完成、具备上市条件的情形下，需由基金管理人向交易所提出申请、经审核通过后正式挂牌上市。此后，投资人可于二级市场进行自由交易。

（6）资产持续注入

"可扩募"是基础设施 REITs 作为资产上市平台，区别于其他融资工具的核心特质。在 REITs 产品发行后持续注入优质资产，将有效促进资产上市平台的长期健康成长，充分兼顾"投资人长期稳定的投资收益"与"发行人持续通畅的资产上市平台"需求。

三、新型基础设施 REITs 市场的探索

（一）新型基础设施 REITs 的传承发展

无论是在底层资产层面、业务模式层面，还是在产品的核心理念层面，新型基础设施 REITs 与传统基建 REITs 保持着"一脉相承"的关系。

就底层资产而言，新型基础设施资产在权属类型与外延范畴方面与传统基建具有紧密联系。一方面，不动产产权、特许经营权等权属类型在新型基础设施与传统基建领域均占据重要地位；另一方面，诸如数据中心等新型基础设施资产类型，也是在传统基建基础上的进一步延伸。

就业务模式而言，新型基础设施资产的底层商业逻辑与传统基建领域仍然一致。无论是高速公路收取通行费、数据中心收取租金，还是工业互联网收取的系统使用与维护费用，正所谓"万变不离其宗"，底层业务模式的一致性是新型基础设施 REITs 与传统基建 REITs 保持传承性的重要依托。

此外，新型基础设施 REITs 作为 REITs 领域的一个新成员，将底层具有稳定收益来源、需统一运营管理、且流动性较差的基础资产，转变为具有较低投资门槛和较高市场流动性的证券产品，这种核心产品理念在本质上并未发生改变，这为新型基础设施 REITs 充分借鉴和发挥在基础设施 REITs 领域的积累提供了重要支撑。

新型基础设施中有众多不动产属性的资产，如 5G 领域的铁塔、数据中心、轨道交通，以及新型基础设施企业的办公楼、产业园、仓储厂房等，对于这些资产，可运用不动产信托投资基金（REITs）这一创新金融工具，将具有稳定

现金流回报但是流动性低的重资产纳入资本市场公开融资与交易,填补新型基础设施投资链条的最后一环,助力其形成循环可持续的投融资生态体系。

REITs 实现新型基础设施投融资闭环原理如下:

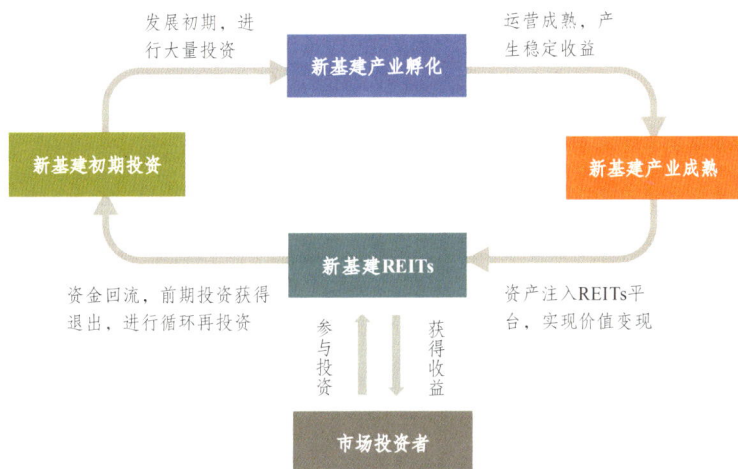

图 8-3-1　REITs 助力新型基础设施实现投融资闭环

在新型基础设施产业初期,进行前期投资建设,待产业孵化成熟、资产能产生稳定现金流之后,通过发行 REITs 实现资产价值变现,同时回笼资金。收回的投资一方面实现了前期投资资金的退出,另一方面也可继续用于其他新型基础设施项目,实现产业的高效循环发展。同时,REITs 可公开募资,吸引广泛的市场投资者参与投资,既有利于发挥市场主导作用,又有利于投资风险的分散。

（二）新型基础设施 REITs 的创新特性

底层资产的特性是构建整个产品的基础,引导和决定了交易结构、机制设计、现金流模型、运营管理安排、投资收益构成等几乎所有重要方面。因此,新型基础设施 REITs 产品设计与实施的原点,在于对新型基础设施资产特性的深度剖析,从 REITs 产品的视角出发,对新型基础设施资产与传统基建及一般不动产存在的差异进行梳理。新型基础设施 REITs 所具有的高度创新属性，其本源在于底层资产"科技属性"与一般不动产属性的深度融合。

1. 从资产价值来看，新型基础设施资产多是传统不动产与智能设施设备的有机组合

在一般商业地产或传统基建领域，资产价值主要来源于房屋/建筑物相应的物理空间对外经营取得的持续性收入，典型如物业租金、高速路通行费等。但在新型基础设施领域，资产价值不再单纯体现在简单的物理空间层面，各类具备科技智能属性的设施设备与传统不动产有机组合，共同构成了新型基础设施资产的价值来源。以 IDC 资产为例，从投资构成数据可以看出，"土建与配套"所占比例明显低于传统不动产领域。

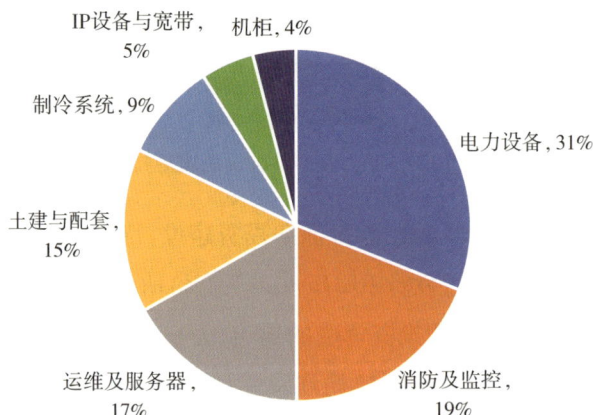

IP设备与宽带，5%
机柜，4%
制冷系统，9%
电力设备，31%
土建与配套，15%
运维及服务器，17%
消防及监控，19%

图 8-3-2　IDC 建设成本构成：机电设备占比高

资料来源：《全国数据中心应用发展指引(2018)》。

2. 从资产载体形态来看，新型基础设施资产正在从传统的有形不动产向无形资产延展

随着智能科技属性的植入，传统观念中基础设施发挥功能所必须依赖的有形物理载体，正在逐步向无形资产转化，"基础设施"的外延在逐步拓宽。对于 5G 基站、数据中心等新型基础设施资产而言，有形不动产已经衍变为智能科技发挥基础设施功能的物理媒介与手段，主要价值来自这些资产背后蕴含的核心科技。工业互联网在这方面则体现得更为彻底，一行行代码构成了

此类资产的体现形式。

3.从资产组合构成来看,新型基础设施资产正在从传统的大体量集中式分布向分散化网状分布转变

如果将传统基建比作整个社会经济运作的"大动脉",则新型基础设施资产正在以一种类似"毛细血管"的组织方式促进社会经济以更高层次、更加精细化的程度运转。一条高速路基于巨量的固定资产投资,在所覆盖的地理区域内促进交通运输发展;而对于 5G 基站等支撑经济社会网络化、智能化转型的关键新型基础设施[1]而言,单一网点建设对于资产整体功能的实现几乎没有影响,高度分散化的网状分布体系才是新型基础设施资产"互联互通"核心价值的实现方式。

4.从资产维护更新方式来看,新型基础设施资产面临持续技术迭代的经营常态

在传统不动产领域,资产的维护更新通常采用"日常维护+定期大修改造"的模式。总体而言,由于传统不动产科技赋能水平相对有限、在所处区域内具有一定排他地位,技术更新对其经营状态的影响具有较明显的长周期属性。相比之下,新型基础设施资产由于技术不断创新、标准不断提升,呈现出持续快速迭代升级的趋势[2],而这也将构成此类资产面临的经营常态,且所涉及的技术更新相比于传统不动产领域而言具有更强的全局性和系统性。

（三） 新型基础设施 REITs 的外延内伸

基于新型基础设施资产具备的上述特性,在国内既有的 REITs 实践基础上,未来新型基础设施 REITs 市场发展可以在以下几个方面实现延伸。

1.把握 REITs 核心内涵,拓展资产类型外延

从产品实质角度来看,REITs 的核心内涵应当包括:(1)以交易过户方式

---

① 参见工业和信息化部副部长陈肇雄在工信部会议上的发言。
② 参见徐宪平 2019 年 12 月 14 日于北大光华新年论坛发表的主题演讲。

持有资产,实现破产隔离;(2)资产主要依靠自身禀赋,产生持续稳定现金流;(3)将资产转化为可分割交易的证券产品。尽管 REITs 命名中包含"Real Estate"(不动产),当前全球 REITs 资产在实践中也基本体现为以收取租金为主的不动产,但也有不以租金收入作为主要收益来源的资产类型,如美国的林地 REITs 作为较具特色的一种资产类型,以出售木材作为主要收益来源①。在新型基础设施 REITs 领域,由于底层资产融入了更多科技属性、载体形态向无形资产延展,因此在经营模式及资产类型方面,都将与传统不动产存在较大差异。从支持新型基础设施行业发展的角度出发,应当在遵循 REITs 核心内涵的同时,结合新型基础设施资产的客观情况,适当拓宽基础资产外延。

2. 植入科技创新元素,完善产品全生命周期

一个完整的 REITs 产品生命周期主要包括尽职调查、方案设计、发行设立、存续期运营管理、退出终止五个阶段。与传统不动产 REITs 相比,新型基础设施 REITs 受到底层资产科技属性的推动,在上述各阶段中均需考虑科技创新元素带来的影响。例如,在方案设计、存续期运营管理等环节,既需要着重考虑如何匹配新型基础设施资产的科技属性,对现金流模型、资产定价等进行针对性设计,也需要深入了解新型基础设施资产的业务模式及主体特点,在存续期对基础资产实施有效管理、保障 REITs 产品稳定运行。

3. 基于资产类型与技术框架,向着垂直专业化发展

传统不动产 REITs 行业总体呈现"大资产类别"的管理模式。而新型基础设施资产受到核心技术以及经营模式的共同影响,不仅在 REITs 产品模式上可能会存在较大差异,对于发行人和管理人在专业技术方面的积累也提出了更高要求。因此,从长期来看,随着我国新型基础设施行业逐步发展,相应的 REITs 市场预期也将朝着垂直专业化的方向发展,不同类型的新型基础设施 REITs 产品可能呈现出鲜明的特色与差异。

4. 构建市场化增信支持机制,保障初始产品平稳运营

新型基础设施 REITs 作为权益型产品,投资人的风险收益特征主要受到资产自身影响,一般不依赖于类似债性工具所常见的、对于投资人本金及固定

---

① 信息来源:https://seekingalpha.com/article/4298070-timber-reits-renewable-profits。

收益提供的主体增信措施。新型基础设施资产持续受到科技迭代影响,在收益成本构成、现金流特性方面与传统不动产存在较大区别,资本市场对该领域的认知理解及风险把控需要一个培育过程;同时,新型基础设施行业的发行主体以高科技企业为主,在资信实力方面也往往与传统不动产投资运营企业存在一定差距。基于此,有必要通过合理政策引导,促进市场第三方专业增信机构加大在新型基础设施领域的布局力度,在 REITs 产品以优质资产作为主要收益来源的基础上,适当嫁接外部主体增信支持,从而在市场发展建设初期保障产品平稳运营。

5. 注重行业发展早期,政策引导促进市场发育

新型基础设施资产的市场价值需要在其网络协同效应形成后才能充分释放和显现,而在前期培育过程中,发行主体可能面临投资规模大、阶段性资产收益率偏低的双重压力。在此阶段发行 REITs 产品,亦可能存在一定发行难度。为了提升早期发展阶段新型基础设施 REITs 产品对市场投资人的吸引力,以社会资本缓解发行主体投资压力,促进新型基础设施行业加速发展,有必要加强政策引导,通过引入较低成本的政府引导基金参与 REITs 产品投资等方式,对市场投资人收益予以阶段性支持。

（四） 新型基础设施 REITs 的落地构想

目前国内类 REITs 市场已有较好的发展,公募基础设施 REITs 推出在即,对于未来新型基础设施 REITs 的落地,应主要围绕以下三个方面做好准备。

1. 推进步骤

第一,对于新型基础设施产业主体,如 5G 相关企业、数据中心企业、轨道交通企业、人工智能企业等,可根据各自产业特征及资产特点制定相应的 REITs 资本平台发展战略,做好前期的顶层设计与规划,持续进行资产储备。

第二,产业主体对新型基础设施 REITs 可能涉及的重要问题要提前筹划。对有关资产权属、税收筹划、行业监管、国资审批、投资人匹配等各方面事项,企业可提前与主管部门进行沟通,明确发行新型基础设施 REITs 的相关实施

要求,对于一些可能存在的障碍可以提前争取有关部门的支持。

第三,对于新型基础设施 REITs,社会资本可提前建立专门的投资部门,设计有针对性的投资产品,储备专项投资资金,从投资端筹划新型基础设施 REITs 体系的资金供给,提前把握产业投资机遇。

2. 政策引导

政府在新型基础设施投融资中起着重要的引导作用,建立健全完善的市场化投融资机制,给予新型基础设施 REITs 一定的政策支持,是保障新型基础设施 REITs 发挥其战略使命和作用的重要基础。

第一,就 REITs 产品涉及的税费问题而言,当前我国税制结构与 REITs 产品的架构与理念存在一定脱节。现行税制将 REITs 中的重组视同一般意义上的不动产销售处理,导致企业在重组环节需负担契税、增值税、所得税以及印花税等大量税费成本。从新型基础设施产业角度而言,适当、合理的税收支持政策能够有效推动我国新型基础设施 REITs 市场的快速发展,也在设立和运营环节持续形成我国财政收入新的来源,不断优化我国财政收入结构。建议在资产重组阶段及存续运营阶段,基于新型基础设施 REITs 的产品特性予以合理的税收支持政策。

第二,从新型基础设施 REITs 发行的角度来看,可加快新型基础设施公募 REITs 的规则制定,推进新型基础设施公募 REITs 的试点发行。同时,政府可出台相关支持政策,鼓励企业优选新型基础设施领域"存量资产"参与公募 REITs 试点,树立"存量"带动"增量"的示范效应。此外,REITs 作为具有稳定期间现金流和有效分散投资组合风险的金融产品,政府还可引导国家产业基金、社保基金、保险资金等长线资金投资于新型基础设施 REITs,一方面为新型基础设施 REITs 提供稳定的资金供给,另一方面也有利于丰富此类资金的投资标的,形成更加完善、多元的投资组合。

四、基础设施 REITs 案例分析

（一）国外信息基础设施 REITs 案例

我们从基础设施 REITs 中挑选了美国共享通信基础设施提供商——
Crown Castle International Corp.以及数据中心运营商——Digital Realty Trust
Inc.进行案例分析，进一步了解 REITs 在境外新型基础设施领域的应用和实
践效果。

1.共享通信基础设施提供商：Crown Castle International Corp.

（1）基本情况

表 8-4-1　Crown Castle International Corp 公司概况

公司概览	Crown Castle International Corp.（简称"Crown Castle"）成立于 1994 年，是一家美国大型共享通信基础设施服务提供商。截至 2019 年末，Crown Castle 拥有包括约 40000 座塔楼（towers）和屋顶（rooftops）在内的相关建筑物（统称为"信号塔"）、支持小型基地台（small cells）以及为个别客户提供整体光纤解决方案（fiber solutions）的 80000 英里光纤网络（fiber）。
主营业务和经营情况	公司主营业务有如下两项：一是租赁业务：为运营商提供无线通信基础设施租赁服务。通信基础设施包括：信号塔（towers）以及屋顶（rooftops），光纤（fibers）和小型基地台（small cells）。二是网络服务：包括在无线基础设施上安装天线及其他设备；为满足客户需要对无线基础设施进行改造。

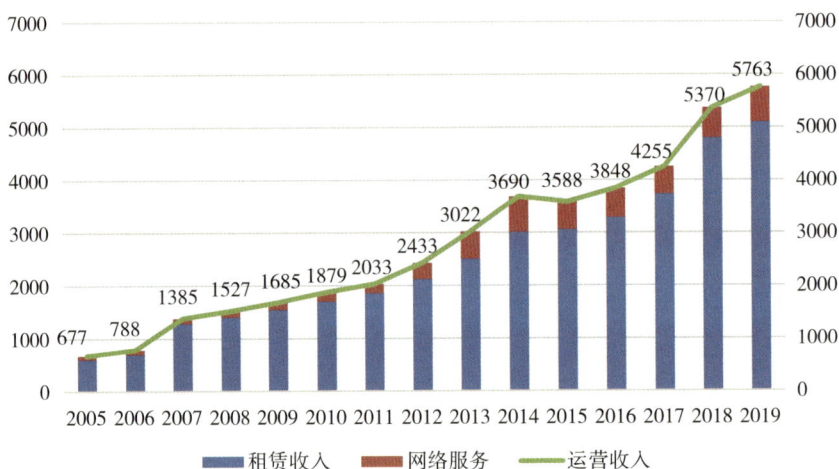

图 8-4-1　Crown Castle 收入状况（百万美元）

资料来源：2005—2019 年 Crown Castle 公司年度报告。

（2）财务指标

表 8-4-2　近 5 年 Crown Castle 财务报表重要信息汇总

单位：百万美元

科目	2019 年	2018 年	2017 年	2016 年	2015 年
资产负债情况					
总资产	38457	32762	32229	22675	21937
负债	27968	21191	19890	15118	14848
总股本	10489	11571	12339	7557	7089
ROE	8.20%	5.38%	2.97%	4.72%	7.41%
利润表重要信息					
净收入	5763	5370	4255	3921	3664
业务费用合计	4204	3987	3288	2972	2718
净利润	860	622	366	357	525
EBITDA	3299	3091	2482	2228	2119
现金流量表信息					
净经营现金流	2698	2500	2032	1787	1794
投资活动现金流	−2081	−1793	−10482	−1429	−1960
筹资活动现金流	−692	−733	8192	−89	−935

资料来源：2015—2019 年 Crown Castle 公司年度报告。

（3）上市表现

近 5 年来，Crown Castle 普通股股东累计总收益与标普 500 市场指数、DJ 美国电信设备指数以及富时 NAREIT 指数的累计总收益相比①，增长超一倍，显著高于同期指数回报。

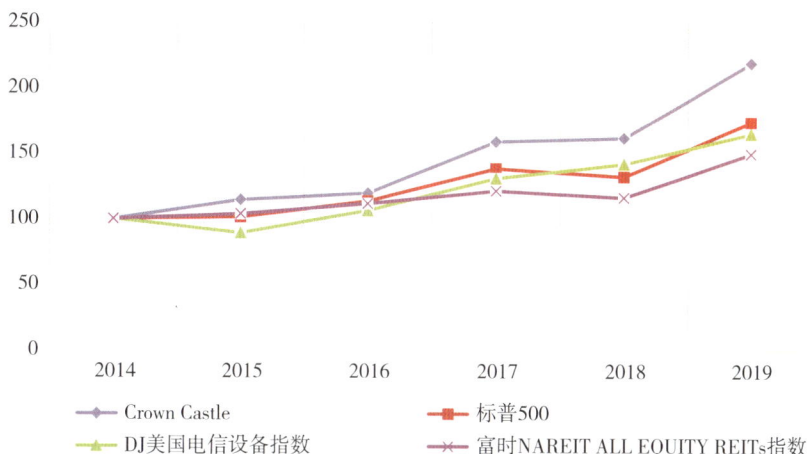

图 8-4-2　Crown Castle 转变为 REITs 后的绩效对比

资料来源：2019 年 Crown Castle 公司年度报告。

（4）案例评析

REITs 对于 Crown Castle 的意义在于吸引更多潜在投资者从而满足公司的扩张需求，帮助公司抓住新一轮科技革命和产业变革的重大机遇，成为 5G 时代最大的受益者。随着 5G 建设的全面铺开，Crown Castle 面临的资金压力随之而来。作为 REITs，得益于税收优惠政策，Crown Castle 2014—2019 年总回报率近 120%，远超同期标普 500 指数（近 75%）和 DJ 美国电信设备指数（近 65%）。突出的回报率为 Crown Castle 在资本市场赢得了投资人青睐，使得其能够借助 REITs 进行资本运作，实现资金回笼，在新一轮 5G 基础设施"并购潮"中脱颖而出，率先对 5G 技术的必备支撑零件——小型基地台和光纤资源展开大规模收购，帮助其巩固共享通信行业的龙头地位。截至目前，

① 假设从 2014 年 12 月 31 日开始，至 2019 年 12 月 31 日结束。假定初始投资为 100.00 美元，并将所有股利再投资于普通股和每个指数中。

Crown Castle 已成为美国最大的小型基地台运营商。

除了秉承传统信号塔业务的租赁优势外，Crown Castle 借力 REITs 不断拓宽技术优势。近 3 年以来，小型基地台以及光纤资源带来的技术优势一方面使得 Crown Castle 过去五年的总回报率远超同期富时 NAREIT 指数（近50%）；同行业内，Crown Castle 近 3 年的经营净现金流（FFO）平均增长率达到9.91%，超过了其业内最大的竞争对手 American Tower（8.65%）。良好的现金流表现为其接下来资本市场的持续、高效融资吸引到更多潜在投资者。

2. 数据中心运营商：Digital Realty Trust Inc.

（1）基本情况

表 8-4-3 Digital Realty Trust Inc.公司概况

公司概览	Digital Realty Trust Inc.（简称"DRT"）是一家全球领先的数据中心（data center）、托管（colocation）和互联解决方案（interconnection solutions）供应商。公司成立于 2004 年 3 月，同年 11 月，DRT 完成了首次公开发行。2005 年，DRT 正式成为 REITs。
主营业务和经营情况	公司主营业务有如下两项：一是租金和企业服务，作为全美第一家上市的数据中心运营商，DRT 致力于向客户长期出租数据中心空间，同时提供主机托管、互联技术以及云支持等服务；二是租户偿还款，由于 DRT 与租户签署 Triple Net Leases 协议，租户除了承担基本房租外，还需要定期向 DRT 支付财产税、公共区域维护等费用。

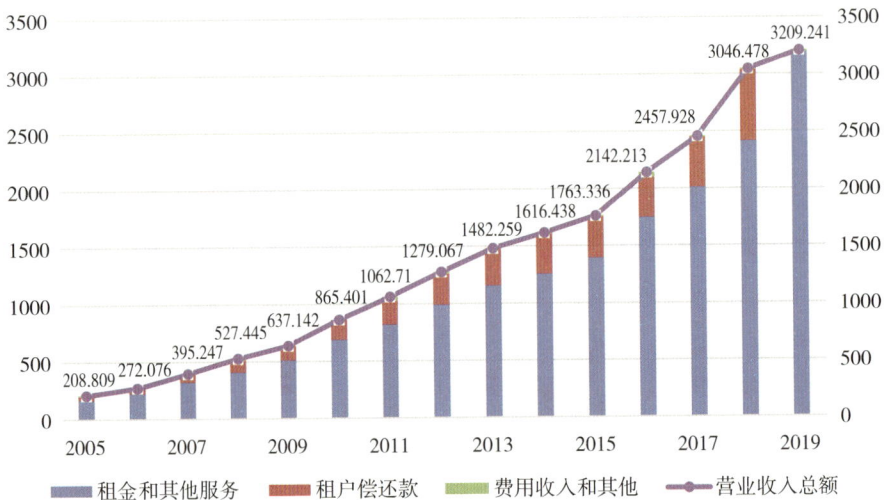

图 8-4-3 DRT 收入状况（百万美元）

资料来源：2005—2019 年 DRT 公司年度报告。

（2）财务指标

表8-4-4　近5年财务报表重要信息汇总　　　　单位:百万美元

科目	2019 年	2018 年	2017 年	2016 年	2015 年
资产负债情况					
总资产	23068	23767	21404	12193	11416
负债	12460	12908	10355	7060	6880
总股本	10608	10858	11049	5132	4537
ROE	5.65%	3.14%	2.32%	8.41%	6.65%
利润表重要信息					
净收入	3209	3046	2458	2142	1763
业务费用合计	2615	2497	2007	1645	1361
净利润	599	341	256	432	302
EBITDA	1826	1805	1330	1218	980
现金流量表信息					
净经营现金流	1513817	1385324	1023305	911242	796840
投资活动现金流	−274992	−3035993	−1357153	−1303597	−2527501
筹资活动现金流	−1272021	1757269	321200	350617	1750531

资料来源:2015—2019 年 DRT 公司年度报告。

（3）上市表现

近5年来,与标普500市场指数、MSCI 美国 REITs 指数的累计总收益相比[1],DRT 的累计总回报率达到 119.3%,显著高于同期标普 500(近 75%)以及 MSCI 美国 REITs 指数(约 40%)回报。

（4）案例评析

DRT 作为 REITs 设立的目的即为了帮助 GI Partners[2] 所持有的数据中心

---

[1]　假设从 2014 年 12 月 31 日开始,至 2019 年 12 月 31 日结束。假定初始投资为 100.00 美元,并将所有股利再投资于普通股和每个指数中。

[2]　GI Partners 是一家私募股权投资基金,成立于 2001 年 2 月,专注于寻求房地产和技术行业完美结合的投资机会。GI Partners 由美国最大的养老基金—加州公共雇员退休系统(CalPERS)出资 5 亿美元、全球最大的房地产服务公司—世邦魏理仕(CBRE)子公司出资 2630 万美元成立。

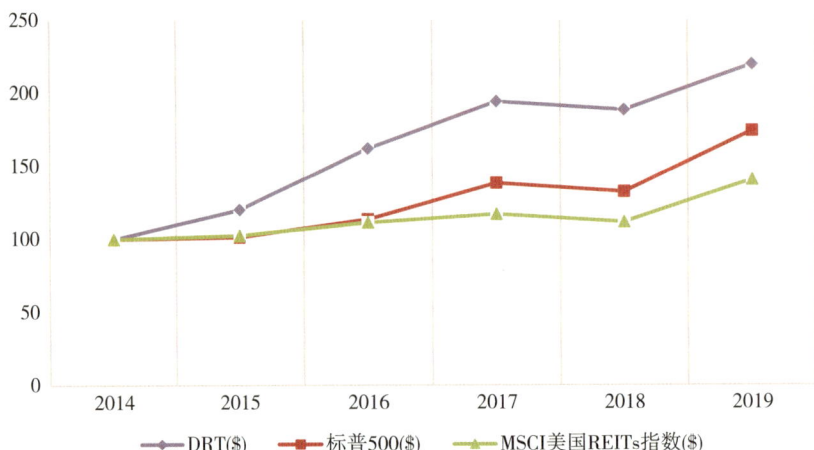

图 8-4-5 近 5 年 DRT 与相关指数绩效对比

资料来源：2019 年 DRT 公司年度报告。

资产通过资本市场实现退出。与 Crown Castle 直接持有资产不同，GI Partners 作为 DRT 的初始股东，为 DRT 搭建了美国 REITs 市场最常见的 UPREITs 结构，即 DRT 作为 REITs 不直接持有资产，而是下设 Operating Partnership（OP），通过 OP 间接持有和管理底层资产。

2004 年，GI Partners 先是将其通过破产拍卖、折价①从困境公司收购方式取得的 21 个数据中心资产（价值 9.34 亿美金）装入了 DRT 持有的 OP 项下，并换取了 2400 万美金、OP 份额（31930695 份）以及对应金额的债权。为了满足 GI Partners 投资者享受部分现金分红的要求，GI Partners 按比例向其投资者分配了 6810036 份 OP 份额，DRT 同步以现金从 GI Partners 投资人手中回购了上述份额。对应地，除 GI Partners 之外，第三方物业持有人同样将资产装入了 OP 项下并换取了 OP 份额。2004 年，DRT 以每股 12 美元的价格发行了 20000000 份普通股。以上操作完成后，OP 份额分配如表 8-4-5 所示。

① 低于重置成本 20%—40%。

表 8-4-5　**DRT 发行时 OP 份额持有情况**

合伙人	角色	份额占比	份额数
DRT	GP	37.78%	20000000
GI Partners	LP	47.45%	25120659
第三方物业持有人	LP	11.96%	6331511
高管及关键员工	LP	2.82%	1490561
合计		100%	52942731

资料来源:DRT 公司招股说明书。

对于 GI Partners 而言,这样的操作一方面帮助其最大化释放了投资组合的市场价值,另一方面递延了其资产转让所应承担的相关税费缴纳义务,其持有的 OP 份额后续可直接转换为 DRT 普通股在资本市场实现价值兑现。DRT 上市后,GI Partners 继续帮助其组建了专业的数据中心管理团队,对资产进行持续翻新优化,不断提高投资组合的出租率和回报率。直至 2007 年 3 月,GI Partners 出售了其持有的全部 DRT 股份,并实现退出。

作为 REITs,DRT 与 Crown Castle 同样热衷于通过收购实现业务规模的持续扩张,但相比 Crown Castle,DRT 作为 REITs 与 GI Partners 的合作模式对我国新型基础设施资产的持有主体而言更具有借鉴意义。面对当下不断发展的数字化经济,我国在包括 5G、城际高速铁路、大数据中心在内的新型基础设施领域不断积累,有相当一部分成熟运营的新型基础设施资产可作为 REITs 的潜在标的,亟待通过创新金融手段进行盘活。

从美国 REITs 历史表现来看,对于资本市场投资人而言,Crown Castle 和 DRT 过去 5 年的投资回报均显著高于同期的 REITs 指数和上市公司指数。中国 REITs 市场应借鉴成熟"资产孵化—装入 REITs—成功退出"的全周期业务模式,利用好 REITs 工具,为新型基础设施建设提供坚实助力,也为投资者提供优质资产配置创新渠道。

(二) 国内基础设施 REITs 案例

为推动我国基础设施投融资机制创新、加快基础设施投资回收效率、提升社会资本参与积极性，我国已成功推出多单以基础设施资产为基础资产的"类 REITs"项目，为基础设施公募 REITs 打下良好基础。

1. 菜鸟智能骨干网扩募项目

（1）产品基本情况

2020 年 3 月 18 日，菜鸟中国智能骨干网仓储资产支持专项计划（"菜鸟专项计划"）成功扩募，成为境内首单成功实现扩募机制的类 REITs 产品。

表 8-4-6 菜鸟专项计划基本要素

原始权益人	上海菜鸟管理咨询有限公司（菜鸟网络科技有限公司全资子公司）			
主体情况	菜鸟网络科技有限公司（"菜鸟网络"）于 2013 年由阿里巴巴集团控股公司（"阿里巴巴集团"）牵头成立。作为一家互联网科技公司，其致力于实现"全国 24 小时，全球 72 小时必达"的战略目标			
专项计划管理人	中信证券股份有限公司			
私募基金管理人	中联前源不动产基金管理有限公司			
产品总规模	19.55 亿元			
	原优先级	原次级	新优先级	新次级
产品规模	6.7 亿元	4 亿元	5.5 亿元	3.35 亿元
产品评级	AAAsf	—	AAAsf	—

资料来源：《菜鸟专项计划计划说明书》。

（2）资产情况

专项计划首次发行时底层资产为菜鸟智能骨干网西南区域的菜鸟重庆两江仓，为发挥扩募机制持续实现优质仓储资产与资本市场对接的重要作用，扩募引入同属于西南区域的菜鸟成都双流仓。

表 8-4-7 资产情况

设立时物业资产	菜鸟智能骨干网重庆两江仓		
	保税 1 期	非保税 1 期	非保税 2 期
物业类型	高标准物流仓库		
扩募时物业资产	菜鸟智能骨干网成都双流仓一期一号、二号地块项目		
物业类型	高标准物流仓库		

资料来源：《菜鸟专项计划计划说明书》。

（3）案例评析

优质物流资产良好的租金回报可为公募 REITs 投资人提供稳定的分红派息来源，其稀缺的资源属性使得投资人持有的公募 REITs 份额未来升值可期。数据显示，目前中国的高标准物流仓库仍仅占仓储总量的 5%—10%，现有市场对优质物流资产呈现供不应求的局面。根据《中国 REITs 指数之不动产资本化率调查研究报告》，工业物流类资产的资本化率在北、上、广、深四个一线城市为 5.1%—6.2%，新一线及二线城市为 5.5%—6.8%，明显高于同级别城市的写字楼、购物中心等商业不动产类物业。

从产品机制上来看，此项目最大的创新点在于成功引入了扩募机制。相较以往储架式产品的分期发行模式，扩募机制从投资人利益保护角度出发，充分保证了首次发行与后续扩募的衔接性，实现了同一产品的外延式增长。扩募完成后，菜鸟智能骨干网重庆两江仓与成都双流仓将共同作为底层资产为投资人提供收益分配与本金偿还支持。从结构设计来看，通过设置扩募资产合格标准、投资人表决和退出机制、信息披露安排等，保障了扩募后资产抵押率不高于产品设立日当年、扩募所在年度资本化率不低于产品设立日当年，扩募操作对产品安全性影响有增无减。

我国类 REITs 产品自首单落地以来便在标准化的道路上不断探索前进。近年来，在借鉴海外成熟 REITs 市场先进经验的基础上，我国类 REITs 行业在基础资产类型、交易结构、产品设计等多个层面已初具标准化 REITs 雏形。可扩募作为各国标准化 REITs 的必备机制之一，意味着发行后同一产品项下资产的持续注入。作为我国首单可扩募类 REITs 产品，此项目可以理解为我国目前类 REITs 领域最接近标准化 REITs 增发扩股效果的业务探索与尝试，彻底打通了我国公募 REITs 产品端实施路径，为下一步推动权益型公募 REITs 奠定了重要的实践基础。

2. 苏州纳米大学科技园项目

（1）产品基本情况

2019 年 11 月 28 日，中联元联—前海开源—苏州纳米大学科技园资产支持专项计划（"纳米专项计划"）成功发行，该项目是中国首单国家大学科技园类 REITs 产品。

表 8-4-8　纳米专项计划基本要素

原始权益人	苏州工业园区教育发展投资有限公司
主体情况	原始权益人苏州工业园区教育发展投资有限公司("园区教投")是苏州工业园区国有资产控股发展有限公司("园区国控")和苏州工业园区兆润投资控股集团有限公司("兆润控股")的合资子公司,园区国控和兆润控股均是苏州工业园区管理委员会全资公司。中诚信国际和大公国际 2019 年分别给予园区国控和兆润控股 AAA 的信用评级
专项计划管理人	前海开源资产管理有限公司
私募基金管理人	苏州元联投资基金管理有限公司
产品总规模	10.20 亿元
	优先级	次级
产品规模	7.20 亿元	3.00 亿元
产品评级	AAAsf	—

资料来源:《纳米专项计划计划说明书》。

（2）资产情况

苏州纳米技术国家大学科技园是国内首个以专业化特色命名的国家大学科技园。目标资产园内外人才集聚效应显著,是高新技术成果的转化基地。

表 8-4-9　资产情况

物业资产	苏州纳米技术国家大学科技园
项目所在地	苏州工业园区苏州独墅湖科教创新区若水路 388 号
物业类型	高新技术产业园

资料来源:《纳米专项计划计划说明书》。

（3）案例评析

苏州工业园区管委会下属国企拥有大量以特色产业为导向的产业园资产,纳米大学科技园项目仅为众多产业园资产中的一小部分,此项目顺利发行是苏州工业园区持续盘活区域内产业园资产的成功试水。

纳米大学科技园项目从资产角度看有其特色,第一,租户具有高科技背景,主要分为高校研究所与初创科技企业,此类租户的存在有利于提升区域内高新技术水平,对地区经济、科技等多方面发展均有促进作用;第二,租金具有一定优惠,具有政府扶持地方产业发展的性质,但享受租金优惠有一套严格的标准,初创企业孵化完成后亦需要按要求退园,运营方将重新引入初创孵化企业。在上述背景下,纳米大学科技园的租金收入将保持在稳定水平,不会随着市场化租金的上升而主动上浮,其运营方更多考虑当地科技局等多部门意见制定明确的租金标准扶持地区产业的发展。

此项目在基础资产的选择和产品设计均为未来对接公募 REITs 做了充分准备,且经过监管部门审核和市场投资机构检验。从产品结构上看,此项目是境内常见的标准化程度较高的过户型类 REITs 产品,其优先占比 70%,发行利率 4.25%,反映了资本市场对此产品底层资产和产品机制的认可;其权益级部分由苏州工业园区下属国有企业持有,保障了当地国资对资产的控制权,通过此结构亦可保证底层资产未来公开发行的增值部分仍由当地国资完全享有。

此外,发行人通过发行类 REITs 引入市场化考核机制,对物业运营管理人设置考核机制和绩效激励机制,充分调动运营管理团队积极性,促进优质资产运营效益不断提高、服务质量不断提升,实现企业发展的良性循环,提升其核心竞争力与运营服务能力。同时,此项目的发行进一步拓宽了企业融资渠道,改善利润结构;也进一步助力国有企业从重资产向轻资产模式的转变,通过对接资本市场,推动不动产金融创新、融资渠道创新和商业模式创新,推动资本和资产相互促进。

展 望 篇

拥抱数字时代

未来十年，新型基础设施将迎来由憧憬走进生活、由构想变为现实的重大飞跃，高效敏捷的感知、无所不在的联接、瞬时即达的传输、智慧强大的运算，将推动数字化智能化浪潮席卷各行各业，人类社会将进入数字世界与物理世界无缝衔接、实时互动的更高级形态。在政府与社会的协同努力之下，借助体系健全完备、不断进化更新的新型基础设施网络，中国也有望在新一轮科技革命和产业变革中挺立潮头，携手世界各国共同塑造"数字地球"的伟大时代。

一、顺应大势:新基建拓展新路径

改革开放尤其是新世纪以来,我国建成了先进完善的传统基础设施网络,铁路公路、机场码头、矿山电站、能源管网等的设计施工能力世界领先,港珠澳大桥、北京新机场、青藏铁路等一大批标志性工程建成投运,为我国成为"世界工厂"提供了高效通畅的人流物流基础。

尤其是为适应传统基础设施大规模建设需要,我国已经形成了覆盖项目规划遴选、前期论证、投融资安排、施工组织、竣工验收、运营维护等在内的一整套成熟推进机制。由于传统基础设施的公共物品和准公共物品属性较强,利益相关方多、收益水平低、回报周期长,主要由各级政府主导推动。通过较长时间的运转磨合,政府与市场、中央政府与地方政府、项目建设机构与金融机构之间已经形成了清晰的职责划分和有效的协作机制,这也是我国能够短时期内建成高品质基础设施网络的重要优势所在。

与传统基础设施不同,新型基础设施的概念内涵、技术路线、布局重点、盈利模式等都还在演进探索过程中,还没有形成有效的推进机制。比如,数据中心等存储计算设施缺乏全国性生产力布局和总体规划,可能会导致低水平重复建设;工业互联网等连接平台设施没有形成统一标准体系,可能会形成区域间、网络间数据孤岛;金融机构尤其是以支持基础设施为主的政策性金融机构缺乏新型基础设施项目评审经验,对数据价值的评估缺乏规范流程,可能会导致大规模建设缺乏资金支持等。

20 世纪 90 年代我国大规模开始传统基础设施建设时,尚有发达国家的成熟模式经验可以借鉴,而如何推动新型基础设施建设,目前世界各国都在摸索。率先找到推动新型基础设施建设的有效路径,将是决定未来各国数字经济竞争力的关键"胜负手"。新型基础设施所依赖的主导技术和商业模式是全新的,具有较大风险和不确定性,这决定了推动新型基础设施高质量发展必须革故鼎新,构建更加多元化、更富弹性、协同有效的推进机制,采取与传统基础设施完全不同的政策框架。

一是市场主导、政府引导。新型基础设施与其支撑的垂直行业密切耦合,多数服务具有较强的深度定制特征,若以政府为主实施,其功能设计、建设节奏、运营服务等都很难有效满足产业发展的需要,当前各级政府及国有平台公司也缺乏相关项目的建设运维经验和人才储备。要更好发挥市场的决定性作用,充分调动国内外各类企业投资建设积极性,政府主要起完善规划布局、引导发展方向、破除制度障碍、完善监管框架、推动示范应用、支持基础创新的作用,做到放宽准入和科学监管相结合,切忌政府大包大揽,形成难以适应需求的过剩无效投资。

二是规划导向、保持弹性。与公路、铁路等传统基础设施普遍接近 20 年的生命周期不同,当前新型基础设施依然处于快速迭代更新阶段,功耗、容量、速度等自身技术指标,所承载的数据规模、主流的技术架构、处理的重点对象等都日新月异,多数设备生命周期仅为 3—5 年。必须加强规划引导,合理把握建设节奏,防止政策过度刺激导致一哄而上、盲目投资,短时间内建成大量低水平项目,浪费宝贵的要素资源,阻碍未来升级进步。同时在规划布局过程中要前瞻考虑、留有余地,明确长期发展路线图,推动新型基础设施具备进行模块化线扩容、弹性升级的能力。

三是软硬兼顾、培育生态。传统基础设施的人流物流需求相对明确,能直接填补梗阻短缺,项目建成后很容易渡过客户培育期、进入成熟运营期。新型基础设施则必须在服务对象形成完整的产业生态后,才能有效发挥作用,尤其是当前数字技术创新速度快于应用场景拓展和传统产业升级步伐,5G 等网络基础已经加速铺开,但还缺乏"杀手级"应用,难以最大限度地发挥新型基础设施的乘数效应。必须坚持软硬兼顾,布局建设项目和培育产业生态并举,加快推动公共数据全面开放,完善数据要素流动规则,面向重点区域和重点行业积极推动示范应用,形成新型基础设施持续投入和创新迭代的良性循环。

四是强化统筹协调、形成合力。传统基础设施中交通、能源、水利等不同垂直领域相对独立,而新型基础设施平台化、融合化特征显著,设施内不同模块之间、不同设施之间协同性更强,只有数据、算力、算法充分集成,才能充分发挥网络效应和生态优势。要围绕国家战略需要,对重大生产力布局、频谱等竞争性资源,关键技术标准,数据交互接口等及时进行统筹协调,防止低水平竞争和产能过剩,从源头打破"数据孤岛"、全面共享资源。

五是聚力基础创新、开放合作。新型基础设施关乎未来产业竞争力高低,各国对主导技术架构的竞争日趋激烈。要优先支持新型基础设施领域重大原创技术突破和研发机构发展,构建政府为引导、企业为主体、市场为导向、产学研深度融合的创新体系。加快攻克关键环节"卡脖子"技术,确保新型基础设施根基自主可控,逐步引领国际标准制定,提升在相关领域的话语权。同时要坚持开放合作,鼓励各国优秀企业参与新型基础设施建设,使我国成为全球顶尖人才描绘奇思妙想、释放创造才能的乐园,引入活水促进技术进步与生态丰富。

六是强调安全第一、防范风险。新型基础设施关乎经济社会安全,一旦出现安全漏洞,将造成大范围的负面影响。尤其是随着数字空间和物理空间更加紧密连接、高频交互,新型基础设施的运行事故将造成更加严重的经济损失,甚至影响社会秩序稳定。推动新型基础设施建设过程中,必须要强化内生安全能力,完善风险评估监测机制和隔离体系,做到效率与安全的有效平衡。

二、迈向未来:新基建壮大新动能

新型基础设施将成为未来经济社会发展的关键"脉搏",无尽奔涌的数据流带动资金流、物质流、人才流的精准高效配置,推动世界日新月异、不断进化。随着新型基础设施的不断进化和数字技术触角的广泛延伸,工业社会的制造、消费和治理模式将被彻底颠覆,"人—机—物"的界限将难以明确区分,数字将为兴业、惠民、善政提供强大引擎,我们将迎来融合共赢、包容弹性、活力迸发的数字智能时代。

(一) 前沿技术迭代进化

1. 更敏锐感知

体积小、成本低、灵敏度高、兼具多种感知功能的高性能微型传感器大量应用,实时捕捉海量数字信息,不但能够进行数据处理和存储,而且集成逻辑判断功能。传感器之间可组成局部网络连接,实现由"单体智能"向"群体智能"发展,无数边缘计算中心将在云平台调度下成为具有强大执行力的"蜂群"。以脑机、肌电为主的人机交互感知技术得到进一步发展,将能真正实现感知无处不在。

2. 更高效传输

5G 网络将由 NSA 模式向 SA 模式全面过渡,边缘计算和网络切片功能结合垂直行业应用大规模部署;毫米波网络将在 2022 年左右具备商用能力,有效支撑网络速率提升和容量扩大;5G 网络管理维护的智能化水平大幅提升,逐步具备自组织、自优化能力,运维成本进一步下降。高品质固定宽带网络将与 5G 共同实现"双千兆"泛在网络连接,有效支撑云端协同。

3. 更强大算力

云定义的底层计算平台、软件体系、硬件和智能服务加快形成,为我国构建安全可控的 IT 生态体系提供新路径。数据中心通过云计算平台可动态监控、调度和部署庞大复杂的算力资源,云边协作将实现高密度计算、弹性适配。随着摩尔定律减缓,面向垂直应用优化的计算架构创新不断涌现,人工智能等异构计算成为新计算范式。存储类芯片向更大容量、更高带宽、更低功耗持续迈进,以深度学习为核心全新规划、根据场景定制化设计的人工智能芯片将显著提升计算效率。

4. 更智能判断

人工智能将由感知智能向认知智能拓展,基于认知心理学、脑科学让知识、信息能够被机器深层次理解和运用。以开源深度学习框架为核心的深度学习平台、自动机器学习等将有效提高人工智能应用质量和效率。更安全可靠的人工智能可以在关键行业得到更多部署。

（二）产业生态全面重塑

1. 数据联通生产网络

每一台设备、每一条生产线、每一个工厂都将数据化,通过对海量数据的智能感知与分析,企业将能够更加敏锐捕捉和预测需求变化,并在工业互联网构建的开放生态中,智能匹配整合社会化优势资源,跨企业实现云端协同设计、协同供应、协同生产。边缘计算有效支撑工业现场智能化,利用算法模型对物理世界的制造活动进行分析、诊断和决策,各类产品需求数据可通过智能制造体系在物理世界中精准落地。产品全生命周期都将在云上形成映射,社会化组织、个性化定制、柔性化生产将成为制造的主导形态。

2. 产业融合供需匹配

制造业价值链加快延伸,在数据流动共享中与服务环节更加紧密衔接。产品的通用性、可扩展性更强,更多成为提供增值服务的物理载体,企业能够基于数据进一步挖掘潜在需求,将源源不断产生增值产品与服务,产品的价值生成机制由二维的"加法"向数据赋能的三维"乘法"演变,传统的生产销售模式将向服务化制造模式发生历史性转变。工业互联网与消费互联网横向耦合,将服务端数据实时传递到制造侧,同时激发金融、物流等服务端提质潜力,供给和需求、制造和服务将密不可分。

(三) 生活幸福活力迸发

1. 娱乐业态空前丰富

家庭娱乐场景将进入爆炸式发展期,移动和固定宽带网络大流量、高并发、低时延特性有力保障实时稳定的语音和高清图像的传输,IPTV 视频将在全面进入 4K 时代后迈向 8K 时代。增强现实(AR)设备、虚拟现实(VR)设备不断衍生游戏、视频、艺术欣赏等交互式应用,为用户带来沉浸式的感官体验,"所见如所即"的体验更加真切。网络接口无所不在,将新闻资讯、娱乐节目、运动信息等内容实时推送至智能眼镜、智能音箱、车载平台等,实现"万物皆媒介"。

2. 智能服务无所不在

智能手机仍将是人类生活的重要通信工具,并将呈现高智能、强交互、重计算、泛连接的特性。借助于"人—车—路—云"间的有效连接和信息交互,更高等级的自动驾驶、更实时的智慧交通管控将进一步提升交通效率,随着智能交叉口通行、动态专用道、自动泊车、车辆编队行驶等广泛应用,汽车将由代步工具演化为综合服务和娱乐终端。机器人性能得到革命性提升,将充分解放人类的双手,替代繁重低效的基础性工作。手环、手表等可穿戴设备通过传感器将信息实时传递至云端,能更好地满足健康管理、远程医疗的需要。

（四）社会治理高效弹性

1. 云上政府提供更加透明高效的管理服务

政务数字化不断推进,不仅带来工作方式的改变,还将伴随管理思维的重大变革和治理智慧的极大提升,有力促进政府治理的系统化、精准化、透明化和法治化,推动治理能力和治理体系现代化向纵深发展。政府各部门间、各级政府间、政府与企业间数据实现纵横联通,信息孤岛和壁垒全面消除,各类业务数据在统一的"中国云"上深度交融,不断生发出数字治理的中国智慧。基于数据的精准分析、精准治理、精准监督、精准反馈、精准施策,宏观调控、市场监管、项目布局的效率和效益将前所未有。在提供公共服务方面,立足个体需求痛点的数据分析,将实现公共服务的"千人千面",政府管理服务将更富"温度","最多跑一次"将成为营商环境的中国品牌。

2. 未来城市构筑让生活更美好的中国范本

5G 等连接技术和物联网平台将实现城市部件实时感知,构建起全方位联接交通、物流、能源、制造等设施的"神经网络";城市大脑全面汇集分散在城市各个角落的数据,成为智慧城市的核心和中枢;三维 BIM、高精地图、仿真建模、CIM 等技术广泛应用,形成城市物理空间和数字空间的相互映射和协同交互,构筑起全域覆盖、全网共享、全时可用、全程可控的城市数字孪生体。数据的流动将贯穿城市的社会治理、民生服务、产业生态,城市将自有其生命,善感知、能服务、有关怀,运转更加有序,资源调度更加合理。

再过若干年后回望,2020 年可能成为中国乃至人类迈向数字时代的元年。史无前例的新冠肺炎疫情大流行既颠覆了传统的产业分工和治理格局,带来了保守内顾、以己为先、零和对抗的历史阴霾,也打开了一扇通向未来社会的大门。战疫期间,云服务助力线上交易、远程办公、在线教育,大数据分析支撑疫情态势研判、人员健康监测,人工智能使得机器人配送、机器读片、体温快速筛检成为可能,人们愈发感受到新型基础设施促进产业数字化、数字产业化的无限潜能。坚定不移发展新型基础设施,已成为全国上下的普遍共识,也必将成为中国迈向现代化强国的必由之路和关键一招。

　　凝聚着工业革命二百余年以来的智慧与探索，新型基础设施如同一座桥梁，承载着数字化浪潮奔涌的力量。实现人的自由全面发展，是我们不懈追求的终极价值理想，而随着数字时代的到来，这一梦想变得触手可及。万物互联不是将人等同于网络中冰冷的符号，智能决策也不是将人异化为算法模型描绘的对象，数字孪生更不是替代现实世界阳光照耀下的人情冷暖。相反我们坚信，数据是灰色的，而生命之树常青。数字技术的演进终将释放出人脑的无穷潜力，智能服务的发展也使人们有更多闲暇进行天马行空的畅想，治理模式的变革将促进社会有序互动、形成多中心结构。新型基础设施的搭建、数字技术的演化，将让人变得更加强大、让环境更适宜人的生活、为人提供更多的发展机会、让人与人的沟通更加顺畅。

　　一代人有一代人的际遇，一代人有一代人的使命。数字时代之社会一定更加和谐宜居、以人为本，数字时代之国家一定更加多元包容、生机盎然。发展新型基础设施，全面拥抱数字时代，我们义无反顾！

参与写作研讨的人员和单位

总论篇　徐宪平

全球篇　武文生、黄波、周桂新、刘湘天、杨兵强、谷宇辰

领域篇

一、5G 网络

刘光毅、陈卓、李力、朱成、王亚晨、孟令彬、王亚昕、朱清华、康红辉、王海龙

二、人工智能

王强、黄铁军、黄林莉、刘明、廖月明、周景才、王佳强、洪万福

三、工业互联网

郭小龙、李向前、王岳、顾伟忠

四、物联网

王岳、孙瑞囡、李新、韩延涛、石文凭、蔡克文、陈垚彤

五、数据中心

丁南森、严海、刘煜宏、黄世飞、曾峰、刘明、任妍、许淦

六、云计算

张影强、李树翀、杨静、刘洪、余虎、聂永丰、楼程莉、肖娜、汪玲

七、固定宽带网络

闫飞、张德智、赵培儒、王晨曦、邹洪强、刘达、王晓东、冯骏

八、重大科技基础设施

乔黎黎、阎豫桂

九、传统基础设施数字化智能化升级

王庆辉、张帆、车海平、侯勇、盛磊、杨白冰

应用篇

一、智能制造

段向阳、常娥、周亚灵、李颖、楼程莉、郝森参、肖羽、黄进辉

二、智慧农业

毕超、白华、李艳杰、吉玉娟、于海昕、吴青、许淦

三、智慧城市

单志广、吕卫锋、张顺茂、包立锋、李林、肖剑、唐斯斯、盛浩、杨德建、张小飞、张晓雪

四、智能交通

许玲、张慧、严茂胜、曾锋、李洋、宋德王、石建萍、赵莹、王成、周治宏、蔡超、冯毅

五、智能电网

周滢垭、吴朋阳、马俊礼、周茉、崔旭升、杨鸿宾、杨双阳

六、智慧金融

杜晓宇、单川、吴姣、王磊、宋可为、左麟、朱大磊、李全、杨涛、肖剑

七、智慧物流

梁骁、高颖、来有为、霍景东、常娥、王建利、秦磊、杨柳、王庆华

八、智慧教育

杨玲、邱阳、汪小星、胡慧雯、陈丹、李虹、肖楠、刘幼迟

九、智慧医疗

徐明洲、王春华、王东辉、刘金鑫、孙小康、谢亚男、张少霆、黄宁、汪小星、洪文锋、盛煜、袁孔虎、裴云飞

十、智慧文旅

刘兵、何雪萍、信宏业、钟栎娜、王晓刚、李亚芳、仝玉娟、王丹、李淼、陈丹

技术篇

一、操作系统

夏军、王佳、高小明、杨勇、冉嵩楠

二、人工智能关键算法

黄铁军、余肇飞、金勇、洪万福、白小龙、温昕煜、林达华、崔昊

三、数据库

温泉、崔昊

四、开源性平台

堵俊平、许勇、王有生、崔锦国、温昕煜、刘陶亚、田丰、陈恺、滕爱龄

五、边缘计算

闫渊、刘佳、郎巍峰、唐云兵、何春晓、刘云毅、张建敏、黎云华、黄珂

六、区块链

李平、徐海东、单志广、张小军、范围、杨柳、张延强、陈咨霖、李力、邵兵

七、传感器

赵元、蔡庆宇、安鑫、武继振、刘俊梅、田丰、王子彬

八、虚拟现实/增强现实技术

周忠、赵沁平、刘兵、王涌天、宋维涛、章国锋、王锐、邵刚、朱奇、王晓刚

九、网络安全

邬江兴、张帆、刘彩霞、王娜、李长连、刘勇

区域篇

一、长三角地区:构筑生态高地

根据长三角区域合作办公室供稿整理

二、粤港澳大湾区:数网协同引领

根据广东省推进粤港澳大湾区建设领导小组办公室、深圳市发改委供稿整理

三、北京亦庄:两基融合发力

根据北京经济技术开发区供稿整理

四、雄安新区:未来数字城市

摘自《河北雄安新区规划纲要》

五、四川成都:四网融合赋能

根据成都市发展和改革委员会供稿整理

后　记

　　从去年5月新基建课题立项，到今年5月新基建专著付梓，播种到收获，历经一年时间。随着研究的深入，成果的积累，出书的想法便自然而生。

　　编写工作从今年2月才开始，编写方式因疫情而创新。许多讨论、交流，是在视频会上进行的，许多思想、共识，是在微信群里形成的，课题组的同志们常常处于在线状态。

　　由衷感谢邬江兴、赵沁平、郑纬民、黄如四位院士加盟，由衷感谢华为、阿里巴巴、腾讯、百度、京东、移动、联通、电信、铁塔、中兴、普华永道、阿尔山、中联基金、华泰证券、美团、北大光华管理学院、北大人工智能研究院、国家数字交换系统工程技术研究中心、北航VR/AR国家工程实验室、龙湖智慧、商汤科技、航天长峰、万达信息、文化科技联盟、阳和智库、长城战略等企业和研究机构的参与者，满怀对新领域、新事物孜孜不倦的探索热情，倾心倾力地付出。

　　由衷感谢国务院参事室的重视和指导，安排到各地调研，向国务院领导报送研究成果和政策建议；由衷感谢上海、江苏、广东等地方政府、参事机构和北京经济技术开发区，以及到访的60多家企业，在实地调研中给予热情帮助，介绍情况、提供案例等。

　　由衷感谢为本书统稿的徐宪平、周南、张学颖、肖秀莉、吴萨、盛磊、黄进辉、阎豫桂、顾伟忠、王海龙、谷宇辰、何雪萍、许淦、杨白冰、陈垚彤等同志。

　　由衷感谢人民出版社总编室主任张振明和责任编辑同志的敬业精神和专业支持，使本书得以高质量出版。

新基建，是一个新领域。新基建的研究刚刚开始，新基建的实践将丰富多彩。我们期待，新基建枝繁叶茂、硕果累累。

2020 年 5 月

组　　　稿：张振明

责任编辑：张振明　陈　登　余　平　安新文　刘彦青

封面设计：林芝玉

责任校对：马　婕

图书在版编目（CIP）数据

新基建：数字时代的新结构性力量/徐宪平　主编. —北京：人民出版社，2020.6
　（2020.10 重印）

ISBN 978－7－01－022178－6

Ⅰ.①新… Ⅱ.①徐… Ⅲ.①基础设施建设-研究-中国 Ⅳ.①F299.24

中国版本图书馆 CIP 数据核字（2020）第 091256 号

新　基　建

XIN JI JIAN

数字时代的新结构性力量

徐宪平　主编

人民出版社 出版发行

（100706　北京市东城区隆福寺街 99 号）

北京盛通印刷股份有限公司印刷　新华书店经销

2020 年 6 月第 1 版　2020 年 10 月北京第 5 次印刷

开本：710 毫米×1000 毫米 1/16　印张：34.75

字数：520 千字　印数：40,001－90,000 册

ISBN 978－7－01－022178－6　定价：139.00 元

邮购地址 100706　北京市东城区隆福寺街 99 号

人民东方图书销售中心　电话（010）65250042　65289539